KB084862

1001개의 문장으로 익히는 중등 영어 구문·문법 학습의 시작

쎄듀런
Mobile & PC · 문장암기 서비스 제공

천일문 STARTER 2

- 이미지로 한눈에 이해하는 문장 구조 및 문법 개념
- 세분화된 180개 학습 포인트와 이해하기 쉬운 설명
- 실생활/인문/사회/과학 외 다양한 주제의 예문
- 심화 예문으로 마무리하는 Level Up Sentences
- 친절하고 자세한 해설 추가된 천일비급
- 영역 통합(어휘·문법·해석·영작) 학습 가능한 워크북

김기훈   쎄듀영어교육연구센터

쎄듀 | 📚 쎄듀런

1001 SENTENCES **STARTER**

Get
Started!

대한민국 영어 구문 학습의 표준

* ○ □
# 천일문

CEDU(쎄듀)는 **A C**omprehensive **E**nglish **eDU**cation(종합적 영어교육)의 약자입니다.

유형별 훈련으로 문장이 쉽게 통암기 되는 놀라운 경험!

 Mobile & PC 동시 학습이 가능한

쎄듀런 온라인 구문 트레이닝 서비스

학생용

❶ 직독직해(끊어읽기+해석하기)　　❷ 문장 구조분석　　❸ 스크램블링

천일문 STARTER 2　온라인 학습 50% 할인 쿠폰

할인 쿠폰 번호	**LF78X5QJ8XZP**
쿠폰 사용기간	**쿠폰 등록일로부터 90일**

PC 쿠폰 사용 방법

1　쎄듀런에 학생 아이디로 회원가입 후 로그인해 주세요.
2　[결제내역→쿠폰내역]에서 쿠폰 번호를 등록하여 주세요.
3　쿠폰 등록 후 홈페이지 최상단의 [상품소개→(학생전용) 쎄듀캠퍼스]에서
　　할인 쿠폰을 적용하여 상품을 결제해주세요.
4　[마이캠퍼스→쎄듀캠퍼스→천일문 스타터2 클래스]에서 학습을
　　시작해주세요.

유의사항

- 본 할인 쿠폰과 이용권은 학생 아이디로만 사용 가능합니다.
- 쎄듀캠퍼스 상품은 PC에서만 결제할 수 있습니다.
- 해당 서비스는 내부 사정으로 인해 조기 종료되거나 내용이 변경될 수 있습니다.

천일문 STARTER 2　맛보기 클래스 무료 체험권 (챕터 1개)

무료 체험권 번호	**TGTPNGVSPB8N**
클래스 이용기간	**체험권 등록일로부터 30일**

Mobile 쿠폰 등록 방법

1　쎄듀런 앱을 다운로드해 주세요.
2　쎄듀런에 학생 아이디로 회원가입 후 로그인해 주세요.
3　[쿠폰등록]을 클릭하여 쿠폰 번호를 입력해주세요.
4　쿠폰 등록 후 [마이캠퍼스→쎄듀캠퍼스→천일문 스타터2 맛보기 클래스]
　　에서 학습을 바로 시작해주세요.

PC 쿠폰 등록 방법

1　쎄듀런에 학생 아이디로 회원가입 후 로그인해 주세요.
2　[결제내역→쿠폰내역]에서 쿠폰 번호를 등록하여 주세요.
3　쿠폰 등록 후 [마이캠퍼스→쎄듀캠퍼스→천일문 스타터2 맛보기 클래스]
　　에서 학습을 바로 시작해주세요.

쎄듀런 모바일앱 설치

쎄듀런 홈페이지
www.cedulearn.com

쎄듀런 카페
cafe.naver.com/cedulearnteacher

1001 SENTENCES
STARTER

천일문 STARTER 2

저자
김기훈

現 ㈜쎄듀 대표이사
現 메가스터디 영어영역 대표강사
前 서울특별시 교육청 외국어 교육정책자문위원회 위원
저서 | 천일문 / 천일문 STARTER / 천일문 GRAMMAR / 천일문 WRITING
쎄듀 본영어 / 독해가 된다 / ALL씀 서술형 / 수능영어 ONE SHOT
Grammar Q / Reading Q / Listening Q / 왓츠 그래머 / 왓츠 리딩
어휘끝 / 어법끝 / 문법의 골든룰 101 / 독해비 / 첫단추
파워업 / 쎈스업 / 수능영어 절대유형 / 빈순삽함 / 수능실감 등

쎄듀 영어교육연구센터
쎄듀 영어교육연구센터는 영어 콘텐츠에 대한 전문지식과 경험을 바탕으로 최고의 교육 콘텐츠를 만들고자 최선의 노력을 다하는 전문가 집단입니다.
인지영 책임연구원 · 장혜승 선임연구원 · 최세림 전임연구원 · 김지원 전임연구원

마케팅	콘텐츠 마케팅 사업본부
영업	문병구
제작	정승호
인디자인 편집	올댓에디팅
디자인	유은아
영문교열	Stephen Daniel White

펴낸이	김기훈 김진희
펴낸곳	㈜쎄듀/서울시 강남구 논현로 305 (역삼동)
발행일	2023년 1월 2일 초판 1쇄
내용 문의	www.cedubook.com
구입 문의	콘텐츠 마케팅 사업본부
	Tel. 02-6241-2007
	Fax. 02-2058-0209
등록번호	제22-2472호
ISBN	978-89-6806-271-1
	978-89-6806-272-8 (세트)

Foreword

〈천일문 STARTER〉 시리즈를 펴내며

천일문 시리즈는 2004년 첫 발간된 이래 지금까지 베스트셀러를 기록하며 전체 시리즈의 누적 판매 부수가 어느덧 500만 부를 훌쩍 넘어섰습니다. 이렇듯 천일문 시리즈를 통해 문장 중심의 영어 학습 효과는 이미 입증되었고, 문장 학습의 중요성은 고등에만 국한된 것이 아니기에 예비 중등부터 구문 학습을 체계적으로 시작할 수 있도록 새로운 〈천일문 STARTER〉를 선보이게 되었습니다.

중등 구문·문법 학습의 시작, 천일문 STARTER

초등 교육 과정에서는 영어를 어렵지 않게 학습하던 학생들도 중등 교육 과정을 접하기 시작하면서 갑자기 높아진 난도에 어려움을 겪는 경우가 많습니다. 중등부터는 점점 문장 길이가 길어지기 시작하고, 구조가 복잡한 문장들이 등장하기 때문입니다. 또한, 내신 서술형도 큰 비중을 차지하기 때문에 문법 공부도 소홀히 할 수 없습니다. 〈천일문 STARTER〉는 구문이나 문법 학습이 아직 낯선 학생들도 부담 없이 시작할 수 있도록 쉬운 예문들로 구성하였고, 올바른 해석 능력과 문장에 알맞은 문법 규칙을 적용할 수 있는 능력을 기를 수 있도록 하였습니다.

문장이 학습의 주가 되는 천일문

천일문은 우리말 설명보다는 문장이 학습의 주가 됩니다. 모든 문장은 원어민들이 실제로 사용하는가(authenticity), 자주 쓸 수 있는 표현인가(real-life usability), 내용이 흥미롭고 참신한 정보나 삶의 지혜를 담고 있는가(educational values)의 기준으로 엄선하여 체계적으로 재구성한 것입니다. 이들 문장을 중요한 구문·문법 항목별로 체계적으로 집중 학습할 수 있도록 설계했습니다.

천일문 STARTER의 특장점

1 1,001개의 문장: 구문 학습의 기초가 되는 모든 필수 구문·문법 사항을 총 1,001개의 문장에 담았습니다.

2 이미지 학습: 시각적 이미지를 활용하여 문장 구조와 문법 개념을 더욱 쉽게 이해할 수 있도록 했습니다.

3 학습 포인트 세분화: 학습 포인트를 세분화하여 학습 부담을 줄일 수 있도록 했습니다.

4 종합학습서: 어법과 영작 외에도 다양한 유형을 통해 구문·문법을 적용할 기회를 제공하고, 독해, 내신 및 서술형에도 대비할 수 있는 종합학습서의 역할도 갖추었습니다.

5 천일비급(별책해설집): 중등 학습자 눈높이에 맞춘 문장별 구조분석을 제공하며, 자세하고 친절한 해설을 추가하여 자기 주도적 학습과 복습이 가능합니다.

6 WORKBOOK: 학습한 구문·문법을 연습하고 적용할 수 있도록 충분한 양의 연습문제를 담았습니다.

7 무료 부가서비스(www.cedubook.com): 어휘리스트, 어휘테스트, 본문 해석/영작 연습지, MP3 파일, 딕테이션 sheet 등 풍부한 부가서비스도 마련하였습니다.

〈천일문 STARTER〉라는 이름에 걸맞게 구문 학습에 발걸음을 내딛는 학습자들의 첫걸음이 가벼워질 수 있도록 많은 연구와 토론으로 최대한의 노력을 기울였습니다. 이 교재와의 만남을 통해 더 많은 영어 학습자들이 영어를 영어답게 공부할 수 있기를 희망합니다.

저자

〈천일문 STARTER 2〉 학습 로드맵

STEP 1 구문 이해하고 적용해 보기

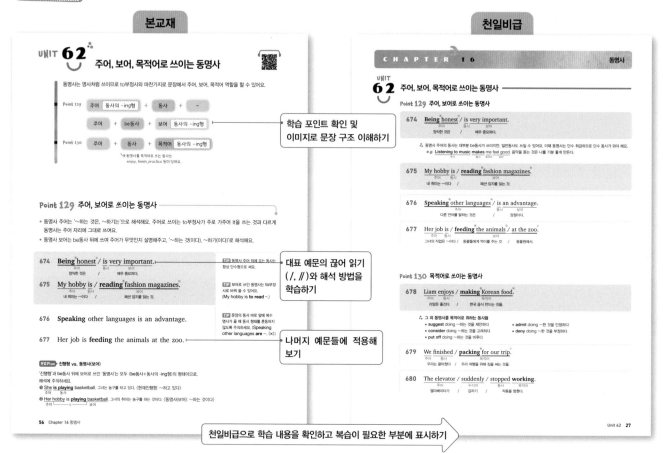

본교재

천일비급

학습 포인트 확인 및
이미지로 문장 구조 이해하기

대표 예문의 끊어 읽기
(/, //)와 해석 방법을
학습하기

나머지 예문들에 적용해
보기

천일비급으로 학습 내용을 확인하고 복습이 필요한 부분에 표시하기

복습과 반복 학습을 돕는 부가서비스 (무료로 다운로드) www.cedubook.com

본문 해석 연습지

영문에 /, // 등의 표시를 하고 해석한
뒤, 천일비급과 대조, 점검해보세요.

본문 영작 연습지

'빈칸 채우기, 순서 배열하기, 직독직해
뜻을 보며 영작하기'의 세 가지 버전으
로 구성되어 있어요. 이 중 적절한 것
을 골라 우리말을 보고 영문으로 바꿔
써보세요.

문장 암기하고 확인하기

천일문 STARTER 시리즈는 중등 교육과정의 언어형식에 기초하여 중등 학습자가 꼭 알아야 하는 필수 구문과 문법 포인트별로 문장을 수록하였습니다. 해당 구문이나 문법 포인트별로 문장이 모여 있기 때문에 체계적으로 집중 학습할 수 있습니다. 그러나 실제로 접하는 독해 지문이나 문제에서는 여러 구문들이 섞여서 등장합니다. 따라서 학습한 개념들을 적용하여 올바로 해석해 내거나 문제를 풀기 위해서는 그 개념들을 완전히 자기 것으로 만드는 과정이 꼭 필요합니다. 이때 가장 좋은 방법은 문장을 통째로 암기하고 여러 다른 문장에 적용하는 것입니다.

이러한 문장 암기를 돕는 방법 중 하나로 다음과 같이 두 가지 버전의 MP3을 제공합니다.

교재에서
QR 코드 스캔

Unit 제목 옆의 QR코드를 스캔하면 원하는 MP3 파일 유형을 선택하여 바로 재생할 수 있어요.

홈페이지에서
MP3 파일
다운로드

❶ 청크 학습: 어구 단위로 끊어 약간 느린 속도로 녹음된 버전이에요. 들으면서 의미를 떠올리고 익숙해질 때까지 반복해서 따라 말해보세요.

❷ 문장 학습: 문장 전체를 좀 더 자연스러운 속도로 녹음한 버전이에요. 같은 속도로 따라 말하면서 문장을 암기해보세요.

www.cedubook.com에서 무료로 다운로드 가능해요.

워크북으로 복습하기

본책과는 다른 문장으로 구성되어 있으며, 학습한 개념을 확실하게 이해했는지를 확인·점검해 볼 수 있습니다.

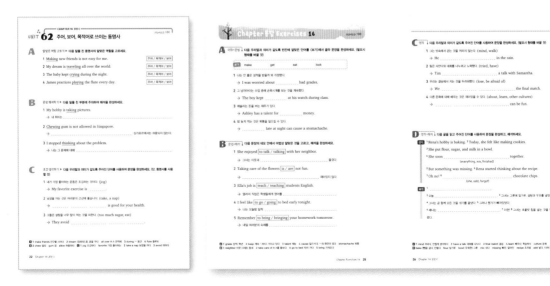

Preview

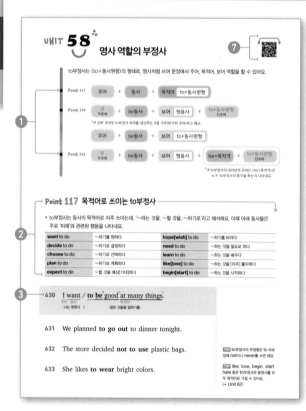

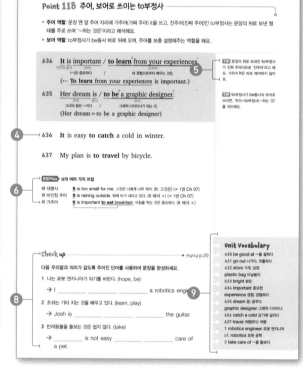

1 이미지로 문장 구조 학습
2 세분화된 학습 포인트와 이해하기 쉬운 설명   3 대표 예문 예시
4 본문 예문에 학습한 구문·문법 적용
5 **TIP** , 🔍 해당 예문의 구문·문법 이해를 도와주는 설명

6 **구문Plus** , **문법Plus** 관련 구문 및 문법 보충 설명
7 QR코드로 MP3 파일 바로 재생
8 학습한 내용을 확인하는 **Check up** 문제
9 중등 필수 학습 단어 및 숙어, 동·반의어 정리

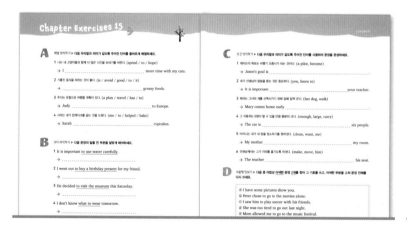

Chapter Exercises

구문 이해를 확인해볼 수 있는 연습 문제로 문법, 해석, 영작, 서술형 등 다양한 문제 유형으로 구성되어 있어요.

Level Up Sentences

챕터 3~4개를 묶어 문장당 2개 이상의 구문이 포함되도록 한 심화 예문 코너예요. 단계별 문제를 통해 학습한 내용을 총정리 할 수 있어요.

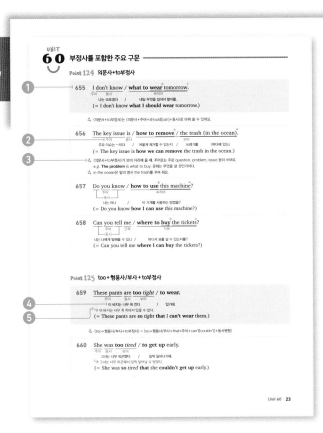

⟨문장 구조 분석 기호⟩

주어 동사 목적어 (간목:간접목적어, 직목:직접목적어)

보어 수식어

장소 (*be, stay, live 등 동사 뒤의 장소를 나타내는 말은 '장소'로 표기)

주어1 주어2 동사1 동사2

중복되는 문장 성분 구분

주어′ 동사′ 목적어′ 보어′ 수식어′

종속접속사가 이끄는 절의 문장 구조 분석 기호

주 동 목 보 수(윗첨자)

to부정사/동명사/분사구의 문장 구조 분석 기호

( ) 형용사구/생략어구   [ ] 관계사절

/, // 의미 단위 표시

– 문장 구조와 자연스러운 우리말을 고려하여 의미 단위 (sense group)를 나타낸 것이며, 원어민들이 실제로 끊어 읽는 곳과는 차이가 있을 수 있어요.

– 일반적인 어구의 끊어 읽기는 /로 표시하였고, 절과 절의 구별은 //로 표시했어요.

❶ /, // – 끊어 읽기 표시
❷ 주어, 동사, 목적어, 보어, 수식어 등 구조 분석
❸ 중등 학습자 눈높이에 맞춘 자세하고 친절한 추가 해설
❹ 우리말 직역
❺ 필요시 의역

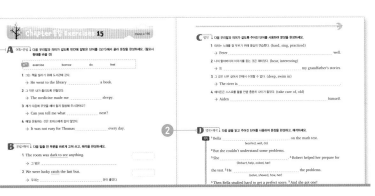

Unit Exercises

문법, 해석, 영작 등 다양한 유형의 연습 문제를 통해 각 유닛의 구문 포인트를 복습할 수 있어요.

Chapter 통합 Exercises

❶ 2개 이상의 유형(어휘·문법·해석·영작)이 통합된 문제를 통해 구문 적용력을 높일 수 있어요.

❷ ▶**D** 영작+해석 ▶ 본책에서 학습한 구문으로 구성된 짧은 글 안에서 문장을 써 보고, 해석함으로써 실제 구문이 쓰이는 자연스러운 쓰임을 파악 및 체득할 수 있어요.

무료 부가서비스

무료로 제공되는 부가서비스로 완벽히 복습하세요. www.cedubook.com
① 어휘리스트 ② 어휘테스트 ③ 해석 연습지 ④ 영작 연습지 ⑤ 딕테이션 Sheet

Contents

⟨천일문 STARTER 2⟩ 이 책의 차례

천일문 STARTER 1

CHAPTER 01 be동사

CHAPTER 02 일반동사

CHAPTER 03 과거시제

CHAPTER 04 미래시제와 진행형

CHAPTER 05 문장의 구조

CHAPTER 06 명사와 관사

CHAPTER 07 대명사

CHAPTER 08 형용사와 부사

CHAPTER 09 조동사

CHAPTER 10 의문사 의문문

CHAPTER 11 여러 가지 문장

CHAPTER 12 전치사

Question & Answer

Q1
문법과 구문은 각각
무엇인가요?

A 문법은 언어를 사용하는 데 필요한 모든 규칙과 정보를 모아 놓은 것을 뜻하고, 구문은 수많은 문법 규칙이 모여 이루어진 것 중에서도 특히 자주 나타나는, 영어 특유의 표현 방식을 뜻합니다. '구문(syntax)'이라는 용어는 '함께 배열하다'를 의미하는 그리스어에서 유래했는데, 문장을 의미 있게 만들도록 단어들을 함께 순서대로 배열한다는 의미를 나타냅니다.

Q2
문법과 구문 학습은
왜 해야 하는 건가요?

A 초등 교과 과정에서는 의사소통을 위한 측면이 강조되는 반면, 중등 내신 학습에서는 문법이 매우 강조됩니다. 예를 들어, 다음과 같은 내신 기출 문제에서는 문장을 문법적으로 분석해서 that이 어떤 것인지 정확히 파악해야 문제를 풀 수 있습니다.

> 다음 주어진 문장 중 밑줄 친 ⓐ that과 같은 기능으로 쓰인 것은? [중등 내신 기출]
> ① People love that girl for her kindness.
> ② I believe that many animals have emotion.
> ③ The yellow bag is cheaper, I will take that.
> ④ The boy that is playing the piano is Chris.
> ⑤ Look at the cat that is jumping on the street.

하지만 이런 분석이 독해할 때는 큰 의미가 없기 때문에 독해를 위해서는 구문 학습 또한 꼭 필요합니다. 결국 중등에서는 내신 대비를 위한 문법, 독해를 위한 구문 학습이 병행되어야 더욱더 튼튼한 기초를 다질 수 있습니다.

Q3
문장 위주의 학습이
왜 중요한가요?

A 우리말 설명이 아무리 자세해도 예문이 부족하면 이해가 쉽지 않기 때문입니다.
천일문은 간단하고 명료한 우리말 설명과 많은 예문으로 구문을 최대한 효과적으로
학습할 수 있도록 구성되었습니다.

Q4
시리즈 중 어떤 교재를
선택해야 하나요?

A 스타터-입문-기본-핵심-완성은 점차 난도가 증가하는 동시에 각각의 학습목표가 있습니다.
초등 영어 교과 학습이 7, 80%가 된 상태라면 천일문 스타터 시리즈를, 중학교 내신 학습이
7, 80%가 된 상태라면 천일문 입문~완성 시리즈를 진행할 수 있습니다.

- **스타터** 가장 기초가 되는 중등 교과 과정의 구문과 문법을 쉬운 1001개 문장에 담아
  체계적인 기초를 쌓을 수 있습니다.
- **입문** 가장 빈출되는 구문을 쉬운 500개 문장에 담았으므로 빠른 학습이 가능합니다.
- **기본** 기본이 되는 구문을 빠짐없이 1001개 문장에 담아 탄탄한 기본기를 완성할 수
  있습니다.
- **핵심** 실전에서 혼동을 주는 구문을 완벽하게 구별하여 정확한 독해를 가능하게 해줍니다.
- **완성** 복잡하고 긴 문장의 핵심을 요약 정리하는 훈련으로 독해 스피드와 정확성을 올려줍니다.
  수능 고난도 문장과 유사한 수준의 문장을 문제없이 해결 가능합니다.

난도	STARTER 1, 2	입문	기본	핵심	완성
문장 개수	1001개	500개	1001개	500개	500개
학습 대상	예비 중~중3	예비 고1	고등	고등	고등
어휘	초등 고학년~중학 수준	중학 수준	고1 수준	고2 수준	고3 수준
예문 추상성	3% 미만	5%	20%	50%	80%
문장당 구문 개수	1개	1~2개	1~3개	2~5개	3개 이상
문장 길이(평균)	8개 단어	10개 단어	15개 단어	20개 단어	30개 단어

Q5
스타터 1권과 2권은 어떤 차이가 있나요?

A 중등 교과 과정에서 반드시 알아야 할 내용을 두 권으로 나누었습니다.

●**스타터 1권**
동사, 명사, 대명사 등 품사 위주

●**스타터 2권**
to부정사, 동명사, 접속사, 관계사 등 구문 위주

STARTER 1	초등	중등
Ch 01 be동사	●	●
Ch 02 일반동사	●	●
Ch 03 과거시제	●	●
Ch 04 미래시제와 진행형	●	●
Ch 05 문장의 구조	●	●
Ch 06 명사와 관사	●	●
Ch 07 대명사	●	●
Ch 08 형용사와 부사	●	●
Ch 09 조동사	●	●
Ch 10 의문사 의문문	●	●
Ch 11 여러 가지 문장	●	●
Ch 12 전치사	●	●

STARTER 2	초등	중등
Ch 13 현재완료		●
Ch 14 수동태		●
Ch 15 to부정사		●
Ch 16 동명사		●
Ch 17 분사		●
Ch 18 접속사 I	●	●
Ch 19 접속사 II	●	●
Ch 20 관계사		●
Ch 21 비교 표현과 가정법	●	●
Ch 22 특수 구문		●

*초등과 중등에 모두 ●로 표시된 경우, 초등 교과에서는 기초적인 내용을 학습하고, 중등 교과에서는 기초+심화 내용을 학습합니다.

Q6
내가 끊어 읽은 것과 천일비급의 끊어 읽기가 똑같아야 하나요?

A 천일비급의 끊어 읽기는 의미 단위의 구분을 말하는데, 본인의 끊어 읽기가 천일비급과 다르더라도 해석이 서로 완전히 다르지만 않다면 상관없습니다.
그러나 끊어 읽기에 따라 해석이 크게 차이가 나는 것은 문장 전체의 구조 파악에 오류가 있는 것이므로 비급의 의미 단위를 잘 알아두는 것이 좋습니다.

A dream about pigs / may bring you / luck.
돼지에 대한 꿈은 / 당신에게 가져다줄지도 모른다 / 행운을. (○)

A dream about pigs / may bring / you luck.
돼지에 대한 꿈은 / 가져다줄지도 모른다 / 당신에게 행운을. (○)

또한, 초보자는 3~4단어 정도로 의미 단위를 구분하고 고급자들은 그보다 훨씬 많은 단어 수로 의미 단위를 구분합니다. 본인의 실력이 향상되어 감에 따라 의도적으로 의미 단위를 이루는 단어의 수를 점점 늘리는 것이 바람직합니다.

초보자: The ability / to keep calm / is one of her strengths.
중급자: The ability to keep calm / is one of her strengths.

1

구와 절

1 단어 / 구 / 절

하나의 단어는 문장에서 명사, 동사, 형용사, 부사 등과 같이 하나의 품사 역할을 해요.
이런 단어가 둘 이상이 모이면 구나 절이 될 수 있어요. 구와 절의 공통점은 둘 이상의 단어로 구성된다는 점이에요. 그런데 절은 〈주어+동사〉의 구조를 갖추고 있지만, 구는 그렇지 않아요. 구나 절도 문장에서 하나의 품사 역할을 해요.

ⓐ 구가 있는 문장

두 개 이상의 단어가 모여서 하나의 품사 역할을 하면 이를 구라고 해요.

Tony wants / **to take trip abroad** / next year.
토니는 원한다 / <u>해외여행을 하기를</u> (명사구) / <u>내년에</u> (부사구).

ⓑ 절이 있는 문장

〈주어+동사〉의 구조를 갖추고 있으면서 문장의 일부를 이루고 있는 것을 절이라고 해요.

I believe // **that Tom is honest**.
나는 믿는다 // <u>톰이 정직하다고</u> (명사절).

2 구

문장 내에서의 역할에 따라 명사구, 형용사구, 부사구로 나뉘어요.

ⓐ 명사구: 명사처럼 문장에서 주어, 목적어, 보어의 역할을 해요. 부정사와 동명사가 명사구로 잘 쓰여요.

Driving fast / is very dangerous. 〈동명사구 주어〉 (⇨ Ch 16)
빠르게 운전하는 것은 / 아주 위험하다.

I hope / **to see** you again. 〈부정사구 목적어〉 (⇨ Ch 15)
나는 바라 / 너를 다시 만나기를.

ⓑ 형용사구: 형용사처럼 문장에서 명사를 꾸며 주거나, 보어 역할을 해요. 주로 부정사, 분사, 그리고 전치사구가 형용사구로 쓰여요.

I have no *time* [**to watch** TV]. 〈부정사구가 명사 수식〉 (⇨ Ch 16)
나는 시간이 없다 [TV를 볼].

Look at / *that boy* [**wearing** a blue cap]. 〈분사구가 명사 수식〉(⟹ Ch 17)

　　봐　　/　저 남자아이를　　　　[파란 모자를 쓰고 있는].

She showed / me / *a picture* [**of** her family]. 〈전치사구가 명사 수식〉(⟹ 1권 Ch 12)

　그녀는 보여주었다　/　내게　/　　사진을　　　[그녀의 가족의].

I felt / tears **running** down my cheeks. 〈분사구가 목적격보어〉(⟹ Ch 17)

　나는 느꼈다 /　　　눈물이 내 뺨에 흘러내리는 것을.

ⓒ **부사구:** 부사처럼 동사, 형용사, 부사 또는 문장 전체를 꾸며 줘요. 주로 부정사, 전치사구, 분사구문이 부사구로 쓰여요.

Jason *went out* / **to meet** his friend. 〈부정사구가 동사 수식〉(⟹ Ch 15)

　제이슨은 외출했다　/　그의 친구를 만나기 위해서.

Is this water *safe* / **to drink**? 〈부정사구가 형용사 수식〉(⟹ Ch 15)

　이 물은 안전한가요　/　마시기에?

We *are studying* / **for** an exam. 〈전치사구가 동사 수식〉(⟹ 1권 Ch 12)

　우리는 공부하는 중이다　/　시험을 위해서.

3 절

〈주어+동사〉를 기본으로 하고 있기 때문에 길어질 수 있지만, 문장에서의 역할은 명사, 형용사, 부사와 같아요. 절은 등위절, 명사절, 형용사절, 부사절 등으로 나눌 수 있어요.

ⓐ **등위절** (⟹ Ch 18)

등위접속사(and, but, or 등)에 의해서 대등하게 연결되는 두 절을 말해요.

He walked into the room // and (he) **sat down at the table**.

　그는 방으로 걸어 들어왔다　　　//　　　그리고 테이블에 앉았다.

ⓑ **명사절** (⟹ Ch 18, 19, 20)

문장에서 명사처럼 주어, 목적어, 보어 역할을 해요. 접속사 that, whether, if와 의문사, 관계대명사 what 등이 명사절을 이끌어요.

What I need // is your advice. 〈주어〉(⟹ Ch 20)

　내가 필요로 하는 것은 //　　네 조언이야.

Do you believe // **that** there is life on Mars? 〈목적어〉(⟹ Ch 18)

　너는 믿니　　//　　화성에 생물체가 있다는 것을?

ⓒ **형용사절** (⇨ Ch 20)

형용사처럼 명사를 수식하는 절을 말해요. 관계대명사와 관계부사가 이끌어요.

He's *a boy* [**who** likes drawing cartoons].

그는 남자아이다　　　　　[만화 그리기를 좋아하는].

Can you describe *the person* [**that** you saw]?

그 사람을 묘사해 주시겠어요　　　　　[당신이 본]?

Fall is *the time* [**when** farmers harvest their crops].

가을은 때이다　　　　　[농부들이 농작물을 수확하는].

ⓓ **부사절** (⇨ Ch 19)

문장에서 부사 역할을 하면서, 시간, 이유, 조건, 대조, 목적 등의 의미를 나타내요.

What did you do // **after** you finished school? 〈시간〉

너는 무엇을 했니　　//　　네가 학교를 마친 후에?

We didn't stay outside long // **because** it was too cold. 〈이유〉

우리는 밖에 오래 머물지 못했다　　//　　너무 추웠기 때문에.

If I have time, // I will call you / tonight. 〈조건〉

만약 내가 시간이 있으면, // 나는 네게 전화할게 / 오늘밤에.

I didn't eat // **although** I was hungry. 〈대조〉

나는 먹지 않았다 // 비록 내가 배가 고팠지만.

② 형태는 같지만 쓰임이 다른 경우

1권에서 배운 내용과 2권에서 배울 내용 중 학습자들이 자주 헷갈리고 어려워하는 내용을 정리했어요.
2권을 시작하기 전에 한번 훑어보고, 공부하면서 수시로 확인해보세요.

it

1 대명사 (⇨ 1권 Ch 07)

Did you see **it**? 너는 그것을 봤니?

2 비인칭주어 (⇨ 1권 Ch 07)

It is snowing outside. 밖에 눈이 내리고 있다.

3 가주어 (⇨ Ch 15, Ch 18)

It's impossible *to get there in time.* 거기에 제시간에 도착하는 것은 불가능하다.
It's amazing *that your dog is so smart*! 네 개가 정말 똑똑한 것은 놀라워!

4 강조구문 (⇨ Ch 22)

It's Spain that they're going to. 그들이 가려는 곳은 바로 스페인이다.

that

1 지시대명사 (➡ 1권 Ch 07)

That is my book. 저것은 내 책이야.

2 지시형용사 (➡ 1권 Ch 07)

That bike is mine. 저 자전거는 내 것이야.

3 접속사 (➡ Ch 18)

She said **that** the story was true. 그녀는 그 이야기가 사실이라고 했다.

4 관계대명사 (➡ Ch 20)

The book **that** you gave me was interesting. 네가 내게 준 그 책은 재미있었다.

5 강조구문 (➡ Ch 22)

It was on Monday **that** it happened. 그것이 일어난 것은 바로 월요일이었다.

what

1 의문사 (➡ 1권 Ch 10, 2권 Ch 19)

What are those things on the table? 〈의문문〉 탁자 위에 있는 저것들은 무엇이니?

Please ask him **what** he wants for dinner. 〈명사절〉 그가 저녁식사로 무엇을 원하는지 물어봐 주세요.

2 관계대명사 (➡ Ch 20)

Mystery novels are **what** she enjoys reading. 추리소설은 그녀가 즐겨 읽는 것이다.

if

1 접속사 (➡ Ch 19)

If it rains, we won't go to the park. 〈부사절〉 비가 오면 우리는 공원에 가지 않을 거야.

I wonder **if** it's true. 〈명사절〉 나는 그것이 사실인지 궁금해.

2 가정법의 if (➡ Ch 21)

If the news were true, I would be happy. 만약 그 소식이 사실이라면, 나는 행복할 텐데.

-ing

1 동명사 (➡ Ch 16)

I love **traveling**. 〈명사 역할〉 나는 여행하는 것을 정말 좋아한다.

2 현재분사 (➡ 1권 Ch 04, 2권 Ch 17)

I am **traveling** with my mom. 〈현재진행형〉 나는 엄마와 함께 여행 중이다.

The woman **standing** over there is my mom. 〈형용사 역할〉 저기에 서 있는 그 여성은 나의 엄마이다.

현재완료

→ P.P.(동사의 과거분사형)는 (live-lived-)lived와 같은 규칙형과
(eat-ate-)eaten과 같은 불규칙형이 있어요.

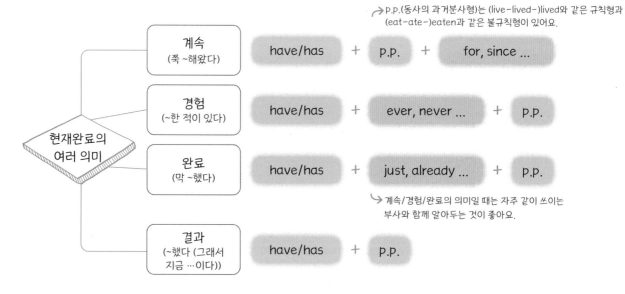

| 계속
(쭉 ~해왔다) | have/has | + | p.p. | + | for, since ... |

| 경험
(~한 적이 있다) | have/has | + | ever, never ... | + | p.p. |

| 완료
(막 ~했다) | have/has | + | just, already ... | + | p.p. |

↳ 계속/경험/완료의 의미일 때는 자주 같이 쓰이는
부사와 함께 알아두는 것이 좋아요.

| 결과
(~했다 (그래서
지금 …이다)) | have/has | + | p.p. |

현재완료의
여러 의미

현재완료 〈have/has+p.p.(과거분사)〉는 시간 표현의 하나로 영어에서 자주 사용되고 다양한 기능을 해요. 다만 '현재완료'라는 개념은 우리말에는 없기 때문에 많은 사람들이 어려워하는 내용 중 하나예요.

그럼 영어에서는 현재완료를 언제 사용할까요? 바로 과거의 일이 현재까지 영향을 미쳐 현재와 관련이 있을 때 사용해요. 과거의 일을 나타내는 과거시제와는 어떻게 다른지 다음 예를 한번 살펴볼까요?

We **lived** here for 5 years. 〈과거시제〉   우리는 이곳에 5년 동안 살았다.
→ '이곳'에 지금도 살고 있는지 알 수 없어요.

We **have lived** here for 5 years. 〈현재완료〉   우리는 이곳에 5년째 살고 있다.
→ '이곳'에 지금도 살고 있어요.

과거시제가 쓰이면 '과거의 한 시점'에 일어난 일을 나타내 주는 것뿐이라 현재 어떻게 되었는지 알 수 없지만, 현재완료는 '현재'까지 여전히 사실인 일을 나타내요.
그렇기 때문에 현재완료는 '과거'를 나타내는 표현들(yesterday/ago/last 등)과는 함께 쓸 수 없어요.

I **have heard** the news *last week*. (×)   나는 지난주에 그 소식을 들었다.
   → heard

현재완료를 쓰면 '계속, 경험, 완료, 결과' 등 여러 의미를 나타낼 수 있는데,
의미를 정확하게 구분하는 데만 초점을 맞추는 것보다는 현재완료가 쓰이는 상황을 잘 이해하고 문맥 안에서 자연스럽게 해석하는 것이 가장 중요해요.

People **have made** cartoons for hundreds of years.   사람들은 수백 년 동안 만화를 만들어 왔다.
       현재까지도 '계속' 만화를 만들고 있으므로 '현재완료'로 나타내요.

I **have seen** that movie before.   나는 저 영화를 전에 본 적이 있어.
    현재까지의 '경험'에 대해 이야기하므로 '현재완료'로 나타내요.

UNIT 50 현재완료의 개념과 형태

과거에 일어난 일이 현재까지 연결되거나 영향을 줄 때, 현재완료로 나타내요.

Point 100 주어 + have/has + P.P.(규칙 과거분사)

↳ 이때 '규칙 과거분사형'은 동사의 과거형과 만드는 방법이 같아요.
(→ <대부분의 동사+-(e)d>)

Point 101 주어 + have/has + P.P.(불규칙 과거분사)

↳ 주어가 3인칭 단수일 때 has를 써요.

Point 100 have/has+p.p.(규칙)

● 현재완료의 기본 형태는 〈have/has+p.p.(과거분사)〉로 쓰는데, 이때 p.p.는 일반동사 과거형의 규칙 변화와 마찬가지로 대부분 〈동사원형+-(e)d〉 형태예요.

규칙 과거분사형 = 동사원형+-(e)d	visit-visited-**visited**, finish-finished-**finished**, work-worked-**worked**
	live-lived-**lived**, study-studied-**studied**, stop-stopped-**stopped**

561 I **have watched** this movie / twice.
주어　　　동사　　　　목적어　　　수식어
나는 이 영화를 봤다　　　/　두 번. 〈경험〉

562 Julie **has studied** Spanish / for three years.
주어　　　동사　　　목적어　　　　수식어
줄리는 스페인어를 공부했다　　/　3년 동안. 〈계속〉

> **TIP** 주어가 3인칭 단수일 땐 has를 써요.

563 I've **learned** a lot from my mistakes.

> **TIP** 주어가 대명사일 때, 〈've p.p.〉 또는 〈's p.p.〉로 줄여 쓸 수 있어요.

564 The airplane **has** just **arrived** at the airport.

> **TIP** have/has와 p.p. 사이에는 부사가 올 수도 있어요.

565 The police officers **have stopped** a driver.

Point 101 have/has+p.p.(불규칙)

● 현재완료에 쓰이는 p.p.(과거분사)는 불규칙하게 변화하는 경우가 있으므로, 꼭 외워 두어야 해요.
(☞ p.160 동사 변화형)

A-A-A형	cut-cut-**cut**, put-put-**put**, read[riːd]-read[red]-**read**[red]
A-B-A형	become-became-**become**, run-ran-**run**
A-B-B형	have-had-**had**, hear-heard-**heard**, meet-met-**met**, teach-taught-**taught**
A-B-C형	be-was/were-**been**, see-saw-**seen**, do-did-**done**, go-went-**gone**, eat-ate-**eaten**

566 Lisa **has met** / her favorite actor / before.
주어   동사   목적어   수식어
리사는 만난 적이 있다 / 그녀가 가장 좋아하는 배우를 / 전에. 〈경험〉

567 I **have eaten** nothing / since last night.
주어   동사   목적어   수식어
나는 아무것도 먹지 않았다 / 어젯밤부터. 〈계속〉

568 She **has put** her old clothes in the box.

569 The band **has become** popular recently.

570 I **have been** busy with my new school life.

> **TIP** be동사가 있는 문장일 경우, be동사를 〈have/has+been〉으로 쓰면 돼요.

Check up
⋯⋯⋯⋯⋯⋯⋯⋯⋯⋯⋯⋯⋯⋯⋯⋯⋯⋯⋯⋯⋯⋯● 천일비급 p.7

주어진 동사를 알맞은 형태로 바꿔서 현재완료 문장을 완성하세요.

1 I _____ Indian food. (try)

2 Noah _____ the cake. (eat)

3 He _____ the book before. (read)

4 We _____ in this house since last year. (live)

5 James and Mark _____ friends for ten years. (be)

Unit Vocabulary

561 twice 두 번
562 Spanish 스페인어; 스페인의
563 learn 배우다 mistake 실수
565 police officer 경찰관
driver 운전자
567 nothing 아무것도
since ~부터[이후]
568 put 놓다[두다] clothes 옷
569 band (음악) 밴드, 악단
popular 인기 있는 recently 최근에
570 life 생활, 삶
1 Indian 인도의; 인도 사람

현재완료의 부정문과 의문문

현재완료의 부정문은 have/has와 p.p.(과거분사) 사이에 not을 쓰고, 의문문은 주어와 have/has의 순서만 바꿔 주면 돼요.

Point 102 | 주어 + have/has + not + p.p.

Point 103 | Have/Has + 주어 + p.p. + ~?

Point 102 현재완료의 부정문

● 현재완료의 부정문은 〈have/has+not+p.p.(과거분사)〉로 나타내요. not 대신에 never(한 번도 ~않다)를 써서 부정의 의미를 강조할 수도 있어요.

571 I **have not received** a call / from her.
　　주어　　　　　동사　　　　　목적어　　　　수식어
　　　　　나는 전화를 받지 못했다　 / 　그녀로부터. 〈결과〉
（→ 그 결과 지금도 통화를 하지 않은 상태）

572 He **has not been** late / before.
　　주어　　　동사　　　보어　　수식어
　　　그는 지각한 적이 없다　 / 　전에. 〈경험〉

573 The banana **has not turned** brown yet.

574 You **haven't done** anything wrong.

575 My grandma **hasn't moved** to another city.

TIP have not은 haven't로, has not은 hasn't로 줄여 쓸 수 있어요.

Point 103 현재완료의 의문문

● 현재완료의 의문문은 주어와 have/has의 순서를 바꿔주면 돼요.

현재완료의 의문문과 대답	Have/Has+주어+p.p.(과거분사) ~?
	Yes, 주어+have/has.
	No, 주어+haven't/hasn't.

576 A: **Have** you **seen** him / lately?
　　　　　　주어　　　　목적어　　수식어
　　　　└─동사─┘
　　　너는 그를 본 적이 있니　　/　최근에? 〈경험〉

B: No, I **haven't.**
　　주어　　동사
　아니, 그렇지 않아.

577 A: **Has** she **finished** the test?

B: Yes, she **has.**

578 A: **Have** you **heard of** the box jellyfish?

B: Yes, I **have.** Its poison can kill people.

579 A: **Has** your headache **gone**?

B: No, it **hasn't** yet.

Check up ···● 천일비급 p.8

A 주어진 동사를 사용하여 현재완료 부정문을 완성하세요.

1 He ＿＿＿＿ ＿＿＿＿ ＿＿＿＿ Paris. (visit)

2 The train ＿＿＿＿ ＿＿＿＿ ＿＿＿＿ the station yet. (leave)

3 We ＿＿＿＿ ＿＿＿＿ ＿＿＿＿ anything. (plan)

B 주어진 동사를 사용하여 현재완료 의문문을 완성하세요.

1 ＿＿＿＿ you ＿＿＿＿ your ticket? (buy)

2 ＿＿＿＿ she ＿＿＿＿ her room? (clean)

3 ＿＿＿＿ they ＿＿＿＿ that computer game? (play)

Unit Vocabulary

571 receive 받다 call 전화; 전화하다
573 turn (~한 상태로) 변하다; 돌다
yet 아직
574 anything (부정·의문문에서)
무엇이든, 아무것도
wrong 잘못된; 틀린
575 move 이사하다; 움직이다
another 다른; 또 하나의 city 도시
576 lately 최근에
578 hear of ~에 대해 듣다
jellyfish 해파리 poison 독
579 headache 두통
A 2 station 역
3 plan 계획하다; 계획

52

현재완료의 주요 의미

현재완료가 쓰인 문장은 '계속', '경험', '완료' 등과 같은 의미를 나타내요. 한 문장이 여러 의미로 해석될 수도 있으므로, 문맥에 맞게 가장 자연스러운 의미로 해석하는 것이 중요해요.

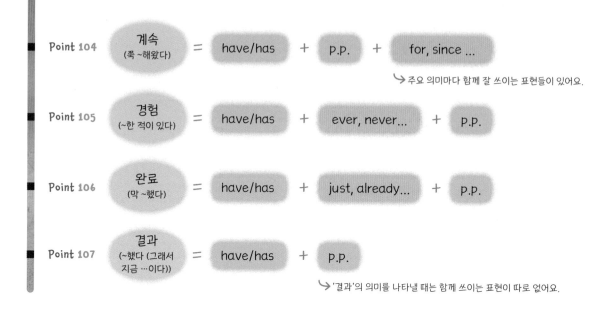

Point 104　계속(쭉 ~해왔다)　=　have/has　+　P.P.　+　for, since ...

↳ 주요 의미마다 함께 잘 쓰이는 표현들이 있어요.

Point 105　경험(~한 적이 있다)　=　have/has　+　ever, never...　+　P.P.

Point 106　완료(막 ~했다)　=　have/has　+　just, already...　+　P.P.

Point 107　결과(~했다 (그래서 지금 …이다))　=　have/has　+　P.P.

↳ '결과'의 의미를 나타낼 때는 함께 쓰이는 표현이 따로 없어요.

Point 104 현재완료 의미: 계속

- '(지금까지) 쭉 ~해왔다'라는 의미로, 과거에 일어난 일이 현재까지도 계속 되고 있음을 나타내요. 다음과 같은 표현과 함께 잘 쓰여요.

for+기간(~동안), since+시점(~부터), how long ~?(얼마 동안 ~?), always(항상) 등

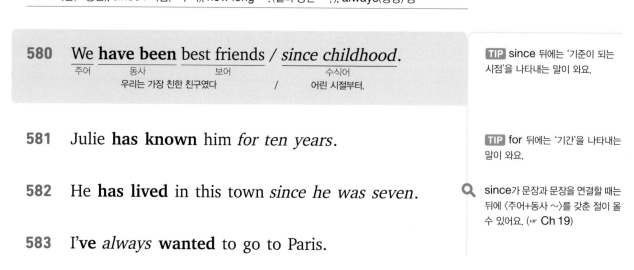

580　We **have been** best friends / *since childhood*.
주어　　동사　　　　보어　　　　　　수식어
우리는 가장 친한 친구였다　/　어린 시절부터.

TIP since 뒤에는 '기준이 되는 시점'을 나타내는 말이 와요.

581　Julie **has known** him *for ten years*.

TIP for 뒤에는 '기간'을 나타내는 말이 와요.

582　He **has lived** in this town *since he was seven*.

🔍 since가 문장과 문장을 연결할 때는 뒤에 〈주어+동사 ~〉를 갖춘 절이 올 수 있어요. (☞ Ch 19)

583　I've *always* **wanted** to go to Paris.

Point 105 현재완료 의미: 경험

- '~한 적이 있다, ~해봤다'라는 의미로, 과거에 어떤 일을 한 경험을 현재 가지고 있음을 나타내요. 다음과 같은 표현과 함께 잘 쓰여요.

ever(언젠가), never(한 번도 ~않다), before(전에), once(한 번), twice(두 번), ~ times(~ 번) 등

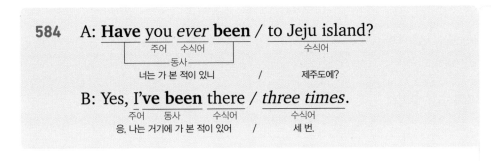

584 A: **Have** you *ever* **been** / to Jeju island?
주어 수식어 수식어
동사
너는 가 본 적이 있니 / 제주도에?

B: Yes, I've **been** there / *three times*.
주어 동사 수식어 수식어
응, 나는 거기에 가 본 적이 있어 / 세 번.

> **TIP** ⟨Have you ever p.p. ~?(너는 ~한 적이 있니?)⟩와 ⟨have been to(~에 가 본 적이 있다)⟩는 대표적으로 '경험'을 의미하는 표현이므로 꼭 알아두세요.

585 I **have seen** a famous singer *once*.

586 Tony **has** *never* **driven** a car *before*.

Point 106 현재완료 의미: 완료

- '막 ~했다'라는 의미로, 과거에 시작한 행동을 막 끝냈음을 나타내요. 다음과 같은 표현과 함께 잘 쓰여요.

just(방금), now(지금), already(이미, 벌써), recently(최근에), yet(부정문: 아직) 등

587 I **have** *just* **finished** / my homework.
주어 수식어 목적어
동사
나는 방금 끝냈다 / 내 숙제를.

> **TIP** just, already는 주로 have와 p.p. 사이에 쓰여요.

588 His concert tickets **have** *already* **sold out**.

589 She **hasn't come** home from school *yet*.

Point **107** 현재완료 의미: 결과

- '~했다 (그래서 지금 …이다)'라는 의미로, 과거의 일이 현재까지 미친 어떤 결과를 나타내요. 앞뒤 문맥을 통해 현재의 결과를 파악하면 돼요.

590 I **have forgotten** / my password.

주어   동사   목적어

나는 잊어버렸다   /   내 비밀번호를.

(→ 그 결과 지금도 비밀번호가 생각나지 않는 상태)

591 The man **has lost** his bag.

592 I **have left** my cell phone on the bus!

문법 Plus ▶ 현재완료진행형: 〈have/has been+-ing형〉

현재완료진행형은 과거에 시작한 동작이 현재에 계속 '진행 중'임을 나타내요. '~해 오고 있다, ~하고 있는 중이다'라는 의미로, 현재완료 〈have p.p.〉와 진행형 〈be+-ing〉를 합쳐 〈have/has been+-ing형〉으로 써요.

(축약형: 've/'s been+-ing형)

I**'ve been learning** Spanish *since last year*. 나는 작년부터 스페인어를 공부해오고 있다.

Jake **has been waiting** for you *for an hour*. 제이크는 너를 한 시간 동안 기다리는 중이야.

Check up ● 천일비급 p.10

A 다음 우리말과 의미가 같도록 주어진 단어를 사용하여 현재완료 문장을 완성하세요.

1 나는 이 노래를 한 번도 들어본 적이 없다. (hear)

→ I _____ never _____ this song.

2 그녀는 3달 동안 기타 수업을 받아왔다. (take)

→ She _____ _____ guitar lessons for three months.

3 맥스는 집에 없다. 그는 도서관에 갔다. (go)

→ Max isn't at home. He _____ _____ to the library.

B 다음 〈보기〉의 밑줄 친 부분과 현재완료의 쓰임이 같은 것을 고르세요.

> 보기   I <u>have eaten</u> Indian curry before.

ⓐ Jake has already done his work.

ⓑ I have never been to London before.

ⓒ Mina has had a dog for ten years.

UNIT 53 현재완료와 과거

현재완료와 과거시제의 구분은 '현재와의 연관성'에 있어요. 현재완료는 '현재'의 개념에 더 가깝기 때문에 분명한 과거를 나타내는 표현과는 함께 쓸 수 없어요.

Point 108　주어　+　have/has　+　p.p.　+　~~과거를 나타내는 표현~~ ~~yesterday, ago, last, in+연도~~

Point 108 현재완료 vs. 과거시제

● 현재완료는 과거에 일어난 일이 현재까지 연결되어 영향을 미칠 때 사용하지만, 과거시제는 과거의 상황만을 나타내며 현재와는 어떤 연관성도 없어요.

현재완료와 함께 쓸 수 없는 표현	yesterday(어제), ago(~ 전에), last(지난 ~), in+과거 연도(~년에), When ~?(언제 ~?)

593 Somebody **has broken** the window.
　　　　주어　　　　　동사　　　　목적어
　　　　누군가가 그 창문을 깼다. 〈결과〉
(→ 현재까지도 깨져 있는 상태)

cf. Somebody **broke** the window / *yesterday*.
　　　　주어　　　　동사　　　　목적어　　　/　　수식어
　　　　누군가가 그 창문을 깼다　　　　　/　　어제.
(→ 현재 그 창문이 아직도 깨져 있는지 수리되었는지 알 수 없음)

594 We **have** *just* **missed** the train!

cf. We **missed** the train *an hour ago*.

595 My uncle **has been** in Japan *since last year*.

cf. My uncle **was** in Japan *last year*.

> **문법Plus** 과거를 나타내는 표현(last 등)이 항상 과거시제와 함께 쓰이는 것은 아니에요.
> He has had a cold **since** *last* week. 그는 지난주부터 감기를 앓아왔다.

Check up ···● 천일비급 p.11

주어진 단어를 빈칸에 알맞은 형태로 쓰세요.

1 Kate _____ her arm last week. (break)

2 I _____ him since I was a child. (know)

Chapter Exercises 13

 알맞은 어법 고르기 ▶ **다음 문장의 네모 안에서 어법상 알맞은 것을 고르세요.**

1 I have ⟨ saw / seen ⟩ the movie twice.

2 My parents have ⟨ buyed / bought ⟩ a new car.

3 Kate ⟨ has finish / has finished ⟩ her work already.

4 His brother has not ⟨ read / readed ⟩ the book yet.

5 Have they ⟨ move / moved ⟩ into a new apartment?

6 My aunts ⟨ has been / have been ⟩ to Rome several times.

7 John and I ⟨ have not gone / didn't have gone ⟩ to America.

B 문장 해석하기 ▶ **다음 〈보기〉에 있는 현재완료의 의미를 참고하여 우리말 해석을 완성하세요.**

> **보기**
> • 계속: (지금까지) 쭉 ~해왔다   • 경험: ~한 적이 있다, ~해봤다
> • 완료: 막 ~했다   • 결과: ~했다 (그래서 지금 …이다)

1 Has your father met Joshua before?

   → 네 아버지는 조슈아를 _____?

2 Recently, beef sales have dropped greatly.

   → 최근에, 쇠고기 판매가 크게 _____.

3 Kate has never received a letter from Peter.

   → 케이트는 피터로부터 편지를 _____.

4 My uncle has stayed in New York for two weeks.

   → 나의 삼촌은 뉴욕에 _____.

5 Sam and Emily haven't cleaned their rooms yet.

   → 샘과 에밀리는 _____.

Ⓐ **5** apartment 아파트 **6** several 몇몇의 Ⓑ **2** recently 최근에 beef 쇠고기 sale 판매; 매출량; 세일, 할인 판매 drop 떨어지다, 떨어뜨리다 greatly 크게, 대단히 **4** stay 머무르다 **5** clean 청소하다; 깨끗한

C

조건 영작하기 ▶ **다음 우리말과 의미가 같도록 주어진 단어를 사용하여 현재완료 문장을 완성하세요.**

1 사과가 벌써 빨갛게 변했다. (turn)

→ The apple _____ _____ red already.

2 나는 이 기타를 5년 동안 쭉 가지고 있었다. (have)

→ I _____ _____ this guitar for five years.

3 그녀는 전에 한 번도 피아노를 연주해 본 적이 없다. (play, never)

→ She _____ _____ _____ the piano before.

4 제이크는 멕시칸 음식을 먹어본 적이 있니? (ever, Jake, eat)

→ _____ _____ _____ Mexican food?

5 리나와 그녀의 여동생은 버스를 놓치지 않았다. (not, miss)

→ Lena and her sister _____ _____ _____ the bus.

D

서술형 맛보기 ▶ **다음 중 어법상 어색한 문장 2개를 찾아 그 기호를 쓰고, 어색한 부분을 고쳐 문장 전체를 다시 쓰세요.**

ⓐ Yena has been sick since last Friday.
ⓑ My sister has never liked tomatoes.
ⓒ They have won the gold medal in 2022.
ⓓ Has Mr. White taught English before?
ⓔ We have already tooked some photos.

→ _____, _____

→ _____, _____

C **4** Mexican 멕시코의; 멕시코 사람 **D** win a gold medal 금메달을 따다 take a photo 사진을 찍다

CHAPTER 14

수동태

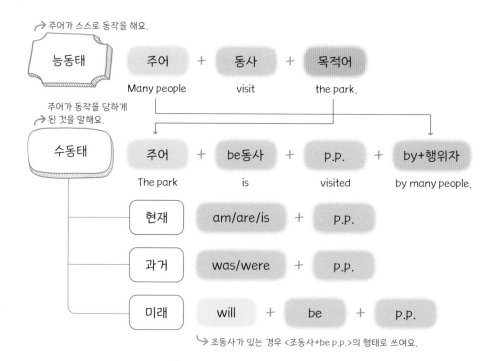

주어가 스스로 동작을 해요.

능동태

주어	+	동사	+	목적어
Many people		visit		the park.

주어가 동작을 당하게 된 것을 말해요.

수동태

주어	+	be동사	+	p.p.	+	by+행위자
The park		is		visited		by many people.

현재	am/are/is	+	p.p.

과거	was/were	+	p.p.

미래	will	+	be	+	p.p.

↳ 조동사가 있는 경우 <조동사+be p.p.>의 형태로 쓰여요.

지금까지 배운 문장은 모두 주어가 스스로 동작을 하는 '능동태'에 해당해요.
하지만 '수동태'는 주어가 다른 무언가에 의해 동작을 당하거나 받는 것으로, 능동태와는 동사의 형태가
달라요.

〈능동태를 수동태로 바꾸는 방법〉

Many people visit the park. (능동태)　　　　　　많은 사람들이 그 공원을 방문한다.

→ The park is visited by many people. (수동태)　그 공원은 많은 사람들에 의해 방문된다.

① 능동태의 목적어에 해당하는 말이 수동태의 주어가 돼요.
② 동사는 〈be동사+p.p.(과거분사)〉로 길어져요.
③ be동사는 주어의 수(단수, 복수)와 시제(현재, 과거 등)에 맞춰 알맞은 형태로 바꿔요.
④ 능동태의 주어에 해당하는 말 앞에 by를 붙여 수동태에서 〈by+(대)명사〉로 나타내요.

이때, 능동태를 수동태로 바꾸어도 뜻이 같다고 생각하면 안 돼요.
두 가지 태에서 보는 동작의 주체가 다르고, 서로 중점을 두는 부분이 다르기 때문이에요.
수동태는 주로 동작의 주체를 명시하기 힘들거나 명시할 필요가 없을 때, 주어보다 행동을 중요시할 때
쓰여요. 따라서 범죄·사건 보도, 공식적이거나 과학적인 글 등에서 많이 볼 수 있고, 일상생활 대화에서는
자주 사용되지 않는 문장이에요.

수동태에서 중요한 점은 동작의 주체를 잘 파악해서 주어와 동사의 관계를 알맞게 이해하는 거예요.
능동태는 '주어-동사'의 관계가 능동, 수동태는 '주어-동사'의 관계가 수동이므로, 이 관계를 잘못 파악하면
동사의 형태를 잘못 쓰거나 문맥을 잘못 이해할 수도 있으므로 주의해야 해요.
Last night, our chickens **ate** by a fox. 어젯밤에 우리 집의 닭들이 여우에게 잡아먹혔다.
　　　　　　→ were eaten 주어(our chickens)가 '먹히는' 것이므로 '주어-동사'는 수동 관계

주어가 어떤 동작을 스스로 하는 능동태와 달리, 수동태는 주어가 그 동작을 당하게 된 것을 말해요. 동작을 당하는 대상이 더 중점이 되므로 주어 자리에 와야 해요.

Point 109 주어 + be동사 + P.P. + (by+행위자) → <by+행위자>는 생략되는 경우가 많아요.

Point 110 주어 + be동사 + not + P.P. + (by+행위자)

be동사 + 주어 + P.P. + (by+행위자) + ~?

Point 109 수동태의 기본 형태: be동사+p.p.

- 수동태의 기본 형태는 〈be동사+p.p.(과거분사)+by+A(행위자)〉이고, 'A에 의해 ~되다, 당하다, 받다' 등으로 해석해요. 이때 be동사는 주어의 인칭과 수에 맞춰 써야 해요.
- 〈by+A〉는 동작을 한 A(행위자)를 나타내는데, 생략되는 경우가 많아요.

596 <u>Spain</u> **<u>is loved</u>** / <u>by lots of tourists.</u>
　　　주어　　　동사　　　　　　by+행위자
　　스페인은 사랑 받는다　　／　　많은 관광객들에게.
　　(← Lots of tourists **love** Spain.)

597 English **is spoken** by millions of people.

598 These sweaters **are made** by my grandma.

599 Many wild animals **are killed** by hunters.

TIP 앞에서 배운 현재완료와 마찬가지로 불규칙 과거분사형은 꼭 외워 두어야 해요.
(☞ p.160 동사 변화형)

Point 110 수동태의 부정문과 의문문

- 수동태의 부정문과 의문문은 be동사의 부정문과 의문문을 만드는 방법과 같아요.

수동태의 부정문	주어+be동사+not+p.p.(과거분사)(+by+행위자)
수동태의 의문문	be동사+주어+p.p.(과거분사)(+by+행위자) ~?

600 Food and drink **are not allowed** / in here.
　　　　　　　　주어　　　　　　동사　　　　　　수식어
　　　음식과 음료는 허용되지 않습니다　　　/　　이곳에서.

TIP 〈be동사+not〉은 줄여 쓸 수 있어요. (→ isn't, aren't)

601 A: **Is** the music festival **held** / every two years?
　　　　　　　　　　주어　　　　　　　　　수식어
　　　　　　　　　　──동사──
　　　그 음악 축제는 열리니　　/　　2년마다?

　　　B: No, it isn't. It **is held** / every year.
　　　　　주어　동사　　주어　　동사　　　수식어
　　　아니, 그렇지 않아.　그것은 열려　/　매년.

602 The art gallery **isn't visited** by many people.

603 A: **Are** the snacks **provided** for free?

　　　B: Yes, they are.

Check up
● 천일비급 p.14

다음 우리말과 의미가 같도록 주어진 단어를 사용하여 문장을 완성하세요.

1 이 책들은 전 세계에서 판매된다. (sell)

→ These books _____ _____ all over the world.

2 그 월드컵은 4년마다 개최된다. (hold)

→ The World Cup _____ _____ every four years.

3 저 자동차들은 일본에서 만들어지지 않는다. (make)

→ Those cars _____ _____ _____ in Japan.

4 교실은 학생들에 의해 청소되나요? (clean)

→ _____ the classroom _____ by the students?

UNIT 55 수동태의 시제 표현

수동태도 be동사의 과거형 was/were 또는 will을 이용해서 과거나 미래와 같은 시제를 나타낼 수 있어요.

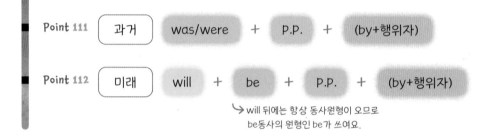

Point 111 [과거] was/were + P.P. + (by+행위자)

Point 112 [미래] will + be + P.P. + (by+행위자)

↳ will 뒤에는 항상 동사원형이 오므로
be동사의 원형인 be가 쓰여요.

Point 111 수동태의 과거: was/were p.p.

• 수동태의 과거는 〈be동사+p.p.(과거분사)〉에서 be동사의 과거형 was/were를 사용해서 나타내요.

수동태 (~되었다/당했다/받았다)
was/were+p.p.(과거분사)
was/were not[wasn't/weren't]+p.p.(과거분사)
Was/Were+주어+p.p. (과거분사) ~?

604 The buildings **were destroyed** / by the fire.
　　　　주어　　　　　　　동사　　　　　　by+행위자
　　　그 건물들은 파괴되었다　　　/　　화재로.
(← The fire **destroyed** the buildings.)

> **TIP** 주어의 인칭과 수에 따라 was와 were 중 알맞은 것을 써야 해요.

605 I **was born** and **raised** in Seoul.

> 🔍 영어에는 '태어나다'라는 동사가 없기 때문에 '낳아지다(be born)'라고 표현해요. 자기가 스스로 태어나는 것이 아니기 때문이에요.

606 We **were invited** to Sally's birthday party.

607 My new computer **wasn't delivered** yesterday.

608 The movie **was chosen** as the best film of the year.

Point 112 수동태의 미래: will be p.p.

● 수동태의 미래는 ⟨be동사+p.p.(과거분사)⟩ 앞에 will(~할 것이다)을 붙여 나타내요.

수동태 (~될 것이다/당할 것이다/받을 것이다)
will+be+p.p.(과거분사)
will not[won't]+be+p.p.(과거분사)
Will+주어+be+p.p.(과거분사) ~?

609 <u>Her new song</u> **<u>will be released</u>** / <u>next week.</u>
주어   동사   수식어
그녀의 새 노래는 출시될 것이다   /   다음 주에.

610 A park **will be built** in my neighborhood.

611 The classes **will be taught** in English.

612 The environmental problems **will not be solved** easily.

TIP will은 주어에 따라 모양이 바뀌지 않고 항상 will로 쓰여요.

Check up
● 천일비급 p.15

다음 문장을 수동태로 바꿔 쓸 때, 빈칸에 알맞은 말을 쓰세요.

1 Leonardo da Vinci painted *The Mona Lisa.*

→ *The Mona Lisa* _____ by Leonardo da Vinci.

2 My grandfather grew these potatoes.

→ These potatoes _____ by my grandfather.

3 Many people will love his new novel.

→ His new novel _____ by many people.

4 They won't make the decision.

→ The decision _____ by them.

Unit Vocabulary

604 building 건물
destroy 파괴하다 fire 화재; 불
605 raise 키우다, 기르다
606 invite A to B A를 B에 초대하다
607 deliver 배달하다
608 choose A as B A를 B로 선택하다
609 release 출시하다; 개봉하다; 풀어주다
610 build(-built-built) 짓다
neighborhood 동네; 이웃 (사람들)
611 teach(-taught-taught) 가르치다
612 environmental 환경의
solve 해결하다, 풀다
1 paint 그리다; 페인트칠 하다
2 grow 재배하다, 키우다
3 novel (장편) 소설
4 make a decision 결정을 내리다
cf. decision 결정

UNIT 56 주의해야 할 수동태

조동사가 있는 문장의 수동태는 〈be+p.p.(과거분사)〉앞에 조동사를 쓰면 돼요.
두 개 이상의 단어가 합쳐져서 하나의 동사처럼 쓰이는 구동사의 수동태는 한 덩어리로 이루어져요.

Point 113   can/should/must ... + be + P.P. + (by+행위자)

↳ 조동사 뒤에는 항상 동사원형 be가 쓰여요.

Point 114   be동사 + P.P. + 구동사 나머지 + (by+행위자)
                        taken   care of

↳ 하나의 덩어리로 생각하면 돼요.

Point 113 조동사+be p.p.

- 조동사가 있는 문장의 수동태는 아래 표와 같이 나타내며, 조동사 뒤에는 항상 동사원형이 오므로, be동사의 원형인 be를 써야 해요.

조동사가 있는 문장의 수동태	조동사+be p.p.
	조동사+not+be p.p.
	조동사+주어+be p.p. ~?

---

613   This homework / **should be finished** / today.
　　　　　　주어　　　　　　　　　동사(조동사+be p.p.)　　　수식어
　　　　　이 숙제는　　 /　　끝나야 한다　　 /　　오늘.
（← I **should finish** this homework today.）

---

614   The river **can be seen** from far away.

615   This TV **can't be repaired**.

616   Shopping carts **must not be removed** from this area.

Point 114 구동사의 수동태

- look after, wake up 등과 같이 둘 이상의 단어가 합쳐져서 하나의 동사 역할을 하는 구동사의 수동태는 〈be p.p.+나머지 부분〉의 형태가 돼요.
- 구동사를 하나의 덩어리로 생각하면 돼요.

take care of → **be taken** care of

look after	~을 돌보다	ask for	~을 요청하다
take care of	~을 돌보다	wake up	~을 깨우다
bring up	~을 기르다	put off	~을 미루다, 연기하다
look up to	~을 존경하다	throw away	~을 버리다
lift up	~을 들어 올리다	laugh at	~을 비웃다

617 He **is looked after** / by his grandmother.

주어 ——— 동사 ——————— by+행위자

그는 돌봐진다 / 그의 할머니에 의해.

(← His grandmother **looks after** him.)

618 I **was woken up** by a noise at 4 a.m.

619 The game **was put off** because of the rain.

620 Tons of plastic cups **are thrown away** every year.

Check up
··· ● 천일비급 p.17

다음 우리말과 의미가 같도록 주어진 단어를 사용하여 문장을 완성하세요.

1 저녁식사는 6시 30분까지 준비될 수 있다. (can, prepare)

→ Dinner _____ by 6:30.

2 이 약은 서늘한 곳에 보관되어야 한다. (should, keep)

→ This medicine _____ in a cool place.

3 그의 아이디어는 사람들에 의해 비웃음을 받았다. (laugh at)

→ His idea _____ by people.

4 그는 이모 손에 키워졌다. (bring up)

→ He _____ by his aunt.

Unit Vocabulary

614 river 강 far away 멀리

615 repair 수리하다, 고치다

616 remove 치우다; 제거하다

area 지역, 구역

618 noise 소리; 소음

619 game 경기; 게임

rain 비; 비가 오다

620 tons of 아주 많은

cf. ton ((무게 단위)) 톤, 1000 킬로그램

plastic 플라스틱으로 된; 플라스틱

1 prepare 준비[대비]하다

2 keep(-kept-kept) 보관하다

medicine 약

cool 서늘한, 시원한 place 곳, 장소

UNIT 57 수동태의 관용적 표현

수동태에서 보통 행위자는 by를 사용해 나타내지만, by 대신 다른 전치사를 쓰기도 해요.
이러한 수동태 표현들은 숙어처럼 알아두는 것이 가장 좋아요.

Point 115 be동사 + P.P. + in/at/about/with/of/to ...

Point 116 be동사 + known +
as ~로서 (명칭, 별칭)
to ~에게 (대상)
for ~로 (이유)

Point 115 by 이외의 전치사를 쓰는 수동태

● 수동태가 '감정'이나 '상태' 등을 나타낼 때 by 이외에 다른 전치사를 쓰기도 해요. 다음 표현들은 숙어처럼 알아두면 좋아요.

감정을 나타내는 수동태 표현

be interested **in**	~에 흥미[관심]가 있다	be satisfied **with**	~에 만족하다
be surprised **at[by]**	~에 놀라다	be pleased **with[about]**	~에 대해 기뻐하다
be worried **about**	~에 대해 걱정하다	be disappointed **at[with, by]**	~에 실망하다
be excited **about**	~으로 들뜨다	be scared **of**	~을 두려워하다

상태를 나타내는 수동태 표현

be covered **with[in, by]**	~으로 덮여 있다	be related **to[with]**	~와 관련이 있다
be filled **with**	~로 가득 차 있다	be located **in[at]**	~에 위치해 있다
be crowded **with**	~로 붐비다	be engaged **in**	~에 종사하고 있다

---

621 He **is interested** / **in** fashion and art.

주어 ─ 동사 ─ 수식어
그는 관심이 있다 / 패션과 예술에.

622 Everyone **was surprised at** the news.

623 I'm **worried about** my future career.

624 **Are** you **satisfied with** your new haircut?

625 Her closet **is filled with** black clothes.

626 New Zealand **is located in** the Pacific Ocean.

Point 116 전치사에 따라 의미가 다른 수동태

● by 이외의 전치사를 쓰는 수동태 중에 전치사에 따라 의미가 조금씩 다른 경우가 있어요. 혼동하기 쉬우니 잘 알아두세요.

be known **as**	~로 알려져 있다 ((명칭, 별칭 등))
be known **to**	~에게 알려져 있다 ((대상))
be known **for**	~로 알려져 있다[유명하다] ((이유))

627 Hawaii **is known** / **for** its beautiful beaches.
주어　　　　동사　　　　　　수식어
하와이는 유명하다　　/　　아름다운 해변들로.

628 Dogs **are known as** man's best friend.

629 Her novel **is known to** everyone.

Check up ●───── 천일비급 p.18

다음 문장의 네모 안에서 어법상 알맞은 것을 고르세요.

1 Jerry is interested │in / by│ Korean history.

2 The restaurant is known │to / for│ its fresh seafood.

3 The old bicycles were covered │with / at│ dust.

A　알맞은 어법 고르기 ▶ 다음 문장의 네모 안에서 어법상 알맞은 것을 고르세요.

1 The Chinese | invented / was invented | the compass.

2 Clean plastic bottles | can be recycled / can recycle |.

3 Someone | stole / was stolen | my cell phone on the bus.

4 These cupcakes | bought / were bought | from the bakery.

5 Should the shirt | wash / be washed | in cold water?

6 The pictures | were not took / were not taken | by Timothy.

7 The students | clean / are cleaned | the classrooms on Fridays.

　문장 바꿔 쓰기 ▶ 다음 〈보기〉와 같이 주어진 문장을 수동태로 바꿔 쓰세요.

> 보기　My brother didn't make these sandwiches.
> →　_____These sandwiches weren't made by my brother_____ .

1 Lily didn't water the plants.

→ _____ .

2 You should return the library books today.

→ _____ today.

3 Did your brother fix the computer?

→ _____ ?

4 My grandmother grew these tomatoes.

→ _____ .

5 The photographer will take pictures of the flowers.

→ _____ .

A 1 Chinese 중국인; 중국(인)의 invent 발명하다 compass 나침반 **2** bottle 병 recycle 재활용하다 **3** steal(-stole-stolen) 훔치다 **4** cupcake 컵케이크 bakery 빵집, 제과점 **5** wash 세탁하다; 씻다 **B 1** water 물을 주다; 물 **2** return 반납하다; 돌아오다 **3** fix 고치다, 수리하다 **5** photographer 사진작가 take a picture 사진을 찍다

C 조건 영작하기 ▶ **다음 우리말과 의미가 같도록 주어진 단어를 사용하여 문장을 완성하세요.**

1 그 책은 테리에 의해 쓰이지 않았다. (write)

→ The book ＿＿＿＿＿＿＿＿ ＿＿＿＿＿＿＿＿ by Terry.

2 쓰레기는 지난주 토요일에 버려졌다. (throw away)

→ The trash ＿＿＿＿＿＿＿ ＿＿＿＿＿＿＿＿ ＿＿＿＿＿＿＿ last Saturday.

3 나는 내 할아버지의 건강에 대해 걱정한다. (worry)

→ I ＿＿＿＿＿＿＿ ＿＿＿＿＿＿＿＿ ＿＿＿＿＿＿＿ my grandfather's health.

4 그 고장 난 문은 오늘 밤까지 고쳐져야 한다. (fix, must)

→ The broken door ＿＿＿＿＿＿＿ ＿＿＿＿＿＿＿＿ ＿＿＿＿＿＿ by tonight.

5 그 원숭이들은 동물원에서 사육되었나요? (raise, the monkeys)

→ ＿＿＿＿＿＿ ＿＿＿＿＿＿＿ ＿＿＿＿＿＿＿ ＿＿＿＿＿＿ in the zoo?

6 그 건물은 그에 의해 설계될 것이다. (will, design)

→ The building ＿＿＿＿＿＿＿ ＿＿＿＿＿＿＿ ＿＿＿＿＿＿ by him.

D 서술형 맛보기 ▶ **다음 우리말과 의미가 같도록 조건에 맞게 문장을 완성하세요.**

조건	① play, the orchestra, the song을 사용할 것
	② 수동태를 이용하여 쓸 것
	③ 7 단어로 쓸 것
우리말	그 노래는 오케스트라에 의해 연주되었다.

→ ＿＿＿＿＿＿＿＿＿＿＿＿＿＿＿＿＿＿＿＿＿＿＿＿＿＿＿＿ .

C **2** trash 쓰레기   **3** health 건강   **4** broken 고장 난; 부러진   **5** raise 사육하다; 들어 올리다   **6** design 디자인하다, 설계하다; 디자인
D orchestra 오케스트라, 관현악단

CHAPTER
15

부정사

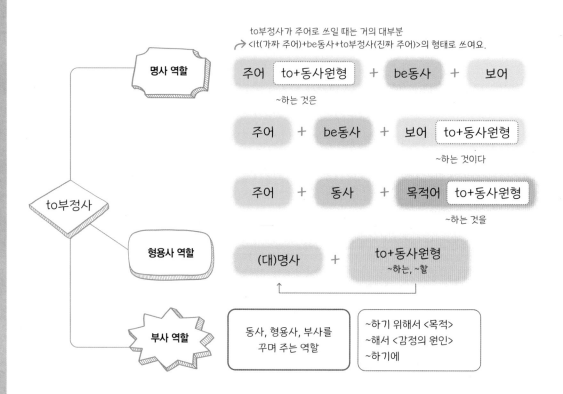

to부정사가 주어로 쓰일 때는 거의 대부분
↗ <It(가짜 주어)+be동사+to부정사(진짜 주어)>의 형태로 쓰여요.

명사 역할

| 주어 | to+동사원형 | + | be동사 | + | 보어 |

~하는 것은

| 주어 | + | be동사 | + | 보어 | to+동사원형 |

~하는 것이다

| 주어 | + | 동사 | + | 목적어 | to+동사원형 |

~하는 것을

to부정사

형용사 역할

| (대)명사 | + | to+동사원형 |

~하는, ~할

부사 역할

동사, 형용사, 부사를
꾸며 주는 역할

~하기 위해서 <목적>
~해서 <감정의 원인>
~하기에

to부정사는 〈to+동사원형〉의 형태로, 여기서 '부정'은 not의 부정이 아니라 '(어떤 역할인지) 정해지지 않았다'라는 의미예요. 일단 to부정사의 형태에서 알 수 있듯이, to부정사가 '동사'에서 비롯되었다는 것을 알아야 해요.

to부정사는,
① 동사처럼 〈**not/never**+to부정사〉와 같은 부정형이 가능해요.
② to feel <u>sleepy</u>, to eat <u>pizza</u>와 같이 뒤에 보어, 목적어 등을 가질 수 있어요.
③ 〈**for**+목적격〉의 형태로 주어를 가질 수 있어요. (➡ **Point 119**)
  ***for me* to solve** the problem **내가** 문제를 푸는 것

우리말과 한번 비교해볼까요? 우리말에서는 동사의 마지막 부분을 여러 가지로 바꿔 활용할 수 있어요. 예를 들어, '먹다'라는 동사를 '먹는, 먹어서, 먹는 것, 먹으려고, 먹을' 등으로 바꿔 쓸 수 있어요.

그런데 영어에서는 이렇게 다양한 의미를 〈to+동사원형〉인 to eat 하나로 나타낼 수 있어요.
다시 말해서, 〈to+동사원형〉이 문장에 쓰이면 여러 의미 중 알맞은 것으로 해석할 수 있어야 해요.

to부정사는 문장에서 명사, 형용사, 부사의 역할을 하는데, 여기서 가장 중요한 것은 각 역할을 구분하는 것보다 알맞게 해석하는 것이에요. 역할을 구분하는 문제가 학교 시험에서는 자주 출제되지만, 결국 올바르게 해석을 하면 어떤 역할인지도 자연스럽게 알 수 있기 때문이에요.

I want **to eat** some ice cream.	(먹는 것을: 목적어) → 명사 역할
To eat healthy food is important.	(먹는 것은: 주어) → 명사 역할
Can I get *something* **to eat**?	(먹을: something 수식) → 형용사 역할
The meat is *safe* **to eat**.	(먹기에: safe 수식) → 부사 역할

to부정사의 또 한 가지 중요한 역할이 있는데, 바로 문장에서 목적격보어 역할을 하는 거예요.
동사에 따라 목적격보어 자리에 〈to+동사원형〉 또는 〈동사원형(to가 없는 원형부정사)〉의 형태가 쓰이므로, 이러한 동사들을 구분해서 잘 알아 두어야 해요.

UNIT 58 명사 역할의 부정사

to부정사는 〈to+동사원형〉의 형태로, 명사처럼 쓰여 문장에서 주어, 목적어, 보어 역할을 할 수 있어요.

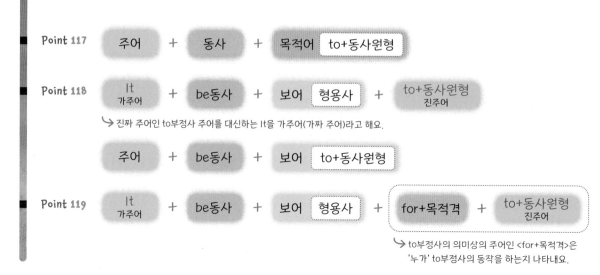

Point 117 | 주어 + 동사 + 목적어 to+동사원형

Point 118 | It 가주어 + be동사 + 보어 형용사 + to+동사원형 진주어
↳ 진짜 주어인 to부정사 주어를 대신하는 It을 가주어(가짜 주어)라고 해요.

주어 + be동사 + 보어 to+동사원형

Point 119 | It 가주어 + be동사 + 보어 형용사 + for+목적격 + to+동사원형 진주어
↳ to부정사의 의미상의 주어인 〈for+목적격〉은 '누가' to부정사의 동작을 하는지 나타내요.

Point 117 목적어로 쓰이는 to부정사

● to부정사는 동사의 목적어로 자주 쓰이는데, '~하는 것을, ~할 것을, ~하기로'라고 해석해요. 이때 아래 동사들은 주로 '미래'와 관련된 행동을 나타내요.

want to do	~하기를 원하다	**hope[wish]** to do	~하기를 바라다
decide to do	~하기로 결정하다	**need** to do	~하는 것을 필요로 하다
choose to do	~하기로 선택하다	**learn** to do	~하는 것을 배우다
plan to do	~하기로 계획하다	**like[love]** to do	~하는 것을 [아주] 좋아하다
expect to do	~할 것을 예상[기대]하다	**begin[start]** to do	~하는 것을 시작하다

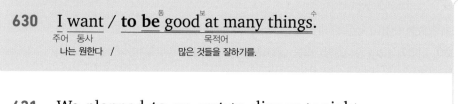

630   I want / **to be** good at many things.
       주어 동사   목적어
       나는 원한다 /   많은 것들을 잘하기를.

631   We planned **to go out** to dinner tonight.

632   The store decided **not to use** plastic bags.

633   She likes **to wear** bright colors.

TIP to부정사의 부정형은 to 바로 앞에 not이나 never를 쓰면 돼요.

TIP like, love, begin, start, hate 등은 to부정사와 동명사를 모두 목적어로 가질 수 있어요. (☞ Unit 62)

Point 118 주어, 보어로 쓰이는 to부정사

- **주어 역할**: 문장 맨 앞 주어 자리에 가주어(가짜 주어) it을 쓰고, 진주어(진짜 주어)인 to부정사는 문장의 뒤로 보낸 형태를 주로 쓰며 '~하는 것은'이라고 해석해요.
- **보어 역할**: to부정사가 be동사 바로 뒤에 오며, 주어를 보충 설명해주는 역할을 해요.

---

634 It is important / **to learn**^동 from your experiences.^수
　　가주어 동사　　보어　　　/　　　　　진주어
　　　(~은) 중요하다　　/　　　네 경험으로부터 배우는 것은.

　　(← **To learn** from your experiences is important.)

635 Her dream is / **to be**^동 a graphic designer.^보
　　　　주어　　동사　　/　　　　　보어
　　그녀의 꿈은 ~이다　/　그래픽 디자이너가 되는 것.

　　(Her dream = to be a graphic designer)

636 It is easy **to catch** a cold in winter.

637 My plan is **to travel** by bicycle.

> TIP 문장의 뒤로 보내진 to부정사가 진짜 주어이므로 '진주어'라고 해요. 가주어 It은 따로 해석하지 않아요.

> TIP to부정사가 be동사의 보어로 쓰이면, '주어=to부정사(~하는 것)'을 의미해요.

문법Plus it의 여러 가지 쓰임

❶ 대명사　　　**It** is too small for me. 그것은 나에게 너무 작아. (It: 그것은) (☞ 1권 Ch 07)
❷ 비인칭 주어　**It** is raining outside. 밖에 비가 내리고 있다. (It 해석 ×) (☞ 1권 Ch 07)
❸ 가주어　　　**It** is important **to eat** breakfast. 아침을 먹는 것은 중요하다. (It 해석 ×)
　　　　　　　　　└────=────┘

Check up ● 천일비급 p.20

다음 우리말과 의미가 같도록 주어진 단어를 사용하여 문장을 완성하세요.

1 나는 로봇 엔지니어가 되기를 바란다. (hope, be)

→ I _____ _____ _____ a robotics engineer.

2 조쉬는 기타 치는 것을 배우고 있다. (learn, play)

→ Josh is _____ _____ _____ the guitar.

3 반려동물을 돌보는 것은 쉽지 않다. (take)

→ _____ is not easy _____ _____ care of a pet.

Point 119 to부정사의 의미상의 주어: for+목적격

- to부정사는 동사의 성격을 가지고 있기 때문에 그 동작을 행하거나 상태를 나타내는 의미상의 주어가 있어요.
- to부정사의 의미상 주어는 문장의 주어와 구분하기 위해 to부정사 바로 앞에 〈for+목적격〉으로 나타내요. 주어처럼 '~이/가'라고 해석하면 돼요.
- 다음과 같은 구문에서 자주 쓰여요.

가주어+be동사	+형용사	+의미상의 주어	+진주어
It is It was	easy, difficult, hard, important, necessary, possible, impossible, dangerous 등	**for+목적격**	to부정사

638 It wasn't easy / *for me* to make new friends.
가주어 동사 보어 / 의미상의 주어 진주어
(~은) 쉽지 않았다 / 내가 새로운 친구를 사귀는 것은.

639 It is dangerous / *for a child* to swim alone.
가주어 동사 보어 / 의미상의 주어 진주어
(~은) 위험하다 / 어린이가 혼자서 수영하는 것은.

TIP 의미상의 주어가 대명사일 때는 for 뒤에 목적격(me, us ...) 형태로 써야 해요.

TIP 의미상의 주어가 명사일 때는 for 뒤에 그대로 써주면 돼요.

640 It is important *for teenagers* to get enough sleep.

641 Is it possible *for us* to live on Mars?

Check up
천일비급 p.20

다음 우리말과 의미가 같도록 주어진 단어를 사용하여 문장을 완성하세요.

1 그들이 규칙을 따르는 것은 필요하다. (they, to follow)

→ It is necessary _____ the rules.

2 우리가 그 결정을 내리는 것은 어려웠다. (we, to make)

→ It was difficult _____ the decision.

3 돼지가 하늘을 올려다보는 것은 불가능하다. (pigs, to look)

→ It is impossible _____ up into the sky.

Unit Vocabulary

638 make friends 친구를 사귀다
639 dangerous 위험한
alone 혼자, 홀로
640 teenager 십 대, 청소년
enough 충분한
sleep 잠, 숙면; 잠을 자다
641 possible 가능한
(↔ impossible 불가능한)
Mars 화성
1 follow 따르다; 따라가다
necessary 필요한
rule 규칙
2 difficult 어려운, 힘든
make a decision 결정을 내리다

형용사, 부사 역할의 부정사

to부정사는 문장에서 명사를 꾸며 주는 형용사의 역할을 하기도 하고, 동사나 형용사 등을 꾸며 주는 부사의 역할을 하기도 해요.

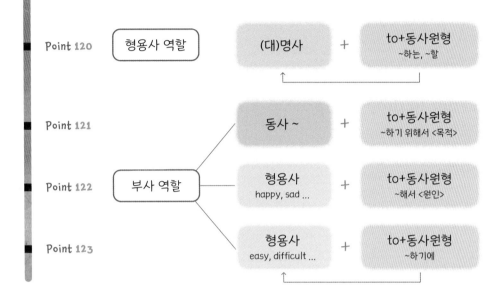

Point 120 형용사 역할: (대)명사+to부정사

- to부정사는 (대)명사 바로 뒤에 쓰여 명사를 꾸며 주는 형용사 역할을 해요. 이때 to부정사는 '~하는, ~할'로 해석해요.
- to부정사는 -thing, -one, -body 등으로 끝나는 대명사를 자주 꾸며 줘요.
- 〈(대)명사+to부정사〉 덩어리는 문장에서 주어, 목적어, 보어로 쓰여요.

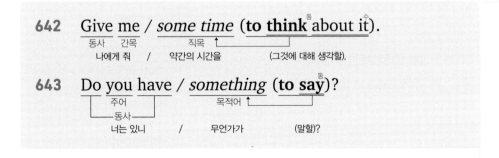

644　Camping is *a good way* **to enjoy** nature.

645　*The ability* **to keep** calm is one of her strengths.

Point 121 부사 역할: 목적

- to부정사의 부사 역할 중 가장 많이 쓰이는 의미로, '~하기 위해서'라고 해석해요. 문장의 동사가 나타내는 동작의 '목적'을 설명해줘요. (She ran **to catch** the bus. 그녀는 버스를 **타기 위해서** 달렸다.)
  동사　　to부정사(목적)

---

646 She went to England / **to study** English.
주어　　동사　　수식어　　　　　　수식어
그녀는 영국에 갔다 / 영어를 공부하기 위해.

647　Be careful **not to drop** that plate.

648　He is saving money **to buy** an electric bike.

649　The police came **to catch** the thief.

TIP 〈not+to부정사〉는 '~하지 않기 위해서'라고 해석해요.

TIP to부정사 바로 앞에 명사가 있다고 해서 무조건 명사를 꾸며 주는 것이 아니므로 해석에 주의하세요.

문법Plus '목적'의 의미를 강조하는 〈in order+to부정사〉

'목적'의 의미를 더 확실하게 나타내기 위해 to부정사 앞에 in order를 붙이기도 해요.
We arrived early **in order to get** a good seat. 우리는 좋은 자리를 잡으려고 일찍 도착했다.

Check up ··· ● 천일비급 p.22

A 다음 밑줄 친 to부정사구가 꾸며 주는 말에 동그라미 하세요.

1 I have many things <u>to do now</u>.

2 Here are some tips <u>to protect your health</u>.

3 Yesterday, she didn't have time <u>to sleep</u>.

B 다음 우리말과 의미가 같도록 주어진 단어를 올바르게 배열하세요.

1 나는 점심으로 먹을 것이 필요해. (eat / something / to)

→ I need _____ for lunch.

2 그녀는 법을 공부하기 위해 대학에 갔다. (to / law / study)

→ She went to college _____.

3 우리는 기차를 놓치지 않기 위해 달렸다. (the train / not / miss / to)

→ We ran _____.

Point 122 부사 역할: 감정의 원인

• to부정사 앞에 '감정을 나타내는 형용사'가 쓰일 경우, to부정사는 그러한 감정에 대한 원인을 설명하며,
  '～해서 …인[한]'으로 해석해요.

be glad to do	～해서 기쁘다	be sad to do	～해서 슬프다
be happy to do	～해서 행복하다	be sorry to do	～해서 미안하다
be excited to do	～해서 신이 나다	be surprised to do	～해서 놀라다
be pleased to do	～해서 즐겁다	be disappointed to do	～해서 실망하다

650 I was happy / **to hear** the good news.
　　　주어 동사 　보어　 　　　　수식어
　　　나는 행복했다 〈감정〉 / 　좋은 소식을 들어서. 〈원인〉

651 I'm sorry **to bother** you so late.

652 People were surprised **to see** the pink dolphins.

Point 123 부사 역할: 형용사+to부정사

• to부정사가 뒤에서 형용사를 꾸며 줄 때는 '～하기에 …인[한]'으로 해석해요.

be easy to do	～하기에 쉽다	be hard to do	～하기에 어렵다
be difficult to do	～하기에 어렵다	be good to do	～하기에 좋다

653 Sandwiches are *easy* / **to make** at home.
　　　　　　주어 　　　동사 　보어↑　　　수
　　　　샌드위치는 쉽다 　　/ 　집에서 만들기에.

654 His writing is *difficult* **to read**.

Check up ⋯⋯⋯⋯⋯⋯⋯⋯⋯⋯⋯⋯⋯⋯⋯⋯⋯⋯ ● 천일비급 p.22

다음 문장의 밑줄 친 부분을 알맞게 해석하세요.

1 Ted was pleased to meet his friends.

　→ 테드는 친구들을 _____.

2 Arabic is hard to learn.

　→ 아랍어는 _____.

Unit Vocabulary

650 news 소식; 뉴스
651 bother 귀찮게 하다,
신경 쓰이게 하다, 괴롭히다
late 늦게; 늦은
652 dolphin 돌고래
654 writing 손 글씨, 필체; 글
2 Arabic 아랍어; 아랍어의

UNIT 60 부정사를 포함한 주요 구문

to부정사는 〈의문사+to부정사〉의 형태로 문장에서 명사처럼 쓰일 수 있어요.
또한, to부정사는 〈too+형용사/부사〉나 〈형용사/부사+enough〉와 함께 쓰여 좀 더 자세한 의미를
나타내기도 해요.

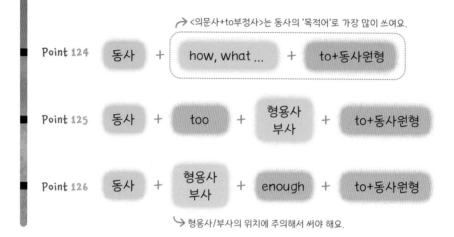

Point 124 의문사 + to부정사

- 〈의문사+to부정사〉는 명사처럼 쓰여 문장에서 주어, 목적어, 보어가 될 수 있어요.
- 주로 목적어나 직접목적어 자리에 자주 쓰여요.

how to do	어떻게 ~해야 할지[할 수 있는지], ~하는 방법	**where** to do	어디에서 ~해야 할지[할 수 있는지]
what to do	무엇을 ~해야 할지[할 수 있는지]	**when** to do	언제 ~해야 할지[할 수 있는지]

655 I don't know / **what to wear** tomorrow.
　　주어　　동사　　　　　　　　목적어
　　나는 모르겠다　/　내일 무엇을 입어야 할지를.

656 The key issue is **how to remove** the trash in the ocean.

657 Do you know **how to use** this machine?

658 Can you tell me **where to buy** the tickets?

Point 125 too+형용사/부사+to부정사

- to부정사 앞에 〈too+형용사/부사〉가 오면 '너무 ~해서 …할 수 없는'이라는 의미를 나타내요.

659 These pants are **too** *tight* / **to wear.**
　　　주어　　　　동사　　　보어
　　　이 바지는 너무 꼭 낀다　　　/　　　입기에.
　↳ 이 바지는 너무 꼭 끼어서 입을 수 없다.

TIP 〈too+형/부+to부정사〉는 직역하면 '~하기에 너무 한'이라는 의미이지만, '너무 ~해서 …할 수 없는'이라고 해석하는 것이 자연스러워요.

660 She was **too** *tired* **to get up** early.

661 You are **too** *young* **to wear** makeup.

Point 126 형용사/부사+enough+to부정사

- to부정사 앞에 〈형용사/부사+enough〉가 오면 '~할 만큼[~하기에] 충분히 …한'이라는 의미를 나타내요.

662 She is *old* **enough** / **to drive.**
　　　주어 동사　　　보어
　　　그녀는 충분히 나이가 들었다　/　운전할 만큼.

663 The robot is *strong* **enough to lift** heavy things.

문법Plus 〈too+형용사/부사〉와 〈형용사/부사+enough〉 뒤에도 의미상 주어인 〈for+목적격〉이 쓰일 수 있어요.

You walk **too** *fast* ***for me*** **to follow.** 너는 너무 빨리 걸어서 내가 따라갈 수 없어.
The clothes are *big* **enough** ***for me*** **to wear.** 그 옷은 내가 입기에 충분히 크다.

Check up ·· ● 천일비급 p.24

다음 문장의 밑줄 친 부분을 알맞게 해석하세요.

1 I learned how to play the piano.

→ 나는 ＿＿＿＿＿＿＿＿＿＿＿＿＿＿＿＿＿＿＿ 배웠다.

2 It was too expensive to buy.

→ 그것은 ＿＿＿＿＿＿＿＿＿＿＿＿＿＿＿＿＿＿＿.

3 The song is easy enough to sing.

→ 그 노래는 ＿＿＿＿＿＿＿＿＿＿＿＿＿＿＿＿＿.

Unit Vocabulary

656 key 중요한, 핵심적인; 열쇠
issue 이슈, 문제　remove 제거하다
trash 쓰레기　ocean 대양, 바다
657 machine 기계
659 tight 꽉 조이는[딱 붙는]
660 tired 피곤한
661 young 어린; 젊은
wear makeup 화장을 하다
662 old 나이가 ~인; 늙은
drive 운전하다
663 strong 강한, 힘센　lift 들어 올리다
heavy 무거운; (양이) 많은
2 expensive 비싼

목적격보어로 쓰이는 부정사

앞서 문장에서 목적어를 보충 설명하는 목적격보어 자리에는 명사, 형용사가 쓰일 수 있다고 배웠어요.
(☞ 1권 Ch 05) 그러나 명사, 형용사 외에도 to부정사나 to가 없는 부정사(원형부정사)도 올 수 있어요.
이때 목적격보어의 형태는 동사에 따라 결정되므로 이 동사들을 반드시 잘 알아 두어야 해요.

Point 127 동사 want, ask, tell ... + 목적어 + 목적격보어 to+동사원형

Point 128 동사 make/let, see/hear... + 목적어 + 목적격보어 동사원형

Point 127 목적어를 보충 설명하는 to부정사

• to부정사가 다음과 같은 동사들의 목적격보어 자리에 쓰이면 '목적어가 ~하다'라는 의미를 나타내요.

want+목적어+to do	목적어가 ~하기를 원하다	**allow**+목적어+to do	목적어가 ~하도록 허락하다
ask+목적어+to do	목적어가 ~하기를 요청[부탁]하다	**advise**+목적어+to do	목적어가 ~하도록 조언하다
tell+목적어+to do	목적어가 ~하도록 말하다	**expect**+목적어+to do	목적어가 ~하기를 예상[기대]하다

664 I **want** / you **to join** us.
　　　주어　동사　　　목적어　　　보어
　　　　나는 원해 /　네가 우리와 함께하기를.

TIP 이때 목적어(you)와 보어(to join us)는 의미상 '주어-동사'의 관계가 돼요.

665 They **asked** me **to show** my ID card.

666 The teacher **told** the students **to be** quiet.

667 Some zoos **allow** children **to touch** the animals.

668 I **advised** him **to see** a doctor.

Point 128 목적어를 보충 설명하는 원형부정사

• 동사에 따라 목적격보어 자리에 to가 없는 원형부정사(= 동사원형)가 오는 경우가 있어요.

다른 사람에게 그 행동이나 동작을 하게 한다는 의미의 '사역동사'가 쓰일 때

make+목적어+do	목적어가 ~하게 하다	**have**+목적어+do	목적어가 ~하게 하다
let+목적어+do	목적어가 ~하게 허락하다	**help**+목적어+(to) do	목적어가 ~하도록 돕다

감각 기관을 통해 대상을 인식하는 의미를 나타내는 '지각동사'가 쓰일 때

see, watch, look at+목적어+do	목적어가 ~하는 것을 보다
hear, feel, smell 등+목적어+do	목적어가 ~하는 것을 듣다, 느끼다, 냄새 맡다 등

669 Grandma **makes** / me **eat** vegetables / every day.
　　　　주어　　　동사　　목적어　　보어　　　수식어
　　　할머니는 (~하게) 하신다 / 내가 채소들을 먹도록 / 매일.

> **TIP** 이때 목적어(me)와 보어(eat vegetables)는 의미상 '주어-동사'의 관계가 돼요.

670 I **heard** / someone **shout** my name.
　　주어　동사　　목적어　　　보어
　　나는 들었다 / 누군가 내 이름을 소리치는 것을.

cf. I **heard** someone **shouting** my name.
　　(← Someone **was shouting** my name.)

> **TIP** 지각동사의 목적격보어 자리에는 동사의 -ing형도 자주 쓰이는데, 동작이 진행 중이라는 것을 강조해요.

671 Her parents **will let** her **have** a pet.

672 Olivia **helped** me **(to) learn** English.

> **TIP** 동사 help의 목적격보어로는 to부정사와 원형부정사 둘 다 가능해요.

673 Their fans **saw** them **sing and dance**.

Check up ·· ● 천일비급 p.26

다음 우리말과 의미가 같도록 주어진 단어를 사용하여 문장을 완성하세요.

1 나는 네가 나의 새 자전거를 타게 해줄게. (let, ride)

→ I will _____ my new bike.

2 존은 내가 그의 노트북 컴퓨터를 사용하는 것을 허락했다. (allowed, use)

→ John _____ his laptop.

3 나는 누군가 내 어깨를 톡톡 두드리는 것을 느꼈다. (felt, someone, tap)

→ I _____ me on the shoulder.

Unit Vocabulary

664 join 함께하다; 가입하다
665 ID card 신분증
666 quiet 조용한
668 see a doctor 의사의 진찰을 받다
669 vegetable 채소, 야채
670 shout 소리치다, 외치다
673 fan 팬; 선풍기
1 ride (탈 것을) 타다
2 laptop 노트북 컴퓨터
3 tap 두드리다
shoulder 어깨

Chapter Exercises 15

A

배열 영작하기 ▶ 다음 우리말과 의미가 같도록 주어진 단어를 올바르게 배열하세요.

1 나는 내 고양이들과 함께 더 많은 시간을 보내기를 바란다. (spend / to / hope)

→ I _____ more time with my cats.

2 기름진 음식을 피하는 것이 좋다. (is / avoid / good / to / it)

→ _____ greasy foods.

3 주디는 유럽으로 여행할 계획이 있다. (a plan / travel / has / to)

→ Judy _____ to Europe.

4 사라는 내가 컵케이크를 굽는 것을 도왔다. (me / to / helped / bake)

→ Sarah _____ cupcakes.

B

의미 파악하기 ▶ 다음 문장의 밑줄 친 부분을 알맞게 해석하세요.

1 It is important to use water carefully.

→ _____

2 I went out to buy a birthday present for my friend.

→ _____

3 He decided to visit the museum this Saturday.

→ _____

4 I don't know what to wear tomorrow.

→ _____

5 She is the first writer to become a billionaire.

→ _____

Ⓐ **1** spend (시간을) 보내다; (돈을) 쓰다 **2** avoid 피하다 greasy 기름기가 많은 Ⓑ **1** carefully 신중하게, 주의 깊게 **2** present 선물;
현재 **5** writer 작가 billionaire 억만장자

C

조건 영작하기 ▶ **다음 우리말과 의미가 같도록 주어진 단어를 사용하여 문장을 완성하세요.**

1 제이슨의 목표는 비행기 조종사가 되는 것이다. (a pilot, become)

→ Jason's goal is _____ .

2 네가 선생님의 말씀을 듣는 것은 중요하다. (you, listen to)

→ It is important _____ your teacher.

3 메리는 그녀의 개를 산책시키기 위해 집에 일찍 온다. (her dog, walk)

→ Mary comes home early _____ .

4 그 자동차는 6명이 탈 수 있을 만큼 충분히 크다. (enough, large, carry)

→ The car is _____ six people.

5 어머니는 내가 내 방을 청소하기를 원하셨다. (clean, want, me)

→ My mother _____ my room.

6 선생님께서는 그가 자리를 옮기도록 하셨다. (make, move, him)

→ The teacher _____ his seat.

D

서술형 맛보기 ▶ **다음 중 어법상 <u>어색한</u> 문장 <u>2개</u>를 찾아 그 기호를 쓰고, 어색한 부분을 고쳐 문장 전체를 다시 쓰세요.**

ⓐ I have some pictures show you.
ⓑ Peter chose to go to the movies alone.
ⓒ I saw him to play soccer with his friends.
ⓓ She was too tired to go out last night.
ⓔ Mom allowed me to go to the music festival.

→ _____ , _____

→ _____ , _____

C 1 pilot 비행기 조종사, 파일럿 goal 목표; 골, 득점 **3** walk 산책시키다; 산책하다, 걷다 **4** large 큰, 넓은; 많은 carry 나르다; 가지고[들고]가다 **6** seat 자리, 좌석 **D** choose(-chose-chosen) 선택하다 music festival 음악 축제

CHAPTER
16

동명사

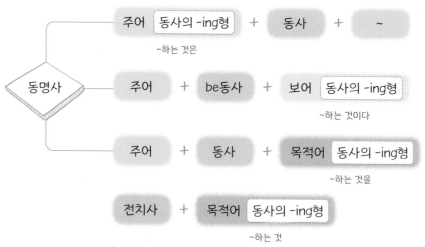

| 주어 | 동사의 -ing형 | + | 동사 | + | ~ |

~하는 것은

동명사

| 주어 | + | be동사 | + | 보어 | 동사의 -ing형 |

~하는 것이다

| 주어 | + | 동사 | + | 목적어 | 동사의 -ing형 |

~하는 것을

| 전치사 | + | 목적어 | 동사의 -ing형 |

~하는 것

↘ 전치사의 목적어 자리에는 항상 (대)명사가 쓰이므로 동명사도
올 수 있어요. 하지만, to부정사는 쓰일 수 없는 것에 주의하세요.

동명사란 동사원형 뒤에 -ing를 붙여 명사처럼 쓰는 것을 말해요. 동사의 -ing형은 진행형의 -ing형을 만드는 방법과 같아요. (➡ **Ch 04**)

그럼 동명사가 명사와 다른 점은 무엇일까요? 동명사도 to부정사와 마찬가지로 동사에서 나온 것이기 때문에 동사처럼 동명사 바로 뒤에도 보어, 목적어 등이 오거나 부사(구)의 꾸밈을 받을 수 있어요.

Playing the guitar is fun. 기타를 치는 것은 재미있다.
 → 대부분 동명사는 뒤에 딸린 어구가 있으며, 이 덩어리 전체를 '동명사구'라고 해요.

그리고 동명사는 문장에서 명사처럼 쓰이므로 주어, 보어, 목적어 자리에 올 수 있겠지요. 또한, 전치사의 목적어로도 쓰일 수 있어요.

<u>Eating</u> snacks before bed is a bad habit. 〈주어〉	**자기 전에 간식을 먹는 것은** 나쁜 습관이다.
My pleasure in life is **eating** chocolate. 〈보어〉	내 인생의 기쁨은 **초콜릿을 먹는 것이다.**
Many teenagers enjoy **eating** snacks. 〈목적어〉	많은 십 대들이 **간식 먹는 것을** 즐긴다.
You can get Vitamin C *by* **eating** fruit. 〈전치사의 목적어〉	당신은 **과일을 먹음으로써** 비타민 C를 섭취할 수 있다.

앞 챕터에서 배운 to부정사도 명사의 역할을 한다고 배웠는데, 동명사와 to부정사는 어떤 차이가 있을까요?

첫째, to부정사 주어는 동명사와는 다르게, 대부분 〈It(가주어) ~ to부정사(진주어)〉 형태로 쓰여요.
     (→ **It** is a bad habit **to eat** snacks before bed.)

둘째, to부정사와 동명사는 둘 다 동사의 목적어로 쓸 수 있지만, 동사에 따라 올 수 있는 말이 달라요.

동명사만 쓰는 동사	to부정사만 쓰는 동사	둘 다 쓰는 동사
enjoy, finish, practice, keep, mind 등	want, hope, plan, decide, expect 등	begin, start, like, love, hate 등

forget, remember, try처럼 목적어로 동명사와 to부정사 둘 다 쓰는데 뜻이 달라지는 동사들도 있어요.

셋째, 전치사의 목적어 자리에 to부정사는 쓰일 수 없어요.

위 내용들만 잘 알아 둔다면 동명사를 이해하는 것이 어렵지 않을 거예요.

UNIT 62 주어, 보어, 목적어로 쓰이는 동명사

UNIT 63 동명사 vs. to부정사

UNIT 64 동명사를 포함한 주요 표현

UNIT 62 주어, 보어, 목적어로 쓰이는 동명사

동명사는 명사처럼 쓰이므로 to부정사와 마찬가지로 문장에서 주어, 보어, 목적어 역할을 할 수 있어요.

Point 129

| 주어 | 동사의 -ing형 | + | 동사 | + | ~ |

| 주어 | + | be동사 | + | 보어 | 동사의 -ing형 |

Point 130

| 주어 | + | 동사 | + | 목적어 | 동사의 -ing형 |

↳ 동명사를 목적어로 쓰는 동사는
enjoy, finish, practice 등이 있어요.

Point 129 주어, 보어로 쓰이는 동명사

- 동명사 주어는 '~하는 것은, ~하기는'으로 해석해요. 주어로 쓰이는 to부정사가 주로 가주어 It을 쓰는 것과 다르게 동명사는 주어 자리에 그대로 쓰여요.

- 동명사 보어는 be동사 뒤에 쓰여 주어가 무엇인지 설명해주고, '~하는 것(이다), ~하기(이다)'로 해석해요.

674 **Being** honest / is very important.
　　　　주어　　　　　　동사　　　　보어
　　　　정직한 것은　 /　매우 중요하다.

675 My hobby is / **reading** fashion magazines.
　　　주어　　동사　　　　　　　　보어
　　　내 취미는 ~이다　/　 패션 잡지를 읽는 것.

676 **Speaking** other languages is an advantage.

677 Her job is **feeding** the animals at the zoo.

> TIP 동명사 주어 뒤에 오는 동사는 항상 단수형으로 써요.

> TIP 보어로 쓰인 동명사는 to부정 사로 바꿔 쓸 수 있어요.
> (My hobby is **to read** ~.)

> TIP 문장의 동사 바로 앞에 복수 명사가 올 때 동사 형태를 혼동하지 않도록 주의하세요. (Speaking other languages **are** ~. (✗))

문법Plus 진행형 vs. 동명사(보어)

'진행형'과 be동사 뒤에 보어로 쓰인 '동명사'는 모두 〈be동사+동사의 -ing형〉의 형태이므로, 해석에 주의하세요.

❶ She **is playing** basketball. 그녀는 농구를 하고 있다. 〈현재진행형: ~하고 있다〉
　　주어　　　동사

❷ Her hobby is **playing** basketball. 그녀의 취미는 농구를 하는 것이다. 〈동명사(보어): ~하는 것이다〉
　　주어 └────── = ──────┘ 보어

Point 130 목적어로 쓰이는 동명사

- 동명사도 to부정사와 같이 동사의 목적어로 자주 쓰이는데, '~하는 것을, ~한 것을, ~하기로'라고 해석해요.
- to부정사를 목적어로 쓰는 동사들과 구별하여 꼭 알아두세요. (☞ Unit 58)

enjoy doing	~하는 것을 즐기다	**give up** doing	~하는 것을 포기하다
finish doing	~하는 것을 끝내다	**avoid** doing	~하는 것을 피하다
stop doing	~하는 것을 멈추다	**mind** doing	~하는 것을 꺼리다
practice doing	~하는 것을 연습하다	**like[love]** doing[to do]	~하는 것을 [아주] 좋아하다
keep doing	~하는 것을 계속하다	**begin[start]** doing[to do]	~하는 것을 시작하다

678 Liam enjoys / **making** Korean food.
주어　동사　　　　　목적어
리암은 즐긴다 / 한국 음식 만드는 것을.

679 We finished **packing** for our trip.

680 The elevator suddenly stopped **working**.

681 A: Would you mind **waiting** for a while?

B: No, not at all.

Q 〈Would you mind+동사의 -ing형?〉는 '~해도 괜찮겠습니까?' 라는 뜻의 공손한 표현이에요.

Check up
● 천일비급 p.28

A 다음 문장에서 동명사구에 밑줄을 긋고, 어떤 역할을 하는지 고르세요.

1 Eating fast food is bad for your health.
　□ 주어　　□ 보어　　□ 목적어

2 She avoided answering the questions.
　□ 주어　　□ 보어　　□ 목적어

3 His dream is becoming an artist.
　□ 주어　　□ 보어　　□ 목적어

B 다음 빈칸에 주어진 단어를 알맞은 형태로 쓰세요.

1 We practiced _____ every day. (dance)

2 My brother kept _____ me questions. (ask)

3 I didn't expect _____ you here. (see)

Unit Vocabulary

674 honest 정직한
important 중요한
675 hobby 취미
magazine 잡지
676 language 언어
advantage 장점, 유리한 점
677 feed 먹이를 주다, 밥을 먹이다
679 pack (짐을) 싸다
680 elevator 엘리베이터
suddenly 갑자기
work (기계 등이) 작동되다; 일하다
681 for a while 잠시
A 1 health 건강
3 artist 화가, 예술가
B 3 expect 예상하다, 기대하다

동명사 vs. to부정사

동명사와 to부정사는 모두 명사처럼 쓰일 수 있지만, 쓰임이나 의미가 다른 경우가 있으므로 주의해서 사용해야 해요.

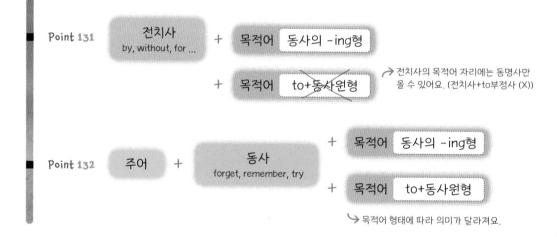

Point 131 전치사
by, without, for ... + 목적어 동사의 -ing형

+ 목적어 to+동사원형 ⟶ 전치사의 목적어 자리에는 동명사만 올 수 있어요. (전치사+to부정사 (X))

Point 132 주어 + 동사 forget, remember, try + 목적어 동사의 -ing형

+ 목적어 to+동사원형

↳ 목적어 형태에 따라 의미가 달라져요.

Point 131 전치사+동명사

- 전치사는 주로 〈전치사+(대)명사〉 형태로 쓰이는데, 전치사 뒤에 오는 (대)명사를 '전치사의 목적어'라고 해요.
- 동명사와 to부정사 모두 명사처럼 쓰일 수 있지만, 전치사의 목적어로는 반드시 동명사를 써야 해요. 전치사 뒤에 to부정사는 쓸 수 없어요. (for + make → for making (for to make (x)))

682 You can protect your skin / **by** wearing a hat.
주어 동사 목적어 전치사 전치사의 목적어
당신은 당신의 피부를 보호할 수 있다 / 모자를 씀으로써.

683 She passed me **without** saying hello.

684 Luna has a talent **for** making friends.

685 I'm thinking **about** getting a haircut.

Point 132 동명사 목적어 vs. to부정사 목적어

- 일부 동사는 동명사와 to부정사 둘 다 목적어로 가질 수 있지만, 둘 중 어떤 형태가 오는지에 따라 의미가 달라지는 경우가 있어요.
- 주로 동명사 목적어는 '과거/현재의 행동', to부정사 목적어는 '미래에 할 행동'을 의미해요.

동명사 목적어 (~했던 것을)		to부정사 목적어 (~할 것을)	
forget **doing**	~했던 것을 잊어버리다	forget **to do**	~할 것을 잊어버리다
remember **doing**	~했던 것을 기억하다	remember **to do**	~할 것을 기억하다
try **doing**	시험 삼아 ~해보다	try **to do**	~하려고 노력하다

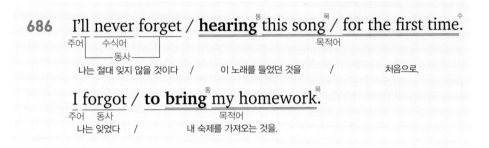

686 I'll never forget / **hearing** this song / for the first time.
주어 / 수식어 / 목적어 / 수
동사
나는 절대 잊지 않을 것이다 / 이 노래를 들었던 것을 / 처음으로.

I forgot / **to bring** my homework.
주어 동사 / 목적어
나는 잊었다 / 내 숙제를 가져오는 것을.

687 I remember **seeing** him somewhere.

Please remember **to take** your pills.

688 Have you tried **playing** this game?

The firefighters were trying **to put out** the fire.

> **문법Plus** 〈stop+동명사〉 vs. 〈stop+to부정사〉
>
> 동사 stop은 동명사만 목적어로 취할 수 있어요. 다만 stop 뒤에 to부정사가 오는 경우가 있는데, 이때 to부정사는 '~하기 위해'라는 '목적'의 의미를 나타내요. 문맥을 통해 알맞게 해석해야 해요.
> We **stopped looking at** the view and left. 우리는 경치를 **보는 것을** 멈추고 떠났다.
> We **stopped to look at** the view. 우리는 경치를 **보기 위해** 멈췄다.

Check up
● 천일비급 p.29

다음 문장의 네모 안에서 어법상 알맞은 것을 고르세요.

1 A: Can I borrow this book?
　B: Sure. Just remember | giving / to give | it back later.

2 My sister wears my clothes without | asking / to ask |.

3 You should not forget | feeding / to feed | your dog.

4 He has stopped | taking / to take | piano lessons.

 **UNIT 64** 동명사를 포함한 주요 표현

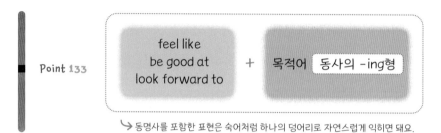

Point 133 | feel like
be good at
look forward to | + | 목적어 동사의 -ing형 |

↳ 동명사를 포함한 표현은 숙어처럼 하나의 덩어리로 자연스럽게 익히면 돼요.

Point 133 동명사를 포함한 주요 표현

• 다음과 같이 동명사가 숙어처럼 사용되는 표현들이 있어요.
대부분 전치사가 포함된 표현이므로 전치사 바로 뒤에 동명사를 쓴다고 생각하면 돼요.

go doing	~하러 가다
feel like doing	~하고 싶다
be worth doing	~할 만한 가치가 있다
be good at doing	~하는 것을 잘하다
be interested in doing	~하는 데 관심 있다
be afraid of doing	~하는 것을 무서워하다[두려워하다]
be worried about doing	~하는 것에 대해 걱정하다
Thank you for doing ~.	~한 것에 대해 감사해요.
How about doing ~?	~하는 게 어때?
look forward to doing	~하기를 기대하다
cannot[can't] help doing	~하지 않을 수 없다

689 My grandfather *goes* **fishing** / every week.
<u>　　　　　　</u>　　　<u>　　　</u>　　　<u>　　　　　</u>
주어　　　　　　동사　　　　　　수식어
나의 할아버지는 낚시하러 가신다　/　매주.

690 He *is good* / *at* **expressing** his feelings.
<u>　</u> <u>　　</u> <u>　　</u>　<u>　</u>　　<u>　　　　</u>　　　　동　　　　　　　목
주어 동사 보어　전치사　　　전치사의 목적어
그는 잘한다　/　　그의 감정을 표현하는 것을.

691 I *don't feel like* **talking** about it.

692 This movie *is worth* **watching**.

693 I'*m interested in* **learning** new things.

694 A: *Thank you for* **lending** me the book.

B: You're welcome.

695 We'*re looking forward to* **going** to the beach.

TIP look forward to의 to는 전치사예요. to부정사의 to와 헷갈리지 않도록 주의하세요.

696 We *couldn't help* **laughing** throughout the movie.

과거의 의미를 나타낼 때는 can 대신 could를 쓰면 돼요.

Check up ··· ● 천일비급 p.31

A 주어진 단어를 사용하여 대화를 완성하세요.

1 A: How about _____ to see a movie today? (go)

B: That's a good idea.

2 A: Is the museum worth _____? (visit)

B: Yes, it is.

3 A: What are you interested in?

B: I'm interested in _____ stories. (write)

B 다음 우리말과 의미가 같도록 주어진 단어를 사용하여 문장을 완성하세요.

1 그녀는 사람들 앞에서 말하는 것을 잘한다. (good, speak)

→ She_____ _____ _____ _____ in front of people.

2 나는 저녁 식사 후에 산책하고 싶어. (feel, take)

→ I _____ _____ _____ a walk after dinner.

A 알맞은 어법 고르기 ▶ 다음 문장의 네모 안에서 어법상 알맞은 것을 고르세요.

1 Watch / Watching action movies is exciting.

2 You should avoid drinking / to drink too much soda.

3 Spending time with my friends is / are important to me.

4 Donald and Sarah felt like go / going hiking yesterday.

5 I couldn't help get / getting here late. The bus was late.

6 He kept checking / to check the weather every few hours.

7 Mike and I stopped buying / to buy something to eat.

8 My grandma has a recipe for to make / making the best apple pie.

B 역할 파악하기 ▶ 다음 문장에서 동명사구를 찾아 밑줄을 긋고, 〈보기〉에서 알맞은 쓰임을 골라 그 기호를 쓰세요.

> 보기　　ⓐ 주어　　　　ⓑ 보어　　　　ⓒ 동사의 목적어　　　　ⓓ 전치사의 목적어

1 Thank you for being honest with me.

2 The dog suddenly started barking at us.

3 Getting up early is always difficult for me.

4 My favorite activity is walking around the park.

5 Did you try restarting the computer?

6 Learning a new language is not easy at all.

A 1 action movie 액션영화 exciting 신나는, 흥미진진한 **2** soda 탄산음료 **3** spend (시간을) 보내다, (돈을) 쓰다 **5** get 도착하다 late 늦게; 늦은 **6** check 확인하다 weather 날씨 **8** recipe 조리법, 레시피 **B 2** bark (개가) 짖다 **3** always 항상 difficult 어려운 **4** favorite 가장 좋아하는 activity 활동 **5** restart 다시 시작하다 **6** at all (부정문에서) 조금도 (~ 않은)

C 조건 영작하기 ▶ **다음 우리말과 의미가 같도록 주어진 단어를 사용하여 문장을 완성하세요.**

1 학생들은 학교 축제를 위해 노래하는 것을 연습했다. (practice, sing)

→ The students _____ for the school festival.

2 우리는 월드컵 경기들을 보는 것을 기대하고 있다. (look, forward, watch)

→ We are _____ the World Cup games.

3 나는 유럽 전역을 여행한 것을 절대 잊지 못할 것이다. (forget, travel)

→ I'll never _____ across Europe.

4 벤은 학교에 우산을 가져올 것을 기억했다. (remember, bring)

→ Ben _____ an umbrella to school.

5 나는 새 학교에서 친구를 사귀는 게 걱정돼. (worried, make)

→ I _____ friends at my new school.

D 서술형 맛보기 ▶ **다음 우리말과 의미가 같도록 조건에 맞게 문장을 완성하세요.**

조건ㅣ	① 동명사와 to부정사를 이용할 것
	② keep, exercise, be, healthy를 사용할 것
	③ 6 단어로 쓸 것
우리말ㅣ	그녀는 건강해지기 위해 운동하는 것을 계속한다.

→ _____ .

C **1** festival 축제 **3** across ~의 전역에 걸쳐 **D** exercise 운동하다; 운동 healthy 건강한

CHAPTER 1 7

분사

명사 수식 ─ -ing / P.P. + 명사

형용사 역할

명사 + -ing+~ / P.P.+~

↳ 분사 뒤에 딸린 어구가 있으면 명사 뒤에서 꾸며 줘요.

주격보어 ─ 주어 + 동사 + 보어 -ing / P.P.

목적격보어 ─ 주어 + 동사 + 목적어 + 보어 -ing / P.P.

부사 역할 ─ 분사구문 ─ 현재분사 -ing + ~ , 주절 주어+동사 ~ .

분사는 앞에서 배운 to부정사, 동명사와 마찬가지로 동사에서 온 것으로, 현재분사(-ing)와 과거분사 (p.p.) 두 종류가 있어요. 이름에 '현재', '과거'라는 말이 붙었지만 시제와는 관계가 없고, 의미에 따라 둘 중 알맞은 것을 사용해요.

현재분사(-ing)	〈동사원형+-ing〉	~하는, ~하고 있는 〈능동 또는 진행〉
과거분사(p.p.)	〈동사원형+-ed〉 또는 불규칙 변화 동사의 과거분사 형태	~하게 된, ~된 〈수동 또는 완료〉

현재분사는 동명사와 형태가 같지만, 역할이 전혀 달라요.
동명사는 동사를 활용하여 명사의 기능을 하고, 분사는 동사를 활용하여 형용사의 기능을 해요.

Playing soccer is fun. **축구를 하는 것은** 재미있다.
문장의 주어 역할 → 〈동명사: 명사 역할〉

The boys **playing** soccer are my friends. **축구를 하는** 그 남자아이들은 내 친구들이다.
앞의 명사 The boys를 꾸며 줌. → 〈현재분사: 형용사 역할〉

분사는 형용사의 역할을 하므로, 형용사처럼 명사를 꾸며 주거나 문장에서 보어로 쓰일 수 있어요.
이때, '수식받는 명사'와 '분사'의 관계, '주어 또는 목적어'와 '분사'의 관계를 잘 이해하여
현재분사(-ing)와 과거분사(p.p.) 중 알맞은 것을 쓸 수 있어야 해요.

They went to *the party* | holding / **held** | at school. 그들은 학교에서 열린 파티에 갔다.
→ 수식받는 명사 the party는 '열리게 된' 것이므로 수동 관계예요.

분사는 또한 분사구문을 만들어 문장에서 부사적인 역할을 하기도 해요.
분사구문은 다양한 의미를 나타낼 수 있는데, 자세한 내용은 Unit 68에서 배워볼게요.

Taking a walk, she drank some coffee. 그녀는 산책**하면서** 커피를 좀 마셨다.

명사를 꾸며 주는 분사

분사는 형용사처럼 쓰이므로 명사를 앞에서 또는 뒤에서 꾸며 줄 수 있어요.
의미에 따라 현재분사(-ing)와 과거분사(p.p.)를 사용해요.

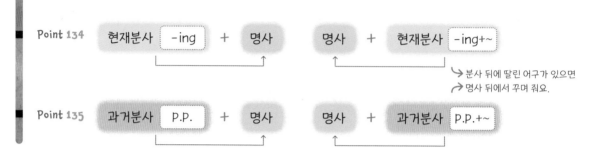

Point 134 명사를 꾸며 주는 현재분사(-ing)

- 현재분사(-ing)가 혼자 명사를 꾸밀 때는 명사 앞에, 뒤에 다른 어구가 올 때는 명사 뒤에 쓰여요.
- 현재분사는 '~하는(능동), ~하고 있는(진행)'의 의미를 나타내요. 꾸밈을 받는 명사가 현재분사의 동작을 직접 하거나 하고 있다는 것을 의미해요.

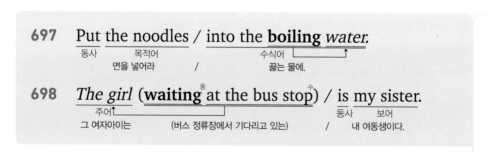

697 Put the noodles / into the **boiling** *water*.
　　　동사　목적어　　　　　　수식어
　　　면을 넣어라　　/　　끓는 물에.

698 *The girl* (**waiting** at the bus stop) / is my sister.
　　　주어　　　　　동　　　　　　　　　　동사　보어
　　　그 여자아이는　(버스 정류장에서 기다리고 있는)　/　내 여동생이다.

> **TIP** 주어(The girl)가 분사구의 수식을 받아 동사(is)와 멀리 떨어지게 되는 경우 동사의 수에 주의하세요.

699 This road is beautiful with the **falling** *leaves*.

700 Who is *the man* **sitting** next to Andy?

문법Plus ▶ 형태는 같지만 쓰임이 전혀 다른 현재분사와 동명사

현재분사는 명사를 꾸며 주는 '형용사 역할'을 하고, 동명사는 '명사 역할'을 해요.
❶ Who is that *boy* (**reading** a book)? 책을 읽고 있는 저 남자아이는 누구니? 〈현재분사: 형용사 역할〉

❷ That boy likes **reading** books. 저 남자아이는 책 읽는 것을 좋아한다. 〈동명사: 명사(목적어) 역할〉
　주어　동사　목적어

Point 135 명사를 꾸며 주는 과거분사(p.p.)

● 과거분사(p.p.)가 혼자 명사를 꾸밀 때는 명사 앞에, 뒤에 다른 어구가 올 때는 명사 뒤에 쓰여요.

● 과거분사는 '~하게 된(수동), ~된(완료)'의 의미를 나타내요.

701 I cut myself / on a piece of **broken** *glass*.
　　　주어 동사　목적어　　　　　　수식어
　　　나는 베였다　/　　　　깨진 유리 조각에.

702 There is / some *pizza* (**left** for you).
　　　동사　　　　주어
　　(~가) 있다　/　약간의 피자가　　(너를 위해 남아 있는).

703 The **injured** *man* was rushed to the hospital.

704 These are *the photos* **taken** by a drone.

문법 Plus 문장의 동사 vs. 과거분사

한 문장에 명사를 꾸며 주는 과거분사와 과거형 동사가 같이 나올 때, 문장의 동사를 혼동하지
않도록 주의하세요.

We **decided** to go to *a restaurant* **located** on the beach.
　　문장의 동사(과거형)　　　　　　　과거분사(p.p.)

우리는 바닷가에 위치한 식당에 가보기로 했다.

문법 Plus 〈be+-ing〉 형태에서 현재분사와 동명사 구분하는 방법

-ing가 '~하는 중이다'라는 뜻으로 진행의 의미를 나타내면 현재분사,
'~하는 것'이란 뜻으로 주어를 설명하면 동명사예요.

❶ Jane is **playing** soccer. (제인 ≠ 축구를 하는 것 → 현재진행형)
　　　　 ≠ 　　　　〈현재분사〉
　제인은 축구를 하고 있다.

❷ My hobby is **playing** the piano. (내 취미 = 피아노를 치는 것 → 명사(보어) 역할)
　　　　　 = 　　　　　〈동명사〉
　내 취미는 피아노를 치는 것이다.

Check up ···●천일비급 p.34

다음 굵게 표시된 단어에 주의하여 주어진 단어를 알맞은 형태로 바꿔 쓰세요.

1 Look at that _____ **boy** over there. (cry)

2 **The man** _____ glasses is my teacher. (wear)

3 This is **a book** _____ in the 1950s. (write)

Unit Vocabulary

697 noodle 면, 국수
boil 끓다, 끓이다
699 fall 떨어지다
701 cut oneself 베이다
piece 조각
703 injure 부상을 입다[입히다]
rush A to B A를 B로 급히 수송
하다[보내다] *cf.* rush 서두르다
704 drone 드론, 무인 항공기

UNIT 66 감정을 나타내는 분사

감정과 관련된 동사는 현재분사(-ing) 또는 과거분사(p.p.)의 형태로 많이 쓰여요.
이때 분사는 명사를 꾸며 주기도 하고 주어나 목적어를 설명해 주는 보어 역할도 할 수 있어요.

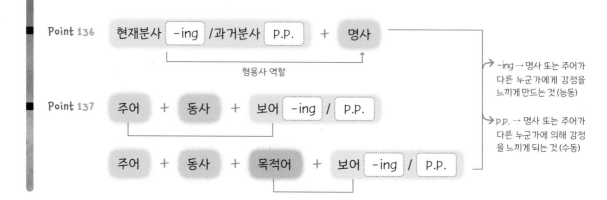

Point 136 감정을 나타내는 분사 + 명사

• 감정을 나타내는 분사가 명사를 꾸며 줄 때, 그 명사가 사람에게 감정을 일으키면 -ing(현재분사), 감정을 느끼게 되면 p.p.(과거분사)를 사용해요.

-ing (감정을 느끼게 만드는)		p.p. (감정을 느끼게 되는)	
surprising	놀라게 하는, 놀라운	surprised	놀란
amazing	(감탄스럽도록) 놀라운	amazed	놀란
exciting	신나게 하는, 신나는	excited	신이 난
interesting	흥미를 불러일으키는	interested	흥미 있어 하는
boring	지루하게 하는	bored	지루해하는
shocking	충격적인	shocked	충격을 받은
satisfying	만족시키는	satisfied	만족한
confusing	혼란시키는, 헷갈리는	confused	혼란스러워 하는, 헷갈려 하는
disappointing	실망시키는	disappointed	실망한
embarrassing	당황하게 하는	embarrassed	당황한
annoying	짜증 나게 하는	annoyed	짜증이 난
touching	감동을 주는, 감동적인	touched	감동한

705 Her accident was / **surprising** *news* / to us.

<u>Her accident</u> <u>was</u> / <u>**surprising** *news*</u> / <u>to us.</u>
　주어　　　　동사　　　　　　　보어　　　　수식어
그녀의 사고는 ~이었다 / 놀라운 소식 / 우리에게.

706 A **surprised** *look* appeared / on her face.

<u>A **surprised** *look*</u> <u>appeared</u> / <u>on her face.</u>
　　　　↑주어　　　　동사　　　　수식어
놀란 표정이 나타났다 / 그녀의 얼굴에.

707 I saw an **interesting** *documentary* about whales.

708 He has a few **annoying** *habits*.

709 **Disappointed** *fans* slowly left the stadium.

TIP 과거분사가 꾸며 주는 대상은 주로 사람인 경우가 많아요.

Point 137 주어나 목적어의 감정을 나타내는 분사

- 감정을 나타내는 분사는 보어 자리에 쓰여 주어나 목적어의 감정을 설명할 수 있어요.
- 주어나 목적어가 다른 누군가에게 감정을 일으키면 -ing(현재분사), 감정을 느끼게 되면 p.p.(과거분사)를 사용해요.

710 Everyone looked **surprised** / at the result.

<u>Everyone</u> <u>looked</u> <u>**surprised**</u> / <u>at the result.</u>
　주어　　　동사　　보어(p.p.)　　　　수식어
모두가 놀란 것처럼 보였다 / 그 결과에.

711 Traveling in winter makes / me so **excited**.

<u>Traveling in winter</u> <u>makes</u> / <u>me</u> <u>so **excited**.</u>
　　동　　　　　수　　　　　　　　　　　　　
　주어　　　　　　동사　　목적어　보어(p.p.)
겨울에 여행하는 것은 ~하게 한다 / 내가 매우 신나게.

712 Some of the road signs are very **confusing**.

713 The ending of the book was **disappointing**.

714 We found his attitude **annoying**.

715 She seemed very **interested** in editing videos.

716 The actor seemed **embarrassed** by the question.

Check up ·· ● 천일비급 p.35

A 다음 문장의 네모 안에서 어법상 알맞은 것을 고르세요.

1 He was exciting / excited about going on a trip.
Going on a trip is exciting / excited .

2 You can have a satisfying / satisfied lunch here.
I was satisfying / satisfied with today's lunch.

3 I'm interesting / interested in taking photos.
Taking photos is interesting / interested .

4 His long speech made people boring / bored .
His long speech was boring / bored .

B 다음 우리말과 의미가 같도록 주어진 단어를 사용하여 빈칸을 완성하세요.

1 혼란스러워하는 학생들 → _____ students (confuse)

2 충격적인 결과 → a _____ result (shock)

3 신나는 경험들 → _____ experiences (excite)

4 실망한 손님들 → _____ customers (disappoint)

5 감동을 주는 이야기 → a _____ story (touch)

 UNIT **67**

have+목적어+과거분사(p.p.)

동사 have 다음에 〈목적어+목적격보어(동사원형)〉가 오면 '목적어에게 어떤 행동을 하도록 하다[시키다]'라는 의미로 쓰여요. (☞ Ch 15)

이때 목적격보어 자리에 과거분사(p.p.)가 쓰이면 '목적어가 ~되도록 하다[당하다]'라는 의미를 나타내요.

Point 138

| 주어 | + | have | + | 목적어 | + | 보어 | P.P. |

↳ 목적어와 목적격보어(p.p.)는 수동 관계가 돼요.

Point 138 have+목적어+p.p.

- 〈have+목적어+목적격보어(p.p.)〉는 '(누군가를 시켜) 목적어가 ~되도록 하다' 또는 '목적어를 ~당하다'라는 의미로 쓰여요.

717 Where do you **have** / your hair **done**?
　　　의문사　　　주어　　　　　　목적어　보어(p.p.)
　　　　　　　　동사
　　너는 어디에서 (~되도록) 하니 / 네 머리가 완성되도록?
　↳ 너는 어디에서 머리를 하니?

718 We'll **have** a new air conditioner **installed**.

719 He **had** his left leg **broken**.

Check up
━━━━━━━━━━━━━━━━━━━ ● 천일비급 p.36

다음 문장의 네모 안에서 어법상 알맞은 것을 고르세요.

1 Nancy had her laptop ⟨steal / stolen⟩.

2 Did you have the car engine ⟨check / checked⟩?

3 Mom had my brother ⟨clean / cleaned⟩ his room.

Unit Vocabulary

718 air conditioner 에어컨
install 설치하다
719 left 왼쪽의; 왼쪽
1 laptop 노트북 컴퓨터
2 engine 엔진
check 살피다, 점검하다; 확인하다

분사구문은 분사를 이용하여 접속사(☞ Ch 18, Ch 19)가 있는 문장을 간단하게 줄인 형태를 말해요.

〈분사구문 만드는 법〉
① 접속사 생략
② 부사절과 주절의 주어가 같으면 부사절의 주어 생략
③ 부사절의 동사를 -ing형으로 바꾸기
④ 주절은 그대로 사용

Point 139

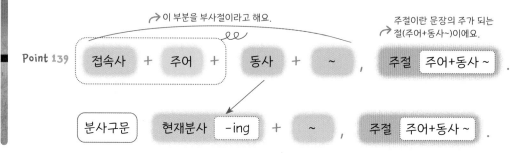

Point 139 분사구문

- 분사구문은 문장의 앞이나 뒤에 오며, 보통 콤마(,)로 구분해요.
- 분사구문은 문맥을 통해 자연스러운 의미를 찾아내야 하는데 주로 다음과 같은 의미로 쓰여요.

동시에 일어나는 두 동작	~하면서, ~한 채
시간	~할 때(when), ~하는 동안(while), ~한 후에(after)
이유	~이기 때문에(because, since, as)

720 I went to school, / **listening to** music.
　　 주어 동사 　　수식어
　　　　 나는 학교에 갔다. 　　　／ 　　 음악을 들으면서.

　 = **Going** to school, I listened to music. 〈동시동작〉

721 **Being** sick, / she canceled today's plan.
　　　　　　　　 주어　　 동사 　　　 목적어
　　 아파서. 　　／ 　　그녀는 오늘 계획을 취소했다.

　 ← *Because[Since, As]* she was sick, she canceled today's plan. 〈이유〉

722 **Eating** popcorn, we watched a movie.

723 **Arriving** home, I saw my grandmother cooking.

724 **Walking** along the street, I ran into my friend.

725 I found some old photos, **cleaning out** my desk.

726 **Feeling** tired, he went to bed early.

727 **Having** no time in the morning, I skipped breakfast.

문법 Plus ▶ 분사구문의 해석

같은 형태의 분사구문이라 하더라도, 앞뒤 문맥에 따라 해석이 달라질 수 있어요.

- **Listening to music**, I didn't hear the doorbell. 음악을 듣고 있어서, 나는 초인종 소리를 못 들었다.
  (← *Because[Since, As]* I was listening to music, I didn't hear the doorbell.) <이유>

- **Listening to music**, I take a walk. 음악을 들으면서 나는 산책을 한다.
  (← I listen to music. + I take a walk.) <동시동작>

Check up 천일비급 p.37

다음 문장의 밑줄 친 부분을 분사구문으로 고쳐 쓰세요.

1 Because I felt hungry, I went to a restaurant.

→ _____, I went to a restaurant.

2 My sister baked some cookies while she was waiting for me.

→ My sister baked some cookies, _____.

3 After I finished my homework, I went to play soccer.

→ _____, I went to play soccer.

4 When she heard the noise, she looked around.

→ _____, she looked around.

Unit Vocabulary

720 listen to ~을 듣다
721 cancel 취소하다
plan 계획; 계획하다
722 popcorn 팝콘
724 walk along ~을 따라 걷다
run into ~와 우연히 만나다; ~로 뛰어 들어가다
725 clean out ~을 깨끗이 치우다, 말끔히 청소하다
727 skip 거르다, 빼먹다; 깡충깡충 뛰다
4 noise (시끄러운) 소리, 소음
look around (~을) 둘러보다, 돌아보다

A 알맞은 어법 고르기 ▶ **다음 문장의 네모 안에서 어법상 알맞은 것을 고르세요.**

1 Do you know the boy singing / sung on the stage?

2 The exciting / excited tourists took many pictures.

3 The baker made a cake decorating / decorated with fruit.

4 Ben can't play soccer because of his breaking / broken leg.

5 The director's new movie was disappointing / disappointed .

6 We are in a very embarrassing / embarrassed situation.

7 My uncle had his truck checking / checked by the mechanic.

B 알맞은 형태 쓰기 ▶ **다음 우리말과 의미가 같도록 주어진 단어를 빈칸에 알맞은 형태로 쓰세요.**

1 그 뮤지컬은 매우 감동적이었다. (touch)

→ The musical was very _____.

2 나는 나의 할머니가 요리하신 음식을 먹는 것을 좋아한다. (cook)

→ I like to eat the food _____ by my grandma.

3 소방관들은 불타는 건물 안으로 뛰어 들어갔다. (burn)

→ Firefighters ran into the _____ building.

4 내 고양이는 그 커다란 개를 보고 놀랐다. (surprise)

→ My cat was _____ at seeing that big dog.

5 켈리는 밧줄을 단단히 잡은 채로 암벽을 올랐다. (hold)

→ Kelly climbed the rock, _____ the rope tightly.

A 1 stage 무대; 단계 2 tourist 관광객 3 baker 제빵사 decorate 장식하다 5 director (영화 등의) 감독; 책임자, 관리자 6 situation 상황 7 mechanic 정비사 **B** 1 musical 뮤지컬 3 firefighter 소방관 5 hold 잡고[들고] 있다 rope 밧줄 tightly 단단히, 꽉

C

조건 영작하기 ▶ 다음 우리말과 의미가 같도록 주어진 단어를 사용하여 문장을 완성하세요.

1 책을 읽고 있는 그 여자아이는 내 여동생이다. (the girl, read, a book)

→ _____ _____ _____ _____ _____ is my sister.

2 그 선생님은 피터의 거짓말에 실망했다. (the teacher, be, disappoint)

→ _____ _____ _____ _____ with Peter's lie.

3 이 은행은 100년 전에 지어진 유명한 건물이다. (a, famous, building, build)

→ This bank is _____ _____ _____ _____ 100 years ago.

4 그녀는 절대 그 놀라운 여행을 잊지 않을 것이다. (forget, that, amaze, trip)

→ She will never _____ _____ _____ _____ .

5 그 소식을 듣고, 앤디는 기뻐서 펄쩍펄쩍 뛰었다. (hear, the news)

→ _____ _____ _____ , Andy jumped with joy.

D

서술형 맛보기 ▶ 다음 우리말과 의미가 같도록 조건에 맞게 문장을 완성하세요.

1

조건	① run, a store, hot dogs, Nate, sell을 사용할 것 ② 8 단어로 쓸 것
우리말	네이트는 핫도그를 파는 가게를 운영하고 있다.

→ _____ .

2

조건	① wait for, talk, the bus, on the phone을 사용할 것 ② 9 단어로 쓸 것
우리말	그녀는 통화하면서 버스를 기다렸다.

→ _____ .

C 2 lie 거짓말; 거짓말하다 **4** forget 잊다 **5** joy 기쁨 **D** 1 run (가게 등을) 운영하다, 경영하다; 달리다 sell 팔다 **2** talk on the phone 통화하다

접속사 Ⅰ

↪ 문법적으로 같은 성분을 대등하게 연결해요.

and, but, or	단어	+	and, but, or	+	단어
	구*	+	and, but, or	+	구
	절**	+	and, but, or	+	절

*구: 주어와 동사 없이 단어가 두 개 이상 모여 있는 것.
**절: 주어와 동사가 포함된 단어들의 모임.

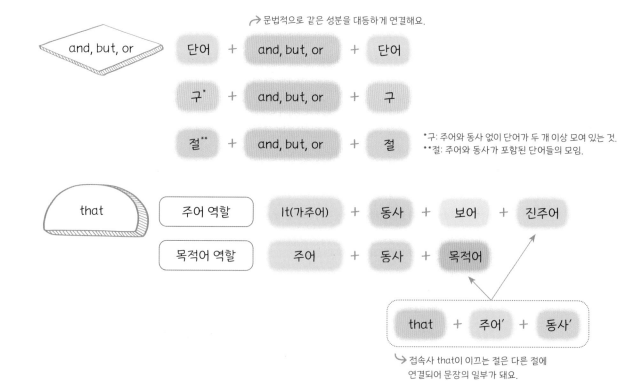

| that | 주어 역할 | It(가주어) | + | 동사 | + | 보어 | + | 진주어 |
| | 목적어 역할 | 주어 | + | 동사 | + | 목적어 | | |

that + 주어′ + 동사′

↪ 접속사 that이 이끄는 절은 다른 절에
연결되어 문장의 일부가 돼요.

우리말과 영어 모두 '그리고, 그래서, 그러나, 그러므로' 등과 같이 단어와 단어, 구와 구, 절과 절을 이어 서로 연결해주는 역할을 하는 접속사가 있어요. 영어의 접속사는 크게 두 가지로 구분할 수 있어요.

첫째, 단어와 단어 또는 구와 구, 절과 절을 대등*하게 연결해주는 접속사예요.
and, but, or 등과 같은 접속사로, 이러한 접속사들이 다른 단어와 짝을 이루어 만드는
〈both A and B〉, 〈either A or B〉 등과 같은 접속사들도 있어요.
*대등: 서로 비교했을 때 높고 낮음이나 낫고 못함이 없이 비슷함.

둘째, 〈주어+동사 ~〉로 이루어진 절과 다른 절을 연결해주는 접속사가 있어요.
이때 절과 절은 서로 그 관계가 대등하지 않고, 접속사가 이끄는 절이 다른 절에 '속하게' 된다고 해서
'종속절'이라고 불러요.
대표적인 접속사로는 that, when, because 등이 있는데, 이 챕터에서는 that에 대해 중점적으로
배우고, 그 외 다양한 접속사들은 챕터 19에서 배우게 될 거예요.

그렇다면 여기서 '대등하게 연결'한다는 의미는 무엇일까요? 다음 예문을 통해 그 의미를 알 수 있어요.

Nora ordered *bulgogi* , and it tasted great .   노라는 불고기를 주문했고, 그것은 정말 맛있었다.

↳ 절과 절을 '대등하게' 연결해요.

She thought that Korean food was very tasty .   그녀는 한국 음식이 매우 맛있다고 생각했다.
주어   동사   목적어

↳ 접속사가 이끄는 절이 다른 절(She thought)에 '속하게' 돼요.

and, but, or 등과 같은 접속사가 연결하는 어구들은 대등하다고 했으므로, 문법적으로 성분이 같아야
한다는 것을 꼭 기억하세요. 예를 들어, '명사 and 형용사'처럼은 연결할 수 없어요.
We planted trees and beautiful. (✗)
→ We planted *trees* and beautiful *flowers*. (○)   우리는 나무들과 아름다운 꽃들을 심었다.

문장 안에 접속사가 쓰이면 문장이 점점 길어지기 때문에 문장의 구조와 접속사 앞뒤의 관계를 잘 파악
하는 것이 정말 중요해요.

UNIT **69**   접속사 and, but, or

UNIT **70**   짝을 이루는 and, but, or

UNIT **71**   that으로 시작하는 명사절

접속사 and, but, or

and, but, or는 문법적으로 성격이 같은 것들을 연결해주는 접속사예요.
명사와 명사, 형용사와 형용사, 동사와 동사처럼 성격이 같은 두 성분을 연결해요.

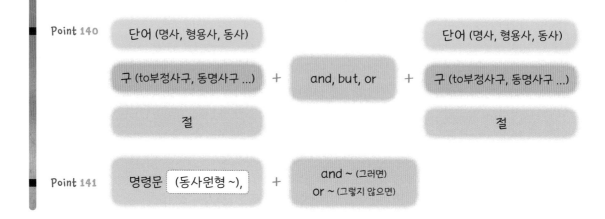

Point 140 and, but, or

- 접속사 and, but, or의 의미와 쓰임은 다음과 같아요.

and	~ 과[와], 그리고	같은 성격의 단어와 단어, 절과 절을 연결
but	그러나, 하지만	서로 반대되거나 대조되는 내용을 연결
or	또는, 아니면	연결된 것 중에서 선택을 의미

- and, but, or가 연결하는 어구는 문법적으로 성격이 같아야 해요.

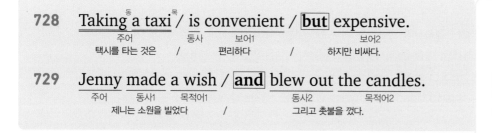

728 Taking a taxi / is convenient / **but** expensive.
　　　 주어　　　　　　 동사　　　 보어1　　　　　　　　 보어2
　　　택시를 타는 것은 / 편리하다 / 하지만 비싸다.

729 Jenny made a wish / **and** blew out the candles.
　　 주어　 동사1　 목적어1　　　　　 동사2　　　 목적어2
　　　제니는 소원을 빌었다 / 그리고 촛불을 껐다.

> **TIP** 접속사가 동사와 동사를 연결할 때는 동사의 수와 시제가 서로 일치해야 해요.

730 Your package will arrive in two **or** three days.

731 Can you come here **and** help me?

732 I want to travel **and** learn more about other cultures.

> **TIP** and, but, or가 to부정사를 연결할 때, 뒤에 오는 to는 생략할 수 있어요.

733 Start the day by jogging **or** stretching.

734 He had many difficulties, **but** he didn't give up.

TIP and, but, or는 콤마를 사용하여 문장과 문장을 연결할 수 있어요.

Point 141 명령문, and[or] ~

• 명령문 뒤에 and나 or가 이끄는 절이 오면 각각 다른 의미를 나타내요.

명령문, and ~.	…하라, **그러면** ~할 것이다.
명령문, or ~.	…하라, **그렇지 않으면** ~할 것이다.

735 **Take a rest**, // **and** you will feel better.
　　명령문　　　　　주어　　동사　　보어
　　쉬어라,　//　　그러면 너는 기분이 나아질 것이다.

TIP and 뒤에는 지시한 행동의 결과를 나타내요.

736 **Put on your boots**, // **or** your feet will get wet.
　　　명령문　　　　　주어　　동사　　보어
　　네 장화를 신어라,　//　그렇지 않으면 네 발이 젖을 것이다.

TIP or 뒤에는 지시한 행동을 하지 않을 경우의 결과를 나타내요.

737 **Take this medicine, and** your fever will go down.

738 **Don't sit there, or** your pants will get dirty.

Unit Vocabulary
728 convenient 편리한
expensive 비싼
729 make a wish 소원을 빌다
blow out (불 등을 불어서) 끄다
730 package 소포, 택배
732 culture 문화
733 stretch 스트레칭을 하다
734 difficulty 어려움
give up ~을 포기하다
735 take a rest 휴식을 취하다
736 put on ~을 신다[입다, 착용하다]
737 take medicine 약을 먹다[복용하다] fever 열 go down 내려가다
1 seat 자리, 좌석

Check up
● 천일비급 p.40

다음 문장의 네모 안에서 어법상 알맞은 것을 고르세요.

1 She found a seat and │ sits / sat │ down.

2 Clean your room now, │ and / or │ Mom will be angry.

3 They walked on the ice slowly and │ careful / carefully │.

UNIT 70

짝을 이루는 and, but, or

and, but, or는 다른 단어들과 짝을 이루어 접속사 역할을 하기도 해요.

Point 142
Point 143

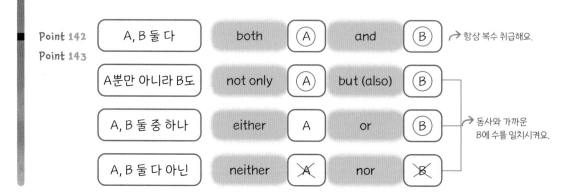

A, B 둘 다	both Ⓐ and Ⓑ	→ 항상 복수 취급해요.
A뿐만 아니라 B도	not only Ⓐ but (also) Ⓑ	
A, B 둘 중 하나	either A or Ⓑ	→ 동사와 가까운 B에 수를 일치시켜요.
A, B 둘 다 아닌	neither A̸ nor B̸	

Point 142 짝을 이루는 접속사

● 다음과 같은 접속사는 항상 짝을 지어 사용하므로 앞뒤를 연결해서 이해해야 해요.

both A and B	A와 B 둘 다	either A or B	A와 B 둘 중 하나
not only A but (also) B = B as well as A	A뿐만 아니라 B도	neither A nor B	A와 B 둘 다 아닌

● 짝을 이루는 접속사가 연결하는 어구 또한 문법적으로 성격이 같아야 해요.

739   Emily is good / at **both** hockey **and** soccer.
     주어   동사   보어   수식어
     에밀리는 잘한다 /   하키와 축구 둘 다를.

> **TIP** 〈both A and B〉는 A와 B 둘 다 포함되는 것을 강조하고, 〈not only A but (also) B〉는 A보다 B를 더 강조해요.

740   The movie was / **not only** funny / **but also** touching.
     주어   동사   보어1   보어2
     그 영화는 ~이었다 /   재미있을 뿐만 아니라 /   감동적이기도.
     (= The movie was touching **as well as** funny.)

> **TIP** but 뒤에 오는 also는 생략할 수 있어요.

741   I like **not only** watching **but also** playing soccer.

742   The writer **not only** wrote the story **but also** drew the pictures.

> **TIP** 짝을 이루는 접속사가 동사를 연결할 때는 동사의 수와 시제가 일치해야 해요.

743 We can **either** order food **or** eat out for dinner.

744 The store staff was **neither** friendly **nor** helpful.

Point 143 짝을 이루는 접속사의 수일치

- 짝으로 이루어진 접속사가 주어 자리에 올 때, 동사에 가장 가까운 주어 B에 동사의 수를 일치시켜요.
- 〈both A and B〉는 항상 복수 취급하므로, 주어로 쓰일 경우 복수 동사를 써야 해요.

745 **Both** Ted **and** I / *were* late / for school.
　　　 　주어　 　　동사　보어　　 수식어
　　　테드와 나는 둘 다 / 지각했다 / 학교에.

746 **Either** you **or** your sister *has* to clean the living room.

747 **Neither** my dad **nor** I *like* shopping.

> **문법Plus** 〈B as well as A〉의 수일치
> 〈B as well as A〉에서는 A가 동사와 가깝지만 B를 강조하는 표현이므로 B에 수를 일치시켜요.
> *I* as well as <u>my brother</u> **like** playing soccer. 나의 형뿐만 아니라 나도 축구를 하는 것을 좋아한다.
> (= Not only <u>my brother</u> but also *I* **like** playing soccer.)

Check up
● 천일비급 p.42

다음 밑줄 친 부분을 어법상 알맞은 형태로 고쳐 쓰세요.

1 You can have <u>neither</u> tea or juice. 　→ _____

2 Both Tom and Brian <u>is</u> from Canada. 　→ _____

3 He looked neither surprised <u>or</u> worried. 　→ _____

4 I played both soccer <u>or</u> basketball in school. 　→ _____

5 She can speak not only English <u>and</u> Chinese. 　→ _____

Unit Vocabulary

739 hockey 하키
740 funny 재미있는
touching 감동적인
742 writer 작가
write(-wrote-written) 쓰다
draw(-drew-drawn) 그리다
743 order 주문하다; 주문
eat out 외식하다
744 store 가게 staff 점원, 직원
friendly 친절한 helpful 도움이 되는
746 living room 거실
3 surprised 놀란 worried 걱정하는
5 Chinese 중국어; 중국(인)의

UNIT 71 that으로 시작하는 명사절

명사절이란 문장에서 주어, 목적어, 보어와 같은 명사 역할을 하는 절을 의미해요.
접속사 that은 〈that+주어+동사 ~〉 형태의 절을 이끌고, 문장에서 명사처럼 주어, 목적어, 보어 역할을 할 수 있어요.

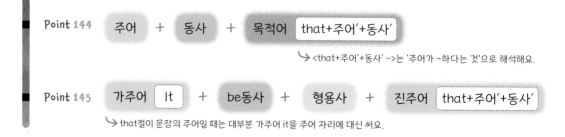

Point 144 | 주어 | + | 동사 | + | 목적어 | that+주어'+동사' |

↳ 〈that+주어'+동사' ~〉는 '주어가 ~하다는 것'으로 해석해요.

Point 145 | 가주어 It | + | be동사 | + | 형용사 | + | 진주어 | that+주어'+동사' |

↳ that절이 문장의 주어일 때는 대부분 가주어 it을 주어 자리에 대신 써요.

Point 144 목적어로 쓰이는 that절

● that이 이끄는 명사절은 문장의 목적어로 가장 많이 쓰여요. 이때 that은 종종 생략해요.

that절을 목적어로 쓰는 동사

I **think** that	나는 ~하다고 생각하다	I **hear** that	나는 ~하다고 듣다
I **believe** that	나는 ~하다고 믿다	I **hope** that	나는 ~하길 바라다
I **say** that	나는 ~하다고 말하다	I **mean** that	나는 ~하다는 것을 의미하다
I **know** that	나는 ~하다는 것을 안다	I **guess** that	나는 ~하다고 추측하다
I **imagine** that	나는 ~하는 것을 상상하다	I **make sure** that	나는 ~임을 확인하다

748 I think // **that** you can do it.
주어 동사 // 목적어
나는 생각해 // 네가 그것을 할 수 있다고.

> **TIP** 목적어로 쓰이는 that절의 접속사 that은 실생활에서 생략하는 경우가 많아요. (I think you can do it.)

749 My little brother believes **that** aliens exist.

750 She said **that** the story was true.

751 He knew **that** something was wrong with his car.

752   I heard **that** you were looking for me.

753   Many people hope **that** the world becomes
a better place.

754   The road sign means **that** the bike path ends.

Point 145   주어로 쓰이는 that절

- that절이 주어 역할을 할 때는 주로 주어 자리에 가주어 it을 대신 두고, 진짜 주어인 that절은 문장 뒤로 보내요.
- 〈It is+형용사+that+주어+동사 ~〉의 형태로 자주 쓰이며, '주어가 ~하다는 것은 …하다'라고 해석해요.

755   **It is interesting // that some animals can dream.**
     가주어 동사   보어   진주어
     (~은) 흥미롭다   //   일부 동물들이 꿈을 꿀 수 있다는 것은.
(← **That** some animals can dream is interesting.)

756   It's strange **that** Lucy hasn't arrived. She is always
on time.

Check up
● 천일비급 p.43

다음 우리말과 의미가 같도록 빈칸에 알맞은 말을 쓰세요.

1 우리는 그 시험이 어려웠다고 생각했다.

     → We _____ _____ the exam was difficult.

2 나는 네가 곧 회복하기를 바라.

     → I _____ _____ you get better soon.

3 마이크가 병원에 입원해 있다는 것은 사실이다.

     → _____ is true _____ Mike is in hospital.

Unit Vocabulary

749 little brother 남동생
alien 외계인, 우주인
exist 존재하다
750 true 사실인
751 know(-knew-known) 알다
wrong 잘못된; 틀린
752 look for ~을 찾다
753 world 세상; 세계   place 곳, 장소
754 road sign 도로 표지판
path 길   end 끝나다; 끝
755 interesting 흥미로운, 재미있는
dream 꿈을 꾸다; 꿈
756 strange 이상한
be on time 제시간에[정각에] 오다
2 get better 회복하다   soon 곧
3 be in hospital 입원해 있다

A 배열 영작하기 ▶ **다음 우리말과 의미가 같도록 주어진 단어를 올바르게 배열하세요.**

1 그는 샐러드와 스테이크 둘 다 주문했다. (both / and / steak / salad)

→ He ordered _____.

2 나는 숀이 내 선물을 좋아하기를 바란다. (my gift / that / Sean / likes)

→ I hope _____.

3 그 요리는 아주 맛있을 뿐만 아니라 건강에도 좋다. (but also / delicious / healthy / not only)

→ The dish is _____.

4 조용히 해, 그렇지 않으면 네 할머니가 깨실 거야. (wake up / your grandma / or / will)

→ Be quiet, _____.

B 알맞은 어법 고르기 ▶ **다음 문장의 네모 안에서 어법상 알맞은 것을 고르세요.**

1 Both Cathy or / and I don't like hamburgers.

2 Either / Neither Amy nor Peter knows the answer.

3 Neither Ben nor his sister was / were watching TV.

4 Both Dan and Fred go / goes to that school.

5 Be kind to others, and / or they will be nice to you.

6 The new phone is not only cheap and / but also fast.

7 My brother and I went to the park and have / had a race.

8 I like to meet new people and make / making new friends.

A 1 steak 스테이크 order 주문하다; 주문 **2** gift 선물 **3** delicious 아주 맛있는 healthy 건강에 좋은; 건강한 dish 요리; 접시 **4** wake up 깨다, 일어나다 **B 7** race 경주, 달리기 시합 **8** make friends 친구를 사귀다

C

조건 영작하기 ▶ 다음 우리말과 의미가 같도록 주어진 단어를 사용하여 문장을 완성하세요.

1 너는 그 버스를 타거나 집에 걸어가야 한다. (walk home, take the bus, either)

→ You should _____ _____ _____ _____ _____ _____ .

2 이 차를 마셔, 그러면 네 몸이 따뜻해질 거야. (this tea, drink)

→ _____ _____ _____ , _____ you will warm up.

3 나는 봉사활동이 중요하다고 생각한다. (important, volunteering, think)

→ I _____ _____ _____ _____ _____ .

4 제스는 파리뿐만 아니라 다른 도시들도 방문했다. (other cities, Paris, not)

→ Jess visited _____ _____ _____ _____ _____ _____ .

5 양들이 똑바로 걷지 않는다는 것은 흥미롭다. (interesting)

→ _____ _____ _____ _____ sheep don't walk in a straight line.

D

서술형 맛보기 ▶ 다음 표를 보고, 주어진 정보에 맞도록 알맞은 접속사를 사용하여 각 문장을 완성하세요.

	Food		Movies		Animal	
	Pizza	Salad	Action	Comedy	Cats	Hamsters
Ted	☺	☺	☺	☹	☺	☹
Alice	☹	☺	☺	☹	☺	☺

1 Both Ted _____ Alice like salad.

2 Ted likes _____ action movies _____ cats.

3 Alice likes _____ pizza _____ comedy movies.

C 2 warm up 따뜻해지다　3 volunteering 봉사활동　5 straight line 직선　**D** action movie 액션 영화　comedy movie 코미디 영화

CHAPTER 19

접속사 Ⅱ

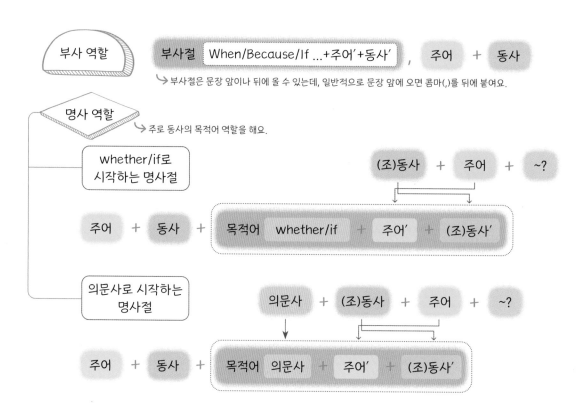

부사 역할

부사절 When/Because/If ...+주어'+동사' , 주어 + 동사

↳ 부사절은 문장 앞이나 뒤에 올 수 있는데, 일반적으로 문장 앞에 오면 콤마(,)를 뒤에 붙여요.

명사 역할

↳ 주로 동사의 목적어 역할을 해요.

whether/if로 시작하는 명사절

(조)동사 + 주어 + ~?

주어 + 동사 + 목적어 whether/if + 주어' + (조)동사'

의문사로 시작하는 명사절

의문사 + (조)동사 + 주어 + ~?

주어 + 동사 + 목적어 의문사 + 주어' + (조)동사'

〈접속사+주어+동사 ~〉가 문장에서 부사의 역할을 하면 '부사절'이라고 하는데, 접속사의 의미에 따라 '시간, 이유, 조건, 결과' 등의 의미를 나타내요.

부사절을 이끄는 접속사는 종류가 다양하기 때문에 앞, 뒤 문장의 관계에 따라 알맞은 접속사를 사용해야 해요. 또한, 다음과 같이 한 접속사가 여러 뜻을 가지는 경우도 있으므로 문맥에 따라 알맞게 해석할 수 있어야 해요.

He hasn't ridden a bike **since** he was a child. 〈since: ~한 이후로 ☞ Unit 72〉
그는 어렸을 때부터 자전거를 타지 않았다.
Since you've done all your homework, you may go out. 〈since: ~이기 때문에 ☞ Unit 73〉
네가 모든 숙제를 끝냈기 때문에, 너는 밖에 나갈 수 있다.

〈접속사+주어+동사 ~〉가 문장에서 명사의 역할을 하면 '명사절'이라고 하는데, 앞 챕터에서는 접속사 that으로 시작하는 명사절에 대해 배웠어요.
이번 챕터에서는 명사절을 이끄는 접속사 whether/if와 의문사에 대해 알아보기로 해요.

접속사 whether/if, 의문사가 이끄는 절은 간접의문문이라고도 해요. '간접의문문'이란 의문문이 문장의 일부분이 되어 명사 역할을 하는 것을 뜻하는데, 이때 주의해야 할 점은 바로 '어순'이에요.
의문문의 '동사-주어' 어순이 간접의문문에서는 '주어-동사'로 바뀌어요.

How did you find them? 너는 그것들을 어떻게 찾았니?
→ Tell me **how you found** them. 네가 그것들을 어떻게 찾았는지 내게 알려줘.

그리고 의문문의 종류에 따라 연결하는 접속사가 다르므로 알맞은 접속사를 사용해야 해요.

의문사가 없는 의문문	접속사 whether 또는 if를 사용해서 연결 (☞ Unit 74)
의문사가 있는 의문문	의문사를 그대로 사용해서 연결 (☞ Unit 75)

UNIT 72 시간/조건/대조를 나타내는 접속사

UNIT 73 이유/결과/목적을 나타내는 접속사

UNIT 74 if/whether로 시작하는 명사절

UNIT 75 의문사로 시작하는 명사절

UNIT 72 시간/조건/대조를 나타내는 접속사

시간을 나타내는 접속사는 주로 문장의 내용이 일어나는 시점을 보충 설명해요.
조건은 어떤 상황을 가정할 때, 대조는 서로 반대되는 상황을 설명할 때 사용하며, 각각의 의미를 나타내는
접속사는 문맥에 따라 알맞게 써야 해요.

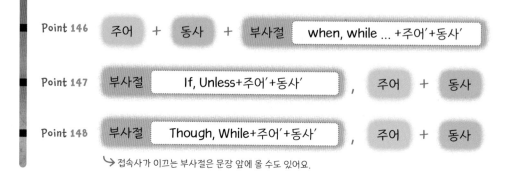

Point 146 | 주어 + 동사 + 부사절 | when, while ... +주어'+동사'

Point 147 | 부사절 | If, Unless+주어'+동사' | , | 주어 + 동사

Point 148 | 부사절 | Though, While+주어'+동사' | , | 주어 + 동사

↳ 접속사가 이끄는 부사절은 문장 앞에 올 수도 있어요.

Point 146 시간을 나타내는 접속사

● 시간을 나타내는 접속사는 다양하기 때문에 문맥에 따라 알맞은 것을 골라 사용해야 해요.

when[as]	~할 때[~할 때; ~하면서]	before	~하기 전에	since	~한 이후로
while	~하는 동안	after	~한 후에	until[till]	~할 때까지

757 **When** I woke up, // my throat was really sore.
　　　　주어'　동사'　　　　　주어　　동사　　보어
　　　　내가 일어났을 때, // 내 목이 정말 아팠다.

758 Let's wait // **until** the rain stops.
　　　동사　　　　　　　주어'　동사'
　　　기다리자 // 비가 그칠 때까지.

TIP 부사절이 문장 앞으로 올 때는 콤마(,)가 있어야 해요.

TIP 시간의 부사절에서는 현재시제로 '미래'를 나타내요.
(~ until the rain **will** stop. (✕))

759 We cannot use smartphones **while** we're in class.

760 You should knock **before** you enter the room.

761 I haven't heard from Minji **since** she moved away.

Point 147 조건을 나타내는 접속사

● 접속사 if와 unless가 이끄는 부사절은 '조건'을 나타내고, 주절은 그 조건에 대한 '결과'를 나타내요.

if	만약 ~한다면	unless	만약 ~하지 않는다면

762 **If** it rains tomorrow, // the field trip will be canceled.
주어´   동사´   수식어´   주어   동사
만약 내일 비가 온다면,   //   현장 학습은 취소될 것이다.

763 **Unless** you run, // you'll miss the bus.
주어´   동사´   주어   동사   목적어
네가 달리지 않는다면,   //   너는 버스를 놓칠 거야.

> **TIP** 조건의 부사절에서도 현재시제로 '미래'를 나타내요.
> (If it **will** rain tomorrow, ~. (✗))

764 You can come with us **if** you want.

765 **If** you visit Korea, I will introduce you to my friends.

766 **If** you are free after class, let's go somewhere.

767 I can't help you **unless** you tell me the truth.

문법Plus 시간/조건을 나타내는 부사절의 시제

시간이나 조건을 나타내는 접속사가 이끄는 부사절에서는 미래의 일을 나타내더라도 현재시제를 사용해요.
When Mom will come home, I'll show her my report card. (✗)
→ When Mom **comes** home, I'll show her my report card. (○)
엄마가 집에 오시면 나는 엄마께 성적표를 보여 드릴 것이다.

Check up ·· ● 천일비급 p.46

다음 문장의 네모 안에서 알맞은 접속사를 고르세요.

1 Did anybody call me while / until I was out?

2 Can you close all the windows before / after you go out?

3 If / Unless the store is still open, I'll go and buy some milk.

Unit Vocabulary

757 wake up 일어나다
throat 목   sore 아픈, 따가운
760 knock (문을) 두드리다, 노크하다
enter 들어가다
761 hear from ~에게서 연락을 받다
move away 이사하다
762 field trip 현장 학습, 수학여행
cancel 취소하다
763 miss 놓치다; 그리워하다
765 introduce A to B A를 B에게 소개하다
766 somewhere 어딘가에
767 truth 사실, 진실
1 out 자리에 없는, 외출 중인
2 go out 외출하다, 나가다

● 대조를 나타내는 접속사는 앞뒤 문장의 관계가 반대의 상황을 나타낼 때 사용하며, 다음과 같아요.

though, although, even though	비록 ~이지만
while	~인 반면에

768 I was still cold // **though** I was wearing a thick coat.
주어 동사 　보어　 　　주어′　　 　동사′　 　　목적어′　　
나는 여전히 추웠다 　//　 비록 내가 두꺼운 외투를 입고 있었지만.

769 **Although** I was upset, // I pretended to be okay.
　　주어′ 동사′ 　보어′　 주어 　동사　 　목적어　
비록 나는 속상했지만, 　//　 나는 괜찮은 척 했다.

770 **Although** the team did their best, they lost the game.

771 **Even though** Eric is not tall, he is good at basketball.

TIP even though는 though 보다 강조할 때 쓰여요.

772 I am outgoing, **while** my brother is very shy.

Q while은 '~하는 동안'이라는 의미 로도 쓰이므로 문맥을 통해 의미를 잘 파악해야 해요. (☞ Point 146)

Check up .... ● 천일비급 p.47

다음 우리말과 같도록 빈칸에 알맞은 말을 쓰세요.

1 나는 오래된 옷들이 맞지 않지만, 그것들을 계속 가지고 있다.

→ I still keep my old clothes ＿＿＿＿＿＿ they don't fit me.

2 비록 그 여자아이들은 쌍둥이지만, 그들은 매우 다르게 생겼다.

→ Even ＿＿＿＿＿＿ the girls are twins, they look very different.

3 비록 찰스는 아팠지만, 학교에 갔다.

→ ＿＿＿＿＿＿ Charles was sick, he went to school.

4 엄마는 쉬고 싶어 하시는데, 반면에 아빠는 낚시하러 가고 싶어 하신다.

→ Mom wants to relax, ＿＿＿＿＿＿ Dad wants to go fishing.

UNIT 73 이유/결과/목적을 나타내는 접속사

부사절은 이유나 원인, 결과, 목적을 나타내기도 하는데, 문장을 이루는 연결된 절의 관계에 따라 알맞은 위치에 접속사를 사용하는 것이 중요해요.

> since와 as는 다양한 의미로 쓰이는 접속사이기 때문에
> → 문맥을 통해 의미를 잘 파악해야 해요.

Point 149 | 주어 | + | 동사 | + | 부사절 | because, since, as +주어'+동사' |

Point 150 | 주어 | + | 동사 | + | so | + | 형용사/부사 | + | 부사절 | that+주어'+동사' |

Point 151 | 주어 | + | 동사 | + | 부사절 | so that+주어'+동사' |

> ↳ so의 위치에 따라서 부사절이 결과 또는 목적을
> 나타내기 때문에 해석에 유의해야 해요.

Point 149 이유를 나타내는 접속사

- because, since, as는 '~이기 때문에, ~하므로'라는 뜻으로 이유 또는 원인을 나타내는 절을 이끌어요.

773   I had to stay in bed // **because** I was sick.
주어　동사　　장소　　　　　　　　　　주어' 동사'　보어'
나는 계속 침대에 있어야 했다 〈결과〉 //　　나는 아팠기 때문에. 〈원인〉

774   **Since** we are late, let's take a taxi.

775   **As** it was getting dark, we decided to go home.

> **TIP** since, as는 because 보다 더 격식적이고 이유보다는 결과를 더 강조해요.

776   I couldn't sleep **because** the bed was
so uncomfortable.

문법Plus 접속사 because vs. 전치사 because of

because와 because of는 동일한 의미를 나타내지만 접속사 because 뒤에는 〈주어+동사〉가
오고, because of는 전치사이므로 뒤에 명사(구)가 와요.
He was late **because** _the traffic_ _was_ heavy. 그는 교통 체증이 심해서 지각했다.
　　　　　　　　　　　　주어　　동사
He was late **because of** _the heavy traffic_. 그는 심한 교통 체증 때문에 지각했다.
　　　　　　　　　　　명사(구)

Point 150 결과를 나타내는 접속사

● 〈so+형용사/부사+that+주어´+동사〉의 형태로 쓰이며, '너무 ~해서 …하다'라는 뜻이에요.

---

777 I was **so** *busy* // **that** I skipped lunch.
주어 동사 보어 　　　주어´ 동사´ 목적어´
나는 너무 바빠서 〈원인〉 // 　　나는 점심을 걸렀다. 〈결과〉

778 The song is **so** *popular* // **that** everyone knows it.
주어 동사 보어 　　　　　　주어´ 동사´ 목적어´
그 노래가 정말 인기 많아서 〈원인〉 // 모든 사람이 그것을 알고 있다. 〈결과〉

---

779 The floor was **so** *slippery* **that** many people fell on it.

780 The teacher spoke **so** *fast* **that** I couldn't understand her.

781 It was **so** *foggy* **that** the driver couldn't see anything.

Check up
　　　　　　　　　　　　　　　　　　　　　　　● 천일비급 p.48

A 다음 우리말과 의미가 같도록 괄호 안의 접속사가 들어갈 알맞은 위치에 √하세요.

1 우리는 너무 추워서 안에 머물렀다. (because)

→ We stayed inside it was too cold.

2 그 아기는 배고파서 울기 시작했다. (as)

→ She was hungry, the baby started to cry.

3 바람이 많이 불어서 표지판이 떨어졌다. (since)

→ It was very windy, the sign fell off.

B 다음 문장의 네모 안에서 어법상 알맞은 것을 고르세요.

1 The food was │ so / as │ good that I asked for more.

2 She woke up early │ that / because │ she was hungry.

Unit Vocabulary

775 dark 어두운
decide 결정하다
776 uncomfortable 불편한
(↔ **comfortable** 편한)
777 skip 거르다, 건너뛰다;
깡충깡충 뛰다
778 popular 인기 많은
779 floor 바닥; 층
slippery 미끄러운
fall(-fell-fallen) 넘어지다;
떨어지다
780 understand 이해하다
781 foggy 안개가 낀; 흐린
driver 운전자
A 1 inside 안에
3 windy 바람이 많이 부는
sign 표지판; 상징
fall off 떨어지다
B 1 ask for A A를 요청하다

Point 151 목적을 나타내는 접속사

- 〈so that＋주어′＋동사′〉의 형태로 '～하기 위해서, ～하도록'이라는 뜻으로 목적을 나타내요.

782 <u>She</u> <u>runs</u> <u>every day</u> // **so that** <u>she</u> <u>can stay</u> <u>fit</u>.
주어　동사　수식어　　　　　　　　　　주어′　　동사′　　보어′
그녀는 매일 달린다　　//　그녀가 건강을 유지할 수 있도록. 〈목적〉

TIP 목적을 나타내는 so that 뒤에는 조동사 can, will 등이 함께 자주 쓰여요.

783 I always take notes **so that** I won't forget.

784 Put the plant by the window **so that** it can get sunlight.

785 He spoke loudly **so that** everyone could hear him.

Check up ● 천일비급 p.48

다음 우리말과 의미가 같도록 주어진 단어를 올바르게 배열하세요.

1 제인은 늦지 않기 위해 빨리 걸었다. (so / she / wouldn't / that / be)

→ Jane walked fast ＿＿＿＿＿＿＿＿＿＿＿＿ late.

2 나는 새 자전거를 사기 위해 돈을 모았다. (I / that / so / could / buy)

→ I saved money ＿＿＿＿＿＿＿＿＿＿＿＿ a new bike.

3 그는 대회에서 우승하기 위해 열심히 연습했다. (that / so / he / win / could)

→ He practiced hard ＿＿＿＿＿＿＿＿＿＿＿＿ the contest.

4 그들은 버스 첫차를 타기 위해 서둘렀다. (they / could / catch / that / so)

→ They hurried ＿＿＿＿＿＿＿＿＿＿＿＿ the first bus.

Unit Vocabulary
782 stay fit 건강을 유지하다
783 take notes 필기를 하다
forget 잊다
784 plant 식물; 심다
sunlight 햇빛
785 loudly 크게
2 save money (돈을) 모으다, 저축하다
3 practice 연습하다; 연습
contest 대회, 시합
4 hurry 서두르다, 급히 하다

whether/if로 시작하는 명사절

Yes 또는 No로 대답할 수 있는 의문문이 문장의 일부가 되었을 때, 접속사 whether/if가 이끄는 명사절로 바꿔서 사용해요. 이때 의문문과 어순이 다르므로 주의해야 해요.

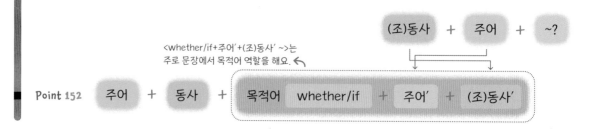

Point 152 〈whether/if+주어'+(조)동사' ~〉는 주로 문장에서 목적어 역할을 해요.

(조)동사 + 주어 + ~?

주어 + 동사 + 목적어 〔 whether/if + 주어' + (조)동사' 〕

Point 152 whether/if + 주어 + 동사

- 접속사 whether와 if는 〈whether/if+주어'+(조)동사' ~〉 형태의 절을 만들어 문장에서 명사 역할을 할 수 있어요.
- whether와 if가 이끄는 명사절은 주로 동사의 목적어 역할을 하며, '~가 …인지'라고 해석해요.
- 일반동사 의문문이 whether/if가 이끄는 명사절로 바뀔 때, 동사의 수와 시제에 주의해야 해요.
  e.g. Do you know? + Does the bus stop here? (너는 아니? + 여기에 버스가 서니?)
  → Do you know **whether/if** the bus *stops* here? (→ 너는 여기에 버스가 서는지 아니?)

---

786 I don't know // **whether** he will be here.
　　주어　　동사　　　　　　　　　목적어
　　나는 모른다　　//　　그가 이곳에 올지.
(← **Will he** be here?)

787 I wonder // **if** I should take an umbrella with me.
　　주어　동사　　　　　　　　　　목적어
　　나는 궁금하다　//　　내가 우산을 가져가야 할지.
(← **Should I** take an umbrella with me?)

> **TIP** '~인지 아닌지'라는 의미를 강조하기 위해 문장 뒤에 **or not**을 붙이기도 해요.
> (I don't know **whether** he will be here **or not**.)

788 I'm not sure **whether** her story is true.

> 🔍 〈I'm not sure whether/if ~.〉는 '나는 ~인지 확실하지 않다.'라는 의미로 일상생활에서 자주 쓰이는 표현이에요.

789 My parents will decide **whether** I can go to the concert.

790 I was wondering **if** you could help me.

791 Do you know **if** there is a bus stop near here?

792 I'm not sure **if** the bike tour is safe.

793 Can you check **if** this answer is correct?

794 The server asked us **if** we needed anything else.

TIP whether/if가 이끄는 절은 동사의 직접목적어로도 쓰여요.

문법Plus 조건을 나타내는 부사절의 if vs. 명사절의 if

- 조건을 나타내는 부사절에서는 현재시제로 미래의 의미를 나타내며, if가 없을 때 두 개의 완전한 문장이 돼요.
  If you **eat** breakfast every day, you will be healthy.
  네가 매일 아침을 먹는다면, 너는 건강해질 것이다.
  → You **will eat** breakfast every day. (O)   You will be healthy. (O)

- if가 이끄는 명사절에서는 미래시제를 사용하고, if가 없을 때 두 개의 완전한 문장이 될 수 없어요.
  I wonder **if** Mom **will come** home late today. 나는 오늘 엄마가 집에 늦게 오실 건지 궁금하다.
  → I wonder. (×: 목적어가 없음)   Mom **will come** home late today. (O)

Check up ●천일비급 p.50

주어진 두 문장을 한 문장으로 만들 때, 빈칸에 알맞은 말을 쓰세요.

1 I don't know. + Does David have another plan?

→ I don't know _____ _____ _____ another plan.

2 I'm not sure. + Is she angry with me?

→ I'm not sure _____ _____ _____ angry with me.

3 I wonder. + Will it be sunny tomorrow?

→ I wonder _____ _____ _____ _____ sunny tomorrow.

Unit Vocabulary

787 wonder 궁금해 하다
788 sure 확신하는; 그래(요)
true 사실인
789 decide 결정하다
791 near ~ 근처에[가까이에]
792 tour 여행, 관광 safe 안전한
793 check 확인하다
correct 맞는, 옳은
794 server 종업원, 웨이터
anything else 다른 어떤 것, 그 밖에 무엇

UNIT 75 의문사로 시작하는 명사절

의문사 의문문은 다른 문장의 일부가 되어 명사절 역할을 할 수 있어요. 이때도 의문문과 어순이 다르게 바뀌므로 주의해야 해요.

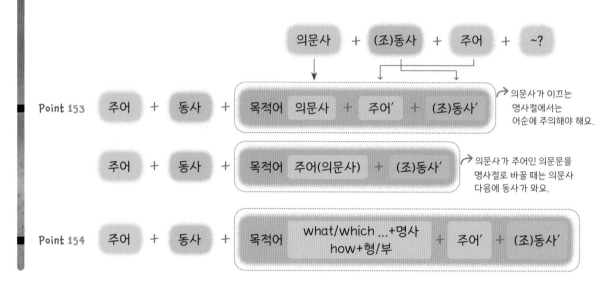

Point 153 의문사 + 주어 + 동사

- 의문사로 시작하는 명사절의 어순은 〈의문사+주어'+(조)동사'〉이며, 의문사가 주어일 경우에는 〈의문사+(조)동사'〉의 어순으로 쓰여요.
- 의문사가 이끄는 명사절은 주로 동사의 목적어 역할을 하며, 각 의문사의 의미에 따라 해석하면 돼요.

who	누구	when	언제	how	어떻게, 어떤
what	무엇	where	어디	why	왜

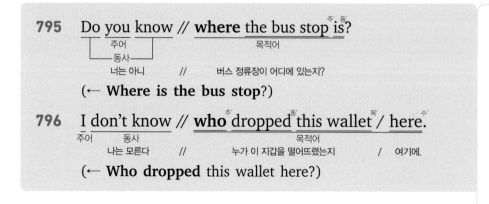

795 Do you know // **where** the bus stop is?
  주어 ─ 동사
  목적어
  너는 아니 // 버스 정류장이 어디에 있는지?
  (← **Where is the bus stop**?)

796 I don't know // **who** dropped this wallet / here.
  주어 동사 목적어 수'
  나는 모른다 // 누가 이 지갑을 떨어뜨렸는지 / 여기에.
  (← **Who dropped** this wallet here?)

797 Tell me **what** this word means.

TIP 의문사 의문문이 다른 의문문의 일부가 될 때 물음표로 끝나더라도 〈의문사+주어+(조)동사'〉 순서로 쓰는 것에 주의하세요.

TIP 의문사가 주어 역할을 할 때는 바로 뒤에 동사가 와요. 원래 의문문과 어순이 같아요.

TIP 의문사가 이끄는 절은 동사의 직접목적어로도 쓰여요.

798 I wonder **when** it will stop raining.

TIP 의문사 **when**이 이끄는 명사절에서는 미래의 일을 나타낼 때 미래시제를 사용해요.

799 I asked him **why** Jane came late.

Point 154 의문사+명/형/부+주어+동사

- 의문사 의문문과 마찬가지로 what/which/whose 뒤에는 명사가 함께 쓰이거나, how 뒤에는 형용사 또는 부사가 함께 쓰일 수 있어요. (☞ 1권 Ch 10)

what+명사	무슨 ~	whose+명사	누구의 ~
which+명사	어느[어떤] ~	how+형용사/부사	얼마나 ~

800 I will ask the clerk // **how** *much* the shirt is.
　　주어　동사　　간목　　　　　　　직목
　　내가 점원에게 물어볼게 // 　그 셔츠가 얼마인지.

(← **How much is the shirt**?)

801 Do you know **what** *time* the store opens?

802 I just remembered **which** *way* we should go.

Check up ·· ● 천일비급 p.51

주어진 두 문장을 한 문장으로 만들 때, 빈칸에 알맞은 말을 쓰세요.

1 I asked him. + Why did Anna leave so early?

→ I asked him ＿＿＿＿ ＿＿＿＿ ＿＿＿＿ so early.

2 Do you know? + Who left the bag here?

→ Do you know ＿＿＿＿ ＿＿＿＿ the bag here?

3 I wonder. + Whose glasses are those?

→ I wonder ＿＿＿＿ ＿＿＿＿ ＿＿＿＿ ＿＿＿＿ .

Unit Vocabulary

796 drop 떨어뜨리다, 떨어지다
wallet 지갑
797 mean 의미하다, 뜻하다
800 clerk (가게의) 점원[직원]
802 remember 기억하다
2 leave(-left-left) 두고 오다
[가다]; 떠나다

A 알맞은 어법 고르기 ▶ **다음 문장의 네모 안에서 어법상 알맞은 것을 고르세요.**

1 Kelly fell down | because / because of | the wet floor.

2 Let's wait here until he | comes / will come | .

3 It was | so hot / hot so | that I took off my jacket.

4 Lisa will walk her dog | if / unless | it stops raining soon.

5 Brandon exercises | although / so that | he can stay healthy.

6 | As / Since | we were sitting down to dinner, the doorbell rang.

7 If it | rains / will rain | , I will close the windows in the house.

B 배열 영작하기 ▶ **다음 우리말과 의미가 같도록 주어진 단어를 올바르게 배열하세요.**

1 나는 너무 피곤해서 일찍 잠들었다. (I / tired / that / so / went to bed)

→ I was _____ early.

2 너는 그 가게가 열었는지 아니? (the store / open / if / is)

→ Do you know _____ ?

3 우리가 어떤 버스를 타야 하는지 좀 알려 주시겠어요? (should / bus / we / take / which)

→ Can you tell me _____ ?

4 모두가 들을 수 있도록 크게 말씀해주세요. (that / hear / everyone / so / can)

→ Please speak loudly _____ .

5 팀은 그의 엄마가 요리하는 동안 TV를 보고 있었다. (while / cooking / his mom / was)

→ Tim was watching TV _____ .

A 1 fall down 넘어지다 wet 젖은 floor 바닥; 층 2 wait 기다리다 3 take off (옷 등을) 벗다 jacket 재킷 4 walk 산책시키다; 산책
5 exercise 운동하다; 운동 stay healthy 건강을 유지하다 6 sit down 앉다 doorbell 초인종 ring(-rang-rung) 울리다
B 4 loudly 크게, 큰 소리로

C 조건 영작하기 ▶ 다음 우리말과 의미가 같도록 주어진 단어를 사용하여 문장을 완성하세요.

1 제인은 학교에 지각하지 않기 위해 빨리 걷고 있다. (that, won't, late, be)

→ Jane is walking fast _____ for school.

2 헨리는 그가 왜 버스를 놓쳤는지 내게 말해주었다. (the bus, miss)

→ Henry told me _____ .

3 음악이 너무 시끄러워서 그것은 내 귀를 아프게 했다. (loud, hurt, that)

→ The music was _____ my ears.

4 비록 해가 비치고 있긴 했지만, 별로 따뜻하지는 않았다. (shine, be, the sun)

→ _____ , it wasn't very warm.

5 리사는 내가 내일 쇼핑하러 갈 것인지 알고 싶어 한다. (go shopping, will)

→ Lisa wants to know _____ tomorrow.

D 서술형 맛보기 ▶ 다음 중 어법상 어색한 문장 2개를 찾아 그 기호를 쓰고, 어색한 부분을 고쳐 문장 전체를 다시 쓰세요.

ⓐ I'm not sure whose fault is that.
ⓑ She sang to the baby until he fell asleep.
ⓒ Paul didn't buy the bag because it was expensive.
ⓓ Eric is good at basketball even though he is not tall.
ⓔ The place is so that famous many tourists visit it.

→ _____ , _____

→ _____ , _____

C 3 loud (소리가) 큰 hurt 다치게[아프게] 하다; 다친 **5** go shopping 쇼핑하러 가다 **D** fault 잘못 fall asleep 잠이 들다
expensive 비싼 (↔ cheap (값이) 싼) be good at ~을 잘하다 place 장소, 곳 tourist 관광객

CHAPTER 20

관계사

형용사 역할

관계대명사

→ 관계대명사와 관계부사 모두 선행사와 관계사절 안에서의 역할에 따라 알맞은 것을 써야 해요.

선행사 + [who/which/that + 동사' + ~]
〈주격〉

선행사 + [who(m)/which/that + 주어' + 동사' ● ~]
〈목적격〉

선행사 + [whose+명사 + 동사' + ~]
〈소유격〉

관계부사

선행사 + [where/when/why + 주어' + 동사' + ~]

how/the way + 주어' + 동사' + ~

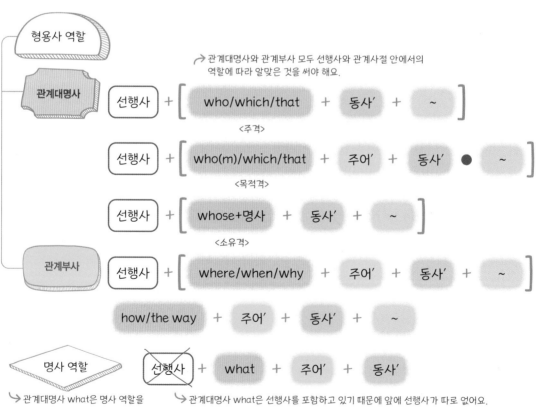

명사 역할

선행사 + what + 주어' + 동사'

↳ 관계대명사 what은 명사 역할을 하는 절을 이끌어요.

↳ 관계대명사 what은 선행사를 포함하고 있기 때문에 앞에 선행사가 따로 없어요.

지금까지 문장에서 형용사처럼 명사를 꾸며 줄 수 있는 〈전치사＋명사〉, 분사, to부정사에 대해 배웠어요. 이 챕터에서는 〈주어＋동사 ～〉와 같은 절의 형태로 명사를 뒤에서 꾸며 주는 '관계사절'에 대해 배울 거예요. 이때 관계사절의 꾸밈을 받는 명사는 '선행사(앞에 오는 말)'라고 불러요.

관계사절은 관계사(who, which that, whose, when, where, why, how 등)가 이끄는 절을 뜻하고, '관계대명사절'과 '관계부사절'로 나뉘어요.
관계대명사와 관계부사 모두 선행사에 따라 그 종류가 결정되고, 관계대명사는 관계사절 안에서의 역할에 따라 관계대명사의 격(주격, 소유격, 목적격)이 정해져요.

그럼 관계사절은 어떻게 앞에 있는 명사를 꾸며 줄까요?
다음 예시처럼, 관계사는 공통되는 부분을 묶어서 하나의 문장으로 연결해 주는 역할을 해요.

I have **a friend**. ＋ He is good at sports. (a friend = He)
나는 친구가 한 명 있다. ＋ 그는 스포츠를 잘한다.

관계대명사
→ I have **a friend** [who is good at sports].
　선행사　　　　　　관계사절

나는 친구가 한 명 있다 [스포츠를 잘하는]. (나는 스포츠를 잘하는 친구가 한 명 있다.)

우리말에서 〈～하는＋명사〉로 표현하는 말을 영어에서는 〈명사(선행사)＋～하는(관계사절)〉 형태로 나타내요. 관계사절은 우리나라 영어 학습자들에게 익숙하지 않기 때문에 관계사절이 포함된 문장을 쓰거나 말하기 위해서는 많은 훈련이 필요해요.

 **UNIT 76**

주격 관계대명사 who/which/that

관계대명사 who, which, that은 절을 이끄는 접속사 역할과 관계대명사절의 주어 역할(주격 관계대명사)을 동시에 할 수 있어요.

A penguin is **a bird**. **+ It** cannot fly. 펭귄은 새이다. +그것은 날 수 없다.

A penguin is **a bird** which cannot fly. 펭귄은 날 수 없는 새이다.

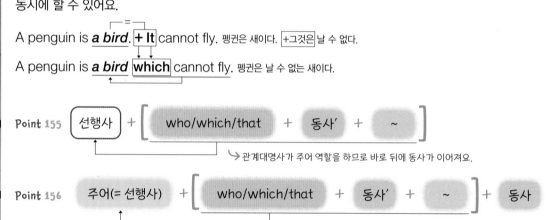

Point 155 선행사 + [who/which/that + 동사' + ~]
↳ 관계대명사가 주어 역할을 하므로 바로 뒤에 동사가 이어져요.

Point 156 주어(= 선행사) + [who/which/that + 동사' + ~] + 동사

Point 155 주어 역할의 관계대명사

- 꾸밈을 받는 명사(선행사)가 관계대명사절에서 주어 역할을 할 때 주격 관계대명사를 써요. 관계대명사가 주어 역할을 하므로 바로 뒤에 동사가 와요.

- 선행사가 사람이면 who, 사람이 아니면 which를 써요. that은 두 경우 모두 쓸 수 있어요.

선행사가 사람일 때	who, that
선행사가 사람이 아닐 때	which, that

- 선행사가 주어 역할을 하므로, 관계대명사절의 동사는 반드시 선행사의 수에 일치시켜야 해요.

803 <u>Mike</u> <u>is</u> <u>**a boy**</u> [<u>**who**</u> <u>likes</u> <u>drawing cartoons</u>].
　　주어　동사　보어
　　마이크는 남자아이다　　　　[만화 그리는 것을 좋아하는].
(← Mike is **a boy**.+**He** likes drawing cartoons.)

804 <u>You</u> <u>should take</u> <u>***vitamins***</u> [<u>**which**</u> <u>are good</u> for your
　　주어　　동사　　목적어
　　너는 비타민을 먹어야 해　　　　[네 눈 건강에 좋은].
<u>eye health</u>].
(← You should take ***vitamins***.+**They** are good for your eye health.)

805 He helped **the old man** **who** was crossing the street.

806 Coco is **a lazy dog** that sleeps all day.

Point 156 문장의 주어 = 선행사

- 문장의 주어가 관계대명사절의 꾸밈을 받아 문장의 동사와 멀리 떨어지는 경우도 있는데,
〈 주어 (선행사)+[관계대명사+ 동사′ ~]+ 동사 ~〉와 같은 구조가 돼요.

- 이때 문장의 동사 바로 앞의 명사에 수를 일치시키지 않도록 주의하세요.
〈주어+관계대명사절〉을 한 덩어리로 묶어 보면 문장의 구조가 잘 보여요.

807 <u>*The girl* [**who** is wearing a blue cap]</u> / <u>is</u> <u>my sister.</u>
주어   [파란색 모자를 쓰고 있는]   동사   보어
그 여자아이는   /   내 여동생이다.
(← *The girl* is my sister.+**She** is wearing a blue cap.)

808 <u>*The books* [**which** are on the desk]</u> / <u>are</u> <u>mine.</u>
주어   [책상 위에 있는]   동사   보어
그 책들은   /   내 것이다.
(← *The books* are mine.+**They** are on the desk.)

> **TIP** 문장의 주어가 곧 선행사이므로 관계대명사절의 동사와 문장의 동사 모두 선행사에 수를 일치시키면 돼요.

809 *The students* **who** came to class late missed the quiz.

810 *The river* **that** flows through the city is beautiful.

Check up
··· ● 천일비급 p.54

A 다음 문장에서 선행사를 찾아 밑줄을 긋고, 알맞은 관계대명사를 고르세요.

1 He has two sisters who / which are twins.

2 Don't touch an animal who / which is eating or sleeping.

3 The man who / which is carrying a backpack is her dad.

4 Who ate the cookies who / which were on the table?

B 다음 문장의 네모 안에서 어법상 알맞은 것을 고르세요.

1 She likes to wear clothes that is / are comfortable.

2 I don't like stories which have / has unhappy endings.

3 The grandmother who is 80 years old still look / looks healthy.

4 The cook who was / were on TV became famous.

Unit Vocabulary

803 cartoon 만화
804 take vitamins 비타민을 먹다 [섭취하다]
805 help 돕다; 도움 cross 건너다
806 lazy 게으른 sleep 자다; 잠, 숙면
all day 하루 종일
809 late 늦게; 늦은
miss 놓치다; 그리워하다
quiz (간단한) 시험, 쪽지 시험
810 flow 흐르다 through ~을 통해
A 1 twin 쌍둥이
3 backpack 배낭, 책가방
B 1 comfortable 편안한
2 unhappy 불행한, 슬픈
ending 결말
4 cook 요리사; 요리하다

 UNIT **77**

목적격 관계대명사 who(m)/which/that

관계대명사 whom, who, which, that은 절을 이끄는 접속사 역할과 관계대명사절의 목적어 역할(목적격 관계대명사)을 동시에 할 수 있어요.

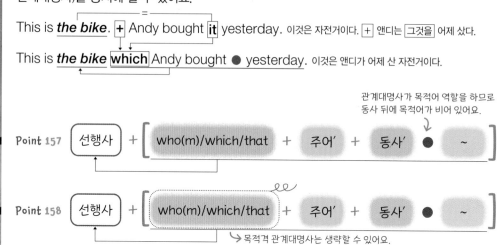

This is **the bike**. **+** Andy bought **it** yesterday. 이것은 자전거이다. **+** 앤디는 그것을 어제 샀다.

This is **the bike** which Andy bought ● yesterday. 이것은 앤디가 어제 산 자전거이다.

관계대명사가 목적어 역할을 하므로 동사 뒤에 목적어가 비어 있어요.

Point 157 선행사 + [who(m)/which/that + 주어' + 동사' ● ~]

Point 158 선행사 + [who(m)/which/that + 주어' + 동사' ● ~]

목적격 관계대명사는 생략할 수 있어요.

Point **157** 목적어 역할의 관계대명사

- 꾸밈을 받는 명사(선행사)가 관계대명사절에서 동사의 목적어 역할을 할 때 목적격 관계대명사를 써요.
- 선행사가 사람이면 whom이나 who, 사람이 아니면 which를 써요. that은 두 경우 모두 쓸 수 있어요.

선행사가 사람일 때	whom 또는 who, that
선행사가 사람이 아닐 때	which, that

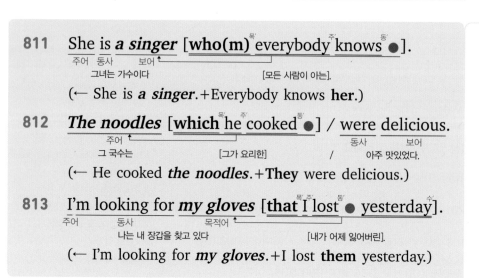

811 She is **a singer** [who(m) everybody knows ●].
주어 동사 보어   [모든 사람이 아는].
그녀는 가수이다
(← She is **a singer**.+Everybody knows **her**.)

> **TIP** 일상생활에서는 whom보다 who를 더 많이 사용해요.

812 **The noodles** [which he cooked ●] / were delicious.
주어   [그가 요리한]   /   동사   보어
그 국수는   /   아주 맛있었다.
(← He cooked **the noodles**.+They were delicious.)

> **TIP** 목적격 관계대명사절 안에는 원래 목적어가 있던 자리(●)가 비어 있어요.

813 I'm looking for **my gloves** [that I lost ● yesterday].
주어   동사   목적어
나는 내 장갑을 찾고 있다   [내가 어제 잃어버린].
(← I'm looking for **my gloves**.+I lost **them** yesterday.)

814 *The person* **who(m)** I love most is my grandma.

815 He still uses *a fan* **that** he bought many years ago.

문법Plus 직접목적어/간접목적어 또는 전치사의 목적어를 대신하는 관계대명사

I love ***the jacket*** [**which** my aunt bought me ●]. 나는 이모가 내게 사주신 재킷이 정말 마음에 든다.
(← I love ***the jacket***. + My aunt bought me **it**.)
Ben is ***the boy*** [**who(m)** I often play soccer **with** ●]. 벤은 내가 종종 함께 축구를 하는 남자아이이다.
(← Ben is ***the boy***. + I often play soccer **with him**.)

Point 158 목적격 관계대명사의 생략

● 목적격 관계대명사는 생략할 수 있어요. 이때 선행사인 (대)명사 바로 뒤에 관계대명사절의 〈주어'+동사' ~〉가 이어지므로 어디부터 어디까지 관계대명사절인지 잘 파악해야 해요.

816 Give me ***the pictures*** [(which[that]) you took ●].
　　　　동사　간목　　　직목
　　　　내게 그 사진들을 줘　　　　　　[네가 찍은].
(← Give me ***the pictures***. + You took **them**.)

TIP 목적격 관계대명사는 생략할 수 있지만, 주격 관계대명사는 생략할 수 없어요.

817 She is the only person **I can trust**.

문법Plus 관계대명사 that vs. 접속사 that

● 관계대명사 that 뒤에는 주어, 목적어 중 하나가 빠진 불완전한 절이 오고, 접속사 that 뒤에는 완전한 절이 와요.
● 목적격 관계대명사 that과 접속사 that은 생략할 수 있지만, 주격 관계대명사 that은 생략할 수 없어요.

This is *the girl* **that** ● rescued the cat. 〈that절에 주어가 없음 → 주격 관계대명사〉
This is *the book* **(that)** everyone likes ●. 〈that절에 목적어가 없음 → 목적격 관계대명사〉
I believe **(that)** many animals have emotions. 〈that절이 완전한 구조 → 접속사〉

Check up ·· ● 천일비급 p.55

다음 밑줄 친 부분을 생략할 수 있으면 ○, 없으면 ×로 표시하세요.

1 Ms. Kim is the teacher **who** we really like. _____

2 I will take the train **that** goes to Busan. _____

3 The museum **which** I visited was in downtown. _____

Unit Vocabulary

812 noodle 국수, 면
delicious 아주 맛있는
813 look for ~을 찾다
lose(-lost-lost) 잃어버리다
815 still 아직(도) fan 선풍기; 팬
817 trust 믿다; 믿음
2 take a train 기차를 타다
3 museum 박물관 visit 방문하다
downtown 시내, 중심가

UNIT 78 소유격 관계대명사 whose

선행사의 소유를 표현할 때는 관계대명사 whose를 사용해요. whose는 절을 이끄는 접속사 역할과 his, her 등의 소유격 대명사를 대신하는 역할을 해요.

I have **a friend**. **+ His** *nickname* is 'Bear.' 나는 친구가 있다. +그의 별명은 '곰'이다.

I have **a friend** whose *nickname* is 'Bear.' 나는 별명이 '곰'인 친구가 있다.

↳ 선행사 a friend와 nickname은 소유 관계이며(a friend's nickname), whose가 his를 대신해요.

Point 159　선행사　＋　[whose+명사　＋　동사'　＋　~]

↳ <whose+명사>는 관계대명사절에서 주로 주어 역할을 해요.

Point 159 소유격 대명사를 대신하는 whose

● 소유격 관계대명사는 선행사의 종류에 관계없이 모두 whose를 쓰고, whose 뒤에는 반드시 명사가 함께 와요.

818　That's ***the boy*** [whose *father* is a famous actor].
　　　　주어　동사　　보어　　　　　　　　　　　
　　　　저 아이는 남자아이다　　　　　　　[그의 아버지가 유명한 배우인].

　　　(← That's ***the boy***.**+His** *father* is a famous actor.)

> **TIP** 관계대명사 that은 whose 대신 쓸 수 없어요.

819　I have ***a friend*** whose ***name*** is the same as mine.

820　A cactus is ***a plant*** whose ***stem*** stores water.

821　***The man*** whose ***car*** was stolen called the police.

Check up ·· ● 천일비급 p.56

다음 문장의 네모 안에서 어법상 알맞은 것을 고르세요.

1 I have a cute cat [which / whose] name is Scott.

2 He is the person [who / whose] makes me happy.

3 She has a friend [who / whose] house is full of dogs.

Unit Vocabulary

818 actor 배우
819 the same as A A와 똑같은 것
820 cactus 선인장
plant 식물; 심다　stem 줄기
store 저장하다; 가게, 상점
821 steal(-stole-stolen) 훔치다
call (전화를 걸어) 부르다　police 경찰
2 person 사람
3 be full of A A로 가득 차다

콤마(,) 뒤의 관계대명사절

관계대명사절 앞에 콤마(,)가 쓰이는 경우가 있는데, 이때는 콤마가 없을 때와는 해석이 달라지기 때문에 주의해야 해요.

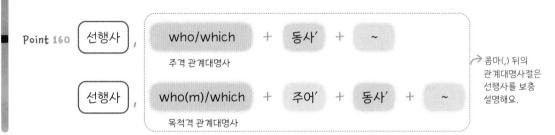

Point 160 | 선행사 | , | who/which
주격 관계대명사 | + | 동사′ | + | ~

선행사 | , | who(m)/which
목적격 관계대명사 | + | 주어′ | + | 동사′ | + | ~

→ 콤마(,) 뒤의 관계대명사절은 선행사를 보충 설명해요.

Point **160** 선행사에 대한 설명을 덧붙이는 관계사절

- 선행사 뒤에 콤마(,)로 이어지는 관계대명사절은 선행사에 대한 설명을 덧붙이는 역할을 해요. 앞에서부터 차례대로 해석하는 것이 자연스러워요.

| ~, who(m) ...
~, which ... | ~, and+(대)명사 | ~하다, 그리고[그런데] … |
| | ~, but+(대)명사 | ~하다, 하지만 … |

- 관계대명사 that은 이러한 역할로 쓰이지 않기 때문에 콤마(,) 뒤에 올 수 없어요.

822 I went to **the library**, // **which** is my favorite place.

주어 동사 수식어

나는 도서관에 갔다, // 그리고 그곳은 내가 가장 좋아하는 장소이다.

823 ***His grandfather***, **who** is 87 years old, plays table tennis every day.

TIP 콤마 뒤의 관계대명사절은 주어와 동사 사이에 자주 삽입되어 쓰여요.

824 I'm reading a book about ***France***, **which** I visited two years ago.

TIP 콤마 뒤의 목적격 관계대명사는 생략할 수 없어요.

Check up
● 천일비급 p.57

다음 굵게 표시된 부분을 보충 설명할 때, 빈칸에 알맞은 관계대명사를 쓰세요.

1 **The new school**, _____ has a pool, opened last week.

2 I called **my friend Julie**, _____ lives in New York.

3 I bought **a new bicycle** last year, _____ I don't like now.

Unit Vocabulary
822 favorite 가장 좋아하는
place 장소, 곳
823 table tennis 탁구
1 pool 수영장

UNIT 80 관계대명사 what

관계대명사 what이 이끄는 절은 '~하는 것(들)'이라는 뜻으로 문장에서 주어, 목적어, 보어로 쓰여요.
다른 관계대명사처럼 명사(선행사)를 꾸며 주는 역할이 아니라, 명사 역할을 하는 절이에요.

Point 161

| 주어 | what + 주어' + 동사' | + | 동사 | + | 보어/목적어 |

| 주어 | + | 동사 | + | 목적어 | what + 주어' + 동사' |

| 주어 | + | 동사 | + | 보어 | what + 주어' + 동사' |

Point 161 명사 역할의 관계대명사 what절

- 관계대명사 what은 다른 관계대명사와는 달리 선행사를 포함하고 있어요. 즉, what에는 the thing(s) which[that]의 의미가 포함되어 있기 때문에, what 앞에 선행사가 따로 없어요.
- 선행사가 없기 때문에 what이 이끄는 절 자체가 명사처럼 쓰여 문장의 주어, 목적어, 보어 역할을 해요. '~하는 것(들)'로 해석하면 돼요.

825 **What** we really need // is positive thinking.
　　　 주어　　　　　　　　　　　 동사　　　　 보어
　　　우리가 정말로 필요로 하는 것은　//　긍정적인 생각이다.

(= **The thing which[that]** we really need is positive thinking.)

TIP 주어로 쓰인 what절은 대부분 뒤에 단수 동사가 와요.

826 I can't believe // **what** you are saying.
　　 주어　　 동사　　　　　　 목적어
　　나는 믿을 수가 없어　//　네가 말하고 있는 것을.

(= I can't believe **the thing which[that]** you are saying.)

827 **What** I want for Christmas is to go on a ski trip.

828 She liked **what** I gave her as a birthday present.

829   That's not **what** I meant.

830   Their efforts are **what** we must remember.

831   This is different from **what** I ordered.

TIP 관계대명사 what이 이끄는 명사절은 전치사의 목적어로도 쓰일 수 있어요.

문법Plus 관계대명사 which/that vs. 관계대명사 what

관계대명사 which/that	관계대명사 what
• which/that 앞에 선행사가 있어요. We ate ***the dinner*** **which[that]** he cooked for us. 우리는 그가 우리를 위해 요리한 저녁을 먹었다.	• what 앞에 선행사가 따로 없어요. We ate **what** he cooked for us. 우리는 그가 우리를 위해 요리한 것을 먹었다.

문법Plus 관계대명사 what vs. 의문사 what

관계대명사 what과 의문사 what 모두 문장에서 명사 역할을 하는 절을 이끌 수 있어요.
둘을 구분하기 어려운 경우도 많으므로 명확한 구분보다는 문맥상 자연스럽게 해석하는 것에 초점을
맞추는 것이 더 중요해요.

❶ 관계대명사 what: '~하는 것(들)'로 해석해요.
I want to do **what** I really enjoy. 나는 내가 정말로 즐기**는 것**을 하고 싶다.

❷ 의문사 what: '무엇, 무슨' 등으로 해석해요.
I don't know **what** he is thinking. 나는 그가 **무슨** 생각을 하고 있는지 모르겠다.

Check up ·· ● 천일비급 p.58

A 다음 밑줄 친 부분에 주의하여 해석을 완성하세요.

1 Playing soccer is what I really enjoy.

→ 축구를 하는 것은 _____ .

2 You can order what you want to eat.

→ 너는 _____ 주문해도 돼.

B 다음 문장의 네모 안에서 어법상 알맞은 것을 고르세요.

1 Don't tell anyone which / what I said.

2 The shop doesn't have which / what I need to buy.

3 Everyone liked the cake which / what Lucy made.

Unit Vocabulary

825 positive 긍정적인
thinking 생각(하기)
826 believe 믿다
827 go on a trip 여행을 가다
829 mean(-meant-meant)
~을 뜻하다, 의미하다
830 effort 노력 remember 기억하다
831 different 다른
order 주문하다; 주문

Unit 80 **109**

UNIT 81 관계부사 where/when/why/how

관계대명사가 〈접속사+대명사〉의 역할을 한다면, 관계부사는 〈접속사+부사〉의 역할을 해요.

Cathy visited ***the town***. + She was born ***in*** the town. 캐시는 마을에 방문했다. + 그녀는 그 마을에서 태어났다.

Cathy visited ***the town*** where she was born. 캐시는 자신이 태어난 그 마을에 방문했다.

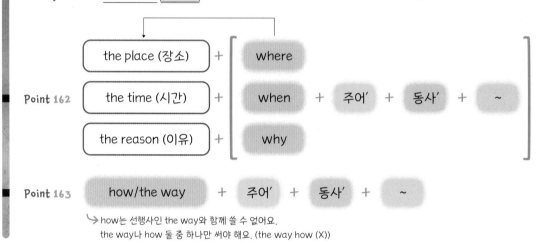

↳ how는 선행사인 the way와 함께 쓸 수 없어요.
the way나 how 둘 중 하나만 써야 해요. (the way how (X))

Point 162 부사구를 대신하는 where/when/why

● 관계부사는 장소, 시간, 이유 등을 의미하는 부사구 대신 쓸 수 있어요.

	선행사	관계부사
장소	the place, the house, the city 등	**where**
시간	the time, the day, the month 등	**when**
이유	the reason	**why**

832 ***The city*** [where we spent our vacation] / was beautiful.
　　　주어　　　　　　　　　　　　　　　　　　　　 동사　　보어
　　그 도시는　　　　　　　[우리가 휴가를 보낸]　　/　　아름다웠다.
　　(← ***The city*** was beautiful.+We spent our vacation ***in*** **the city**.)

833 July is ***the month*** [when the summer heat actually begins].
　　주어　동사　　　보어
　　　　7월은 달이다　　　　　　　　[여름의 열기가 실제로 시작되는].
　　(← July is ***the month***.+The summer heat actually begins ***in*** **the month**.)

834 I want to know ***the reason*** [why you are so late].
　　주어　 동사　　　　　목적어
　　　　나는 그 이유를 알고 싶어　　　　　[네가 그렇게 늦은].
　　(← I want to know ***the reason***.+You are so late ***for*** **the reason**.)

835 This is *the store* **where** I usually shop.

836 I remember *the day* **when** my sister was born.

837 There must be *some reason* **why** he cried.

문법Plus 관계부사의 선행사 생략

관계부사의 선행사가 the time, the place, the reason 등과 같이 시간, 장소, 이유를 나타내는 대표적인 명사일 때, 선행사는 자주 생략돼요.
This is *(the place)* **where** my dog hides his food. 여기가 나의 개가 음식을 숨기는 장소이다.
Monday morning is *(the time)* **when** I am busiest. 월요일 아침은 내가 가장 바쁜 때이다.
That's *(the reason)* **why** I'm late. 그게 내가 늦은 이유야.

Point 163 부사구를 대신하는 how

● 관계부사 how는 방법을 나타내지만, 선행사가 a[the] way인 경우 a[the] way how로는 쓰지 않아요.
  a[the] way나 how 둘 중 하나만 써야 해요.

	선행사	관계부사
방법	a[the] way	**how**

838 I like // **how[the way]** you speak your mind.
주어 동사   목적어
나는 마음에 들어 //   네가 네 생각을 솔직하게 말하는 방식이.

839 This is **how** he studied foreign languages.

Check up ························· ● 천일비급 p.59

다음 문장의 네모 안에서 어법상 알맞은 것을 고르세요.

1 Is there any reason when / why he hurries?

2 That is the way how / how she solved the problem.

3 We went to the house how / where Dad used to live.

4 They got married in the year when / where the Tokyo Olympics were held.

Unit Vocabulary

832 spend(-spent-spent) (시간을) 보내다 vacation 방학, 휴가
833 month 달 heat 열기, 열 actually 실제로, 정말로
835 shop 쇼핑하다; 가게, 상점
836 be born 태어나다
838 speak one's mind 생각을 솔직하게 말하다
839 foreign language 외국어
1 hurry 서두르다
2 solve 해결하다
4 hold(-held-held) 개최하다; 잡다, 들다

A 알맞은 관계사 찾아 쓰기 ▶ **다음 우리말과 의미가 같도록 〈보기〉에서 알맞은 관계사를 골라 빈칸에 쓰세요. (단, 한 번씩만 쓸 것)**

보기	which	who	whose	where

1 옆집에 사는 그 남자아이는 프레드이다.

→ The boy _____ lives next door is Fred.

2 그가 만든 쿠키는 아주 맛있었다.

→ The cookies _____ he made were delicious.

3 우리는 생명이 위험에 처한 아픈 동물을 발견했다.

→ We found a sick animal _____ life was in danger.

4 시장은 여러분이 현지 음식을 맛볼 수 있는 장소이다.

→ Markets are places _____ you can taste local food.

B 어법 판단하기 ▶ **다음 밑줄 친 부분을 어법상 알맞은 형태로 고쳐 쓰세요.**

1 He is a person <u>whom</u> makes friends easily. → _____

2 I want a room that <u>get</u> enough sunlight. → _____

3 Mystery novels are <u>that</u> she enjoys reading. → _____

4 The nurses who work in this hospital <u>is</u> kind. → _____

5 She knows the reason <u>when</u> Jordan was upset. → _____

6 We ate at the restaurant, <u>that</u> is near the river. → _____

7 This is <u>the way how</u> my grandma makes spaghetti. → _____

A 1 next door 옆집에 **3** life 생명, 목숨; 삶 in danger 위험에 처한 **4** market 시장 taste 맛보다; ~한 맛이 나다 local 지역의, 현지의
B 1 make friends 친구를 사귀다 **2** sunlight 햇빛, 햇살 **3** mystery novel 추리 소설 **5** upset 속상한, 마음이 상한 **6** near 근처의
7 spaghetti 스파게티

C 조건 영작하기 ▶ **다음 우리말과 의미가 같도록 관계사와 주어진 단어를 사용하여 문장을 완성하세요.**
(단, that은 제외할 것)

1 머리가 짧은 그 모델은 정말 아름답다. (hair, the model, short, be)

→ _____ is very beautiful.

2 케이트는 내가 그녀에게 준 장미꽃들을 아직 가지고 있다. (the roses, give)

→ Kate still has _____ to her.

3 킴은 새로 온 학생인데, 영국 출신이다. (come from, the new student)

→ Kim is _____, _____ England.

4 점심시간은 우리가 재미있게 놀 수 있는 시간이다. (can, the time, have fun)

→ Lunch break is _____.

D 서술형 맛보기 ▶ **다음 두 문장을 조건에 맞게 한 문장으로 완성하세요.**

조건	① which, who 중 하나의 관계대명사를 쓸 것
	② ④의 문장을 그대로 쓸 것

1
Ⓐ Tom is a soccer player.
Ⓑ He has many fans.

→ _____.

2
Ⓐ I wore the sweater.
Ⓑ My aunt bought me the sweater.

→ _____.

C 2 still 아직, 여전히   3 come from ~출신이다   4 lunch break 점심시간

CHAPTER 21

비교 표현과 가정법

비교 표현

비교급

A > B (A는 B보다 더 ~한/하게)

A + 형용사/부사+-er / more 형용사/부사 + than + B

원급

A = B (A는 B만큼 ~한/하게)

A + as + 형용사/부사 + as + B

최상급

A > A가 속한 그룹 전체 (A가 …(중)에서 가장 ~한/하게)

A + the + 형용사/부사+-est / most 형용사/부사 + in/of+A가 속한 장소/그룹

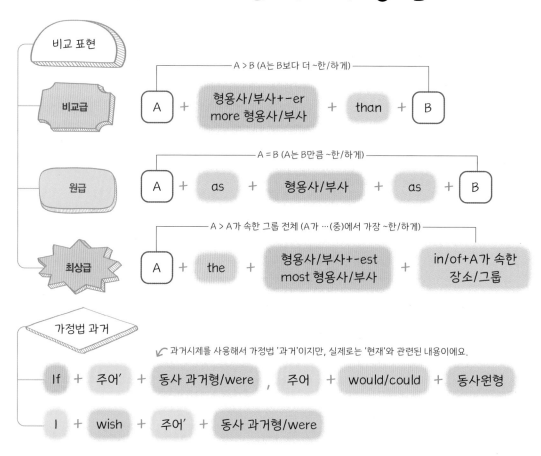

가정법 과거

과거시제를 사용해서 가정법 '과거'이지만, 실제로는 '현재'와 관련된 내용이에요.

If + 주어′ + 동사 과거형/were , 주어 + would/could + 동사원형

I + wish + 주어′ + 동사 과거형/were

● 비교란 둘 또는 그보다 많은 사물이나 사람의 상태를 비교해서 서로 간에 비슷한 점, 차이점을 나타내는 것이에요. 영어에서는 형용사와 부사를 이용해서 다음과 같이 표현해요.

비교급	두 대상을 비교했는데 둘 중 하나의 정도가 더 큰 것을 나타낼 때 (☞ Unit 82) She is **taller than** you. 그녀는 너보다 키가 더 커.
원급	두 대상을 비교했는데 거의 차이가 없을 때 (☞ Unit 83) She is **as tall as** you. 그녀는 너만큼 키가 커. (그녀는 키가 너와 비슷해.)
최상급	셋보다 많은 대상을 비교했는데 그중 정도가 가장 큰 것을 나타낼 때 (☞ Unit 84) She is **the tallest** in her class. 그녀는 그녀의 반에서 가장 키가 커.

영어의 비교 표현은 우리말의 비교 표현보다 더 복잡하기 때문에, 문장을 통해 구문과 다양한 표현을 반복해서 연습해보는 것이 중요해요.

● 영어에서는 '만약 ∼라면, …할 텐데'라고 '사실이 아닌 것'을 가정해서 말하는 가정법을 사용해요.
이때 혼동되는 부분은 바로 동사의 시제(동사의 형태)이므로 주의해서 알아 두어야 해요.

직설법	'사실'을 사실 그대로 말할 때 (☞ Unit 72) **If** I **have** time, I **will treat** you to dinner. 내가 시간이 된다면, 너한테 저녁 사 줄게. <일어날 가능성이 충분히 있는 일>
가정법	사실이 아닌 것을 '가정'하여 말할 때 (☞ Unit 86) **If** I **had** time, I **would treat** you to dinner. 만약 내가 시간이 있다면, 너한테 저녁을 사 줄 텐데. <현재 사실과 반대되는 일>

이번 챕터에서는 현재의 사실과 반대되는 일 등을 가정하는 '가정법 과거'에 대해 배워볼 거예요.

UNIT 82 비교급 표현

A와 B 두 대상을 비교해서 정도가 서로 차이가 날 때는 '~보다 더 …한/하게'의 비교급 표현을 사용해요.
비교급을 강조할 때는 비교급 앞에 부사를 더해서 '훨씬 더 ~한/하게'라는 의미도 나타낼 수 있어요.

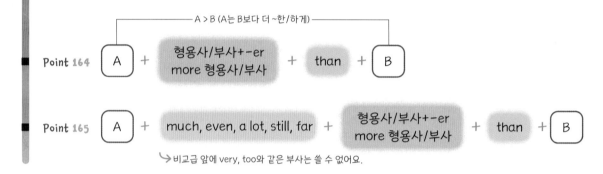

Point 164 A + 형용사/부사+-er / more 형용사/부사 + than + B

Point 165 A + much, even, a lot, still, far + 형용사/부사+-er / more 형용사/부사 + than + B

↳ 비교급 앞에 very, too와 같은 부사는 쓸 수 없어요.

Point 164 A 형용사/부사+-er than B

- 'A는 B보다 더 ~한/하게'라는 의미를 나타낼 때는 형용사나 부사 뒤에 '-er'를 붙이거나 형용사나 부사 앞에 more를 붙여요. 이러한 형태를 '비교급'이라고 하고, 비교급 뒤에는 '~보다'에 해당하는 than을 사용해요.

A 형용사/부사+-er than B	A는 B보다 더 ~한/하게
A more 형용사/부사 than B	

- than 뒤의 어구가 앞에 나온 어구와 반복되면 보통 생략해요.
- '-er'이나 more를 붙이지 않는 비교급 형태는 꼭 외워 두어야 해요.

840 Hot air is **lighter** / **than** cold air.
  주어 동사 보어   ~ than cold air is light.
  뜨거운 공기는 더 가볍다 / 차가운 공기(가 가벼운 것)보다.

841 This book is **more interesting** / **than** that one.
  주어 동사 보어   ~ than that one is interesting.
  이 책은 더 재미있다 / 저 책(이 재미있는 것)보다.

842 Penguins can walk **faster than** humans.

843 Veggie burgers are **healthier than** hamburgers.

844 Children learn languages **more easily than** adults.

845 The writer's second book is **better than** her first one.

문법Plus 비교급과 최상급의 형태 (최상급 ☞ Unit 84)

대부분의 형용사/부사	+-er/-est	tall-tall**er**-tall**est**
e로 끝나는 형용사/부사	+-r/-st	nice-nic**er**-nic**est**
「자음+y」로 끝나는 형용사/부사	-y를 i로 고치고 +-er/-est	eas**y**-eas**ier**-eas**iest** heav**y**-heav**ier**-heav**iest**
「모음 1개+자음 1개」로 끝나는 형용사/부사	마지막 자음을 한 번 더 쓰고 +-er/-est	big-big**ger**-big**gest** hot-hot**ter**-hot**test**
2음절 이상의 형용사/부사	more/most+	careful-**more** careful-**most** careful difficult-**more** difficult-**most** difficult
불규칙 변화	good/well-**better**-**best** many/much-**more**-**most** far(거리가 먼)-**farther/further-farthest/furthest** far(정도가 더한)-**further-furthest**	bad-**worse**-**worst** little-**less**-**least**

문법Plus than+목적격 대명사

than 뒤에는 〈주어+동사〉가 오는 것이 원칙이지만, 실생활에서 말할 때는 목적어 형태를 사용하는 경우가 많아요.
He's older than **I am**. → He's older than **me**. 그는 나보다 나이가 더 많다.

문법Plus 비교 대상 A와 B는 서로 비교할 수 있는 같은 종류와 형태여야 해요.

<u>**Your idea**</u> seems better than **me(→ mine)**. 네 아이디어가 내 것(아이디어)보다 더 좋아 보인다.
  A   B (= my idea)

Point 165 비교급을 강조하는 부사

● 비교급 앞에 much, even, a lot, still, far 등과 같은 부사를 쓰면 비교급을 강조하여 '훨씬 더 ~한/하게'라는 의미를 나타낼 수 있어요.

846 **Dogs** can hear ***much* better** / **than** humans.
주어   동사   수식어   ~ than humans can hear.
개들은 훨씬 더 잘 들을 수 있다   /   인간(이 들을 수 있는 것)보다.

TIP very, too와 같은 부사는 비교급 앞에 쓸 수 없어요.

847 Arctic sea ice is melting ***even* faster than** last year.

Unit Vocabulary

842 human 인간, 사람
843 veggie 채소의; 채소
healthy 건강한
844 language 언어
adult 성인, 어른
845 writer 작가
847 Arctic 북극 melt 녹다
1 female 암컷(의); 여성인; 여성
(↔ male 수컷(의); 남성인; 남성)
owl 부엉이, 올빼미
2 E-book 전자책
paperback book 종이책

Check up ⋯⋯⋯⋯⋯⋯⋯⋯⋯⋯⋯⋯⋯⋯⋯⋯⋯⋯⋯● 천일비급 p.62

다음 주어진 단어를 사용하여 비교급 문장을 완성하세요.

1 Female owls are _____ males. (heavy)

2 E-books are _____ paperback books. (cheap)

3 You look _____ your picture. (a lot, good)

UNIT 83 원급 표현

A와 B 두 대상을 비교해서 서로 정도가 비슷하거나 같을 때 as ~ as 원급 표현을 사용해요.
원급이란 형용사나 부사의 원래 형태를 그대로 쓰는 것을 말해요.
as ~ as 앞에 not을 붙이면 A와 B의 정도가 서로 같지 않음을 나타낼 수도 있어요.

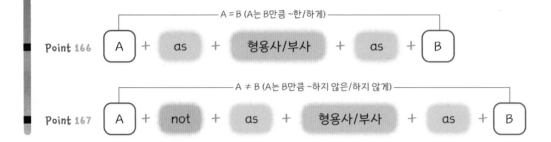

Point 166 A as 형용사/부사 as B

- 'A는 B만큼 ~한/하게'라는 의미를 나타낼 때는 as ~ as 사이에 형용사나 부사의 원래 형태를 그대로 넣어 표현해요.

A as 형용사/부사 as B	A는 B만큼 ~한/하게

- 두 번째 as 뒤에는 비교 대상 B만 남고, 앞에 나온 어구들은 반복을 피하기 위해 생략되는 경우가 많아요.

848 My old bike is **as good** / **as** this new one.
주어   동사   보어   ~ as this new one is good.
내 오래된 자전거는 좋다 / 이 새것(이 좋은)만큼.

849 My sister's hair is **as long as** mine.

850 The movie became **as popular as** the original novel.

851 Crows are **as smart as** a seven-year-old child.

852 A giraffe can run almost **as fast as** a horse.

🔍 as ~ as 앞에는 almost/nearly (거의)와 같은 표현이 자주 쓰여요.

〈as ~ as+목적격 대명사〉

than과 마찬가지로 두 번째 as 뒤에는 〈주어+동사〉가 오는 것이 원칙이지만, 실생활에서 말할 때는 목적어
형태를 사용하는 경우가 많아요.
My little brother is as tall as **I am**. → My little brother is as tall as **me**. 내 남동생은 나만큼 키가 크다.

〈twice, three times ...+as 형용사/부사 as〉

'A는 B보다 몇 배 더 ~한/하게'라는 의미를 나타낼 때는 as ~ as 앞에 배수사를 넣어 표현할 수 있어요.
배수사란 두 배, 세 배 등 어떤 수의 배를 나타내는 말이에요. (twice[two times], three times, four times ...)
The chimpanzee lives **twice as long as** the giraffe. 침팬지는 기린보다 두 배 더 오래 산다.

Point 167 A not as 형용사/부사 as B

- A와 B를 비교해서 정도의 차이가 날 때는 A와 B가 같지 않음을 나타내는 것이므로, as ~ as 앞에 not을 붙이면 돼요.

A not as 형용사/부사 as B	A는 B만큼 ~하지 않은/하지 않게

853 Today is **not as cold** / **as** yesterday.
　　　주어　동사　　　보어　　~ as yesterday was cold.
　　　오늘은 춥지 않다　/　어제(추웠던)만큼.

854 My cell phone is**n't as new as** yours.

855 I can't cook **as well as** my mom.

Check up
● 천일비급 p.63

다음 우리말과 의미가 같도록 주어진 단어를 사용하여 문장을 완성하세요.

1 그 로봇은 자동차만큼 크다. (big)

→ The robot is _____ a car.

2 그의 손은 얼음만큼 차가웠다. (cold)

→ His hands were _____ ice.

3 은은 금만큼 비싸지 않다. (expensive)

→ Silver is _____ gold.

4 땅바닥은 스펀지만큼 푹신했다. (soft)

→ The ground was _____ sponge.

UNIT 84 최상급 표현

셋 이상을 비교해서 하나가 다른 것들보다 정도가 가장 심한 것을 나타낼 때 최상급 표현을 사용해요.
형용사나 부사의 최상급 뒤에는 보통 범위를 나타내는 〈in/of+장소/그룹〉이 쓰여요.

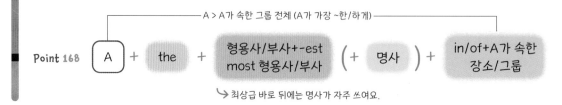

A > A가 속한 그룹 전체 (A가 가장 ~한/하게)

Point 168 A + the + 형용사/부사+-est / most 형용사/부사 (+ 명사) + in/of+A가 속한 장소/그룹

↳ 최상급 바로 뒤에는 명사가 자주 쓰여요.

Point 168 the 형용사/부사+-est(+명사)+in/of ...

• 'A가 … (중)에서 가장 ~한/하게'라는 의미를 나타낼 때는 형용사나 부사 뒤에 '-est'를 붙이거나 형용사나 부사 앞에 most를 붙여요. 이러한 형태를 '최상급'이라고 하고, 최상급 앞에는 the를 써요.

A the 형용사/부사+-est(+명사)+in/of ... A the most 형용사/부사(+명사)+in/of ...	A가 …(중)에서 가장 ~한/하게

• 〈one of the+최상급+복수명사〉는 최상급을 이용해 자주 쓰이는 표현으로 '가장 ~한 …중 하나'라는 의미를 나타내요.

856 He is **the tallest** student / in our school.
　　　　주어 동사　　　보어　　　　　　　수식어
　　　그는 키가 가장 큰 학생이다　　　/　　우리 학교에서.

857 Today is **the best** day / of my life!
　　　주어　　동사　　보어　　　　수식어
　　　오늘은 최고의 날이야　　　/　　내 인생에서!

858 **The biggest** animal in the world is the blue whale.

859 Safety is one of **the most important** things
in flight.

Check up ● 천일비급 p.63

다음 주어진 단어를 사용하여 최상급 문장을 완성하세요.

1 She is ＿＿＿＿＿＿＿＿＿＿＿＿＿ in her family. (young, person)

2 This is ＿＿＿＿＿＿＿＿＿＿＿ on the menu. (expensive, dish)

Unit Vocabulary

857 life 인생, 삶
858 world 세상; 세계
blue whale 흰긴수염고래
859 safety 안전
important 중요한
flight 비행; 항공편
2 dish 요리; 그릇

UNIT 85

The 비교급 ~, the 비교급 ...

비교급 앞에 the를 붙여 '~하면 할수록, 더 …하다'라는 의미를 나타낼 수 있어요.

Point 169 The + 비교급 + 주어1 + 동사1 , the + 비교급 + 주어2 + 동사2

~하면 할수록, 더 …하다

Point 169 The 비교급 ~, the 비교급 ...

- 〈The 비교급+주어+동사 ~, the 비교급+주어+동사 ...〉는 '~하면 할수록, 더 …하다'라는 의미를 나타내요.
이 표현은 어순에 주의해서 사용해야 해요.

860 **The older** we grow, // **the wiser** we become.

보어1 　 주어1 　 동사1 　 보어2 　 주어2 　 동사2

우리가 자라면 자랄수록, 　// 　 우리는 더 현명해진다.

861 **The more** books you read, //

목적어1 　 주어1 　 동사1

네가 더 많은 책을 읽을수록, 　//

the more knowledge you gain.

목적어2 　 주어2 　 동사2

너는 더 많은 지식을 얻는다.

> **TIP** 〈the 비교급〉 바로 뒤에는 〈주어+동사〉의 목적어가 되는 명사가 올 수 있어요.

862 **The more** I worry, **the less** I sleep.

863 **The more careful** you are, **the fewer** mistakes you make.

> **TIP** 2음절 이상의 형용사/부사 비교급이 쓰일 때 어순에 주의해야 해요.
> (**The more** you are **careful**, ~ (✗))

문법Plus ▶ 비교급 and 비교급: 점점 더 ~한/하게

The sky grew **darker and darker**. 하늘이 점점 더 어두워졌다.
She became **more and more nervous**. 그녀는 점점 더 긴장되었다.

Check up ·· ● 천일비급 p.64

다음 우리말과 의미가 같도록 주어진 단어를 사용하여 문장을 완성하세요.

1 햇빛이 밝으면 밝을수록, 사람들은 더 행복해진다. (happy)

→ The brighter the sun is, ＿＿＿＿＿＿＿＿＿＿ people feel.

2 네가 빨리 걸으면 걸을수록, 너는 더 일찍 도착할 것이다. (fast)

→ ＿＿＿＿＿＿＿＿＿＿ you walk, the earlier you will arrive.

Unit Vocabulary

860 grow 자라다, 성장하다
wise 현명한
861 knowledge 지식 gain 얻다
862 worry 걱정하다
sleep (잠을) 자다; 잠
863 careful 조심하는
make a mistake 실수를 하다
cf. mistake 실수, 잘못
1 bright 밝은

UNIT 86 가정법 과거

지금까지 배운 동사의 형태와 의미는 모두 사실을 사실 그대로 말할 때 사용하는 것들(= 직설법)이었지만, 가정법은 사실이 아닌 일이나 일어날 가능성이 거의 없는 일을 가정하거나 바랄 때 사용하는 표현이에요.

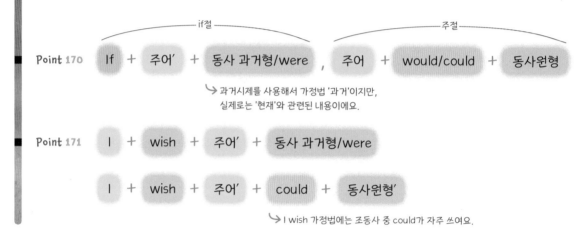

Point 170 if 가정법 과거

● 가정법은 if절이 포함된 문장에서 많이 볼 수 있는데, if 가정법 과거는 '현재'의 사실과 반대로 가정하거나, '현재'나 '미래'에 일어날 가능성이 거의 없는 일을 가정, 상상할 때 쓰여요.

> If+주어'+**동사 과거형/were** ~, 주어+**would/could**+**동사원형** ...
> 만약 주어'가 ~라면   주어가 …할 텐데

● 가정법 과거는 동사의 과거형이 쓰이지만, 절대 과거의 일을 말하는 것이 아니므로 해석에 주의해야 해요.

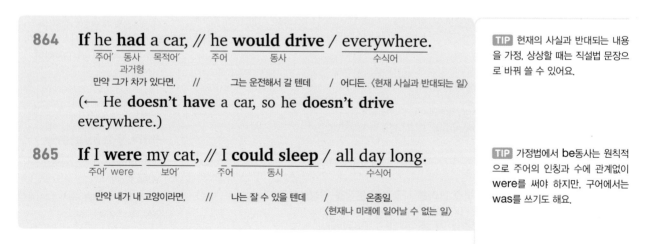

864 If he **had** a car, // he **would drive** / everywhere.
주어' 동사 목적어' / 주어 동사 / 수식어
과거형
만약 그가 차가 있다면, // 그는 운전해서 갈 텐데 / 어디든. 〈현재 사실과 반대되는 일〉
(← He **doesn't have** a car, so he **doesn't drive** everywhere.)

TIP 현재의 사실과 반대되는 내용을 가정, 상상할 때는 직설법 문장으로 바꿔 쓸 수 있어요.

865 If I **were** my cat, // I **could sleep** / all day long.
주어' were / 보어' / 주어 동사 / 수식어
만약 내가 내 고양이라면, // 나는 잘 수 있을 텐데 / 온종일.
〈현재나 미래에 일어날 수 없는 일〉

TIP 가정법에서 be동사는 원칙적으로 주어의 인칭과 수에 관계없이 **were**를 써야 하지만, 구어에서는 **was**를 쓰기도 해요.

866 If my best friend **lived** in my town, I **would see** her every day.

867 I **would be** really happy **if** my vacation **were** longer.

TIP if절은 문장 뒤쪽에 올 수도 있어요. 이때, if절 앞에는 콤마(,)를 쓰지 않아요.

868 **If** I **made** a lot of money, I **would build** schools in poor countries.

869 **If** the weather **were** good today, we **could go** on a picnic.

870 **If** my grandfather **were** younger, he **could go** backpacking with me.

Point 171 I wish + 가정법 과거

- '현재' 이루기 힘든 일이거나 '현재' 사실과 반대되는 것을 소망할 때, ⟨I wish+가정법 과거⟩ 표현을 쓸 수 있어요. 현재의 일에 대한 아쉬움을 나타내요.

I wish+주어'+동사 과거형/were	(현재) ~하면/라면 좋을 텐데
I wish+주어'+could+동사원형	

871 <u>I wish</u> // <u>I</u> **could go back** / to the past.
　　　　주어　동사　　　　　　　　　목적어
(~라면) 좋을 텐데 //　내가 돌아갈 수 있다면　/　과거로. ⟨현재 이루기 힘든 일⟩

(← I **want to go back** to the past, but I **can't**.)

872 I **wish** I **were** taller.

873 I **wish** you **could stay** here / longer.

Check up ⋯⋯⋯⋯⋯⋯⋯⋯⋯⋯⋯⋯⋯⋯⋯⋯⋯⋯⋯⋯⋯⋯ ● 천일비급 p.66

다음 우리말과 의미가 같도록 주어진 단어를 사용하여 문장을 완성하세요.

1 만약 내가 학교 근처에 산다면, 나는 학교에 걸어갈 텐데. (live)
→ If I ＿＿＿＿＿＿＿ near my school, I would walk to it.

2 만약 그가 올림픽에 출전한다면, 그는 금메달을 딸 텐데. (will)
→ If he participated in the Olympics, he ＿＿＿＿＿＿＿ win a gold medal.

3 내가 너처럼 형제나 자매가 있다면 좋을 텐데. (have)
→ I wish I ＿＿＿＿＿＿＿ brothers and sisters like you.

Unit Vocabulary

864 everywhere 모든 곳, 어디나
865 all day long 하루 종일
867 vacation 휴가, 방학
868 make money 돈을 벌다
build 짓다 country 나라, 국가
869 go on a picnic 소풍을 가다
870 go backpacking 배낭여행을 하다
871 past 과거
2 participate in ~에 참여하다
win a medal 메달을 따다

Chapter Exercises 21

A 알맞은 어법 고르기 ▶ **다음 문장의 네모 안에서 어법상 알맞은 것을 고르세요.**

1 This new laptop is light / lighter than my old one.

2 Sam's grades were very / much better than Tim's.

3 Ron kicked the ball as hard / harder as his coach.

4 This is the most / more famous lake in Russia.

5 The more you practice, the good / better you perform.

6 If he save / saved more money, he could buy new shoes.

7 I wish I can / could spend my vacation in Hawaii.

B 배열 영작하기 ▶ **다음 우리말과 의미가 같도록 주어진 단어를 올바르게 배열하세요.**

1 팀워크는 축구에서 가장 중요한 것이다. (in soccer / thing / most / the / important)

  → Teamwork is _____.

2 그 가수의 신곡은 지난 노래만큼 인기가 있지 않았다. (as / not / as / popular)

  → The singer's new song was _____ his last one.

3 우리가 일찍 출발한다면, 그 버스를 탈 수 있을 텐데. (the bus / could / we / catch)

  → If we left early, _____.

4 이번 시험은 지난 시험보다 더 어려웠다. (difficult / the last one / than / more)

  → This test was _____.

5 네가 그것에 대해 더 걱정하면 할수록, 너는 기분이 더 안 좋아질 것이다.
(feel / worse / will / the / you)

  → The more you worry about it, _____.

A 3 coach (스포츠 팀의) 코치 4 lake 호수 5 perform 행하다; 공연하다 6 save (돈을) 저축하다, 모으다
7 spend (시간을) 보내다; (돈을) 쓰다 vacation 휴가, 방학 **B** 1 teamwork 협동 작업, 팀워크 3 catch the bus 버스를 타다[잡다]

C

조건 영작하기 ▶ **다음 우리말과 의미가 같도록 주어진 단어를 사용하여 문장을 완성하세요.**

1 화이트 초콜릿은 다크 초콜릿보다 더 달콤하다. (sweet)

→ White chocolate is _____ dark chocolate.

2 인간은 개들만큼 잘 들을 수 없다. (well)

→ Humans can't hear _____ dogs.

3 결말이 그 영화에서 가장 슬픈 부분이다. (part, sad)

→ The ending is _____ of the movie.

4 비가 더 많이 내릴수록, 길은 더 미끄러울 것이다. (slippery, much)

→ _____ it rains, _____ the road will be.

5 내가 너라면, 데이비드에게 사과할 텐데. (apologize, be, will)

→ If I _____ you, I _____ to David.

D

서술형 맛보기 ▶ **다음 표를 보고 주어진 단어를 사용하여 문장을 완성하세요.**

	Age	Height	Weight
Brian	15	170 cm	62 kg
Walter	14	167 cm	60 kg
Peter	16	170 cm	65 kg

1 Walter is _____ Brian or Peter. (young)

2 Peter is _____ of the three boys. (old)

3 Brian is _____ _____ _____ Peter. (tall)

4 Walter is _____ _____ _____ _____ Brian. (heavy)

C **2** human 인간, 사람 **3** part 부분 ending 결말 **4** slippery 미끄러운 **5** apologize 사과하다
D height 키, 높이 weight 무게

CHAPTER 22

특수 구문

| 강조 | 동사 강조 | 주어 + do[does, did] + 동사원형 |
| | 명사/부사구 강조 | It is[was] + 강조 어구 + that + ~ . |

→ 장소나 방향을 나타내는 부사(구)나 부정어 등이 문장 앞으로 오면 주어와 동사의 순서가 바뀌어요.

| 도치 | 부사(구) so, neither Never, Little, Hardly ... + (조)동사 + 주어 |

| 부정 | 전체 부정 (모두 부정) | no, none, neither ... |
| | 부분 부정 (일부만 부정) | not + all, every, always ... |

| 생략 | 주어1 + 동사1 , 접속사 + 주어2 + 동사2 |

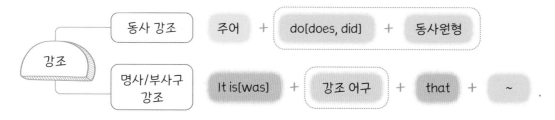

→ 반복되는 어구를 생략해요.

영어는 다음과 같이 어구를 생략하거나 위치를 바꾸거나 덧붙여 기본적인 문장에 변화를 줄 수 있어요. 이러한 구문들을 특수 구문이라고 해요.

또한 '~이 아니다'와 같이 부정을 표현하는 여러 어구에 대해서도 알아볼 거예요.

● 강조하고자 하는 말 앞에 다른 어구를 덧붙이거나 위치를 바꿔 나타낼 수 있어요.

You look nice today! → You **do** *look* nice today! 〈동사 강조〉

너는 오늘 정말 멋져 보인다!

We saw an action movie yesterday.

→ **It was** *an action movie* **that** we saw yesterday. 〈명사(목적어) 강조〉

우리가 어제 본 것은 바로 액션 영화였다.

● 기본 문장의 어구들의 위치가 바뀌는 것을 '도치'라고 해요.

My sister can't swim, and **neither can I**. 〈neither+조동사+주어〉

내 여동생은 수영을 못하고, 나도 못 한다.

● 생략은 주로 반복되는 어구를 생략해서 문장을 간결하게 만들 때 활용해요. 또한, 생략은 격식을 차리지 않는 일상 회화에서도 많이 사용돼요.

(want to play games)

My friends ***wanted to play games***, but I **didn't**.

내 친구들은 게임을 하고 싶어 했지만, 나는 아니었다(= 게임을 하고 싶지 않았다).

● 부정문에 주로 사용하는 not 외에도 none, neither 등의 부정어구가 포함된 문장들이 있어요. 이때 부정어구들을 잘못 해석하면 전혀 다른 의미가 될 수 있으므로 주의해야 해요.

Not everyone has allergies.

모든 사람은 알레르기가 없다. (X)   모든 사람이 알레르기가 있는 것은 아니다. (O)

● 동격이란 한 문장에서 A와 B가 같은 대상을 가리키는 것을 말해요.

Mr. Wilson, our science teacher, is very kind. 〈명사 = 명사〉

우리 과학 선생님인 윌슨 씨는 매우 친절하시다.

UNIT **87** 강조

UNIT **88** 도치

UNIT **89** 부정

UNIT **90** 생략/동격

UNIT 87 강조

문장의 일부를 강조할 때, 조동사 do를 사용하거나 〈It is[was] ~ that ...〉과 같은 구문을 사용해요.

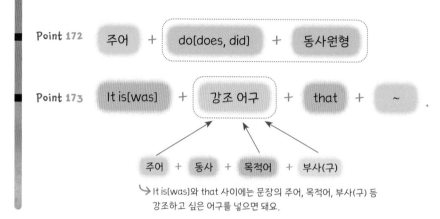

Point 172 동사를 강조하는 do/does/did

- 문장의 동사를 강조할 때는 동사 앞에 조동사 do[does, did]를 붙여 '정말 ~하다'라는 의미를 나타낼 수 있어요.
- 조동사 do[does, did] 뒤에는 항상 동사원형이 쓰이며, 주어의 인칭과 수, 시제에 따라 do의 알맞은 형태를 사용해요.

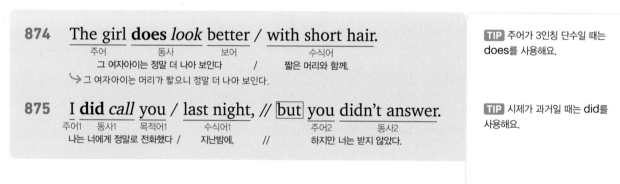

TIP 주어가 3인칭 단수일 때는 **does**를 사용해요.

TIP 시제가 과거일 때는 did를 사용해요.

876   I **do** *believe* that you're telling the truth.

877   He **does** *have* a great smile.

878   It **did** *become* very humid at night.

문법 Plus do의 다양한 쓰임

❶ 부정문이나 의문문을 만들 때 조동사 do를 사용해요.
I **do** not know the answer. 나는 정답을 알지 못한다.
Did he go to school early? 그는 학교에 일찍 갔니?

❷ '~하다'라는 의미를 가진 일반동사로 쓰이기도 해요.
I will **do** my best in the soccer match. 나는 축구 경기에 최선을 다할 것이다.
Kate **does** her homework before dinner. 케이트는 저녁 식사 전에 숙제를 한다.

❸ 주로 의문문에 대답할 때, 의문문에 등장하는 동사를 대신해서 쓰여요.
A: Do you like to play basketball? 너는 농구 하는 걸 좋아하니?
B: Yes, I **do**. 응, 좋아해.

Point 173 〈It is[was] ~ that ...〉 강조구문

- 문장의 주어나 목적어, 부사구(장소, 시간 등)를 강조할 때는 〈It is[was] ~ that ...〉 구문을 사용할 수 있어요.
  It is[was]와 that 사이에 강조할 말을 넣고 나머지 부분은 that 뒤에 순서대로 두면 돼요.
- '…한 것은 바로 ~이다[이었다]'로 해석하는데, that 뒤의 나머지 부분을 먼저 해석하고 강조하는 어구를 '바로 ~'로
  해석하면 돼요.
- 이때, 강조하는 어구가 사람이면 who(m), 사물이면 which를 that 대신 쓸 수 있어요.

---

879 **It was** *my neighbors* // **that** took care of my dog.
　　　　바로 내 이웃들이었다　　//　　내 개를 돌봐준 것은. 〈명사(주어) 강조〉
(← *My neighbors* took care of my dog.)

> **TIP** 강조하는 어구가 사람인 경우, that 대신에 **who**를 사용할 수 있어요.

880 **It is** *this Friday* // **that** the final exams will be over.
　　　　바로 이번 금요일이다　//　　기말고사가 끝나는 것은. 〈부사구(시간) 강조〉
(← The final exams will be over *this Friday*.)

---

881 **It is** *we* **that** have to save the environment.

> **TIP** 강조하는 어구가 복수명사일 때도 앞에 be동사는 단수형인 **is**나 **was**를 사용해요.

882 **It is** *the number 12 bus* **that** I take to school every day.

883 **It is** *this movie* **that** Taylor wants to see.

884 **It is** *Vietnam* **that** my family is going to visit this summer.

885 It was *in this park* that we met for the first time.

문법Plus 〈It is[was] ~ that ...〉 가주어-진주어 vs. 강조구문

❶ 가주어-진주어: be동사 뒤로 형용사가 등장하거나 that절 뒤로 완전한 문장이 이어져요.
It is **interesting** that *some animals can use tools*. 어떤 동물들이 도구를 사용할 수 있다는 것은 흥미롭다.

❷ 강조 구문: It is[was]와 that을 제외하고 강조되는 말을 that 뒤에 넣었을 때 문장이
　자연스러우면 강조구문. 불완전한 문장이 되면 '가주어-진주어' 구문이에요.

• 〈강조구문〉
It is pizza that I want to eat. 내가 먹고 싶은 것은 바로 피자이다.
→ I want to eat pizza. (완전한 문장)
　주어 동사　　목적어

• 〈가주어-진주어 구문〉
It is a problem that you lied to the teacher. 네가 선생님에게 거짓말한 것이 문제이다.
→ You lied to the teacher a problem. (불완전한 문장)
　주어　동사　　수식어　　　?
　　　　　　　　　　　(역할이 없음)

Check up ··· ● 천일비급 p.69

A 다음 문장의 네모 안에서 어법상 알맞은 것을 고르세요.

1 She did get / gets better at math.

2 The farmers do / does hope that it will rain soon.

3 Spinach does has / have a lot of vitamin A.

B 다음 〈보기〉의 문장을 제시된 조건대로 강조하는 문장으로 완성하세요.

> 보기 Our parents took us to the beach last Sunday.

1 Our parents를 강조
→ _____ that took us to the beach last Sunday.

2 us를 강조
→ _____ that our parents took to the beach last Sunday.

3 last Sunday를 강조
→ _____ that our parents took us to the beach.

UNIT **88** 도치

도치란 주어와 (조)동사의 위치가 서로 바뀌는 것을 의미해요.
특정 어구나 단어를 문장 맨 앞으로 이동하여 강조할 때 도치가 일어나요.

Point 174 〈장소·방향의 부사(구)+동사+주어〉

- '장소나 방향'을 나타내는 부사나 부사구를 문장 맨 앞으로 이동하면 '주어-동사'의 순서가 바뀌어요.
- 장소를 나타내는 부사 here(여기에)나 there(거기에)로 문장이 시작하는 경우에도 〈Here[There]+동사+주어〉의 어순으로 쓰여요.

886 *On the top of the hill* / **stood an old house**.
　　　장소의 부사구　　　　　　동사　　　　주어
　　　언덕 맨 위에　　　/　　오래된 집이 하나 있었다.

(← An old house stood *on the top of the hill*.)

> **TIP** 동사는 주어의 수와 시제에 맞춰 써야 해요.

887 *Here* **is the menu**. Please take your time.
　　부사　동사　　주어　　　　　　동사　　　목적어
　　여기에 메뉴가 있어요.　　　　　천천히 고르세요.

(← The menu is *here*. Please take your time.)

888 *Under the Christmas tree* **were many gifts**.

889 *There* **goes our bus**! We should take a taxi instead.

> **TIP** 주어가 대명사일 때는 주어와 동사의 순서가 바뀌지 않아요.
> (*There* **he goes**!)

⟨There+be동사+주어⟩는 '~이 있다'라는 의미로 무언가의 존재를 나타내는 구문이에요. 이 뒤에는 장소를 나타내는 부사구가 이어져요. 따라서 장소를 나타내는 부사 There(저기에)로 시작하는 문장과 구분하여 해석해야 해요.
There are many people *in the park*. 공원에 많은 사람들이 있다.
There goes the last train. 저기 마지막 열차가 지나간다.

Point 175 ⟨so[neither]+(조)동사+주어⟩

- so, neither가 앞 내용을 받아 긍정이나 부정의 동의를 나타낼 때, 뒤에 오는 주어와 동사의 순서가 바뀌어요.

⟨긍정문, so+(조)동사+주어⟩	~도 그렇다
⟨부정문, neither+(조)동사+주어⟩	~도 그렇지 않다

- 앞에 나온 내용의 동사가 일반동사이면 주어의 인칭과 수, 시제에 따라 do/does/did 중 알맞은 형태를 써야 해요.

890   I enjoyed the movie, // and so did my friends.
      주어1   동사1   목적어1   동사2   주어2
      나는 그 영화를 즐겼다.   //   그리고 내 친구들도 그랬다. (내 친구들도 즐겼다.)
      (= ~, and my friends *enjoyed the movie, too*.)

891   A: I have never been abroad / before.
      주어   수식어   장소   수식어
         동사
      나는 한 번도 외국에 나가 본 적이 없어 / 전에.

      B: *Neither* **have** I.
          동사   주어
      나도 그래. (나도 가 본 적이 없어.)
      (= I *haven't been abroad, either*.)

892   A: I'm looking forward to going to the concert.

      B: *So* **am** I.

893   People don't carry cash often, and *neither* **does my dad**.

894   She can't play any musical instruments, and *neither* **can I**.

TIP 문장의 주어와 so[neither] 뒤에 오는 주어가 다를 때 달라지는 동사의 형태에 주의하세요.

Point 176 〈부정어+(조)동사+주어〉

- 부정의 의미를 가진 부정어가 문장 맨 앞에 오면 '주어-동사'의 순서가 바뀌어요.

never	절대 ~않다	no	조금도 ~않다	hardly	거의 ~ 아닌
not	~아니다	little	거의 없는	seldom(= rarely)	좀처럼 ~않는

- 문장에 쓰인 동사가 be동사, 일반동사 또는 조동사인지에 따라 아래와 같이 도치를 나타내요.

be동사	〈부정어+be동사+주어〉
일반동사	〈부정어+do/does/did+주어+동사원형〉
조동사	〈부정어+조동사+주어+동사원형〉
have/has+p.p.	〈부정어+have/has+주어+p.p.〉

895 *Little* **did I know** / about the arts.

　　　　부정어　did 주어 동사원형　　　수식어

　　　　나는 거의 알지 못했다　/　예술에 대해.

(← I knew *little* about the arts.)

896 *Hardly* **could he hear** the teacher from the back.

897 *Never* **will I try** this dish again. It's too spicy for me.

898 *Never* **has Kate told** a lie to her parents.

Check up ·· ● 천일비급 p.71

A 다음 문장의 밑줄 친 부분이 강조되도록 문장을 완성하세요.

1 The boxes were <u>behind the door</u>.

→ Behind the door ＿＿＿＿ ＿＿＿＿ ＿＿＿＿.

2 He <u>rarely</u> plays baseball in school.

→ Rarely ＿＿＿＿ ＿＿＿＿ ＿＿＿＿ baseball in school.

B 다음 두 문장의 의미가 같도록 문장을 완성하세요.

I got a haircut, and Kate got a haircut, too.

→ I got a haircut, and ＿＿＿＿ ＿＿＿＿ ＿＿＿＿.

UNIT 89 부정

동사에 not이나 never를 사용하여 부정문을 만들기도 하지만, 그 외에도 다양한 표현으로 부정의 의미를 나타낼 수 있어요. 이때, 부정 표현의 의미를 잘못 이해하면 정반대로 해석할 수 있으므로 주의해야 해요.

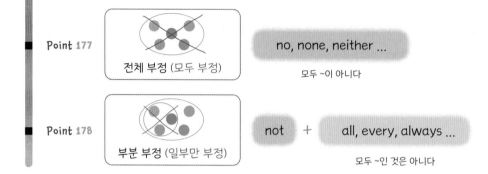

Point 177
전체 부정 (모두 부정)
no, none, neither ...
모두 ~이 아니다

Point 178
부분 부정 (일부만 부정)
not + all, every, always ...
모두 ~인 것은 아니다

Point 177 전체 부정

- not과 같은 부정어가 any, either 등과 함께 쓰이거나, no, none, neither 등과 같은 부정어가 쓰이면 전체를 부정하는 의미를 나타내요.

no ~, none ~, not ~ any	모두 ~가 아닌
neither, not ~ either	(둘 중에) 어느 쪽도 ~가 아닌

899 **No** pets are allowed / in this hotel.
　　　주어　　　　동사　　　　　　수식어
　어떤 반려동물도 허용되지 않는다　/　이 호텔에.

900 **None** of the passengers were hurt / in the accident.
　　　　　　주어　　　　　　　동사　보어　　　　수식어
　승객들 중 아무도 다치지 않았다　　　/　그 사고에서.

901 There is**n't any** food in the kitchen.

902 A: Which flavor do you want, vanilla or chocolate?

　　B: I want **neither** of them.

TIP any는 부정어와 함께 쓰일 때 전체 부정을 나타내요.

Point 178 부분 부정

- every, all, always 등 전체를 나타내는 단어가 부정어와 함께 쓰이면 '모두[항상] ~인 것은 아니다'와 같이 일부만 부정하는 의미를 나타내요.

not all[every], not ~ all[every]	모두 ~인 것은 아닌
not always	항상 ~인 것은 아닌

903 **Not every** student hates / to wear a school uniform.
　　　　　주어　　　　　동사　　　　　　　목적어
　　　모든 학생이 싫어하는 것은 아니다　/　　교복을 입는 것을.

(= Some students hate to wear a school uniform, but others don't.)

904 **Not all** the information (on the Internet) / is useful.
　　　　　　　주어　　　　　　　　　　　　　　　　동사　　보어
　　　모든 정보가 ~인 것은 아닌　　　(인터넷상의)　/　유용하다.
　↳ 인터넷상의 모든 정보가 유용한 것은 아니다.

(= Some information on the Internet is useful, but other information isn't.)

905 Sorry. I do**n't** have answers to **all** of your questions.

906 Being rich does**n't always** mean being happy.

문법Plus 전체 부정 vs. 부분 부정

❶ 전체 부정
He kept **none** of his promises. 그는 자신의 약속을 모두 지키지 않았다.
= He did**n't** keep **any** of his promises. 그는 자신의 약속 중 어느 것도 지키지 않았다.

❷ 부분 부정은 일부만 부정하는 것이므로, 다른 일부는 '긍정'하는 의미를 나타내요.
Not all the students passed the math test. 모든 학생이 그 수학 시험에 통과한 것은 아니다.
= Some students didn't pass the math test, but **others passed** it.
어떤 학생들은 그 수학 시험에 통과하지 못했지만, 다른 학생들은 통과했다.

Check up .... ● 천일비급 p.73

다음 중 우리말과 일치하는 문장을 고르세요.

1 우리 중 아무도 아직 준비되지 않았다.

① None of us are ready yet.　② Not all of us are ready yet.

2 우리 모두가 그 계획을 좋아하는 것은 아니다.

① Neither of us like the plan.　② Not every one of us like the plan.

Unit Vocabulary

899 allow 허락하다, 허용하다
900 passenger 승객
accident 사고
902 flavor 맛
903 school uniform 교복
904 information 정보
useful 유용한, 쓸모가 있는
906 rich 부유한, 부자인
mean 의미하다
1 ready 준비가 된
3 get up 일어나다

UNIT 90 생략/동격

문장을 쓸 때 의미를 잘 전달하기 위해 반복되는 어구를 생략하거나
콤마(,)를 사용하여 문장의 명사나 대명사에 대한 부연 설명을 덧붙일 수 있어요.

Point 179
주어1 + 동사 , 접속사 + 주어2 + 동사

주어1 + 동사1 , 접속사 + 주어2 + 동사2 + to + 동사원형

Point 180
(대)명사 , 명사(구)
=

Point 179 생략

● 문장에서 같은 어구가 반복되는 경우, 문장을 간결하게 하기 위해 반복되는 어구를 생략해요.

907 She asked / me to *help*, // but I couldn't (help).
주어1 동사1 목적어1 보어1 주어2 동사2
그녀는 부탁했다 / 내가 돕도록, // 하지만 나는 할 수 없었다(도울 수 없었다).
〈조동사 뒤 생략〉

908 You can *use the computer* // if you want to (use^동
주어 동사 목적어 주어' 동사' 목적어'
너는 컴퓨터를 사용할 수 있다 // 네가 (컴퓨터를 사용하는 것을)원한다면.
〈to부정사의 동사원형 이하 생략〉
the computer^목).

909 Some people *prefer to live in the city*, and **others in the countryside**.

910 Tim *understands the problem* better than **Jenny**.

911 I *cleaned my room* because **Mom told me to**.

Point 180 A+콤마(,)+B

● 명사나 대명사에 대한 보충 설명을 더하거나, 콤마(,)를 기준으로 명사 A와 B가 같은 대상을 가리키는 것을 '동격'이라고 해요. 이때 A는 B와 같은 것으로 해석해요.

A+콤마(,)+B	A는 B인데, B인 A

912 Rachel, / **the tall girl with brown hair**, / is my best friend.

주어 / = / 동사 보어

레이첼은, / 갈색 머리의 키가 큰 여자아이인데, / 내 가장 친한 친구이다.

913 Kevin's father, **the police officer**, explained his job in class.

914 I wrote my report on Abraham Lincoln, **the 16th president of America**.

Check up ⋯⋯⋯⋯⋯⋯⋯⋯⋯⋯⋯⋯⋯⋯⋯ ● 천일비급 p.74

A 다음 문장에서 생략할 수 있는 단어나 어구에 밑줄을 그으세요.

1 I eat a lot more than my brother eats.

2 She told me to return the book, but I forgot to return it.

3 They were good friends when they were in school.

B 다음 문장의 밑줄 친 부분과 동격인 부분에 밑줄을 그으세요.

1 Jeremy, my neighbor, helped me carry the box.

2 We stopped by Sweetwaters, my favorite cafe.

3 My grandparents bought a home, a house with a big garden.

4 I finished reading a book about Thomas Edison, one of the greatest inventors in history.

Unit Vocabulary

907 ask 요청하다[부탁하다]
909 prefer 선호하다
countryside 시골
910 understand 이해하다
913 explain 설명하다
job 직업; 일; 직장
914 report 보고서
president 대통령; 회장
America 미국
A 2 return 되돌려주다; 반납하다
forget(-forgot-forgotten) 잊다, 잊어버리다
B 1 carry 나르다, 들고 가다
2 stop by ~에 잠시 들르다
4 inventor 발명가
in history 역사상
cf. **history** 역사

A 알맞은 어법 고르기 ▶ **다음 문장의 네모 안에서 어법상 알맞은 것을 고르세요.**

1 He does ⃞ look / looks ⃞ taller than before.

2 ⃞ That / It ⃞ is Minsu that is going to bring snacks.

3 Sean looked upset, and ⃞ so / neither ⃞ did James.

4 Kevin ⃞ does / did ⃞ take the dog for a walk yesterday.

5 Juwon doesn't like cucumbers, and neither ⃞ do / does ⃞ I.

6 Hardly ⃞ Aaron does / does Aaron ⃞ make mistakes on tests.

 B 배열 영작하기 ▶ **다음 우리말과 의미가 같도록 주어진 단어를 올바르게 배열하세요.**

1 우리 둘 다 수영하는 것을 즐기지 않는다. (enjoy / of / us / neither)

→ _____ swimming.

2 모든 컴퓨터 게임이 아이들에게 해로운 것은 아니다. (all / computer games / not)

→ _____ are bad for children.

3 폴은 스테이크를 주문했고, 톰은 파스타를 주문했다. (Tom / ordered / and / the pasta / the steak)

→ Paul _____, _____.

4 나는 앨리스에게 절대로 도움을 요청하지 않을 것이다. (I / for help / ask / will / Alice)

→ Never _____.

5 메리가 말할 수 있는 것은 바로 프랑스어이다. (can / that / is / Mary / speak / it / French)

→ _____.

A **3** upset 속상한 **4** take A for a walk A를 산책하러 데리고 나가다 **5** cucumber 오이 **6** make a mistake 실수를 하다
B **3** order 주문하다; 주문 **5** French 프랑스어; 프랑스의

C

조건 영작하기 ▶ **다음 우리말과 의미가 같도록 주어진 단어를 사용하여 문장을 완성하세요.**

1 에리카는 사람들과 얘기하는 것을 정말 좋아한다. (to talk, like)

→ Erica _____ to people.

2 내가 역사 시험을 본 것은 지난 목요일이었다. (last Thursday)

→ _____ I took the history exam.

3 나는 아침 식사를 거르지 않고, 샘도 그렇다. (Sam)

→ I don't skip breakfast, and _____.

4 그가 경주에서 딴 것은 바로 금메달이었다. (a gold medal)

→ _____ he won in the race.

5 모든 학생이 수업 시간에 집중하는 것이 아니다. (pay attention, every student)

→ _____ in class.

D

서술형 맛보기 ▶ **다음 중 어법상 어색한 문장 2개를 찾아 그 기호를 쓰고, 어색한 부분을 고쳐 문장 전체를 다시 쓰세요.**

ⓐ It was the mirror that my brother broke.
ⓑ Little I knew you were interested in history.
ⓒ Eddy, Sarah's brother, is a high school student.
ⓓ It were my cousins that baked a pie for Christmas.
ⓔ The doctor told me to rest, but I can't. I'm too busy.

→ _____, _____.

→ _____, _____.

C **2** take an exam 시험을 보다[치르다]   **3** skip 거르다. 건너뛰다   **5** pay attention 집중하다 *cf.* attention 주의 (집중); 관심
D mirror 거울   break(-broke-broken) 깨다, 부수다   cousin 사촌, 친척   bake 굽다   pie 파이   rest 쉬다, 휴식을 취하다; 휴식

Level Up Sentences 915~1001

● 다음 각 문장의 STEP을 순서대로 풀어보세요. ●

Ch 13 현재완료

915 The weather is very dry. It (rain) _____ for / since a few months.

STEP 1 빈칸 채우기 (단, 현재완료형으로 쓸 것)
STEP 2 네모 안에서 어법상 알맞은 것 고르기

Ch 14 수동태 Ch 16 동명사

916 _____. He is really good at make things.

STEP 1 다음 문장을 수동태로 바꿔 쓰기
→ Jeremy made this sweater.
STEP 2 밑줄 친 부분 바르게 고쳐 쓰기 → _____

Ch 15 부정사 Ch 16 동명사

917 Walking for hours is / are really tiring. I need taking a rest.

STEP 1 첫 번째 문장의 주어에 밑줄 긋기
STEP 2 네모 안에서 어법상 알맞은 것 고르기
STEP 3 밑줄 친 부분 바르게 고치기 → _____

Ch 14 수동태 Ch 15 부정사 Ch 16 동명사

918 In the gallery, the guide surrounded / was surrounded by many tourists. Then she began to explain the artwork.

STEP 1 네모 안에서 어법상 알맞은 것 고르기
STEP 2 to부정사구에 밑줄 긋고, 알맞은 역할 고르기 ☐ 주어 ☐ 보어 ☐ 목적어
STEP 3 다음 빈칸 채우기 began to explain = began (explain) _____

Ch 13 현재완료 Ch 15 부정사

919 A: Have you ever (try) _____ Thai food?

B: Yes, I have. For me, (eat / dishes / too / to / some / spicy / were).

STEP 1 빈칸 채우기
STEP 2 다음 우리말과 의미가 같도록 괄호 안 단어를 올바르게 배열하기
몇몇 요리는 너무 매워서 먹을 수 없었어. → _____

---

915 dry 가문, 비가 오지 않는; 건조한 **917** tiring 피곤하게 만드는, 힘든 take a rest 휴식을 취하다 **918** gallery 미술관, 화랑 guide 가이드, 안내자 surround 둘러싸다 tourist 관광객 explain 설명하다 artwork 미술품 **919** try 먹어보다; 노력하다 Thai food 태국 음식 dish 요리; 접시 spicy 매운, 양념 맛이 강한

Ch 13 현재완료 Ch 14 수동태

920 Someone | broke into / has broken into | Jamie's house last night.
Luckily, nothing <u>stolen</u>.

STEP 1 첫 번째 문장의 시간 표현에 동그라미 하기

STEP 2 네모 안에서 어법상 알맞은 것 고르기

STEP 3 밑줄 친 부분 바르게 고쳐 쓰기 → _____

Ch 14 수동태 Ch 15 부정사 Ch 16 동명사

921 Many animals | use / are used | their tails <u>to communicate</u>. For example,
foxes signal danger by (use) _____ them.

STEP 1 네모 안에서 어법상 알맞은 것 고르기

STEP 2 밑줄 친 부분 해석하기 → _____

STEP 3 빈칸 채우기

Ch 13 현재완료 Ch 14 수동태

922 The company <u>started</u> by two friends ten years ago. But it
| became / has become | really successful since last year.

STEP 1 밑줄 친 부분 바르게 고치기 → _____

STEP 2 두 번째 문장의 시간 표현에 동그라미 하기

STEP 3 네모 안에서 어법상 알맞은 것 고르기

Ch 15 부정사 Ch 16 동명사

923 A: I need some help. This copy machine stopped | to work / working |.
B: Peter knows (fix) _____ it. Why don't you ask him?

STEP 1 네모 안에서 어법상 알맞은 것 고르기

STEP 2 다음 우리말과 의미가 같도록 빈칸 채우기

→ 피터는 그것을 어떻게 고칠 수 있는지 알아.

Ch 15 부정사

924 <u>It</u> is not easy for me (talk) _____ to people. But you make me
(feel) _____ at home.

STEP 1 동사 talk, feel을 각각 알맞은 형태로 빈칸에 써넣기

STEP 2 밑줄 친 It과 쓰임이 같은 것 고르기

① It is my favorite song. ② It is getting dark outside. ③ It is hard to remember his name.

---

920 break into (건물에) 침입하다 luckily 다행히 steal(-stole-stolen) 훔치다, 도둑질하다 **921** tail 꼬리 communicate 의사소통하다
for example 예를 들어 signal 신호를 보내다; 신호 danger 위험 **922** company 회사 successful 성공한, 성공적인 **923** copy
machine 복사기 fix 고치다, 수리하다 **924** feel at home 마음이 편안하다 remember 기억하다

● 다음 각 문장의 STEP을 순서대로 풀어보세요. ●

Ch 13 현재완료 | Ch 16 동명사

925 I (wear) _____ glasses since I was ten. But sometimes wear / wearing glasses is not possible. I have to wear contact lenses when I play sports.

STEP 1 빈칸 채우기 (단, 현재완료형으로 쓸 것)

STEP 2 빈칸 부분의 알맞은 의미 고르기 ☐ 쓴 적이 있다 ☐ 쭉 써왔다

STEP 3 네모 안에서 어법상 알맞은 것 고르기

Ch 14 수동태

926 Jason _____ in Chicago, but he grew up / was grown up in Korea.

STEP 1 다음 우리말과 같도록 빈칸 채우기

→ 제이슨은 시카고에서 태어났다.

STEP 2 네모 안에서 어법상 알맞은 것 고르기

Ch 15 부정사 | Ch 16 동명사

927 A: I feel like to play / playing computer games tonight.

B: You can't. Mom told you (not, play) _____ games this week.

STEP 1 네모 안에서 어법상 알맞은 것 고르기

STEP 2 빈칸 채우기

Ch 13 현재완료 | Ch 15 부정사

928 He has tried to help young patients since he became a doctor.

STEP 1 밑줄 친 부분 해석 완성하기 → _____ 노력해왔다

STEP 2 밑줄 친 has tried와 쓰임이 같은 것 고르기

① The bus has just arrived. ② They have been to Europe. ③ She has had a dog for 5 years.

Ch 15 부정사 | Ch 16 동명사

929 A: Are you still planning to go / going to the festival?

B: No, I changed my mind. I decided to visit an art gallery instead.

STEP 1 네모 안에서 어법상 알맞은 것 고르기

STEP 2 밑줄 친 부분의 알맞은 해석 고르기 ☐ 방문하기 위해 ☐ 방문할 ☐ 방문하기로

STEP 3 밑줄 친 부분과 쓰임이 다른 것 고르기

① I chose to stay at home. ② He ran fast to catch the bus. ③ I need to go right now.

---

925 sometimes 가끔 possible 가능한 contact lens 콘택트렌즈 **926** grow up 자라다, 성장하다 **928** patient 환자
929 still 아직, 여전히 change one's mind 마음을 바꾸다 art gallery 미술관 instead 대신에 choose(-chose-chosen) 정하다, 선택하다

Ch 13 현재완료 Ch 15 부정사

930 James forgot <u>bring</u> his passport this morning, so he missed the flight.

He hasn't checked / didn't check his bag last night.

STEP 1 밑줄 친 부분 바르게 고치기 → _____

STEP 2 두 번째 문장의 시간 표현에 동그라미 하기

STEP 3 네모 안에서 어법상 알맞은 것 고르기

Ch 15 부정사

931 During the storm, the wind will be (to break / enough / strong) the

windows. Put some newspaper on them avoid / to avoid the problem.

STEP 1 괄호 안 단어를 바르게 배열하기 → _____

STEP 2 네모 안에서 어법상 알맞은 것 고르기

Ch 13 현재완료 Ch 14 수동태

932 Sally took / has taken care of the garden since last spring. Now, the

garden is filled by flowers.

STEP 1 첫 번째 문장의 시간 표현에 동그라미 하기

STEP 2 네모 안에서 어법상 알맞은 것 고르기

STEP 3 틀린 부분 찾아 고치기 _____ → _____

Ch 15 부정사 Ch 16 동명사

933 Koreans enjoy to eat *tteokguk* on New Year's Day.

Having one bowl of it mean / means getting one year older.

STEP 1 첫 번째 문장에서 틀린 부분 찾아 고치기 _____ → _____

STEP 2 네모 안에서 어법상 알맞은 것 고르기

Ch 15 부정사 Ch 16 동명사

934 A: (invite) _____ us. You have a lovely house.

B: Welcome! Come in. Would you like something <u>to drink</u>?

STEP 1 다음 우리말과 같도록 빈칸 채우기

→ 저희를 초대해주셔서 감사해요.

STEP 2 밑줄 친 부분과 쓰임이 같은 것 고르기

① She hopes <u>to have</u> a pet. ② He brought a book <u>to read</u>. ③ I got up early <u>to see</u> the sunrise.

930 passport 여권 miss 놓치다 flight 항공편, 비행기 check 확인하다 **931** storm 폭풍우 newspaper 신문지; 신문 avoid 막다; 피하다 **932** take care of ~을 돌보다 **933** New Year's Day 설날 **934** invite 초대하다 lovely 아주 좋은; 사랑스러운 bring(-brought-brought) 가져오다 sunrise 일출, 해돋이

● 다음 각 문장의 STEP을 순서대로 풀어보세요. ●

Ch 13 현재완료 Ch 15 부정사 Ch 16 동명사

935 A: (take) _____ your summer vacation?

B: No, I haven't, but I'm planning to go to surfing / surfing in Jeju.

STEP 1 빈칸 채우기 (현재완료형으로 쓸 것)

STEP 2 네모 안에서 어법상 알맞은 것 고르기

Ch 15 부정사

936 A: Do you know (get off) _____ for the museum?

B: Yes. I will let you know / to know then.

STEP 1 다음 우리말과 같도록 빈칸 채우기 (4 단어)

→ 박물관에 가려면 어디서 내려야 하는지 너는 아니?

STEP 2 네모 안에서 어법상 알맞은 것 고르기

Ch 14 수동태 Ch 15 부정사 Ch 16 동명사

937 My dream is ① to be a travel writer. I'm interested in ② experience different cultures and writing about them.

STEP 1 밑줄 친 ①~② 중 어법상 틀린 것 고르기

STEP 2 틀린 것 바르게 고치기 → _____

Ch 13 현재완료 Ch 14 수동태 Ch 15 부정사

938 This blanket should not (throw away) _____ .

I had / have had it since I was a baby. I want to keep it.

STEP 1 빈칸 채우기

STEP 2 네모 안에서 어법상 알맞은 것 고르기

Ch 14 수동태 Ch 16 동명사

939 We are looking forward to visit / visiting the Colosseum. It is very popular, so it (crowd) _____ tourists.

STEP 1 네모 안에서 어법상 알맞은 것 고르기

STEP 2 빈칸 채우기 (단, 현재형으로 쓸 것)

---

935 take a vacation 휴가를 내다   surf 파도타기[서핑]를 하다   **936** get off (차 등에서) 내리다 then 그때   **937** travel writer 여행 작가 experience 경험하다; 경험 different 다른   **938** blanket 담요 throw away 버리다 keep (계속) 가지고 있다; 유지하다
939 Colosseum 콜로세움 ((로마의 원형 경기장)) popular 인기 있는 crowd (어떤 장소를) 가득 메우다; 군중, 무리 tourist 관광객

Ch 15 부정사

940 My dad wanted (wash) _____ his car, and (to help / he / me / asked / him). We went to a car wash together.

STEP 1 빈칸 채우기

STEP 2 괄호 안 단어를 올바르게 배열하기 → _____

Ch 15 부정사 | Ch 16 동명사

941 This book is worth (read) _____. But it is difficult to read at first.

STEP 1 빈칸 채우기

STEP 2 밑줄 친 부분이 꾸며 주는 것에 동그라미 하기

STEP 3 밑줄 친 부분의 알맞은 해석 고르기

☐ 읽기 위해   ☐ 읽을   ☐ 읽기에

Ch 14 수동태 | Ch 15 부정사

942 I am sorry to give you bad news. The baseball game (will, put off) _____ because of the rain.

STEP 1 밑줄 친 부분과 쓰임이 같은 것 고르기

① He told me to stay calm.

② My plan is to travel by bike.

③ We were glad to meet her.

STEP 2 빈칸 채우기

Ch 13 현재완료 | Ch 16 동명사

943 A: I've already ① wash my face three times today.

B: Be careful. ② Washing your face too often can make your skin dry.

STEP 1 밑줄 친 ①~② 중 어법상 틀린 것 고르기

STEP 2 틀린 것 바르게 고치기 → _____

STEP 3 B:에서 주어를 찾아 동그라미 하기

940 car wash 세차장 together 함께 **941** worth 가치가 있는 difficult 어려운 at first 처음에는 **942** put off 미루다, 연기하다 because of ~ 때문에 calm 침착한, 차분한 **943** already 이미, 벌써 time (횟수) 번

● 다음 각 문장의 STEP을 순서대로 풀어보세요. ●

Ch 15 부정사 | Ch 16 동명사

944 I am pleased (introduce) _____ our guest speaker.

She came here to talk to you about career planning.

STEP 1 다음 우리말과 의미가 같도록 빈칸 채우기

→ 저는 우리의 초청 강사를 소개하게 되어 기쁩니다.

STEP 2 밑줄 친 부분 해석하기 → _____

Ch 14 수동태 | Ch 15 부정사 | Ch 16 동명사

945 Some fans waited to getting an autograph from the player.

They were so excited about | to see / seeing | him.

STEP 1 밑줄 친 부분 바르게 고치기 → _____

STEP 2 네모 안에서 어법상 알맞은 것 고르기

Ch 14 수동태 | Ch 15 부정사

946 Everyone expected Michael to win first place, but he came in second.

He wasn't satisfied | with / by | the result.

STEP 1 밑줄 친 부분과 쓰임이 다른 것 고르기

① I told her to call me.   ② He failed to finish the race.   ③ She wanted him to drive faster.

STEP 2 네모 안에서 어법상 알맞은 것 고르기

Ch 14 수동태 | Ch 16 동명사

947 Taking good care of pets | is / are | not easy. A lot of attention and love

(must, give) _____ to them.

STEP 1 첫 번째 문장의 주어에 밑줄 긋기

STEP 2 네모 안에서 어법상 알맞은 것 고르기

STEP 3 빈칸 채우기 (단, 수동태로 쓸 것)

Ch 15 부정사

948 The teacher heard Jake | talk / to talk | several times in class.

She made him stay after class and told him being quiet next time.

STEP 1 네모 안에서 어법상 알맞은 것 고르기

STEP 2 두 번째 문장에서 틀린 부분 찾아 바르게 고치기 _____ → _____

---

944 pleased 기쁜, 즐거운 introduce 소개하다 guest speaker 초청 강사 career 직업, 경력   **945** fan 팬; 선풍기 autograph (유명인의) 사인   **946** expect 예상하다, 기대하다 win first place 1등을 하다, 우승하다 come in second 2등을 하다 result 결과   **947** take good care of ~을 잘 돌보다 attention 관심   **948** several 몇몇의, 몇 번의 next time 다음번

949 Bullfighting (be) _____ a popular sport in Spain for many years.

It is an old tradition, but (be / it / stopped / must).

STEP 1 첫 번째 문장의 시간 표현에 동그라미 하기

STEP 2 빈칸 채우기 (단, 현재완료형으로 쓸 것)

STEP 3 괄호 안 단어 배열하기 → _____

950 I am very glad ① telling you the good news. The school has decided

② to build a new gym. It (will, finish) _____ in two years.

STEP 1 밑줄 친 ①~② 중에 어법상 틀린 것 고르기

STEP 2 틀린 것 바르게 고치기 → _____

STEP 3 빈칸 채우기

951 My brother enjoys (make) _____ small tables and chairs.

He wants to start a furniture business in the future.

STEP 1 빈칸 채우기

STEP 2 밑줄 친 부분과 쓰임이 같은 것 고르기

    ① I chose to go to college.

    ② His plan is to fix his car this Sunday.

    ③ They came to see her in the hospital.

952 Our employees are (to / too / answer / busy) your call now.

Please stay on the line. Your call will | answer / be answered | soon.

STEP 1 괄호 안 단어 배열하기 → _____

STEP 2 네모 안에서 어법상 알맞은 것 고르기

---

949 bullfighting 투우 tradition 전통 **950** gym 체육관 **951** furniture 가구 business 사업 in the future 앞으로, 미래에 college 대학(교) choose(-chose-chosen) 정하다, 선택하다 **952** employee 직원 stay on the line (전화 통화 중) 잠시 끊지 않고 기다리다

● 다음 각 문장의 STEP을 순서대로 풀어보세요. ●

Ch 17 분사 Ch 18 접속사 I

953 A strong earthquake happened last night in Tokyo. ① The news says ② there are many <u>injured</u> people ③ and <u>destroying</u> houses.

STEP 1 밑줄 친 부분 중 틀린 것 찾아 고치기 _____ → _____

STEP 2 ①~③ 중에 접속사 that이 들어갈 알맞은 위치 고르기

Ch 18 접속사 I

954 We should drive less ⎡and / but⎤ use public transportation more often. It is not only cheap ⎡and / but⎤ also good for the environment.

STEP 1 첫 번째 문장의 네모 안에서 어법상 알맞은 것 고르기

STEP 2 두 번째 문장의 네모 안에서 어법상 알맞은 것 고르기

Ch 18 접속사 I Ch 19 접속사 II

955 A: Do you know (find, can) _____ cookbooks?

B: Sure. Walk this way, ⎡or / and⎤ you will see them on your right.

STEP 1 다음 우리말과 의미가 같도록 빈칸 채우기

→ 제가 어디에서 요리책들을 찾을 수 있는지 아시나요?

STEP 2 네모 안에서 어법상 알맞은 것 고르기

Ch 17 분사 Ch 19 접속사 II

956 <u>While Chris was playing basketball</u>, he hurt his knee. He was so badly hurt ⎡since / that⎤ he was taken to the hospital.

STEP 1 밑줄 친 부분을 분사구문으로 바꿔 쓰기

→ _____

STEP 2 네모 안에서 문맥상 알맞은 것 고르기

Ch 19 접속사 II

957 _____ the battery dies quickly, my dad still uses his old phone. He is waiting until a new model ⎡comes out / will come out⎤.

STEP 1 빈칸에 알맞은 접속사 고르기 ☐ Since ☐ If ☐ Although

STEP 2 네모 안에서 어법상 알맞은 것 고르기

---

953 earthquake 지진 injure 부상을 입다[입히다] destroy 파괴하다 **954** less 더 적게, 덜 public transportation 대중교통 environment 환경 **956** hurt(-hurt-hurt) 다치게 하다; 다친 knee 무릎 badly 심하게 **957** battery 배터리 die 없어지다; 죽다 quickly 빨리 model (상품의) 모델 come out 출시되다, 나오다

Ch 17 분사 | Ch 18 접속사 I

958 Cheap clothes can be made from recycled / recycling materials like plastic bottles. So you can not only save money but also save the environment.

STEP 1 네모 안에서 어법상 알맞은 것 고르기

STEP 2 밑줄 친 문장과 같은 의미의 문장으로 바꿔 쓰기

→ So you can save the environment _____ _____ _____ save money.

Ch 17 분사 | Ch 19 접속사 II

959 The house looked as / so old that Mr. Brown had all the walls (paint) _____ . (was / the work / after / done), the house looked clean and new.

STEP 1 네모 안에서 어법상 알맞은 것 고르기

STEP 2 첫 번째 문장의 빈칸 채우기

STEP 3 괄호 안 단어 올바르게 배열하기 → _____

Ch 18 접속사 I

960 It is interesting that men wore heels to ride horses long ago. They ① thought ② the heels helped them ③ ride better.

STEP 1 첫 번째 문장의 진주어에 밑줄 긋기

STEP 2 ①~③ 중에 접속사 that이 들어갈 알맞은 위치 고르기

Ch 17 분사 | Ch 18 접속사 I

961 I'm worried about the melted / melting ice in the North and South Poles. Researchers say that 750 billion tons of ice is lost every year.

STEP 1 네모 안에서 어법상 알맞은 것 고르기

STEP 2 밑줄 친 that과 쓰임이 다른 것 고르기

① She thinks that I was wrong.

② It is amazing that he won the contest.

③ People really love that song.

---

958 recycle 재활용하다 material 재료, 물질 save 절약하다; 구하다 **959** paint 페인트를 칠하다; 페인트 done 다 끝난, 완료된 **960** heels 힐, 하이힐 ((굽 높은 신발)) ride (탈 것을) 타다 **961** melt 녹다[녹이다] North Pole 북극 South Pole 남극 researcher 연구자 billion 10억 ton 톤 ((무게의 단위)) lose(-lost-lost) 줄다, 잃다; 잃어버리다 amazing 놀라운 win a contest 대회에서 이기다, 우승하다

● 다음 각 문장의 STEP을 순서대로 풀어보세요. ●

Ch 18 접속사 I Ch 19 접속사 II

962 Tell me (land / your plane / when / will) in New York. Either Jake or I

(be) _____ going to meet you at the airport.

STEP 1 괄호 안 단어를 바르게 배열하기 → _____

STEP 2 빈칸 채우기

Ch 17 분사 Ch 18 접속사 I

963 Jennifer thought tennis was a ⬚bored / boring⬚ sport. But when she tried

it, she had lots of fun.

STEP 1 네모 안에서 어법상 알맞은 것 고르기

STEP 2 접속사 that이 생략된 곳에 ∨ 표시하기

Ch 17 분사 Ch 19 접속사 II

964 We should have our windows (fix) _____ . If we don't fix

them, it will be freezing in winter.

STEP 1 빈칸 채우기

STEP 2 밑줄 친 If와 쓰임이 다른 것 고르기

① I will go out if it stops raining.

② She doesn't know if Eric will join.

③ Call me if you need help.

Ch 19 접속사 II

965 When the teacher came to class, she asked the students who did clean

the blackboard.

STEP 1 밑줄 친 When과 바꿔 쓸 수 있는 것 고르기   ☐ As   ☐ Until   ☐ Because

STEP 2 틀린 부분 찾아 바르게 고치기 _____ → _____

Ch 17 분사 Ch 19 접속사 II

966 My brother and I have been close _____ we were little.

Though he is sometimes ⬚annoyed / annoying⬚, he is my best friend.

STEP 1 빈칸에 들어갈 알맞은 접속사 고르기   ☐ so that   ☐ since   ☐ whether

STEP 2 네모 안에서 어법상 알맞은 것 고르기

---

962 land 착륙하다 (↔ take off 이륙하다); 육지, 땅 meet 마중 가다; 만나다 airport 공항 **964** freezing 꽁꽁 얼게[너무나] 추운
965 clean 닦다, 청소하다; 깨끗한 blackboard 칠판 **966** close 가까운, 친한; 닫다 sometimes 가끔씩, 때때로

967 (feel, nervous) _____, Eva started to bite her nails. Then after she took a deep breath, she got on the stage and starts / started to play.

STEP 1 빈칸 채우기 (단, 분사구문으로 쓸 것)

STEP 2 네모 안에서 어법상 알맞은 것 고르기

968 A: My dog is ① smart ② that he ③ can learn new tricks very quickly.

B: That's amazing! Can you (you / me / train / how / tell) _____

_____ your dog?

STEP 1 ①~③ 중에 so가 들어갈 알맞은 위치 고르기

STEP 2 다음 우리말과 같도록 괄호 안 단어를 바르게 배열하기

→ 네 개를 어떻게 훈련하는지 내게 알려 줄래?

969 I quit my job and deciding / decided to take pictures for a living. I wasn't sure _____ I could succeed, but I decided to try.

STEP 1 네모 안에서 어법상 알맞은 것 고르기

STEP 2 빈칸에 알맞은 접속사 고르기 ☐ while ☐ because ☐ if

970 Since / Although James just heard the (surprise) _____ news, he seems calm. It is a little strange _____ he doesn't show any emotion.

STEP 1 네모 안에서 문맥상 알맞은 것 고르기

STEP 2 빈칸 채우기

STEP 3 빈칸에 들어갈 알맞은 접속사 고르기 ☐ after ☐ while ☐ that

971 If you feel tired / tiring and stressed, listen to slow music. Many studies have shown ① slow music ② can help ③ you reduce stress.

STEP 1 네모 안에서 어법상 알맞은 것 고르기

STEP 2 ①~③ 중에 접속사 that이 들어갈 알맞은 위치 고르기

---

967 nervous 긴장한 bite one's nails 손톱을 물어뜯다 take a deep breath 심호흡하다 stage 무대 **968** trick 묘기, 재주 quickly 빠르게 amazing 놀라운 train 훈련하다 **969** quit 그만두다 for a living 생계를 위해서 sure 확신하는 succeed 성공하다 **970** seem ~처럼 보이다, ~인 것 같다 calm 침착한 emotion 감정 **971** stressed 스트레스를 받은 *cf.* stress 스트레스 study 연구; 공부하다 reduce 줄이다

● 다음 각 문장의 STEP을 순서대로 풀어보세요. ●

Ch 17 분사 | Ch 18 접속사 I

972 People often think (colorful / poisonous mushrooms / that / are).

But a white mushroom (call) _____ the death cap is also

poisonous.

STEP 1 괄호 안 단어를 올바르게 배열하기 → _____

STEP 2 빈칸 채우기

Ch 18 접속사 I

973 It was amazing that the man survived the accident. Either / Neither

Mary nor I expected him to live.

STEP 1 밑줄 친 that과 쓰임이 같은 것 고르기

① I know that old man in the store.

② It is true that Mike is very honest.

③ I heard that Toronto is a very big city.

STEP 2 네모 안에서 어법상 알맞은 것 고르기

Ch 17 분사 | Ch 18 접속사 I

974 Tom, can you put away the (dry) _____ dishes?

Both Dad and I am / are too busy now.

STEP 1 빈칸 채우기

STEP 2 네모 안에서 어법상 알맞은 것 고르기

Ch 17 분사 | Ch 19 접속사 II

975 His hair is (long) _____ it covers his eyes. He needs to

have his hair cut / cutting .

STEP 1 다음 우리말과 같도록 빈칸 채우기 (3 단어) → 그의 머리가 너무 길어서 그것은 그의 눈을 가린다.

STEP 2 네모 안에서 어법상 알맞은 것 고르기

Ch 18 접속사 I | Ch 19 접속사 II

976 He neither smiled nor talks / talked the whole day. I will ask him if

something is bothering him.

STEP 1 네모 안에서 어법상 알맞은 것 고르기

STEP 2 밑줄 친 if와 쓰임이 다른 것 고르기

① He asked me if I knew Kate.

② I will talk to him if he comes late.

③ I wonder if I should wear a coat.

972 colorful 화려한 poisonous 독이 있는 call 부르다, 이름 짓다 **973** survive 생존하다, 살아남다 accident 사고 expect 예상하다 honest 정직한 **974** put away (다 쓰고 난 물건을 보관 장소에) 넣다, 치우다 **975** cover 덮다, 가리다 **976** whole 전체[전부]의, 모든 bother 신경 쓰이게 하다, 괴롭히다

Ch 18 접속사 I

977 (important) _____ students get enough sleep.

Sleep helps them <u>reduce</u> stress and <u>does</u> better in school.

STEP 1 다음 우리말과 같도록 빈칸 채우기 (4 단어) → 학생들이 충분한 수면을 취하는 것은 중요하다.

STEP 2 밑줄 친 부분 중 **틀린** 것 찾아 고치기 _____ → _____

Ch 17 분사 Ch 19 접속사 II

978 You won't learn _____ you don't try. Just try the class. You will

be boxed[surprised / surprising] at <u>how much can you learn.</u>

STEP 1 빈칸에 문맥상 알맞은 접속사 고르기 ☐ whether ☐ although ☐ if

STEP 2 네모 안에서 어법상 알맞은 것 고르기

STEP 3 밑줄 친 부분 바르게 고치기 → _____

Ch 17 분사 Ch 19 접속사 II

979 I was reading in bed _____ it was raining outside.

<u>Listening to the sound of the rain,</u> I fell asleep.

STEP 1 빈칸에 문맥상 알맞은 접속사 고르기 ☐ because ☐ while ☐ that

STEP 2 밑줄 친 부분 해석하기 → _____

Ch 17 분사 Ch 18 접속사 I Ch 19 접속사 II

980 I find her very <u>annoyed</u>. She talks so loudly _____ my ears hurt.

Do you think _____ I should talk to her about it?

STEP 1 밑줄 친 부분 바르게 고치기 → _____

STEP 2 빈칸에 공통으로 들어갈 알맞은 접속사 쓰기

Ch 17 분사 Ch 19 접속사 II

981 The desert fox lives in *the Sahara Desert. It has feet boxed[covering / covered]

with fur (can walk / that / on the hot sand / it / so) _____

_____.

*the Sahara Desert 사하라 사막

STEP 1 네모 안에서 어법상 알맞은 것 고르기

STEP 2 다음 우리말과 의미가 같도록 괄호 안 단어를 올바르게 배열하기

→ 그것이 뜨거운 모래 위에서 걸을 수 있도록

---

977 important 중요한 reduce 줄이다 stress 스트레스 **978** try 시도하다; 노력하다 **979** outside 밖에 fall asleep 잠들다
980 loudly 큰 소리로 **981** desert 사막 fur (일부 동물의) 털

Level Up Sentences 16

CHAPTER 20~22

● 다음 각 문장의 STEP을 순서대로 풀어보세요. ●

Ch 20 관계사

982 A: Mike has a dog which / whose legs are very short.

B: I know. It is a *Welsh Corgi, that is an active breed.

STEP 1 네모 안에서 어법상 알맞은 것 고르기

* Welsh Corgi 웰시 코기 ((영국의 목축견))

STEP 2 밑줄 친 부분 바르게 고치기 → _____

Ch 21 비교 표현과 가정법

983 The hotel has (good) _____ night views in the city.

I wish I can stay there for a week.

STEP 1 다음 우리말과 의미가 같도록 빈칸 채우기 → 그 호텔은 도시에서 최고의 야경을 가지고 있다.

STEP 2 밑줄 친 부분 바르게 고치기 → _____

Ch 20 관계사 Ch 22 특수 구문

984 It is (bibimbap, make, be going to) _____

_____ . Please put on ① the gloves ② are ③ on the table.

STEP 1 다음 우리말과 의미가 같도록 빈칸 채우기 (7 단어) → 우리가 만들 것은 바로 비빔밥이다.

STEP 2 ①~③ 중에 관계대명사 which가 들어갈 알맞은 위치 고르기

Ch 20 관계사 Ch 21 비교 표현과 가정법

985 If I had / have time, I would join you. But I have a violin lesson which

finishes at 4 p.m.

STEP 1 네모 안에서 어법상 알맞은 것 고르기

STEP 2 밑줄 친 which와 쓰임이 다른 것 고르기

① Pick which book you like the best.

② They made cookies which had nuts in them.

③ I put on the gloves which were made of wool.

Ch 21 비교 표현과 가정법 Ch 22 특수 구문

986 (dangerous) _____ animal in the world

is the mosquito. Mosquitos cause diseases such as *Malaria. It is / are

the diseases that kill many people every year. * Malaria 말라리아 ((모기 매개 전염병))

STEP 1 다음 우리말과 의미가 같도록 빈칸 채우기 → 세계에서 가장 위험한 동물은 모기이다.

STEP 2 네모 안에서 어법상 알맞은 것 고르기

---

982 active 활동적인 breed (가축의) 품종 **983** night view 야경 **984** put on ~을 입다[끼다] **985** pick 고르다, 선택하다 nut 견과
wool 양털, 양모 **986** mosquito 모기 cause ~의 원인이 되다, 일으키다 disease 질병 such as ~와 같은, 예를 들어

Level Up Sentences 16 (Chapter 20~22) **155**

987 A: I want to learn **Taekwondo**, a Korean martial art.

B: ＿＿＿＿＿ ＿＿＿＿＿ ＿＿＿＿＿! Let's find a place when / where

we can learn.

STEP 1 굵게 표시된 부분을 보충 설명하는 것에 밑줄 긋기

STEP 2 다음 우리말과 같도록 빈칸 채우기 → 나도 그래!

STEP 3 네모 안에서 어법상 알맞은 것 고르기

988 Spring is the time when I can see lots of flowers.

(become, warm, it) ＿＿＿＿＿＿＿＿＿＿＿, the more flowers there are.

STEP 1 밑줄 친 when과 쓰임이 다른 것 고르기

① That is the time when apples taste good.

② He was watching TV when I came home.

③ I look forward to the day when we become adults.

STEP 2 다음 우리말과 의미가 같도록 빈칸 채우기 → 따뜻해지면 따뜻해질수록

989 This is (small) ＿＿＿＿＿＿＿＿＿＿＿ in the house.

Hardly could put you a bed in it.

STEP 1 다음 우리말과 의미가 같도록 빈칸 채우기 → 이것은 그 집에서 가장 작은 방이다.

STEP 2 밑줄 친 부분 바르게 고치기 → ＿＿＿＿＿＿＿＿＿＿＿

990 Mom is not going to like the way you are dressed. So if I were you,

I will / would change into something different.

STEP 1 밑줄 친 부분과 바꿔 쓸 수 있는 것 쓰기 → ＿＿＿＿＿＿＿

STEP 2 네모 안에서 어법상 알맞은 것 고르기

991 **The guest speaker**, ① Ms. Kelly, will talk ② about problems ③ teenagers

have. Anyone who is interested can come.

STEP 1 굵게 표시된 부분과 같은 대상을 가리키는 것에 밑줄 긋기

STEP 2 ①~③ 중에 관계대명사 that이 들어갈 알맞은 위치 고르기

STEP 3 두 번째 문장의 관계사절에 [ ]로 표시하기

---

987 martial art 무술 **988** taste ~한 맛이 나다 look forward to ~을 기대하다 adult 어른, 성인 **989** hardly 거의 ~ 아닌
990 be dressed (옷을) 입고 있다 change into ~로 갈아입다 **991** guest speaker 초빙 연설자[강사] teenager 십 대

Level Up Sentences 17

● 다음 각 문장의 STEP을 순서대로 풀어보세요. ●

Ch 20 관계사 Ch 21 비교 표현과 가정법

992 The howler monkey is the loudest land animal. It makes sounds that
 reach / reaches 140 decibels. That's (loud) _____
a jet engine.

*howler monkey 짖는 원숭이

STEP 1 네모 안에서 어법상 알맞은 것 고르기
STEP 2 다음 우리말과 의미가 같도록 빈칸 채우기 → 그것은 제트 엔진만큼 시끄럽다.

Ch 21 비교 표현과 가정법 Ch 22 특수 구문

993 The more the teacher helped Tim, <u>the well</u> his attitude became. She did
 make / made a big difference in his life.

STEP 1 밑줄 친 부분 바르게 고치기 → _____
STEP 2 네모 안에서 어법상 알맞은 것 고르기

Ch 20 관계사 Ch 22 특수 구문

994 Jenny doesn't know the reason when / why Kate didn't come, and

_____ _____ _____ .

STEP 1 네모 안에서 어법상 알맞은 것 고르기
STEP 2 다음 우리말과 의미가 같도록 빈칸 채우기 → 나도 알지 못해.

Ch 20 관계사 Ch 21 비교 표현과 가정법

995 Body language, which we use in every conversation, is powerful.
It shows what / that we think <u>clearlier</u> than words.

STEP 1 첫 번째 문장의 관계사절에 ( )로 표시하기
STEP 2 두 번째 문장의 네모 안에서 어법상 알맞은 것 고르기
STEP 3 밑줄 친 부분 바르게 고치기 → _____

Ch 20 관계사 Ch 21 비교 표현과 가정법

996 <u>What</u> I said to Mina made her really upset. I wish I can / could take it
back.

STEP 1 밑줄 친 What과 쓰임이 다른 것 고르기
　　① Pizza is <u>what</u> I want.
　　② Tell me <u>what</u> the mistake was.
　　③ <u>What</u> you need is a good rest.

STEP 2 네모 안에서 어법상 알맞은 것 고르기

---

992 reach ~에 이르다; 도달하다 decibel 데시벨 ((음의 측정 단위)) jet engine 제트 엔진 **993** attitude 태도 **995** body language 보디랭귀지, 몸짓 언어 conversation 대화 powerful 강력한 clearly 분명히, 알기 쉽게 **996** upset 속이 상한 take back (자기가 한 말을) 취소하다 mistake 실수

Ch 20 관계사 Ch 22 특수 구문

997 A: Here is the shrimp salad. Enjoy your meal.

B: This is not | what / which | I ordered. (that / I / it / the chicken salad / ordered / is) _____ .

STEP 1 네모 안에서 어법상 알맞은 것 고르기

STEP 2 다음 우리말과 의미가 같도록 괄호 안 단어를 바르게 배열하기 → 제가 주문한 것은 바로 치킨 샐러드예요.

Ch 20 관계사 Ch 21 비교 표현과 가정법

998 A balloon flew away. The baby | who / whose | was holding the balloon started crying. If I were tall enough, I <u>can get</u> the balloon for the baby.

STEP 1 네모 안에서 어법상 알맞은 것 고르기

STEP 2 밑줄 친 부분 바르게 고치기 → _____

Ch 20 관계사 Ch 21 비교 표현과 가정법

999 Venus is (in the solar system, planet, hot) _____ .

And it is the planet | which / what | is the second closest from the Sun.

STEP 1 다음 우리말과 의미가 같도록 빈칸 채우기 → 금성은 태양계에서 가장 뜨거운 행성이다.

STEP 2 네모 안에서 어법상 알맞은 것 고르기

Ch 20 관계사

1000 My grandmother enjoys making pies, _____ I love so much.

Food is one of the many things _____ | connect / connects | us.

STEP 1 관계대명사 that과 which를 각각 알맞은 빈칸에 써넣기

STEP 2 네모 안에서 어법상 알맞은 것 고르기

Ch 20 관계사 Ch 21 비교 표현과 가정법

1001 Police dogs can do things <u>that</u> police officers cannot. They can find things better with their powerful noses and run faster as any human being.

STEP 1 밑줄 친 that과 같이 생략할 수 있는 것 고르기

① There is a plant <u>that</u> eats insects.

② I know a restaurant <u>that</u> serves great food.

③ Choose a subject <u>that</u> you like.

STEP 2 두 번째 문장에서 틀린 것 찾아 바르게 고치기 _____ → _____

997 shrimp 새우 meal 식사 order 주문하다 998 balloon 풍선 fly away 날아가다 hold 들고[잡고, 안고] 있다 999 Venus 금성 solar system 태양계 planet 행성 1000 connect 연결하다, 잇다 1001 thing 일; 물건, 사물 human being 인간 insect 곤충 serve 제공하다 subject 과목; 주제

STARTER 2 |권말부록| • 동사 변화형 • 찾아보기

동사 변화형

A - B - B			
bring 가져오다	brought	brought	bringing
build 짓다	built	built	building
buy 사다	bought	bought	buying
catch 잡다	caught	caught	catching
feel 느끼다	felt	felt	feeling
fight 싸우다	fought	fought	fighting
get 얻다	got	got/gotten	getting
have 가지다	had	had	having
hang 걸다	hung	hung	hanging
hear 듣다	heard	heard	hearing
hold 잡다	held	held	holding
keep 유지하다	kept	kept	keeping
lay 눕히다, 놓다	laid	laid	laying
lead 인도하다	led	led	leading
learn 배우다	learned /learnt	learned /learnt	learning
leave 떠나다	left	left	leaving
lend 빌려주다	lent	lent	lending
lose 잃다	lost	lost	losing
make 만들다	made	made	making
mean 의미하다	meant	meant	meaning
meet 만나다	met	met	meeting
pay 지불하다	paid	paid	paying
say 말하다	said	said	saying
seek 찾다	sought	sought	seeking
sell 팔다	sold	sold	selling
send 보내다	sent	sent	sending
shine 빛나다	shone /shined	shone /shined	shining
shoot 쏘다	shot	shot	shooting
sit 앉다	sat	sat	sitting
sleep 잠자다	slept	slept	sleeping
smell 냄새 맡다	smelled /smelt	smelled /smelt	smelling
spend 소비하다	spent	spent	spending
spill 엎지르다	spilled/spilt	spilled/spilt	spilling
stand 서다, 서 있다	stood	stood	standing
sweep 청소하다	swept	swept	sweeping
teach 가르치다	taught	taught	teaching
tell 말하다	told	told	telling
think 생각하다	thought	thought	thinking
win 이기다	won	won	winning

A - B - A			
become 되다	became	become	becoming
come 오다	came	come	coming
run 달리다	ran	run	running

A - B - C			
be ~이다, 있다	was/were	been	being
begin 시작하다	began	begun	beginning
bite 물다	bit	bitten	biting
blow 불다	blew	blown	blowing
break 깨뜨리다	broke	broken	breaking
choose 고르다	chose	chosen	choosing
do 하다	did	done	doing
draw 그리다	drew	drawn	drawing
drink 마시다	drank	drunk	drinking
drive 운전하다	drove	driven	driving
eat 먹다	ate	eaten	eating
fall 떨어지다	fell	fallen	falling
fly 날다	flew	flown	flying
forget 잊다	forgot	forgotten	forgetting
forgive 용서하다	forgave	forgiven	forgiving
get 얻다	got	gotten/got	getting
give 주다	gave	given	giving
go 가다	went	gone	going
grow 자라다	grew	grown	growing
hide 숨다	hid	hidden	hiding
know 알다	knew	known	knowing
lie 눕다	lay	lain	lying
ring 울리다	rang	rung	ringing
ride 타다	rode	ridden	riding
rise 오르다	rose	risen	rising
see 보다	saw	seen	seeing
shake 흔들다	shook	shaken	shaking
show 보여주다	showed	shown /showed	showing
sing 노래하다	sang	sung	singing
speak 말하다	spoke	spoken	speaking
steal 훔치다	stole	stolen	stealing
swim 수영하다	swam	swum	swimming
take 잡다	took	taken	taking
throw 던지다	threw	thrown	throwing
wake 잠이 깨다	woke	woken	waking
wear 입다	wore	worn	wearing
write 쓰다	wrote	written	writing

A - A - A			
cut 베다	cut	cut	cutting
hit 치다, 때리다	hit	hit	hitting
hurt 다치다	hurt	hurt	hurting
let ~하게 하다	let	let	letting
put 놓다	put	put	putting
set 놓다	set	set	setting
shut 닫다	shut	shut	shutting
read[ri:d] 읽다	read[red]	read[red]	reading

찾아보기

Memo

Memo

1001개의 문장으로 익히는 중등 영어 구문·문법 학습의 시작

천일문
STARTER **2** 별책해설집
천일비급

김기훈 쎄듀영어교육연구센터

1001 SENTENCES
STARTER

천일문
STARTER
천일비급
별책해설집

2

How To study 〈천일비급〉 이렇게 학습하세요~

천일비급 학습법

1 학습 계획을 세워요. (비급 p. 4~5)

하루에 공부할 양을 정해서 천일문 학습을 끝까지 해낼 수 있도록 해보세요.

CHAPTER	UNIT		PAGE	학습 예정일	완료 여부
13 현재완료	**50**	현재완료의 개념과 형태	6	12/5	V
	51	현재완료의 부정문과 의문문	7	12/6	V
	52	현재완료의 주요 의미	9	12/7	V
	53	현재완료와 과거	11	12/8	V

2 본책 학습과 병행하여 확인하고 보충해요.

❶ 직독직해 연습

본책을 학습하면서 끊어 읽은 부분(/)과 해석해 본 것을 비급 내용과 대조해 보세요.

❷ 구문 확인

학습한 구문이 **굵은 글씨** 또는 *기울여서* 표시되어 있으므로 이를 확인해 주세요.

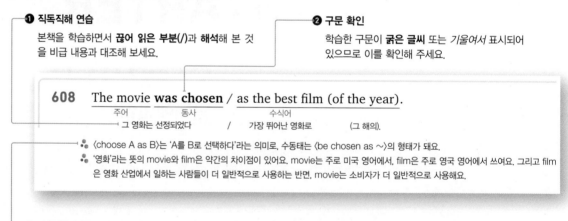

608 The movie **was chosen** / as the best film (of the year).
　　　　주어　　　　동사　　　　　　수식어
　　　그 영화는 선정되었다 / 가장 뛰어난 영화로 (그 해의).

- 〈choose A as B〉는 'A를 B로 선택하다'라는 의미로, 수동태는 〈be chosen as ~〉의 형태가 돼요.
- '영화'라는 뜻의 movie와 film은 약간의 차이점이 있어요. movie는 주로 미국 영어에서, film은 주로 영국 영어에서 쓰여요. 그리고 film은 영화 산업에서 일하는 사람들이 더 일반적으로 사용하는 반면, movie는 소비자가 더 일반적으로 사용해요.

❸ 보충 해설 학습

- 표시 뒤에는 학습 포인트가 되는 구문 및 문장에 실린 다른 주요한 내용을 간단하고 쉽게 풀어 설명했어요.

3 MP3 파일을 들으며 리스닝 훈련을 해요.

원어민의 발음을 익히고 리스닝 실력까지 키워 보세요. (본책 유닛명 오른쪽의 QR코드를 스캔하면 MP3 파일을 들을 수 있어요.)

천일비급에 쓰이는 기호

기본 사항 |

000	기본 예문	주어	
=	동의어, 유의어	동사	
↔	반의어	목적어	
( )	생략 가능 어구	간목	간접목적어
[ ]	대체 가능 어구	직목	직접목적어
-ing	현재분사 또는 동명사	보어	
p.p.	과거분사	수식어	
조동사		장소	(*be, stay, live 등 동사 뒤의 장소를 나타내는 말은
동사원형			'장소'로 표기)
		/, //	끊어 읽기 표시

글의 구조 이해를 돕는 기호들 |

( )	앞의 명사를 꾸며 주는 형용사구/생략어구
[ ]	선행사를 꾸며 주는 관계사절
●	관계사절에서 원래 명사가 위치했던 자리
☐	어구나 절을 연결하는 접속사 등
주어1 주어2 동사1 동사2	중복되는 문장 성분 구분
주어' 동사' 목적어' 보어' 수식어'	종속접속사가 이끄는 절의 문장 구조 분석 기호
주 동 목 보 수(윗첨자)	to부정사/동명사/분사구의 문장 구조 분석 기호

기호 사용의 예 |

Learning something is useless // if you don't keep practicing it.
　　　주어　　　　　　동사　보어　　　주어'　　동사'　　　목적어'
　　무언가를 배우는 것은 소용없다　　//　여러분이 계속해서 그것을 연습하지 않는다면.

(practicing it의 동명사구는 if가 이끄는 부사절 안에서는 목적어 역할이고,
동명사구에서 practicing은 동사 역할, it는 목적어 역할을 한다는 뜻이에요.)

일러두기 |

- 해석은 직역을 원칙으로 하였고, 직역으로 이해가 어려운 문장은 별도로 의역을 추가했어요.
- 본 책에서의 끊어 읽기 표시는 문장의 구조 분석을 위한 의미 단위를 기준으로 하고 있어요.
  (원어민이 문장을 말할 때 끊는 부분(pause)과는 일치하지 않을 수 있어요.)
  어구의 끊어 읽기는 / 로 표시하고, 구조상 보다 큰 절과 절의 구분은 // 로 표시했어요.
- 수식을 받는 명사(또는 선행사), 형용사, 동사는 글씨를 굵게 하거나 기울여 눈에 잘 띄게 표시했어요.

Contents & Schedule

〈천일문 STARTER 2〉 목차 & 학습계획표

UNIT 50 현재완료의 개념과 형태

Point 100 have/has+p.p.(규칙)

561 I **have watched** this movie / twice.
주어　동사　　목적어　　수식어
나는 이 영화를 봤다　/　두 번. 〈경험〉

562 Julie **has studied** Spanish / for three years.
주어　　동사　　목적어　　　수식어
줄리는 스페인어를 공부했다　/　3년 동안. 〈계속〉

☘ for 다음에는 '기간'을 나타내는 말이 와요.

563 I've **learned** / a lot / from my mistakes.
주어　동사　　수식어　　수식어
나는 배웠다　/　많이　/　내 실수들로부터. 〈완료〉

☘ a lot은 여기서 부사로 '아주, 많이'라는 뜻을 나타내며, 동사 've[have] learned를 꾸며 줘요.

564 The airplane **has** just **arrived** / at the airport.
주어　　　수식어　　　수식어
└─동사─┘
비행기는 방금 도착했다　/　공항에. 〈완료〉

565 The police officers / **have stopped** a driver.
주어　　　　동사　　목적어
경찰관들은　/　운전자를 멈춰 세웠다. 〈결과〉
(→ 그 결과 지금도 차가 멈춰져 있는 상태)

Point 101 have/has+p.p.(불규칙)

566 Lisa **has met** / her favorite actor / before.
주어　동사　　목적어　　　수식어
리사는 만난 적이 있다 / 그녀가 가장 좋아하는 배우를 / 전에. 〈경험〉

567 I **have eaten** nothing / since last night.
주어　동사　　목적어　　　수식어
나는 아무것도 먹지 않았다　/　어젯밤부터. 〈계속〉

☘ since는 '~부터[이후]'라는 뜻으로 뒤에 특정한 때나 시점을 나타내는 말이 와요.

568 She **has put** her old clothes / in the box.
주어　동사　　목적어　　　장소
그녀는 그녀의 오래된 옷을 넣었다　/　그 상자 안에. 〈결과〉
(→ 그 결과 지금도 오래된 옷이 상자에 있는 상태)

☘ 동사 put이 '(특정한 장소·위치에) 놓다[두다]'라는 뜻으로 쓰일 때는 〈put+목적어+장소〉 형태로 쓰여요. 이때 목적어 뒤에는 장소를 나타내는 말이 꼭 필요해요.

569 The band **has become** popular / recently.
　　　　主어　　　　동사　　　　보어　　　수식어
　　　　그 밴드는 인기가 많아졌다　　　/　最근에. 〈완료〉

570 I **have been** busy / with my new school life.
　　　주어　동사　　보어　　　　수식어
　　　나는 바빴어　　　/　내 새로운 학교생활로. 〈계속〉

🐾 be busy with는 '~으로[하느라] 바쁘다'라는 의미로 자주 쓰여요.
　　　e.g. I'm **busy with** my homework now. 나 지금 숙제 **하느라 바빠**.

● 본문 p.19

Check up **Answer**

1　**have tried** | 나는 인도 음식을 먹어봤다.
2　**has eaten** | 노아는 그 케이크를 먹었다.
3　**has read** | 그는 그 책을 전에 읽어본 적이 있다.
4　**have lived** | 우리는 작년부터 이 집에 살았다.
5　**have been** | 제임스와 마크는 10년 동안 친구였다.

UNIT 51 현재완료의 부정문과 의문문

Point 102 현재완료의 부정문

571 I **have not received** a call / from her.
　　　주어　　　　동사　　　목적어　　수식어
　　　나는 전화를 받지 못했다　　　/　그녀로부터. 〈결과〉
　　　(→ 그 결과 지금도 통화를 하지 않은 상태)

572 He **has not been** late / before.
　　　주어　　　동사　　　보어　수식어
　　　그는 지각한 적이 없다　　　/　전에. 〈경험〉

573 The banana **has not turned** brown / yet.
　　　　主어　　　　동사　　　보어　수식어
　　　바나나는 갈색으로 변하지 않았다　　　/　아직. 〈완료〉

574 You **haven't done** / anything wrong.
　　　주어　　　동사　　　　목적어
　　　너는 하지 않았다　　　/　잘못된 것은 아무것도. 〈결과〉
　　　(→ 그 결과 지금도 잘못한 게 없는 상태)

🐾 대명사 anything은 형용사가 뒤에서 꾸며 주며, '아무것도, 무엇이든'이라는 의미로 쓰여요.
　　　e.g. I'm so hungry. I'll eat **anything**. 나 너무 배고파. **무엇이든** 먹을래. 〈긍정문〉
　　　　　　Is there **anything** wrong? **무언가** 잘못된 게 있나요? 〈의문문〉

575 My grandma **hasn't moved** / to another city.
　　　　주어　　　　동사　　　　수식어
　　　나의 할머니는 이사 가지 않으셨다　　/　다른 도시로. 〈결과〉
　　　(→ 그 결과 지금도 할머니가 같은 도시에 살고 계시는 상태)

Point 103 현재완료의 의문문

576 A: **Have** you **seen** him / lately?
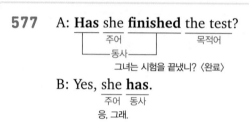
　　　　너는 그를 본 적이 있니 　/　최근에? 〈경험〉

　　　 B: No, I **haven't**.
　　　　　주어　동사
　　　　아니, 그렇지 않아.

577 A: **Has** she **finished** the test?
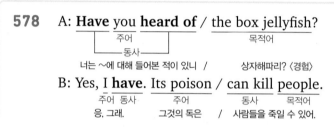
　　　　그녀는 시험을 끝냈니? 〈완료〉

　　　 B: Yes, she **has**.
　　　　　주어　동사
　　　　응, 그래.

578 A: **Have** you **heard of** / the box jellyfish?
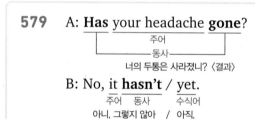
　　　　너는 ~에 대해 들어본 적이 있니 / 　상자해파리? 〈경험〉

　　　 B: Yes, I **have**. Its poison / can kill people.
　　　　 주어 동사　　 주어　　　　 동사　 목적어
　　　　 응, 그래.　　그것의 독은　/ 사람들을 죽일 수 있어.

　　• hear of는 '~에 대해 듣다'라는 의미로 무언가[누군가]의 존재에 대해 아는 것을 가리켜요.
　　　have (never) heard of의 형태로 자주 쓰여요.
　　　e.g. Have you **heard of** a hamburger museum? 너는 햄버거 박물관에 대해 들어본 적 있니?
　　• 상자해파리의 독은 세계에서 가장 치명적인 독으로 알려져 있는데, 심장, 신경계 및 피부 세포를 공격하는 독소를 포함하고 있어요.

579 A: **Has** your headache **gone**?

　　　　　　주어
　　　　　　동사
　　　　너의 두통은 사라졌니? 〈결과〉

　　　 B: No, it **hasn't** / yet.
　　　　　주어　　동사　　 수식어
　　　　아니, 그렇지 않아 / 아직.

Check up　Answer .... ● 본문 p.21

A 1 **has not visited** | 그는 파리를 방문하지 않았다.
　　2 **has not left** | 기차는 아직 역을 떠나지 않았다.
　　3 **have not planned** | 우리는 아무것도 계획하지 않았다.
B 1 **Have, bought** | 너는 너의 표를 샀니?
　　2 **Has, cleaned** | 그녀는 그녀의 방을 청소했니?
　　3 **Have, played** | 그들은 그 컴퓨터 게임을 했니?

UNIT 52 현재완료의 주요 의미

Point 104 현재완료 의미: 계속

580 We **have been** best friends / *since childhood*.
　　주어　　動詞　　　　보어　　　　　　　　수식어
　　우리는 가장 친한 친구였다　　/　　어린 시절부터.

581 Julie **has known** him / *for ten years*.
　　주어　　　동사　　목적어　　　수식어
　　줄리는 그를 알아왔다　　/　　10년 동안.

582 He **has lived** / in this town // *since he was seven*.
　　주어　　동사　　　　장소　　　　　　주어′ 동사′　보어′
　　그는 살아왔다　/　이 마을에　//　그가 일곱 살 때부터.

　🔖 since는 접속사와 전치사로 모두 쓰일 수 있는데, 접속사일 때는 〈since+주어+동사 ~〉의 형태로 쓰이고, 전치사일 때는 〈since+명사(구)〉의 형태로 쓰여요.

583 I've *always* **wanted** / to go to Paris.
　　주어　수식어　　　　　　목적어
　　└─────동사─────┘
　　나는 항상 원했다　　/　　파리에 가는 것을.

　🔖 동사 want 뒤에는 목적어로 〈to+동사원형〉이 올 수 있으며, 이때 '~하는 것을'이라고 해석해요. (부정사 ☞ Ch 15)

Point 105 현재완료 의미: 경험

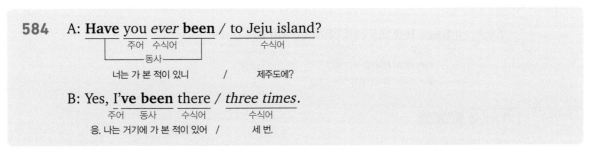

584 A: **Have** you *ever* **been** / to Jeju island?
　　　　　주어　수식어　　　　수식어
　　　　└────동사────┘
　　너는 가 본 적이 있니　/　제주도에?

B: Yes, I've **been** there / *three times*.
　　주어　동사　　수식어　　수식어
　응, 나는 거기에 가 본 적이 있어　/　세 번.

　🔖 여기서 have been to는 '~에 가 본 적이 있다(경험)'는 뜻인데, 문맥에 따라 '~에 갔다 왔다(완료)'는 뜻으로도 쓰여요.

585 I **have seen** a famous singer / *once*.
　　주어　동사　　　　목적어　　　　수식어
　　나는 유명한 가수를 본 적이 있다　/　한 번.

586 Tony **has** *never* **driven** a car / *before*.
　　주어　　수식어　　　목적어　수식어
　　└─────동사─────┘
　　토니는 한 번도 차를 운전해 본 적이 없다　/　전에.

Point 106 현재완료 의미: 완료

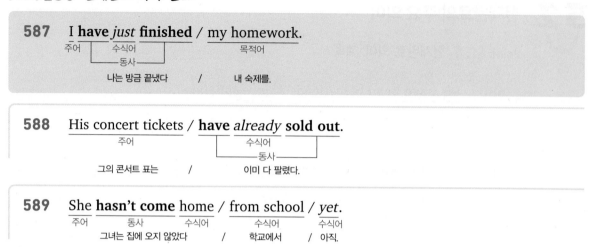

587 I **have** *just* **finished** / my homework.
주어　　　수식어　　　　　목적어
　　　　　동사
나는 방금 끝냈다　　/　　내 숙제를.

588 His concert tickets / **have** *already* **sold out**.
　　　주어　　　　　　　　수식어
　　　　　　　　　　　　　　동사
그의 콘서트 표는　　/　　이미 다 팔렸다.

589 She **hasn't come** home / from school / *yet*.
　주어　　동사　　수식어　　　수식어　　　수식어
그녀는 집에 오지 않았다　/　학교에서　/　아직.

Point 107 현재완료 의미: 결과

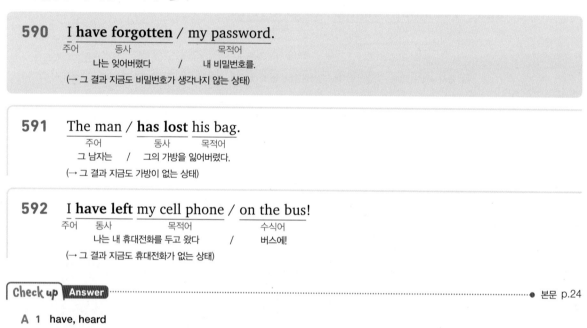

590 I **have forgotten** / my password.
주어　　　동사　　　　　목적어
나는 잊어버렸다　　/　　내 비밀번호를.
(→ 그 결과 지금도 비밀번호가 생각나지 않는 상태)

591 The man / **has lost** his bag.
　　주어　　　　동사　　목적어
그 남자는　/　그의 가방을 잃어버렸다.
(→ 그 결과 지금도 가방이 없는 상태)

592 I **have left** my cell phone / on the bus!
주어　동사　　　목적어　　　　　수식어
나는 내 휴대전화를 두고 왔다　/　버스에!
(→ 그 결과 지금도 휴대전화가 없는 상태)

Check up **Answer** ··· ● 본문 p.24

A　1　have, heard
　　2　has taken
　　3　has gone

B　ⓑ | 〈보기〉 나는 인도 카레를 전에 먹어본 적이 있다. 〈경험〉
　　　ⓐ 제이크는 이미 그의 일을 끝냈다. 〈완료〉
　　　ⓑ 나는 전에 런던에 가 본 적이 한 번도 없다. 〈경험〉
　　　ⓒ 미나는 10년 동안 개를 키워 왔다. 〈계속〉

Point 108 현재완료 vs. 과거시제

---

593 Somebody **has broken** the window.
<u>주어</u>　　　　<u>동사</u>　　　　<u>목적어</u>

누군가가 그 창문을 깼다. 〈결과〉

(→ 현재까지도 깨져 있는 상태)

cf. Somebody **broke** the window / *yesterday*.
<u>주어</u>　　　<u>동사</u>　　<u>목적어</u>　　　　<u>수식어</u>

누군가가 그 창문을 깼다　　　 /　　 어제.

(→ 현재 그 창문이 아직도 깨져 있는지 수리되었는지 알 수 없음)

　• 현재완료는 과거에 발생한 일이 현재에 미치는 결과를 나타내요. 과거시제는 단지 과거에 대해서만 나타내므로 현재의 상태까지는 알 수 없어요.

　• yesterday와 같이 특정한 과거 시점이 언급되면 과거시제로 써야 해요.

---

594 We **have** *just* **missed** / the train!
<u>주어</u>　<u>수식어</u>　　　<u>목적어</u>
　　　└──<u>동사</u>──┘

우리는 방금 놓쳤다　　 /　 기차를! 〈완료〉

cf. We **missed** the train / *an hour ago*.
<u>주어</u>　<u>동사</u>　<u>목적어</u>　　<u>수식어</u>

우리는 기차를 놓쳤다　　 /　 한 시간 전에.

---

595 My uncle **has been** in Japan / *since last year*.
<u>주어</u>　　<u>동사</u>　<u>장소</u>　　<u>수식어</u>

나의 삼촌은 일본에 계셨다　 /　 작년부터. 〈계속〉

(→ 현재까지도 삼촌이 일본에 계시는 상태)

cf. My uncle **was** in Japan / *last year*.
<u>주어</u>　<u>동사</u>　<u>장소</u>　<u>수식어</u>

나의 삼촌은 일본에 계셨다　 /　 작년에.

(→ 현재 삼촌이 일본에 계시는지 안 계시는지 알 수 없음)

Check up **Answer** ·· ● 본문 p.25

1 broke | 케이트는 지난주에 팔이 부러졌다.
　해설 특정 과거 시점을 나타내는 표현 last week가 있으므로 과거시제가 적절해요.

2 have known | 나는 어릴 때부터 그를 알아왔다.
　해설 since(~부터, ~이후)가 쓰여 과거부터 현재까지 계속된 상태를 나타내므로 현재완료가 적절해요.

A **1** **seen** | 나는 그 영화를 두 번 봤다.

2 **bought** | 나의 부모님은 새 자동차를 구입하셨다.

3 **has finished** | 케이트는 이미 그녀의 일을 끝마쳤다.

4 **read** | 그의 형[남동생]은 그 책을 아직 읽지 않았다.

5 **moved** | 그들은 새 아파트로 이사 갔니?

6 **have been** | 나의 이모[고모]들은 로마에 여러 번 가 본 적이 있다.

> 해설 주어가 복수명사(My aunts)이므로 have been이 적절해요.

7 **have not gone** | 존과 나는 미국에 가지 않았다.

> 해설 현재완료의 부정은 have 바로 뒤에 not 또는 never를 넣어 나타내요.

B **1** 전에 만나본 적이 있으시니

2 떨어졌다

3 한 번도 받은 적이 없다

4 2주 동안 쭉 머무셨다

5 아직 그들의 방을 청소하지 않았다

C **1** has turned

2 have had

3 has never played

4 Has Jake ever eaten

5 have not missed

D ©, They won the gold medal in 2022.

> 해설 특정 과거 시점을 나타내는 표현 in 2022가 있으므로 동사의 과거형 won으로 고쳐 쓰는 것이 적절해요.

ⓔ, We have already taken some photos.

> 해설 동사 take의 과거분사(p.p.)는 taken이에요.

ⓐ 예나는 지난주 금요일부터 아팠다.

ⓑ 나의 누나[여동생, 언니]는 토마토를 좋아한 적이 한 번도 없다.

ⓒ 그들은 2022년에 금메달을 땄다.

ⓓ 화이트 씨는 전에 영어를 가르치신 적이 있나요?

ⓔ 우리는 이미 사진을 좀 찍었다.

UNIT 54 수동태의 개념과 형태

Point 109 수동태의 기본 형태: be동사+p.p.

596 Spain **is loved** / by lots of tourists.
주어 　　　 동사 　　　 by+행위자
스페인은 사랑 받는다 / 많은 관광객들에게.
(← Lots of tourists **love** Spain.)

❖ 〈by+A(A에 의해)〉는 행위자가 불분명하거나 밝힐 필요가 없을 때 자주 생략되지만, 중요한 정보는 〈by+A〉가 없으면 내용이 불충분해지
므로 써줘야 해요.

597 English **is spoken** / by millions of people.
주어 　　 동사 　　　 by+행위자
영어는 쓰인다 / 수많은 사람들에 의해.
(← Millions of people **speak** English.)

598 These sweaters **are made** / by my grandma.
주어 　　 동사 　　　 by+행위자
이 스웨터들은 만들어진다 / 나의 할머니에 의해.
(← My grandma **makes** these sweaters.)

599 Many wild animals **are killed** / by hunters.
주어 　　 동사 　　　 by+행위자
많은 야생동물들은 죽임을 당한다 / 사냥꾼들에 의해.
(← Hunters **kill** many wild animals.)

Point 110 수동태의 부정문과 의문문

600 Food and drink **are not allowed** / in here.
주어 　　 동사 　　　 수식어
음식과 음료는 허용되지 않습니다 / 이곳에서.

❖ 〈by+A〉는 자주 생략되는데, 주로 다음과 같은 이유로 생략돼요.
1. A를 모르는 경우
My cell phone **was stolen**. 내 휴대전화가 도난당했다.
2. A가 막연한 사람들인 경우
She **is respected** in Korea. 그녀는 한국에서 존경 받는다.
3. A가 문맥상 명백하여 굳이 써줄 필요가 없는 경우
I **was born** in November. 나는 11월에 태어났다.

601 A: **Is** the music festival **held** / every two years?
　　　　└──────주어──────┘　　　　　　수식어
　　　　└───────동사───────┘
　　　　그 음악 축제는 열리니　　　　/　　　2년마다?

B: No, it isn't. It **is held** / every year.
　　주어　동사　주어　동사　　　수식어
　　아니, 그렇지 않아.　그것은 열려　/　　매년.

　♣ every two years = every other year (2년마다)

---

602 The art gallery **isn't visited** / by many people.
　　　└───주어───┘　　└──동사──┘　　└──by+행위자──┘
　　　그 미술관은 방문되지 않는다　/　　많은 사람들에 의해.
（← Many people **don't visit** the art gallery.）

---

603 A: **Are** the snacks **provided** / for free?
　　　　　└──────주어──────┘　　수식어
　　　　　└───────동사───────┘
　　　　　간식은 제공되나요　　　/　　무료로?

B: Yes, they are.
　　주어　　동사
　　네, 그렇습니다.

Check up **Answer** ‥‥‥ ● 본문 p.31

1 **are sold** [해설] 주어인 These books가 동작의 대상이므로 수동태로 써야 해요. 주어가 복수명사이므로 be동사는 are로 써요.
2 **is held**
3 **are not made**
4 **Is, cleaned** [해설] 주어인 the classroom이 동작의 대상이고 행위자 by the students가 따라오므로 수동태로 써야 해요. 수동태의 의문문은
　〈be동사+주어+p.p.(과거분사) ~?〉로 써요.

UNIT 55 수동태의 시제 표현

Point 111 수동태의 과거: was/were p.p.

604 The buildings **were destroyed** / by the fire.
　　　└───주어───┘　└───동사───┘　　└─by+행위자─┘
　　　　그 건물들은 파괴되었다　　　/　　화재로.
（← The fire **destroyed** the buildings.）

---

605 I **was born** and (was) **raised** / in Seoul.
　주어　└동사1┘　　　　└동사2┘　　수식어
　　　나는 태어나고 자랐다　　　/　　서울에서.

　♣ 여기서 접속사 and는 was born과 (was) raised를 연결해주고 있으며, raised 앞의 was는 생략하는 것이 자연스러워요.

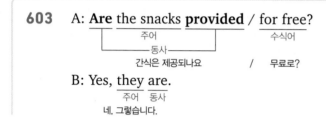

606 We **were invited** / to Sally's birthday party.
주어 　　　 동사 　　　　　　 수식어
우리는 초대받았다 　/　 샐리의 생일 파티에.

🔹 〈invite A to B〉는 'A를 B에 초대하다'라는 숙어 표현으로 수동태는 〈be invited to ~〉의 형태가 돼요.

607 My new computer **wasn't delivered** / yesterday.
주어 　　　　　　 동사 　　　　　　 수식어
나의 새 컴퓨터는 배달되지 않았다 　/　 어제.

608 The movie **was chosen** / as the best film (of the year).
주어 　　　 동사 　　　　　　 수식어
그 영화는 선정되었다 　/　 가장 뛰어난 영화로 　　(그 해의).

🔹 〈choose A as B〉는 'A를 B로 선택하다'라는 의미로, 수동태는 〈be chosen as ~〉의 형태가 돼요.
🔹 '영화'라는 뜻의 movie와 film은 약간의 차이점이 있어요. movie는 주로 미국 영어에서, film은 주로 영국 영어에서 쓰여요. 그리고 film은 영화 산업에서 일하는 사람들이 더 일반적으로 사용하는 반면, movie는 소비자가 더 일반적으로 사용해요.

Point 112 수동태의 미래: will be p.p.

609 Her new song **will be released** / next week.
주어 　　　　　　 동사 　　　　　　 수식어
그녀의 새 노래는 출시될 것이다 　/　 다음 주에.

610 A park **will be built** / in my neighborhood.
주어 　　　 동사 　　　　　　 수식어
공원이 지어질 것이다 　/　 나의 동네에.

611 The classes **will be taught** / in English.
주어 　　　　 동사 　　　　　　 수식어
수업들은 가르쳐질 것이다 　/　 영어로.

612 The environmental problems / **will not be solved** / easily.
주어 　　　　　　　　　 동사 　　　　　 수식어
환경 문제들은 　/　 해결되지 않을 것이다 　/　 쉽게.

Check up **Answer** ·· ● 본문 p.33

1 **was painted** | 레오나르도 다 빈치는 모나리자를 그렸다. → 모나리자는 레오나르도 다 빈치에 의해 그려졌다.
　해설 수동태 과거시제는 be동사의 과거형을 써서 〈was/were+p.p.(과거분사)〉로 나타내요. 주어(The Mona Lisa)가 셀 수 없는 명사이므로 be동사는 was로 나타내요.
2 **were grown** | 나의 할아버지가 이 감자들을 기르셨다. → 이 감자들은 나의 할아버지에 의해 길러졌다.
3 **will be loved** | 많은 사람들이 그의 새 소설을 아주 좋아할 것이다. → 그의 새 소설은 많은 사람들에 의해 사랑받을 것이다.
　해설 주어인 His new novel이 동작의 대상이므로 수동태로 써야 해요. 수동태 미래시제는 〈will+be+p.p.(과거분사)〉로 써요.
4 **won't[will not] be made** | 그들은 결정을 내리지 않을 것이다. → 결정은 그들에 의해 내려지지 않을 것이다.

UNIT 56 주의해야 할 수동태

Point 113 조동사+be p.p.

613 This homework / **should be finished** / today.
　　　　주어　　　　　　동사(조동사+be p.p.)　　　　수식어
　　이 숙제는　　/　　끝나야 한다　　/　　오늘.
(← I **should finish** this homework today.)

614 The river **can be seen** / from far away.
　　　　주어　　　동사(조동사+be p.p.)　　　수식어
　　그 강은 보여질 수 있다　　/　　멀리서.

615 This TV **can't be repaired**.
　　　　주어　　동사(조동사+be p.p.)
　　이 TV는 수리될 수 없다.

616 Shopping carts **must not be removed** / from this area.
　　　　　주어　　　　　동사(조동사+be p.p.)　　　　수식어
　　쇼핑 카트는 치워져서는 안 된다　　/　　이 구역에서.

Point 114 구동사의 수동태

617 He **is looked after** / by his grandmother.
　　주어　　　동사　　　　　by+행위자
　　그는 돌봐진다　　/　　그의 할머니에 의해.
(← His grandmother **looks after** him.)

618 I **was woken up** / by a noise / at 4 a.m.
　주어　　동사　　　by+행위자　　수식어
　나는 깨어나게 되었다　/　소리에 의해　/　새벽 4시에.
(← A noise **woke me up** at 4 a.m.)

　🎧 wake up은 '(잠에서) 깨다, 일어나다'라는 뜻으로 목적어 없이도 쓰여요.
　　e.g. I **woke up** at six this morning. 나는 오늘 아침 6시에 **일어났다**.

619 The game **was put off** / because of the rain.
　　　주어　　　동사　　　　수식어
　　그 경기는 연기되었다　/　비 때문에.

　🎧 〈because of+명사〉 vs. 〈because+주어+동사 ~〉
　　because of는 전치사로 뒤에 명사가 오고, because는 접속사로 뒤에 '주어+동사 ~'가 포함된 절이 와요. (☞ Ch 18)
　　(The game was put off **because of the rain**. = The game was put off **because it rained**.)

620 Tons of plastic cups **are thrown away** / every year.
　　　　主어　　　　　　동사　　　　　수식어
　　수많은 플라스틱 컵들이 버려진다　/　매년.

　🎧 ton은 무게 단위이지만 복수형인 tons로 쓰면 '아주 많음, 다량'이란 뜻을 나타내요. 〈tons[a ton] of A〉는 '아주 많은, 매우 많은 A'라는
　　뜻으로 쓰여요.
　　e.g. I've got **tons of** homework to do. 나는 해야 할 숙제가 아주 많다.

1 can be prepared
   해설 주어인 Dinner가 동작의 대상이므로 수동태로 써야 해요. 조동사를 포함한 수동태는 〈조동사+be p.p.(과거분사)〉로 써요.
2 should be kept
3 was laughed at
4 was brought up

UNIT 57 수동태의 관용적 표현

Point 115 by 이외의 전치사를 쓰는 수동태

621 He **is interested** / **in** fashion and art.
　　　주어　　　동사　　　　　수식어
　　　그는 관심이 있다　　/　　패션과 예술에.

622 Everyone **was surprised** / **at** the news.
　　　주어　　　동사　　　　　수식어
　　　모두가 놀랐다　　　/　　그 소식에.

623 I'm **worried** / **about** my future career.
　　주어　동사　　　　　수식어
　　나는 걱정된다　/　　내 장래 직업에 대해.

624 **Are** you **satisfied** / **with** your new haircut?
　　　┌─주어──┐　　　　수식어
　　　└─동사──┘
　　너는 만족하니　　/　　너의 새로운 헤어스타일에?

625 Her closet **is filled** / **with** black clothes.
　　　주어　　　동사　　　　　수식어
　　그녀의 옷장은 가득하다　/　　검은색 옷들로.

626 New Zealand **is located** / **in** the Pacific Ocean.
　　　　주어　　　　동사　　　　　수식어
　　뉴질랜드는 위치해 있다　　/　　태평양에.

Point 116 전치사에 따라 의미가 다른 수동태

627 Hawaii **is known** / **for** its beautiful beaches.
　　　주어　　동사　　　　　수식어
　　하와이는 유명하다　　/　　아름다운 해변들로.

628 Dogs **are known** / **as** man's best friend.
주어　　　동사　　　　　　수식어
개들은 알려져 있다　　/　　인간의 가장 좋은 친구로.

629 Her novel **is known** / **to** everyone.
주어　　　동사　　　　수식어
그녀의 소설은 알려져 있다　/　모든 사람에게.

Check up **Answer** .... ● 본문 p.37

1　**in** | 제리는 한국 역사에 관심이 있다. **해설** '~에 관심[흥미]가 있다'는 be interested in으로 나타내요.
2　**for** | 그 식당은 신선한 해산물로 유명하다. **해설** '~로 유명하다[알려져 있다]'는 be known for로 나타내요.
3　**with** | 그 오래된 자전거들은 먼지로 뒤덮여 있었다. **해설** '~으로 덮여 있다'는 be covered with[in, by]로 나타내요.

Chapter Exercises 14
본문 p.38

A　1　**invented** | 중국인은 나침반을 발명했다.
　　　해설 주어(The Chinese)가 '발명하는(invent)' 주체이므로 '주어-동사'는 능동 관계예요.
　　2　**can be recycled** | 깨끗한 플라스틱 병들은 재활용될 수 있다.
　　　해설 주어(Clean plastic bottles)가 '재활용되는' 것이므로 '주어-동사'는 수동 관계예요.
　　3　**stole** | 누군가 버스에서 내 휴대전화를 훔쳐갔다.
　　　해설 주어(Someone)가 '훔친(steal)' 주체이므로 '주어-동사'는 능동 관계예요.
　　4　**were bought** | 이 컵케이크들은 빵집에서 구입되었다.
　　　해설 주어(These cupcakes)가 '구입되는' 것이므로 '주어-동사'는 수동 관계예요.
　　5　**be washed** | 그 셔츠는 찬물로 세탁되어야 하나요?
　　　해설 주어(the shirt)가 '세탁되는' 것이므로 '주어-동사'는 수동 관계예요.
　　6　**were not taken** | 그 사진들은 티모시에 의해 찍혔다.
　　　해설 주어(The pictures)가 '찍히는' 것이므로 '주어-동사'는 수동 관계예요.
　　7　**clean** | 학생들은 금요일마다 교실들을 청소한다.
　　　해설 주어(The students)가 '청소하는(clean)' 주체이므로 '주어-동사'는 능동 관계예요.

B　〈보기〉 내 형[오빠, 남동생]은 이 샌드위치들을 만들지 않았다. → 이 샌드위치들은 내 형[오빠, 남동생]에 의해 만들어지지 않았다.
　　1　**The plants weren't[were not] watered by Lily** | 릴리는 식물들에게 물을 주지 않았다. → 식물들은 릴리에 의해 물이 주어지지 않았다.
　　2　**The library books should be returned by you** | 너는 오늘 도서관 책들을 반납해야 해. → 도서관 책들은 오늘 너에 의해 반납되어야 해.
　　3　**Was the computer fixed by your brother** | 네 형[오빠]이 그 컴퓨터를 수리했니? → 그 컴퓨터는 네 형[오빠]에 의해 수리되었니?
　　4　**These tomatoes were grown by my grandmother** | 나의 할머니께서 이 토마토들을 재배하셨다. → 이 토마토들은 나의 할머니에 의해 재배되었다.
　　5　**Pictures of the flowers will be taken by the photographer** | 그 사진작가는 꽃 사진을 촬영할 것이다. → 꽃 사진은 그 사진작가에 의해 촬영될 것이다.

C　1　wasn't written
　　2　was thrown away
　　3　am worried about
　　4　must be fixed
　　5　Were the monkeys raised
　　6　will be designed

D　The song was played by the orchestra

UNIT 58 명사 역할의 부정사

Point 117 목적어로 쓰이는 to부정사

630 I want / **to be** good at many things.
주어 동사 목적어
나는 원한다 / 많은 것들을 잘하기를.

💬 그 외 to부정사를 목적어로 취하는 동사들
- **promise** to do ~할 것을 약속하다
- **agree** to do ~할 것을 동의하다
- **prepare** to do ~할 것을 준비하다
- **fail** to do ~하지 못하다
- **pretend** to do ~하는 척하다
- **hesitate** to do ~하기를 망설이다[주저하다]
- **afford** to do ~할 여유가 있다
- **manage** to do 간신히 ~해내다

631 We planned / **to go out** to dinner / tonight.
주어 동사 목적어 수식어
우리는 계획했다 / 외식하러 나가는 것을 / 오늘 밤에.

💬 go out to[for] dinner = eat dinner in a restaurant

632 The store decided / **not to use** plastic bags.
주어 동사 목적어
그 가게는 결정했다 / 비닐봉지를 사용하지 않기로.

633 She likes / **to wear** bright colors.
주어 동사 목적어
그녀는 좋아한다 / 밝은 색을 입는 것을.

💬 like는 to부정사와 동명사를 모두 목적어로 가질 수 있어요. (☞ Ch 16)
(= She likes **wearing** bright colors.)

Point 118 주어, 보어로 쓰이는 to부정사

634 **It** is important / **to learn** from your experiences.
가주어 동사 보어 진주어
(~은) 중요하다 / 네 경험으로부터 배우는 것은.
(← **To learn** from your experiences is important.)

💬 to부정사가 주어 자리에 오는 경우 단수로 취급하여 뒤에 단수 동사가 와요.

635 Her dream is / **to be** a graphic designer.
주어 동사 보어
그녀의 꿈은 ~이다 / 그래픽 디자이너가 되는 것.
(Her dream = to be a graphic designer)

636 **It** is easy / **to catch** a cold in winter.
　　　가주어 동사 보어　　　　　진주어
　　　(~은) 쉽다 /　　 겨울에 감기에 걸리는 것은.
　　　(← **To catch** a cold in winter is easy.)

637 My plan is / **to travel** by bicycle.
　　　주어　　동사　　　　　보어
　　　내 계획은 ~이다 /　　자전거로 여행하는 것.
　　　(My plan = to travel by bicycle)

Check up **Answer** ·· ● 본문 p.43

1　hope to be
2　learning to play
　　해설 '배우고 있다'라는 우리말에 맞게 현재진행형 〈be동사+동사의 -ing형〉이 되도록 learning으로 바꿔 써요.
3　It, to take

Point 119 to부정사의 의미상의 주어: for+목적격

638 It wasn't easy / ***for me* to make** new friends.
　　　가주어　동사　보어　의미상의 주어　　　진주어
　　　(~은) 쉽지 않았다 /　　　내가 새로운 친구를 사귀는 것은.

639 It is dangerous / ***for a child* to swim** alone.
　　　가주어 동사　　보어　　의미상의 주어　　진주어
　　　(~은) 위험하다 /　　어린이가 혼자서 수영하는 것은.

640 It is important / ***for teenagers* to get** enough sleep.
　　　가주어 동사　　보어　　의미상의 주어　　　진주어
　　　(~은) 중요하다 /　　십 대들이 충분한 잠을 자는 것은.

641 Is it possible / ***for us* to live** on Mars?
　　　동사 가주어 보어　　의미상의 주어　　진주어
　　　(~은) 가능할까 /　　우리가 화성에 사는 것은?

　　　❀ '(장소에) 살다, 거주하다'라는 의미로 쓰이는 live 뒤에는 장소를 나타내는 말(on Mars)이 꼭 필요해요.

Check up **Answer** ·· ● 본문 p.44

1　for them to follow
2　for us to make
3　for pigs to look

UNIT 59 형용사, 부사 역할의 부정사

Point 120 형용사 역할: (대)명사+to부정사

642 Give me / *some time* (**to think** about it).
동사 간목 직목
나에게 줘 / 약간의 시간을 (그것에 대해 생각할).

643 Do you have / *something* (**to say**)?
주어
동사 목적어
너는 있니 / 무언가가 (말할)?

<-thing, -one, -body+형용사+to부정사>
-thing, -one, -body로 끝나는 대명사 뒤에 형용사가 나올 경우 다음과 같이 써요.
e.g. I want *something cold* **to drink**. 나는 차가운 음료가 마시고 싶다.

644 Camping is / *a good way* (**to enjoy** nature).
주어 동사 보어
캠핑은 ~이다 / 좋은 방법 (자연을 즐기는).

645 *The ability* (**to keep** calm) / is one (of her strengths).
주어 동사 보어
능력은 (침착함을 유지하는) / 하나이다 (그녀의 장점들 중).

Point 121 부사 역할: 목적

646 She went to England / **to study** English.
주어 동사 수식어 수식어
그녀는 영국에 갔다 / 영어를 공부하기 위해.

647 Be careful / **not to drop** that plate.
동사 보어 수식어
조심해라 / 그 접시를 떨어뜨리지 않도록.

648 He is saving money / **to buy** an electric bike.
주어 동사 목적어 수식어
그는 돈을 모으고 있다 / 전기 자전거를 사기 위해.

649 The police came / **to catch** the thief.
주어 동사 수식어
경찰이 왔다 / 그 도둑을 잡기 위해.

A　1　(many things)| 나는 지금 할 일이 많다.
　　2　(some tips)| 여기 당신의 건강을 보호하기 위한 몇 가지 조언이 있다.
　　3　(time)| 어제, 그녀는 잠을 잘 시간이 없었다.
B　1　something to eat
　　2　to study law
　　3　not to miss the train

Point 122 부사 역할: 감정의 원인

650　I was happy / **to hear** the good news.
　　　　주어 동사　보어　　　　　수식어
　　　　　나는 행복했다 〈감정〉 /　　　좋은 소식을 들어서. 〈원인〉

651　I'm sorry / **to bother** you / so late.
　　　　주어 동사 보어　　　　수식어
　　　　　나는 미안해 〈감정〉 /　너를 귀찮게 해서　/　너무 늦게. 〈원인〉

652　People were surprised / **to see** the pink dolphins.
　　　　주어　　동사　　보어　　　　　수식어
　　　　　사람들은 놀랐다 〈감정〉　/　　분홍색 돌고래를 봐서. 〈원인〉

　♣　브라질의 아마존 강에는 분홍빛을 띠는 분홍돌고래(아마존강 돌고래)가 서식해요. 분홍돌고래는 바다가 아닌 강에 서식하는 강돌고래과 중에서 가장 큰 돌고래예요. 이 돌고래는 아마존 지역에서만 볼 수 있는데, 최근 아마존 지역의 개발로 인해 개체 수가 줄고 있어요.

Point 123 부사 역할: 형용사+to부정사

653　Sandwiches are *easy* / **to make** at home.
　　　　주어　　동사　보어
　　　　샌드위치는 쉽다　/　집에서 만들기에.

654　His writing / is *difficult* to read.
　　　　주어　　　동사　보어
　　　　그의 손 글씨는 /　읽기에 어렵다.

　1　만나서 즐거웠다
　2　배우기 어렵다

부정사를 포함한 주요 구문

Point 124 의문사+to부정사

655 I don't know / **what to wear** tomorrow.
주어   동사   목적어

나는 모르겠다 / 내일 무엇을 입어야 할지를.

(= I don't know **what I should wear** tomorrow.)

❖ 〈의문사+to부정사〉는 〈의문사+주어+should[can]+동사〉로 바꿔 쓸 수 있어요.

656 The key issue is / **how to remove** / the trash (in the ocean).
주어   동사   보어

주요 이슈는 ~이다 / 어떻게 제거할 수 있는지 / 쓰레기를   (바다에 있는).

(= The key issue is **how we can remove** the trash in the ocean.)

❖ 〈의문사+to부정사〉가 보어 자리에 올 때, 주어로는 주로 question, problem, issue 등이 쓰여요.
    e.g. **The problem** is what to buy. 문제는 무엇을 살 것인가이다.
❖ in the ocean은 앞의 명사 the trash를 꾸며 줘요.

657 Do you know / **how to use** this machine?
주어   목적어
동사

너는 아니 / 이 기계를 사용하는 방법을?

(= Do you know **how I can use** this machine?)

658 Can you tell me / **where to buy** the tickets?
주어   간목   직목
동사

너는 나에게 말해줄 수 있니 / 어디서 표를 살 수 있는지를?

(= Can you tell me **where I can buy** the tickets?)

Point 125 too+형용사/부사+to부정사

659 These pants are **too** *tight* / **to wear.**
주어   동사   보어

이 바지는 너무 꼭 낀다 / 입기에.
↳ 이 바지는 너무 꼭 끼어서 입을 수 없다.

(= These pants are **so** *tight* **that I can't wear** them.)

❖ 〈too+형용사/부사+to부정사〉 = 〈so+형용사/부사+that+주어+can't[couldn't]+동사원형〉

660 She was **too** *tired* / **to get up** early.
주어 동사   보어

그녀는 너무 피곤했다 / 일찍 일어나기에.
↳ 그녀는 너무 피곤해서 일찍 일어날 수 없었다.

(= She was **so** *tired* **that** she **couldn't get up** early.)

661   You are **too** *young* / **to wear** makeup.
　　　　 <u>주어</u> <u>동사</u> <u>보어</u>
　　　　　　너는 너무 어리다　 /　　 화장을 하기에.
　　　　　↳ 너는 너무 어려서 화장을 할 수 없다.
　　　　 (= You are **so** *young* **that** you **can't wear** makeup.)

　　🞄 동사 wear는 '(옷, 신발 등을) 입다/신다/쓰다' 외에도 '화장을 하다, 향수를 뿌리다'와 같은 표현에도 사용해요.
　　　 e.g. Are you **wearing** perfume? 너 향수 뿌렸니?

Point 126 형용사/부사＋enough＋to부정사

662   She is *old* **enough** / **to drive**.
　　　　 <u>주어</u> <u>동사</u> <u>보어</u>
　　　　　그녀는 충분히 나이가 들었다　 /　 운전할 만큼.

　　🞄 〈형용사로 쓰이는 enough〉 vs. 〈부사로 쓰이는 enough〉
　　enough가 '충분한'이라는 뜻의 형용사로 쓰여 명사를 꾸며 줄 때는 명사 앞에 오고, '충분히'라는 뜻의 부사로 쓰일 때는 동사, 형용사, 부사 뒤에 쓰여요.
　　e.g. We didn't have **enough** *time*. 우리는 **충분한** 시간이 없었다.
　　　　 She didn't move *quickly* **enough**. 그녀는 **충분히** 빨리 움직이지 않았다.

663   The robot is *strong* **enough** / **to lift** heavy things.
　　　　　 <u>주어</u> <u>동사</u> <u>보어</u>
　　　　　　그 로봇은 충분히 힘이 세다　　 /　　 무거운 것들을 들 만큼.
　　　　 (= The robot is **so** *strong* **that** it **can lift** heavy things.)

　　🞄 〈형용사/부사＋enough＋to부정사〉 = 〈so＋형용사/부사＋that＋주어＋can[could]＋동사원형〉

Check up **Answer** ·· ● 본문 p.49

　1　피아노 치는 방법을
　2　너무 비싸서 살 수 없었다
　3　부르기에 충분히 쉽다

UNIT 61 목적격보어로 쓰이는 부정사

Point 127 목적어를 보충 설명하는 to부정사

664   I **want** / you **to join** us.
　　　　 <u>주어</u> <u>동사</u>　 <u>목적어</u> <u>보어</u>
　　　　　나는 원해 / 네가 우리와 함께하기를.

665   They **asked** / me **to show** my ID card.
　　　　 <u>주어</u> <u>동사</u>　 <u>목적어</u> <u>보어</u>
　　　　　그들은 요청했다 / 내가 내 신분증을 보여주도록.

　　🞄 ID는 identification(신분 증명)의 줄임말이에요.

666 The teacher **told** / the students **to be** quiet.
주어   동사   목적어   보어
선생님께서 말씀하셨다   /   학생들이 조용히 하도록.

667 Some zoos **allow** / children **to touch** the animals.
주어   동사   목적어   보어
몇몇 동물원들은 허락한다   /   아이들이 동물들을 만질 수 있도록.

668 I **advised** / him **to see** a doctor.
주어   동사   목적어   보어
나는 조언했다   /   그가 의사의 진찰을 받도록.

Point 128 목적어를 보충 설명하는 원형부정사

669 Grandma **makes** / me **eat** vegetables / every day.
주어   동사   목적어   보어   수식어
할머니는 (~하게) 하신다   /   내가 채소들을 먹도록   /   매일.

❖ make는 강요, have는 가벼운 지시, let은 허락의 의미를 나타내요.

670 I **heard** / someone **shout** my name.
주어 동사   목적어   보어
나는 들었다   /   누군가 내 이름을 소리치는 것을.

cf. I **heard** someone **shouting** my name.
(← Someone **was shouting** my name.)

671 Her parents **will let** / her **have** a pet.
주어   동사   목적어   보어
그녀의 부모님은 허락할 것이다   /   그녀가 반려동물을 키우는 것을.

672 Olivia **helped** / me **(to) learn** English.
주어   동사   목적어   보어
올리비아는 도와줬다   /   내가 영어를 배우는 것을.

❖ 동사 help는 다음과 같은 구조로 모두 쓰일 수 있어요.
• help+목적어+(to)+동사원형: 목적어가 ~하도록 돕다
He helped me **(to) do** the homework. 그는 내가 숙제하는 것을 도와주었다.
주어 동사 목적어   보어
• help+(to)+동사원형: ~하는 것을 돕다
He helped **(to) paint** the house. 그는 집을 페인트칠 하는 것을 도왔다.
주어 동사   목적어

673 Their fans **saw** / them **sing** and **dance**.
주어   동사   목적어   보어1   보어2
그들의 팬들은 봤다   /   그들이 노래하고 춤추는 것을.

cf. Their fans **saw** them **singing** and **dancing**.
(← They **were singing** and **dancing**.)

1 let you ride
2 allowed me to use
3 felt someone tap[tapping]

Chapter Exercises 15

A 1 hope to spend
2 It is good to avoid
3 has a plan to travel
4 helped me to bake

B 1 **물을 신중하게 사용하는 것은** | 물을 신중하게 사용하는 것은 중요하다.
　　해설 It은 가주어, to부정사가 진주어이므로 '〜하는 것은'으로 해석해요.
2 **생일선물을 사기 위해** | 나는 내 친구를 위한 생일선물을 사기 위해 외출했다.
　　해설 to부정사가 '외출했던(went out)' 목적을 나타내므로 '〜하기 위해'로 해석해요.
3 **박물관을 방문하기로** | 그는 이번 주 토요일에 박물관을 방문하기로 결정했다.
　　해설 동사 decided의 목적어로 쓰였으므로 '〜하는 것을, 〜하기로' 등으로 해석해요.
4 **무엇을 입어야 할지를** | 나는 내일 무엇을 입어야 할지를 모르겠다.
5 **억만장자가 된** | 그녀는 억만장자가 된 최초의 작가이다.
　　해설 to부정사가 앞의 명사 the first writer를 꾸며 주므로 형용사처럼 해석해요.

C 1 to become a pilot
2 for you to listen to　해설 to부정사의 의미상의 주어는 to부정사 바로 앞에 〈for+목적격〉으로 나타내요.
3 (in order) to walk her dog　해설 '〜하기 위해'라는 목적의 의미는 to부정사로 나타내며, 이때 '목적'의 의미를 더 확실하게 나타내기 위해
to부정사 앞에 in order를 덧붙일 수도 있어요.
4 large enough to carry
5 wanted me to clean　해설 동사 want가 '〜가 …하기를 원하다'의 의미로 쓰일 때 〈want+목적어+to부정사〉의 형태로 나타내요.
6 made him move　해설 동사 make가 '〜가 …하게 하다'의 의미로 쓰일 때 〈make+목적어+동사원형〉의 형태로 나타내요.

D ⓐ, I have some pictures to show you.
　　해설 의미상 '보여줄 사진들'이 되어야 자연스러우므로 앞의 명사(some pictures)를 꾸며 주는 to부정사 형태로 써야 해요.
　　ⓒ, I saw him play[playing] soccer with his friends.
　　해설 〈see+목적어+목적격보어〉 구조에서 목적격보어 자리에는 원형부정사(동사원형)가 와야 해요. 이때 동사원형 대신 동사의 -ing형을 쓸 수도 있
는데 이는 동작이 진행 중인 것을 강조해요.

　　ⓐ 나는 너에게 보여줄 사진들이 좀 있어.
　　ⓑ 피터는 혼자 영화 보러 가는 것을 선택했다.
　　ⓒ 나는 그가 그의 친구들과 축구하는 것을 봤다.
　　ⓓ 그녀는 어젯밤에 너무 피곤해서 외출할 수 없었다.
　　ⓔ 엄마는 내가 음악 축제에 가도록 허락해주셨다.

UNIT 62 주어, 보어, 목적어로 쓰이는 동명사

Point 129 주어, 보어로 쓰이는 동명사

674 **Being** honest / is very important.
주어 / 동사 보어
정직한 것은 / 매우 중요하다.

> 💬 동명사 주어의 동사는 대부분 be동사가 쓰이지만, 일반동사도 쓰일 수 있어요. 이때 동명사는 단수 취급하므로 단수 동사가 와야 해요.
> *e.g.* **Listening to music makes** me feel good. 음악을 듣는 것은 나를 기분 좋게 만든다.
> 주어 동사 목적어 보어

675 My hobby is / **reading** fashion magazines.
주어 동사 보어
내 취미는 ~이다 / 패션 잡지를 읽는 것.

676 **Speaking** other languages / is an advantage.
주어 / 동사 보어
다른 언어를 말하는 것은 / 장점이다.

677 Her job is / **feeding** the animals / at the zoo.
주어 동사 보어 수
그녀의 직업은 ~이다 / 동물들에게 먹이를 주는 것 / 동물원에서.

Point 130 목적어로 쓰이는 동명사

678 Liam enjoys / **making** Korean food.
주어 동사 목적어
리암은 즐긴다 / 한국 음식 만드는 것을.

> 💬 그 외 동명사를 목적어로 취하는 동사들
> - **suggest** doing ~하는 것을 제안하다
> - **consider** doing ~하는 것을 고려하다
> - **put off** doing ~하는 것을 미루다
> - **admit** doing ~한 것을 인정하다
> - **deny** doing ~한 것을 부정하다

679 We finished / **packing** for our trip.
주어 동사 목적어 수
우리는 끝마쳤다 / 우리 여행을 위해 짐을 싸는 것을.

680 The elevator / suddenly / stopped **working**.
주어 수식어 동사 목적어
엘리베이터가 / 갑자기 / 작동을 멈췄다.

681 A: Would you mind / **waiting** for a while?

　　　　　　　└─주어─┘　　　　　　　　　목적어
　　　　　　　└──동사──┘

당신은 꺼리시나요 　/　 잠시 기다리는 것을?

↳ 잠시 기다리셔도 괜찮겠습니까?

B: No, not at all.

아니요, 전혀 꺼리지 않아요.

↳ 네, 괜찮아요.

* No, not at all. = I **don't** mind waiting for a while **at all**.
* 동사 mind는 '꺼리다, 언짢아하다'라는 의미이므로, 〈Would you mind+동사의 -ing형?〉에 대해 '꺼리지 않는다(= 괜찮다)'라는 긍정의 대답은 'No, not at all.', 'Of course not.', 'Certainly not.'과 같이 부정의 표현으로 하는 것에 주의하세요.
* '~해도 괜찮겠습니까?'는 〈Do you mind+동사의 -ing형?〉으로도 물어볼 수 있지만, Would를 쓰면 더 공손함을 나타낼 수 있어요.

╭────────────────╮
│ Check up **Answer** │ ·· ● 본문 p.57
╰────────────────╯

A 1 <u>Eating fast food</u>, **주어** | 패스트푸드를 먹는 것은 너의 건강에 나쁘다.

　2 <u>answering the questions</u>, **목적어** | 그녀는 그 질문들에 답하는 것을 피했다.

　3 <u>becoming an artist</u>, **보어** | 그의 꿈은 화가가 되는 것이다.

B 1 **dancing** | 우리는 매일 춤추는 것을 연습했다.

　2 **asking** | 내 남동생[형, 오빠]은 나에게 계속 질문을 했다.

　3 **to see** | 나는 너를 여기서 만나는 것을 예상하지 못했어.

　　[해설] 동사 expect는 동명사가 아닌 to부정사를 목적어로 취하므로 to see로 써야 알맞아요.

UNIT
63 동명사 vs. to부정사 ▬▬▬▬▬▬▬▬▬▬▬▬▬▬▬▬▬▬▬

Point 131 전치사+동명사

┌───┐
│ **682** You can protect your skin / ***by* wearing** a hat. │
│ 　　　 주어　　　 동사　　　 목적어　　 전치사　 전치사의 목적어 │
│ 　　 당신은 당신의 피부를 보호할 수 있다 　/　 모자를 씀으로써. │
└───┘

* 〈by+동사의 -ing형〉은 '~함으로써'라는 의미로 이때 전치사 by는 방법이나 수단을 나타내요. (전치사 ☞ 1권 Ch 12)

---

683 She passed me / ***without* saying** hello.

　　　주어　 동사　 목적어　　 전치사　　 전치사의 목적어

　　그녀는 나를 지나쳤다 　/　 인사를 하지 않고.

* 〈without+동사의 -ing형〉: ~하지 않고

---

684 Luna has a talent / ***for* making** friends.

　　주어　 동사　 목적어　　 전치사　 전치사의 목적어

　　루나는 재능이 있다 　/　 친구들을 사귀는 데에.

685 I'm thinking / ***about* getting** a haircut.

_{주어}　_{동사}　　　　_{전치사}　　_{전치사의 목적어}

나는 생각 중이야 / 　머리카락을 자르는 것에 대해.

↳ 나는 머리를 자를까 생각 중이야.

🌠 동사 think가 '(~라고) 생각하다, (~라고) 믿다'라는 뜻으로 쓰일 때, 즉 '어떤 것에 대한 의견, 믿음, 생각'을 의미할 때는 진행형으로 쓰지 않아요. (☞ 1권 Unit 13)

　　e.g. What **do** you **think** about this plan? 이 계획에 대해 어떻게 생각해?

　　하지만, 지금 이 순간 하고 있는 생각을 묻는 경우에는 진행형을 쓸 수 있어요.

　　e.g. A: What **are** you **thinking** about? 너는 무슨 생각 하고 있어?

　　　　 B: I**'m thinking** about going shopping today. 오늘 쇼핑하러 갈까 생각 중이야.

Point 132 동명사 목적어 vs. to부정사 목적어

686 I'll never forget / **hearing** this song / for the first time.

_{주어}　_{수식어}　　　　　　　　　　　_{목적어}

└─_{동사}─┘

나는 절대 잊지 않을 것이다 / 　이 노래를 들었던 것을 / 　　처음으로.

I forgot / **to bring** my homework.

_{주어}　_{동사}　　　　_{목적어}

나는 잊었다 / 　내 숙제를 가져오는 것을.

687 I remember / **seeing** him / somewhere.

_{주어}　_{동사}　　　_{목적어}

나는 기억한다 / 　그를 본 것을 / 　어딘가에서.

Please remember / **to take** your pills.

_{동사}　　　　_{목적어}

꼭 기억하렴 / 　네 알약을 먹는 것을.

688 Have you tried / **playing** this game?

_{주어}　　　_{목적어}

└─_{동사}─┘

너는 해 본 적이 있니 / 　이 게임을 하는 것을?

The firefighters were trying / **to put out** the fire.

_{주어}　　　　_{동사}　　　_{목적어}

소방관들이 노력하고 있었다 / 　불을 끄려고.

Check up Answer .... ● 본문 p.59

1 **to give** | A: 내가 이 책을 빌려도 될까? B: 그럼. 그걸 나중에 돌려줄 것만 기억해 줘.

　　해설 문맥상 '(앞으로) ~할 것을 기억하다'라는 의미가 적절하므로 to부정사로 나타내요.

2 **asking** | 내 여동생[언니]은 물어보지도 않고 내 옷을 입는다.

3 **to feed** | 너는 너의 개에게 먹이 주는 것을 잊지 말아야 해.

　　해설 문맥상 '(앞으로) ~할 것을 잊지 않다'라는 의미가 적절하므로 to부정사로 나타내요.

4 **taking** | 그는 피아노 수업 듣는 것을 그만두었다.

　　해설 '피아노 수업을 듣기 위해'라는 '목적'의 의미로 해석하면 매우 어색하므로 동명사 목적어인 taking이 오는 것이 적절해요.

Point 133 동명사를 포함한 주요 표현

689 My grandfather *goes* **fishing** / every week.
주어　　　　　동사　　　　　　　수식어
나의 할아버지는 낚시하러 가신다　　/　　매주.

💬 그 외 잘 쓰이는 〈go+동사의 -ing형〉 표현
- go camping 캠핑을 가다
- go shopping 쇼핑하러 가다
- go skiing 스키를 타러 가다
- go swimming 수영하러 가다
- go running 달리기하러 가다[달리기를 하다]
- go hiking 등산하러 가다

690 He *is good* / *at* **expressing** his feelings.
주어 동사　보어　　전치사　　　전치사의 목적어
　　그는 잘한다　　/　　　그의 감정을 표현하는 것을.

691 I *don't feel like* / **talking** about it.
주어　　　동사　　　　목적어
　　나는 하고 싶지 않다　/　그것에 대해 얘기하는 것을.

💬 〈feel like doing〉은 〈want to do〉와 바꿔 쓸 수 있어요.
(= I don't **want to talk** about it.)
💬 feel like 뒤에는 명사도 올 수 있어요.
e.g. I feel hungry. I *feel like* **(having)** a snack. 나 배고파. 나는 간식을 먹고 싶어.

692 This movie *is worth* **watching**.
　　　주어　　　동사　　　보어
　　　이 영화는 볼 만한 가치가 있다.

693 I'm *interested* / *in* **learning** new things.
주어　　동사　　전치사　　전치사의 목적어
　나는 관심 있다　/　새로운 것들을 배우는 것에.

💬 be interested in 뒤에는 명사도 올 수 있어요. (수동태의 관용적 표현 ☞ Unit 57)
e.g. She **is interested in** *Korean history*. 그녀는 한국 역사에 관심이 많다.

694 A: *Thank you* / *for* **lending** me the book.
동사　　목적어　전치사　　전치사의 목적어
　　고마워　　/　　나에게 그 책을 빌려줘서.

B: You're welcome.
천만에.

💬 동사 lend(빌려주다)는 〈lend+A(~에게)+B(…을)〉 또는 〈lend+B+to+A〉의 구조로 모두 쓰일 수 있어요. (☞ 1권 Ch 05)
(→ Thank you for **lending** the book **to** me.)
cf. 동사 borrow(빌리다)는 〈borrow+A(A를 빌리다)〉 또는 〈borrow+A+from+B(B로부터 A를 빌리다)〉의 구조로 쓰여요.
e.g. Can I **borrow** your umbrella? (= Will you **lend** me your umbrella?) 네 우산 좀 빌려줄래?
　　　I **borrowed** the book **from** the library. 나는 도서관에서 그 책을 빌렸다.

💬 감사 인사에 답하는 표현
- No problem. 아니에요. 괜찮아요.
- No worries. 아니에요.
- My pleasure. 제 즐거움인걸요.
- Don't mention it. 별 말씀을요. 천만에요.

695 We're *looking forward to* / **going** to the beach.

주어 　　　　　　동사　　　　　　　　　목적어

우리는 기대하고 있다　　　/　　　해변에 가는 것을.

⁂ look forward to의 to는 전치사이므로 뒤에 명사 또는 동명사가 와요. 〈to+동사원형〉으로 쓰지 않도록 주의하세요.

(We're *looking forward to* **go** to the beach. (✕))

696 We *couldn't help* / **laughing** throughout the movie.

우리는 ~하지 않을 수 없었다 /　　　　영화를 보는 내내 웃는 것을.

↳ 우리는 영화를 보는 내내 웃을 수밖에 없었다.

(= We *couldn't but* **laugh** throughout the movie.)

⁂ 전치사 throughout은 장소나 시간을 나타내는 말 앞에 모두 쓰일 수 있어요.

　• 〈throughout+장소〉: ~의 구석구석까지, ~의 전체에 걸쳐

　e.g. She has traveled **throughout** the world. 그녀는 전 세계를 여행했다.

　• 〈throughout+시간/상황〉: 처음부터 끝까지, ~동안 내내

　e.g. It rained **throughout** the day. 하루 종일 비가 내렸다.

Check up **Answer** ·· ● 본문 p.61

A 1 **going** | A: 오늘 영화 보러 가는 게 어때? B: 좋은 생각이야.

　2 **visiting** | A: 그 박물관은 방문할 만한 가치가 있니? B: 응, 맞아.

　3 **writing** | A: 너는 뭐에 관심이 있니? B: 나는 이야기를 쓰는 것에 관심이 있어.

B 1 **is good at speaking**

　2 **feel like taking**

A　**1** Watching | 액션영화를 보는 것은 신난다.

　　해설 문장의 동사 is 앞에 주어가 필요하므로 주어 역할을 할 수 있는 동명사 형태가 와야 해요.

　2 drinking | 너는 탄산음료를 너무 많이 마시는 것을 피해야 한다.

　　해설 avoid는 동명사를 목적어로 취하는 동사예요.

　3 is | 내 친구들과 시간을 보내는 것은 내게 중요하다.

　　해설 동명사 주어 뒤에 오는 동사는 항상 단수형으로 써요. 동사 바로 앞에 복수명사가 있을 때 혼동하지 않도록 주의하세요.

　4 going | 도널드와 사라는 어제 등산하러 가고 싶었다.

　5 getting | 나는 여기 늦게 도착할 수밖에 없었어. 버스가 늦게 왔어.

　　해설 '~하지 않을 수 없다'라는 의미는 〈cannot[can't] help+동사의 -ing형〉으로 표현할 수 있어요.

　6 checking | 그는 몇 시간마다 계속 날씨를 확인했다.

　　해설 keep은 동명사를 목적어로 취하는 동사예요.

　7 to buy | 마이크와 나는 뭔가 먹을 것을 사기 위해 멈춰 섰다.

　　해설 동사 stopped의 동명사 목적어로 해석하면 '뭔가 먹을 것을 사는 것을 그만두었다'라는 의미가 되므로 어색해요. 문맥상 '~하기 위해(목적)'를 의미하는 to부정사가 오는 것이 적절해요.

　8 making | 나의 할머니는 최고의 애플파이를 만드는 조리법을 가지고 계신다.

B　**1** being honest with me, ⓓ | 나에게 솔직하게 대해줘서 고마워.

　2 barking at us, ⓒ | 그 개는 갑자기 우리를 보고 짖기 시작했다.

　　해설 동사 start의 목적어로는 동명사와 to부정사가 모두 쓰일 수 있어요.

　3 Getting up early, ⓐ | 일찍 일어나는 것은 나에게 항상 어렵다.

　4 walking around the park, ⓑ | 내가 가장 좋아하는 활동은 공원 주변을 걷는 것이다.

　5 restarting the computer, ⓒ | 너는 컴퓨터를 한번 다시 시작해봤어?

　　해설 동사 try 뒤에 동명사가 목적어로 쓰이면 '시험 삼아 ~해보다'라는 의미를 나타내요.

　6 Learning a new language, ⓐ | 새로운 언어를 배우는 것은 전혀 쉽지 않다.

C　**1** practiced singing

　2 looking forward to watching

　3 forget traveling[travelling] 해설 문맥상 '(과거에) ~했던 것을 잊지 않다'라는 의미가 적절하므로 동명사 목적어로 나타내요.

　4 remembered to bring 해설 문맥상 '(미래에) ~할 것을 기억했다'라는 의미가 적절하므로 to부정사 목적어로 나타내요.

　5 am worried about making

D She keeps exercising to be healthy

　해설 주어진 우리말을 '그녀는 / 계속한다 / 운동하는 것을 / 건강해지기 위해'의 순서로 영작하면 돼요. 동사 keep은 동명사 목적어를 취하므로 exercise를 동명사로 바꿔 쓰고, 목적을 나타내는 '~하기 위해'는 to부정사를 사용해요. 이때 주어가 3인칭 단수(She)이므로 keep 뒤에 -s를 붙이는 것을 꼭 기억하세요.

UNIT 65 명사를 꾸며 주는 분사

Point 134 명사를 꾸며 주는 현재분사(-ing)

697 Put the noodles / into the **boiling** *water*.
동사　목적어　　　　수식어

면을 넣어라　　/　　끓는 물에.

698 *The girl* (**waiting** at the bus stop) / is my sister.
주어　　　　　　　　　　　동사　보어

그 여자아이는　　(버스 정류장에서 기다리고 있는)　/　내 여동생이다.

699 This road is beautiful / with the **falling** *leaves*.
주어　동사　보어　　　　수식어

이 길은 아름답다　　/　　낙엽이 져서.

700 Who is *the man* (**sitting** next to Andy)?
의문사 동사　주어

그 남자는 누구니　　(앤디 옆에 앉아 있는)?

Point 135 명사를 꾸며 주는 과거분사(p.p.)

701 I cut myself / on a piece of **broken** *glass*.
주어동사　목적어　　　　수식어

나는 베였다　　/　　깨진 유리 조각에.

🔖 cut oneself는 '베이다'라는 뜻이며, 이때 주어(I)와 목적어(me)가 같으므로 재귀대명사인 myself로 나타내야 해요. (☞ 1권 Unit 26)

702 There is / some *pizza* (**left** for you).
동사　　　주어

(~가) 있다　/　약간의 피자가　(너를 위해 남아 있).

703 The **injured** *man* was rushed / to the hospital.
　　　　　주어　　동사　　　수식어

그 부상당한 남자는 급히 이송되었다　/　병원으로.

🔖 〈rush A to B〉는 'A를 B로 급히 수송하다[보내다]'라는 뜻으로, 주어(man)가 누군가의 의해 '보내진' 것이므로 수동태인 〈be동사+p.p.(과거분사)〉로 나타내요. (☞ Ch 14)

704 These are *the photos* (**taken** by a drone).
주어　동사　보어

이것들은 사진들이다　　(드론에 의해 찍힌).

1 **crying** | 저기서 울고 있는 저 남자아이를 봐.
2 **wearing** | 안경을 쓴 남자는 나의 선생님이다.
3 **written** | 이것은 1950년대에 쓰인 책이다.

UNIT 66 감정을 나타내는 분사

Point 136 감정을 나타내는 분사 + 명사

705 Her accident was / **surprising** *news* / to us.
　　　　주어　　　동사　　　　　　보어　　　수식어
　　그녀의 사고는 ~이었다　/　놀라운 소식　/　우리에게.

706 A **surprised** *look* appeared / on her face.
　　　　　　　주어　　동사　　　　수식어
　　놀란 표정이 나타났다　　/　그녀의 얼굴에.

✎ look은 동사 외에 '보기; 표정; 겉모습; 외모' 등의 뜻을 나타내는 명사로도 쓰일 수 있어요.
  e.g. Take **a look** at this. 이것 좀 봐봐.
      Do not judge a person by his **looks**. 외모로 사람을 판단하지 마라.

707 I saw / an **interesting** *documentary* (about whales).
　　주어 동사　　　　목적어
　　나는 봤다 /　흥미로운 다큐멘터리를　　　　(고래에 관한).

708 He has / a few **annoying** *habits*.
　　주어 동사　　　　목적어
　　그는 가지고 있다 / 몇 가지 짜증나게 하는 습관들을.

709 **Disappointed** *fans* / slowly left the stadium.
　　　　　　　주어　수식어　동사　목적어
　　실망한 팬들은　/　천천히 경기장을 떠났다.

Point 137 주어나 목적어의 감정을 나타내는 분사

710 Everyone looked **surprised** / at the result.
　　　주어　　　동사　　보어(p.p.)　　수식어
　　모두가 놀란 것처럼 보였다　/　그 결과에.

711 <u>Traveling in winter</u> <u>makes</u> / <u>me</u> <u>so **excited**</u>.
　　　　　　주어　　　　　　　동사　　　　목적어　　보어(p.p.)

겨울에 여행하는 것은 ~하게 한다　/　내가 매우 신나게.

- 주어 자리에는 동명사구(Traveling in winter)가 쓰였어요. (☞ Ch 16)
- 목적어인 me가 '신이 난' 감정을 느끼게 된 것이므로 p.p. 형태로 쓰였어요.

---

712 <u>Some (of the road signs)</u> / <u>are</u> <u>very **confusing**</u>.
　　　　　주어　　　　　　　　　　　　　동사　　보어(-ing)

몇몇은　　(도로 표지판들의)　/　매우 헷갈린다.

---

713 <u>The ending (of the book)</u> / <u>was</u> <u>**disappointing**</u>.
　　　　　주어　　　　　　　　　　　　동사　　보어(-ing)

결말은　　(그 책의)　/　실망스러웠다.

---

714 <u>We</u> <u>found</u> / <u>his attitude</u> <u>**annoying**</u>.
　　　주어　동사　　　목적어　　　보어(-ing)

우리는 알게 되었다 /　그의 태도가 짜증난다는 것을.

- 목적어인 his attitude가 다른 누군가에게 '짜증나게 하는' 감정을 일으키므로 -ing 형태로 쓰였어요.
- 동사 find가 〈find+목적어+목적격보어〉의 구조로 쓰이면 '~가 …하다는 것을 알게 되다[깨닫다]'라는 의미로 쓰여요.

---

715 <u>She</u> <u>seemed</u> <u>very **interested**</u> / <u>in editing videos</u>.
　　　주어　동사　　　보어(p.p.)　　　　　수식어

그녀는 매우 관심이 있어 보였다　/　동영상을 편집하는 것에.

---

716 <u>The actor</u> <u>seemed</u> <u>**embarrassed**</u> / <u>by the question</u>.
　　　　주어　　　　동사　　　　보어(p.p.)　　　　수식어

그 배우는 당황한 것 같았다　　/　그 질문에.

Check up **Answer** ··· ● 본문 p.70

A **1** **excited** | 그는 여행을 가는 것에 대해 신이 났다.
　　exciting | 여행을 가는 것은 신난다.
　2 **satisfying** | 너는 여기서 만족스러운 점심을 먹을 수 있다.
　　satisfied | 나는 오늘 점심에 만족했다.
　3 **interested** | 나는 사진을 찍는 것에 흥미가 있다.
　　interesting | 사진을 찍는 것은 흥미롭다.
　4 **bored** | 그의 긴 연설은 사람들을 지루하게 했다.
　　boring | 그의 긴 연설은 지루했다.
　해설 첫 번째는 목적어(people)가 감정을 느끼게 된 것이므로 p.p. 형태가 알맞고, 두 번째는 주어(His long speech)가 다른 누군가에게 감정을
　일으키므로 -ing 형태가 알맞아요.

B **1** confused　　　　　**2** shocking　　　　　**3** exciting
　4 disappointed　　　**5** touching

have+목적어+과거분사(p.p.)

Point 138 have+목적어+p.p.

717 Where do you **have** / your hair **done**?
의문사 　주어 　　　　　　　목적어 　　보어(p.p.)
　　　동사

너는 어디에서 (~되도록) 하니 　/　 네 머리가 완성되도록?
↳ 너는 어디에서 머리를 하니?

718 We'll **have** / a new air conditioner **installed**.
주어 　동사 　　　　　　목적어 　　　　보어(p.p.)
우리는 (~되도록) 할 것이다 /　　　 새 에어컨이 설치되도록.
↳ 우리는 새 에어컨이 설치되도록 할 것이다.

719 He **had** / his left leg **broken**.
주어 　동사 　　　목적어 　　보어(p.p.)
그는 ~당했다 /　　 그의 왼쪽 다리가 부러진.
↳ 그는 왼쪽 다리가 부러졌다.

Check up　Answer ·· ● 본문 p.71

1 **stolen** | 낸시는 그녀의 노트북 컴퓨터를 도난당했다.
2 **checked** | 너는 차의 엔진을 점검 받았니?
3 **clean** | 엄마는 내 남동생[형, 오빠]이 그의 방을 청소하게 시키셨다.
　　해설 목적어(my brother)가 '청소하도록' 시키는 것이므로, 목적어와 목적격보어는 능동 관계예요. 따라서 동사원형 clean이 와야 해요.

UNIT
68 분사구문

Point 139 분사구문

720 I went to school, / **listening to** music.
　　　　　　　　　　　　　　　　동 　목
주어 동사 　수식어
　　　나는 학교에 갔다. 　　/　　 음악을 들으면서.

※ = **Going** to school, I listened to music. 〈동시동작〉

721 **Being** sick, / she canceled today's plan.
　　동 보
　　　　　　　　　주어 　동사 　　목적어
　　아파서. 　　/　　 그녀는 오늘 계획을 취소했다.

※ ← *Because[Since, As]* she was sick, she canceled today's plan. 〈이유〉

722 **Eating**^동 popcorn, / we watched a movie.
주어　동사　목적어

팝콘을 먹으면서, / 우리는 영화를 봤다.

= **Watching** a movie, we ate popcorn. 〈동시동작〉

---

723 **Arriving**^동 home, / I saw / my grandmother cooking.
주어 동사　목적어　보어(-ing)

집에 도착했을 때, / 나는 봤다 / 나의 할머니가 요리하고 계시는 것을.

← *When* I arrived home, I saw my grandmother cooking. 〈시간〉

〈see+목적어+목적격보어〉는 '목적어가 ~하는 것을 보다'라는 의미로, 목적격보어 자리에는 동사원형 또는 현재분사가 올 수 있어요. 현재분사가 쓰이면 '진행'의 의미를 좀 더 강조해요. (☞ Unit 61)

---

724 **Walking**^동 along the street, / I ran into my friend.
주어　동사　목적어

길을 따라 걷다가, / 나는 내 친구와 우연히 만났다.

← *While* I was walking along the street, I ran into my friend. 〈시간〉

---

725 I found / some old photos, / **cleaning out**^동 my desk.^목
주어 동사　목적어

나는 발견했다 / 몇 장의 오래된 사진을 / 내 책상을 청소하다가.

← I found some old photos, *while* I was cleaning out my desk. 〈시간〉

---

726 **Feeling**^동 tired,^보 / he went to bed / early.
주어　동사　수식어　수식어

피곤해서, / 그는 잠자리에 들었다 / 일찍.

← *Because[Since, As]* he felt tired, he went to bed early. 〈이유〉

---

727 **Having**^동 no time^목 in the morning, / I skipped breakfast.^수
주어　동사　목적어

아침에 시간이 없어서, / 나는 아침을 걸렀다.

← *Because[Since, As]* I had no time in the morning, I skipped breakfast. 〈이유〉

Check up **Answer** ·· ● 본문 p.73

1　**Feeling hungry** | 배가 고파서, 나는 식당에 갔다.
2　**waiting for me** | 나의 언니[누나, 여동생]는 나를 기다리면서 쿠키를 조금 구웠다.
3　**Finishing my homework** | 내 숙제를 끝낸 후에, 나는 축구를 하러 갔다.
4　**Hearing the noise** | 그 소음을 들었을 때, 그녀는 주변을 둘러봤다.

A **1** **singing** | 너는 무대에서 노래하고 있는 남자아이를 아니?

> **해설** '~하고 있는(진행)'의 의미를 나타내는 -ing 형태가 알맞아요.

2 **excited** | 신이 난 관광객들은 사진을 많이 찍었다.

> **해설** 수식받는 명사(tourists)가 직접 감정을 느끼는 것이므로 p.p. 형태가 알맞아요.

3 **decorated** | 그 제빵사는 과일로 장식된 케이크를 만들었다.

> **해설** 수식받는 명사(a cake)가 제빵사에 의해 '장식되는' 것이므로 수동의 의미를 나타내는 p.p. 형태가 알맞아요.

4 **broken** | 벤은 그의 부러진 다리 때문에 축구를 할 수 없다.

5 **disappointing** | 그 감독의 새 영화는 실망스러웠다.

> **해설** 주어(The director's new movie)가 다른 누군가에게 감정을 일으키므로 -ing 형태가 적절해요.

6 **embarrassing** | 우리는 매우 당황스러운 상황에 놓여 있다.

> **해설** 수식받는 명사(situation)가 다른 누군가(We)에게 감정을 일으키므로 -ing 형태가 적절해요.

7 **checked** | 나의 삼촌은 그의 트럭이 정비공에 의해 점검 받게 했다.

> **해설** 〈have+목적어+목적격보어〉 구조에서 목적어(his truck)가 정비사에 의해 '점검되는' 것이므로 목적격보어와 수동 관계가 돼요.
> 따라서 p.p. 형태로 나타내야 해요.

B **1** touching
2 cooked
3 burning
4 surprised
5 holding

C **1** The girl reading a book
2 The teacher was disappointed
3 a famous building built
4 forget that amazing trip
5 Hearing the news

D **1** Nate is running a store selling hot dogs

> **해설** '핫도그를 파는 가게'는 명사(a store)를 분사구가 뒤에서 꾸며 주는 형태로 나타낼 수 있어요. 이때 수식받는 명사(a store)가 sell(팔다)의
> 동작을 직접 하므로 현재분사 selling으로 바꿔 쓰면 돼요.

2 Talking on the phone, she waited for the bus[She waited for the bus, talking on the phone]

> **해설** '~하면서'라는 동시에 일어나는 동작은 분사구문으로 나타낼 수 있어요.

UNIT 69 접속사 and, but, or

Point 140 and, but, or

728 Taking a taxi / is convenient / **but** expensive.
주어 　　　　　 동사 　 보어1 　　　　　 보어2
택시를 타는 것은 / 편리하다 / 하지만 비싸다.

729 Jenny made a wish / **and** blew out the candles.
주어 　 동사1 　 목적어1 　　 동사2 　　 목적어2
제니는 소원을 빌었다 / 그리고 촛불을 껐다.

730 Your package will arrive / in two **or** three days.
주어 　　　 동사 　　　 수식어
당신의 소포는 도착할 것입니다 / 2일이나 3일 이내에.

731 Can you come here / **and** help me?
주어 │ 수식어 　 동사2 목적어
└─ 동사1 ─┘
너는 여기로 올 수 있니 / 그리고 나를 도와줄 수 있니?

👣 and가 동사원형(come)과 동사원형(help)을 연결하며, 접속사 뒤에 반복되는 조동사는 보통 생략해요.

732 I want to travel / **and** (to) learn more / about other cultures.
주어 동사 　 목적어1 　　　　　　　　 목적어2
나는 여행을 하고 싶다 / 그리고 더 많이 배우고 싶다 / 다른 문화에 대해.

👣 want의 목적어로 쓰인 to부정사 두 개가 and로 연결되어 있어요. and 뒤에 오는 to부정사의 to는 생략되었어요.
👣 and가 연결하는 어구는 문법적으로 성격이 같아야 하므로 주의하세요. (I want **to travel** and **learning** ~. (✗))

733 Start the day / by jogging **or** stretching.
동사 　 목적어 　 전 전치사의 목적어1 　 전치사의 목적어2
하루를 시작하세요 / 조깅이나 스트레칭을 하는 것으로.

👣 전치사 by의 목적어로 쓰인 동명사구 두 개가 or로 연결되어 있어요.

734 He had many difficulties, // **but** he didn't give up.
주어1 동사1 　 목적어1 　　 주어2 　　 동사2
그는 많은 어려움을 겪었다. // 하지만 그는 포기하지 않았다.

735 <u>Take a rest</u>, // and you will feel better.
　　　명령문　　　　　주어　동사　　보어
　　　쉬어라.　　　//　　그러면 너는 기분이 나아질 것이다.

　　♣ = **If** you **take** a rest, you will feel better.
　　♣ better는 good의 비교급 형태로 '더 좋은, 더 나은'이라는 뜻이에요. (☞ Ch 21)

736 <u>Put on your boots</u>, // or your feet will get wet.
　　　명령문　　　　　　주어　　동사　　보어
　　　네 장화를 신어라.　　//　그렇지 않으면 네 발이 젖을 것이다.

　　♣ = **If** you **don't put on** your boots, your feet will get wet.
　　♣ put on은 '~을 입다[쓰다, 끼다, 신다]'라는 뜻이에요. put과 on 사이에 목적어가 올 수도 있어요.
　　　(= **Put** *your boots* **on**, or your feet will get wet.)

737 <u>Take this medicine</u>, // and your fever will go down.
　　　명령문　　　　　　주어　　동사
　　　이 약을 먹어라.　　//　그러면 너의 열이 내려갈 것이다.

　　♣ = **If** you **take** this medicine, your fever will go down.

738 <u>Don't sit there</u>, // or your pants will get dirty.
　　　명령문　　　　　주어　　동사　　보어
　　　거기에 앉지 마.　//　그렇지 않으면 네 바지가 더러워질 거야.

　　♣ = **If** you **sit** there, your pants will get dirty.

Check up **Answer** ....● 본문 p.79

1　**sat** | 그녀는 자리를 찾아서 앉았다.
　　해설 과거형 동사 found와 and로 연결되어 있으므로 같은 과거형 동사인 sat이 적절해요.
2　**or** | 지금 너의 방을 청소해. 그렇지 않으면 엄마가 화를 내실 거야.
3　**carefully** | 그들은 얼음 위를 천천히 그리고 조심스럽게 걸었다.
　　해설 and 앞에 있는 부사 slowly와 문법적으로 성격이 같아야 하므로 같은 부사인 carefully가 알맞아요.

UNIT
70 짝을 이루는 and, but, or

Point 142 짝을 이루는 접속사

739 Emily is good / at both hockey and soccer.
　　　　주어　동사　보어　　　　　수식어
　　　에밀리는 잘한다　/　하키와 축구 둘 다를.

　　♣ 〈be good at+명사〉는 '~을 잘하다'라는 뜻이며, 두 개의 명사(hockey, soccer)는 〈both A and B〉로 연결되었어요.

740 The movie was / **not only** funny / **but also** touching.
　　　　　　주어　　　　동사　　　　　　　　보어1　　　　　　　　　　보어2
　　그 영화는 ~이었다 / 재미있을 뿐만 아니라 / 감동적이기도.
(= The movie was touching **as well as** funny.)

🎵 touching은 '감동적인'이라는 뜻의 형용사이며, 주어(The movie)가 다른 누군가에게 감정을 일으키므로 -ing 형태로 쓰였어요.
　(감정을 나타내는 분사 ☞ Unit 66)

741 I like / **not only** watching / **but (also)** playing soccer.
　　　　　주어 동사　　　　　　　목적어1　　　　　　　　　　　동　　　목
　　　　　　　　　　　　　　　　　　　　　　　　　　　　　　　　목적어2
　　나는 좋아한다 / 보는 것뿐만 아니라 / 축구를 하는 것도.
(= I like playing **as well as** watching soccer.)

🎵 like는 동명사와 to부정사 모두 목적어로 가질 수 있어요. (☞ Ch 16)
🎵 짝을 이루는 접속사가 연결하는 목적어1과 목적어2는 문법적으로 성격이 같아야 해요. 따라서 두 개의 목적어 모두 동명사로 쓰였어요.
🎵 watching 뒤의 반복되는 어구 soccer는 생략되었어요.

742 The writer **not only** wrote the story / **but (also)** drew the pictures.
　　　　　주어　　　　　　　동사1　　목적어1　　　　　　　　　동사2　　　목적어2
　　그 작가는 이야기를 썼을 뿐만 아니라 / 그림도 그렸다.
(= The writer drew the pictures **as well as** wrote the story.)

743 We can **either** order food / **or** (can) eat out / for dinner.
　　　　　주어　　　　　　　　　　　　목적어1　　　　　동사2　　　　수식어2
　　　　　　　└──동사1──┘
　　우리는 음식을 시켜 먹을 수 있다 / 또는 외식할 수 있다 / 저녁식사로.
↳ 우리는 저녁식사로 음식을 시켜 먹거나 외식할 수 있다.

🎵 접속사 뒤에 반복되는 조동사 can은 생략할 수 있어요.

744 The store staff was / **neither** friendly / **nor** helpful.
　　　　　주어　　　　　　동사　　　　　　보어1　　　　　　보어2
　　그 가게 직원은 ~이었다 / 친절하지 않고 / 도움이 되지 않은.

🎵 neither는 '둘 다 ~이 아닌'이라는 뜻으로 문장에서 부정을 나타내는 말이에요.

Point **143** 짝을 이루는 접속사의 수일치

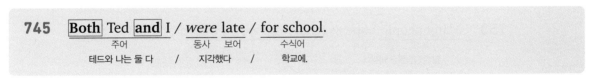

745 **Both** Ted **and** I / *were* late / for school.
　　　　　　　　주어　　　　　동사　보어　　　수식어
　　테드와 나는 둘 다 / 지각했다 / 학교에.

746 **Either** you **or** your sister / *has* to clean the living room.
　　　　　　　　　주어　　　　　　　　　동사　　　　　목적어
　　너와 네 여동생 둘 중 한 명이 / 거실을 청소해야 한다.

🎵 have[has] to는 '~해야 한다'는 뜻으로 '의무'를 나타내며, 주어 B(your sister)에 동사의 수를 일치시켜요. (조동사 ☞ 1권 Ch 09)

747 **Neither** my dad **nor** I / *like* shopping.
　　　　　　　　　주어　　　　　　동사　목적어
　　아빠와 나는 둘 다 / 쇼핑하는 것을 좋아하지 않는다.

1 **either** | 너는 차나 주스 둘 중 하나를 마실 수 있다.
2 **are** | 톰과 브라이언 둘 다 캐나다 출신이다.
  해설 〈both A and B〉 주어는 항상 복수 취급하므로 are로 고쳐야 해요.
3 **nor** | 그는 놀라지도 걱정하는 것 같지도 않았다.
4 **and** | 나는 학교에서 축구와 농구 둘 다 했다.
5 **but (also)** | 그녀는 영어뿐만 아니라 중국어도 할 수 있다.

UNIT 71 that으로 시작하는 명사절

Point 144 목적어로 쓰이는 that절

748 I think // **that** you can do it.
주어 동사 　목적어
나는 생각해 // 네가 그것을 할 수 있다고.

749 My little brother believes // **(that)** aliens exist.
　주어　 동사 　목적어
내 남동생은 믿는다 // 외계인이 존재한다고.

750 She said // **(that)** the story was true.
주어 동사 　목적어
그녀는 말했다 // 그 이야기는 사실이라고.

751 He knew // **(that)** something was wrong / with his car.
주어 동사 　목적어
그는 알았다 // 무언가 문제가 있다는 것을 / 그의 자동차에.

752 I heard // **(that)** you were looking for me.
주어 동사 　목적어
나는 들었다 // 네가 나를 찾고 있다는 것을.

753 Many people hope // **(that)** the world becomes a better place.
　주어　 동사 　목적어
많은 사람들은 바란다 // 세상이 더 나은 곳이 되기를.

754 The road sign means // **(that)** the bike path ends.
　주어 　동사 　목적어
그 도로 표지판은 의미한다 // 자전거 도로가 끝난다는 것을.

Point 145 주어로 쓰이는 that절

755 **It is interesting // that** some animals can dream.
가주어동사   보어   진주어
(~은) 흥미롭다   //   일부 동물들이 꿈을 꿀 수 있다는 것은.
(← **That** some animals can dream is interesting.)

❧ 원숭이, 고양이 등과 같은 포유류가 꿈을 꿀 수 있는데, 그 중 고양이는 꿈을 꿀 때 갑자기 다리를 부르르 떨거나, 잠꼬대를 하듯이 입술을 움직여요.

756 **It's strange // that** Lucy hasn't arrived. She is always on time.
가주어동사 보어   진주어   주어 동사 수식어   수식어
(~은) 이상하다   //   루시가 도착하지 않았다는 것은.   그녀는 항상 시간을 잘 지킨다.
(← **That** Lucy hasn't arrived is strange.)

Check up **Answer** ··· ● 본문 p.83

1 thought that
2 hope that
3 It, that

A 1 both salad and steak
   2 that Sean likes my gift
   3 not only delicious but also healthy
   4 or your grandma will wake up

B 1 **and** | 캐시와 나는 둘 다 햄버거를 좋아하지 않는다.
   2 **Neither** | 에이미와 피터 둘 다 그 정답을 모른다.
   3 **was** | 벤과 그의 누나[여동생] 둘 다 TV를 보고 있지 않았다.
      해설 〈neither A nor B〉 주어는 동사와 가까운 B(his sister)에 수를 일치시키므로 단수 동사가 알맞아요.
   4 **go** | 댄과 프레드 둘 다 저 학교를 다닌다. 해설 〈both A and B〉 주어는 항상 복수 취급하므로 복수 동사가 알맞아요.
   5 **and** | 다른 사람들에게 친절하게 대해라, 그러면 그들도 너에게 친절하게 대할 것이다.
      해설 접속사 뒤에 명령문으로 지시한 행동의 결과가 나오므로 '그러면'을 의미하는 and가 적절해요.
   6 **but** | 그 새 전화기는 값이 저렴할 뿐만 아니라 속도도 빠르다.
   7 **had** | 나의 형[오빠, 남동생]과 나는 공원에 가서 달리기 시합을 했다.
      해설 과거형 동사 went와 and로 연결되어 있으므로 같은 과거형 동사인 had가 적절해요.
   8 **make** | 나는 새로운 사람들을 만나는 것과 새 친구들을 사귀는 것을 좋아한다.
      해설 문맥상 동사 like의 목적어인 to부정사(to meet)와 and로 연결되어 있으므로, 동명사 형태인 making은 올 수 없어요. 따라서 같은 to부정사 형태인 (to) make가 적절해요. and 뒤에 오는 to부정사의 to는 생략할 수 있어요.

C 1 either take the bus or walk home 해설 'A(take the bus)와 B(walk home) 둘 중 하나'는 〈either A or B〉로 나타낼 수 있어요.
   2 Drink this tea, and
   3 think that volunteering is important
      해설 '~하다고 생각하다'는 동사 think 뒤에 목적어로 that절을 쓰면 돼요. 접속사 that 뒤에는 〈주어+동사 ~〉의 순서로 써요.
   4 not only Paris but also other cities
   5 It is interesting that
      해설 '주어가 ~하다는 것'은 접속사 that이 이끄는 절로 나타낼 수 있는데, 주어 역할을 할 때는 〈가주어 It ~ that+주어+동사 ~〉의 형태로 써요.

D 1 **and** | 테드와 앨리스 둘 다 샐러드를 좋아한다.
   2 **both, and** | 테드는 액션 영화와 고양이 둘 다 좋아한다.
      해설 likes의 목적어인 action movies와 cats에 모두 ☺로 표시되어 있으므로, '테드는 둘 다 좋아한다'라는 뜻이 되어야 해요. 'A와 B 둘 다'라는 의미는 〈both A and B〉로 나타낼 수 있어요.
   3 **neither, nor** | 앨리스는 피자와 코미디 영화 둘 다 좋아하지 않는다.
      해설 likes의 목적어인 pizza와 comedy movies에 모두 ☹로 표시되어 있으므로, '앨리스는 둘 다 좋아하지 않는다'라는 뜻이 되어야 해요. 'A와 B 둘 다 아닌'이라는 의미는 〈neither A nor B〉로 나타낼 수 있어요.

UNIT 72 시간/조건/대조를 나타내는 접속사

Point 146 시간을 나타내는 접속사

757 **When** I woke up, // my throat was really sore.
주어′ 동사′ // 주어 동사 보어
내가 일어났을 때, // 내 목이 정말 아팠다.

758 Let's wait // **until** the rain stops.
동사 // 주어′ 동사′
기다리자 // 비가 그칠 때까지.

759 We cannot use smartphones // **while** we're in class.
주어 동사 목적어 // 주어′ 동사′
우리는 스마트폰을 사용할 수 없다 // 우리가 수업을 듣는 동안에.

♣ in class는 '수업 시간에, 수업 중에'라는 뜻을, in a[the] class '반에(서), 학급에(서)'라는 뜻을 나타내요.

760 You should knock // **before** you enter the room.
주어 동사 // 주어′ 동사′ 목적어′
너는 노크해야 한다 // 네가 그 방에 들어가기 전에.

761 I haven't heard from Minji // **since** she moved away.
주어 동사 목적어 // 주어′ 동사′
나는 민지로부터 소식을 듣지 못했다 // 그녀가 이사 간 이후로.

♣ hear from은 '~에게서 연락을 받다, 소식을 듣다'라는 뜻으로 하나의 표현처럼 사용해요.

♣ since가 이끄는 부사절에서 과거에서 시작된 일은 과거시제로 나타내고, 주절에는 주로 완료형(haven't heard from)이 쓰여요. (☞ Ch 13)

Point 147 조건을 나타내는 접속사

762 **If** it rains tomorrow, // the field trip will be canceled.
주어′ 동사′ 수식어′ // 주어 동사
만약에 내일 비가 온다면, // 현장 학습은 취소될 것이다.

♣ 여기서 it은 '날씨'를 나타내는 비인칭 주어로, '그것'이라고 해석하지 않아요. (☞ 1권 Unit 25)

763 **Unless** you run, // you'll miss the bus.
주어′ 동사′ // 주어 동사 목적어
네가 달리지 않는다면, // 너는 버스를 놓칠 거야.

♣ = If you *don't* run, you'll miss the bus.

764 You can come with us // if you want.
주어　　동사　　수식어　　　주어′　동사′
너는 우리와 함께 갈 수 있다　　//　　만약 네가 원한다면.

🎵 여기서 come은 '가다'라는 뜻으로 상대방이 있는 곳이나 어떤 목적지로 갈 때 사용해요.
e.g. A: Can you hurry up? We will be late for the movie. 서둘러 줄래? 우리 영화에 늦겠어.
B: Sorry. I'm **coming** now. 미안. 지금 가고 있어.

765 If you visit Korea, // I will introduce you / to my friends.
주어′ 동사′ 목적어′　　주어　　동사　　목적어　　　수식어
네가 한국에 방문한다면,　　//　　나는 너를 소개할 거야 /　내 친구들에게.

766 If you are free / after class, // let's go somewhere.
주어′ 동사′ 보어′　　수식어′　　　동사　　수식어
네가 한가하다면 /　수업 후에,　//　　어딘가 가자.

767 I can't help you // unless you tell me the truth.
주어　　동사　목적어　　　주어′ 동사′ 간목′　직목′
나는 너를 도와줄 수 없다　//　만약 네가 나에게 진실을 말하지 않는다면.

🎵 = I can't help you *if* you *don't* tell me the truth.

Check up **Answer** ●━━━━━━━━━━━━━━━━━━━━━━━━━━━━━━━━━━━● 본문 p.89

1 **while** | 제가 나가 있는 동안 누군가 제게 전화했나요?
2 **before** | 네가 외출하기 전에 창문을 다 닫아줄래?
3 **If** | 만약 그 가게가 아직도 열려있으면, 내가 가서 우유를 좀 사올게.

Point 148 대조를 나타내는 접속사

768 I was still cold // though I was wearing a thick coat.
주어 동사　보어　　　주어′　　　동사′　　　목적어′
나는 여전히 추웠다　//　비록 내가 두꺼운 외투를 입고 있었지만.

769 Although I was upset, // I pretended to be okay.
　　　　　　　　　　　　　　　　　　　동　　보
주어′ 동사′　보어′　　주어　　동사　　목적어′
비록 나는 속상했지만,　　//　　나는 괜찮은 척 했다.

🎵 동사 pretend는 '~인 척하다'라는 뜻으로 to부정사를 목적어로 취해요. (☞ Ch 15)

770 Although the team did their best, // they lost the game.
　　　　　주어′　　　동사′　목적어′　　　주어 동사　목적어
비록 그 팀은 최선을 다했지만,　　//　　그들은 경기에서 졌다.

771 Even though Eric is not tall, // he is good at basketball.
　　　　　주어′　동사′　보어′　　주어 동사 보어　수식어
비록 에릭은 키가 크지 않지만,　　//　　그는 농구를 잘한다.

46 Chapter 19 접속사 Ⅱ

772 I am outgoing, // **while** my brother is very shy.

주어 동사　보어　　　　　　　주어'　　　동사'　　보어'

나는 외향적이다. //　　반면에 내 남동생은 매우 수줍음이 많다.

　　接속사 while이 대조를 나타낼 때, 문장 맨 앞에 오지 않더라도 항상 콤마를 써야 해요.

● 본문 p.90

Check up **Answer**

1　though[although]
2　though
3　Though[Although]
4　while

UNIT 73 이유/결과/목적을 나타내는 접속사

Point 149 이유를 나타내는 접속사

773 I had to stay in bed // **because** I was sick.

주어　　동사　　장소　　　　　　　주어'동사'　보어'

나는 계속 침대에 있어야 했다 〈결과〉//　나는 아팠기 때문에. 〈원인〉

774 **Since** we are late, // let's take a taxi.

주어' 동사' 보어'　　　동사　　목적어

우리는 늦었으니까, 〈원인〉//　택시를 타자. 〈결과〉

775 **As** it was getting dark, // we decided to go home.

주어'　동사'　　보어'　　주어'　동사'　　목적어'

어두워지고 있기 때문에, 〈원인〉//　우리는 집에 가기로 결심했다. 〈결과〉

　　동사 decide는 목적어로 to부정사를 취해요. (☞ Ch 15)

776 I couldn't sleep // **because** the bed was so uncomfortable.

주어　　동사　　　　　　주어'　　동사'　　　보어'

나는 잠을 잘 수가 없었다 〈결과〉//　그 침대가 너무 불편했기 때문에. 〈원인〉

Point 150 결과를 나타내는 접속사

777 I was [so] *busy* // [that] I skipped lunch.

주어 동사　보어　　　주어'　동사'　목적어'

나는 너무 바빠서 〈원인〉//　나는 점심을 걸렀다. 〈결과〉

778 The song is [so] *popular* // [that] everyone knows it.

주어　동사　보어　　　　주어'　　동사'　목적어'

그 노래가 정말 인기 많아서 〈원인〉//　모든 사람이 그것을 알고 있다. 〈결과〉

779 The floor was **so** *slippery* // **that** many people fell / on it.
주어　　 동사 　　 보어 　　　　　　　　　　　 주어′ 　　 동사′ 　 수식어′
　　바닥이 너무 미끄러워서 〈원인〉 // 　 많은 사람들이 넘어졌다 　/ 그 위에서. 〈결과〉

780 The teacher spoke **so** *fast* // **that** I couldn't understand her.
　　주어 　　　　 동사 　 수식어 　　　　　 주어′ 　　 동사′ 　　　 목적어′
선생님께서 너무 빠르게 말씀하셔서 〈원인〉 // 나는 그녀의 말을 이해하지 못했다. 〈결과〉

781 It was **so** *foggy* // **that** the driver couldn't see anything.
주어 동사　 보어 　　　　　　 주어′ 　　　　 동사′ 　　　 목적어′
안개가 너무 짙어서 〈원인〉 // 운전자는 아무것도 볼 수 없었다. 〈결과〉

Check up **Answer** ....●본문 p.92

A 1 We stayed inside <u>because</u> it was too cold.
　 2 <u>As</u> she was hungry, the baby started to cry.
　 3 <u>Since</u> it was very windy, the sign fell off.
B 1 so | 그 음식이 너무 맛있어서 나는 더 달라고 요청했다.
　 2 because | 그녀는 배가 고파서 일찍 일어났다.

Point **151** 목적을 나타내는 접속사

782 She runs every day // **so that** she can stay fit.
　主어 　 동사 　 수식어 　　　　　　 주어′ 　 동사′ 　 보어′
　 그녀는 매일 달린다 　 // 　 그녀가 건강을 유지할 수 있도록. 〈목적〉

　　♣ 〈stay+형용사〉는 '~인 상태를 유지하다'라는 뜻이에요.

783 I always take notes // **so that** I won't forget.
주어 수식어 동사 　목적어 　　　　　 주어′ 　 동사′
나는 항상 메모를 한다 　// 　 내가 잊어버리지 않기 위해. 〈목적〉

784 Put the plant / by the window // **so that** it can get sunlight.
동사 　 목적어 　　　 수식어 　　　　　 주어′ 동사′ 　 목적어′
　그 식물을 두세요 　/ 　 창가에 　 // 　 그것이 햇빛을 받을 수 있도록. 〈목적〉

　　♣ it = the plant

785 He spoke loudly // **so that** everyone could hear him.
주어 　동사 　수식어 　　　　　 주어′ 　　 동사′ 　　 목적어′
그는 큰소리로 말했다 　// 　 모든 사람들이 그의 말을 들을 수 있도록. 〈목적〉

Check up **Answer** ....●본문 p.93

1 so that she wouldn't be
2 so that I could buy
3 so that he could win
4 so that they could catch

whether/if로 시작하는 명사절

Point 152 whether/if + 주어 + 동사

786 I don't know // **whether** he will be here.
　　　주어　　동사　　　　　　　　　　목적어
　　　나는 모른다 //　　　　그가 이곳에 올지.
(← **Will he** be here?)

787 I wonder // **if** I should take an umbrella with me.
　　　주어　동사　　　　　　　　　　목적어
　　　나는 궁금하다 //　　　　내가 우산을 가져가야 할지.
(← **Should I** take an umbrella with me?)

🔹 with me에서 with는 '~를 가지고, ~를 몸에 지니고'라는 소지, 휴대의 의미를 강조하는 표현이에요. 해당 어구를 생략해도 문장의 의미에는 큰 차이가 없어요. (I wonder if I should take an umbrella. (○))

788 I'm not sure // **whether** her story is true.
　　　주어　동사　보어　　　　　　　보어
　　　나는 확실하지 않다 //　　　그녀의 이야기가 사실인지.

🔹 ← **Is her story** true?

789 My parents will decide // **whether** I can go / to the concert.
　　　주어　　　　동사　　　　　　　　　목적어
　　　나의 부모님께서 결정하실 것이다 //　　내가 갈 수 있을지 /　콘서트에.

🔹 ← **Can I** go to the concert?

790 I was wondering // **if** you could help me.
　　　주어　　동사　　　　　　　목적어
　　　저는 궁금했어요 //　　당신이 저를 도와줄 수 있는지.

🔹 ← **Could you** help me?
🔹 〈I was wondering if + 주어 + 동사〉는 '저는 ~인지 궁금해요[알고 싶어요]'라는 뜻으로 상대방에게 공손하게 부탁할 때 쓰이는 표현이에요.

791 Do you know // **if** there is a bus stop / near here?
　　주어　　　　　　　　　　목적어
　　동사
　　너는 아니 //　　버스 정류장이 있는지 /　이 근처에?

🔹 ← **Is there** a bus stop near here?

792 I'm not sure // **if** the bike tour is safe.
　　　주어　동사　보어
　　　나는 확실하지 않다 //　그 자전거 여행이 안전한지.

🔹 ← **Is the bike tour** safe?

793 Can you check // **if** this answer is correct?
　　주어　　　　　　　　목적어
　　동사
　　확인해 줄 수 있나요 //　　이 답이 맞는지?

🔹 ← **Is this answer** correct?

794 <u>The server asked us</u> // <u>**if** we needed anything else.</u>
주어　　　동사　간목　　　　　　　직목
종업원이 우리에게 물었다　//　　우리가 그 밖에 무엇이 필요한지.

← **Did you** need anything else?

UNIT 75 의문사로 시작하는 명사절

Point 153 의문사 + 주어 + 동사

795 <u>Do you know</u> // <u>**where** the bus stop is?</u>
　　　　주어　　　　　　　　　　목적어
　　　　└─동사─┘
　　　너는 아니　　//　　버스 정류장이 어디에 있는지?
(← **Where** is the bus stop?)

796 <u>I don't know</u> // <u>**who** dropped this wallet / here.</u>
주어　　동사　　　　　　　　　　목적어
나는 모른다　//　　누가 이 지갑을 떨어뜨렸는지　/ 여기에.
(← **Who dropped** this wallet here?)

797 <u>Tell me</u> // <u>**what** this word means.</u>
동사　간목　　　　　직목
내게 알려줘　//　이 단어가 무엇을 의미하는지를.

← **What does this word** mean?
〈의문사+일반동사 의문문〉을 의문사가 이끄는 명사절로 바꿔 쓸 때, 동사의 수와 시제에 주의해야 해요.
(Tell me. + What does this word **mean**? → Tell me what this word **means**.)

798 <u>I wonder</u> // <u>**when** it will stop raining.</u>
주어　동사　　　　　　목적어
나는 궁금하다　//　언제 비가 그칠지.

← **When will it** stop raining?

799 <u>I asked him</u> // <u>**why** Jane came late.</u>
주어　동사　간목　　　　직목
나는 그에게 물었다　//　제인이 왜 늦게 왔는지.

← **Why did Jane** come late?

Point 154 의문사+명/형/부+주어+동사

800 I will ask the clerk // **how _much_ the shirt is.**
주어 동사 간목 직목
내가 점원에게 물어볼게 // 그 셔츠가 얼마인지.
(← **How much is the shirt?**)

801 Do you know // **what _time_ the store opens?**
주어 목적어
동사
너는 아니 // 그 가게가 몇 시에 문을 여는지?

← What time does the store open?

802 I just remembered // **which _way_ we should go.**
주어수식어 동사 목적어
나는 방금 기억했다 // 우리가 어떤 길로 가야 하는지.

← Which way should we go?

Check up **Answer** .... ● 본문 p.97

1 **why Anna left** | 나는 그에게 물었다. + 안나는 왜 그렇게 일찍 떠났니? → 나는 그에게 안나가 왜 그렇게 일찍 떠났는지 물어봤다.

2 **who left** | 너는 아니? + 누가 여기에 가방을 두고 갔니? → 너는 누가 그 가방을 여기에 두고 갔는지 아니?

3 **whose glasses those are** | 나는 궁금하다. + 저것은 누구의 안경이니? → 나는 저것이 누구의 안경인지 궁금하다.

A 1 **because of** | 켈리는 젖은 바닥 때문에 넘어졌다.
> 해설 네모 뒤에 명사구(the wet floor)가 오므로 전치사 because of가 적절해요.

2 **comes** | 여기서 그가 올 때까지 기다리자.
> 해설 시간의 부사절에서는 현재시제로 미래를 나타내므로 comes가 알맞아요.

3 **so hot** | 너무 더워서 나는 내 재킷을 벗었다.
> 해설 문맥상 '너무 ~해서 …하다'라는 의미가 적절하므로 〈so+형용사/부사+that …〉으로 나타내요.

4 **if** | 비가 곧 그치면 리사는 그녀의 개를 산책시킬 것이다.
> 해설 문맥상 '만약 ~한다면'이라는 뜻의 조건을 나타내는 접속사 if가 알맞아요.

5 **so that** | 브랜던은 건강을 유지하기 위해 운동한다.
> 해설 문맥상 '~하기 위해'라는 뜻의 목적을 나타내는 접속사 so that이 적절해요.

6 **As** | 우리가 저녁을 먹으려고 자리에 앉았을 때, 초인종이 울렸다.
> 해설 문맥상 '~할 때'라는 시간을 나타내는 접속사 As가 알맞아요.

7 **rains** | 비가 온다면, 나는 집에 있는 창문들을 닫을 것이다.
> 해설 조건의 부사절에서는 현재시제로 미래를 나타내므로 rains가 알맞아요.

B 1 **so tired that I went to bed**
> 해설 '너무 ~해서 …하다'의 의미는 〈so+형용사/부사+that+주어+동사〉의 어순으로 써요.

2 **if the store is open**
> 해설 '~가 …인지'의 의미는 〈if+주어+동사〉의 어순으로 나타내요.

3 **which bus we should take**
> 해설 의문사가 이끄는 절이 문장에서 명사 역할을 할 때 〈의문사+주어+동사〉의 어순으로 써요. 의문사 which가 명사와 함께 쓰일 때는 〈which+명사+주어+동사〉의 어순으로 써야 해요.

4 **so that everyone can hear**
> 해설 '~하기 위해서, ~하도록'의 의미는 〈so that+주어+동사〉로 나타내요.

5 **while his mom was cooking**

C 1 **so that she won't be late**

2 **why he missed the bus**
> 해설 문장에서 동사(told)의 직접목적어 역할을 할 수 있는 명사절이 필요해요. 명사절을 이끌면서 '왜'를 의미하는 의문사 why를 사용하여 〈why+주어+동사〉로 나타내요.

3 **so loud that it hurt**
> 해설 '너무 ~해서 …하다'의 의미는 〈so+형용사/부사+that+주어+동사〉로 나타내요.

4 **Though[Although, Even though] the sun was shining**
> 해설 앞뒤 내용이 반대의 상황을 나타내므로 '비록 ~이지만'이라는 뜻의 접속사 Though[Although, Even though]를 사용해요.

5 **whether[if] I will go shopping**
> 해설 '~가 …인지'의 의미는 〈whether/if+주어+동사〉로 나타내요.

D 1 ⓐ, **I'm not sure whose fault that is.**
> 해설 의문사가 이끄는 명사절은 〈whose+명사+주어+동사〉의 어순으로 나타내야 해요.

2 ⓔ, **The place is so famous that many tourists visit it.**
> 해설 〈so+형용사/부사+that+주어+동사〉의 어순으로 나타내야 해요.

ⓐ 나는 그것이 누구의 잘못인지 잘 모르겠다.
ⓑ 그녀는 아기가 잠들 때까지 노래를 불러 주었다.
ⓒ 폴은 그 가방이 비싸서 사지 않았다.
ⓓ 에릭은 비록 키가 크지 않지만 농구를 잘한다.
ⓔ 그곳은 너무 유명해서 많은 관광객들이 방문한다.

UNIT 76 주격 관계대명사 who/which/that

Point 155 주어 역할의 관계대명사

803 Mike is ***a boy*** [**who** likes drawing cartoons].
　　　주어　동사　보어
　　　마이크는 남자아이다　　　　　[만화 그리는 것을 좋아하는].
　　　(← Mike is ***a boy***.+**He** likes drawing cartoons.)

　　선행사가 사람이고 주격일 때 who와 that 모두 사용 가능하지만, who를 더 자주 사용해요.

804 You should take ***vitamins*** [**which** are good for your eye health].
　　　주어　　　　동사　　　　목적어
　　　너는 비타민을 먹어야 해　　　　　　　　[네 눈 건강에 좋은].
　　　(← You should take ***vitamins***.+**They** are good for your eye health.)

　　선행사(vitamins)가 복수명사이므로 관계대명사절의 동사는 are를 써야 해요.

805 He helped ***the old man*** [**who** was crossing the street].
　　　주어　동사　　목적어
　　　그는 노인을 도왔다　　　　　　[길을 건너고 있던].

　　← He helped ***the old man***. + **He** was crossing the street.

806 Coco is ***a lazy dog*** [**that** sleeps all day].
　　　주어　동사　　보어
　　　코코는 게으른 개다　　　　[하루 종일 자는].

　　← Coco is ***a lazy dog***. + **It** sleeps all day.

Point 156 문장의 주어 = 선행사

807 ***The girl*** [**who** is wearing a blue cap] / is my sister.
　　　주어　　　　　　　　　　　　　동사　　보어
　　　그 여자아이는　　[파란색 모자를 쓰고 있는]　/　내 여동생이다.
　　　(← ***The girl*** is my sister.+**She** is wearing a blue cap.)

808 ***The books*** [**which** are on the desk] / are mine.
　　　주어　　　　　　　　　　　　동사　보어
　　　그 책들은　　　[책상 위에 있는]　/　내 것이다.
　　　(← ***The books*** are mine.+**They** are on the desk.)

809 *The students* [who came to class late] / missed the quiz.
주어 ↑ 주′ 동′ 수′ 수′ 동사 목적어
그 학생들은 [수업에 늦게 온] / 쪽지 시험을 놓쳤다.

← *The students* missed the quiz. + **They** came to class late.

810 *The river* [that flows through the city] / is beautiful.
주어 ↑ 주′ 동′ 수′ 동사 보어
그 강은 [도시를 통해 흐르는] / 아름답다.

← *The river* is beautiful. + **It** flows through the city.

Check up **Answer** ·· ● 본문 p.103

A 1 **two sisters, who** | 그에게는 쌍둥이인 두 명의 자매가 있다.
2 **an animal, which** | 먹고 있거나 자고 있는 동물을 만지지 마시오.
해설 선행사(an animal)가 동물이므로 which가 알맞아요.
3 **The man, who** | 배낭을 메고 있는 남자는 그녀의 아빠다.
4 **the cookies, which** | 누가 식탁 위에 있던 쿠키들을 먹었니?
B 1 **are** | 그녀는 편한 옷을 입는 것을 좋아한다.
2 **have** | 나는 불행한 결말을 가진 이야기들을 좋아하지 않는다.
3 **looks** | 80세인 그 할머니는 여전히 건강해 보인다.
해설 주어(The grandmother)가 3인칭 단수이므로 looks가 알맞아요.
4 **was** | TV에 나온 그 요리사는 유명해졌다.

UNIT 77 목적격 관계대명사 who(m)/which/that

Point 157 목적어 역할의 관계대명사

811 She is *a singer* [who(m) everybody knows ●].
주어 동사 보어 목′ 주′ 동′
그녀는 가수이다 [모든 사람이 아는].
(← She is *a singer*.+Everybody knows **her**.)

812 *The noodles* [which he cooked ●] / were delicious.
주어 ↑ 목′ 주′ 동′ 동사 보어
그 국수는 [그가 요리한] / 아주 맛있었다.
(← He cooked *the noodles*.+**They** were delicious.)

문장의 주어가 복수명사(The noodles)이므로 동사도 were가 쓰였어요.

noodle이 '국수'를 의미할 때는 주로 복수형으로 쓰여요. 단수형으로 쓰일 때는 국수 한 가닥을 의미해요.

813 I'm looking for *my gloves* [that I lost ● yesterday].
주어 동사 목적어 ↑ 목′ 주′ 동′ 수′
나는 내 장갑을 찾고 있다 [내가 어제 잃어버린].
(← I'm looking for *my gloves*.+I lost **them** yesterday.)

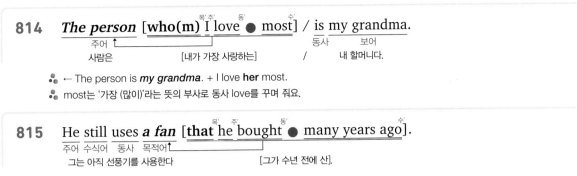

814 *The person* [who(m) I love ● most] / is my grandma.

주어 ⌐ 동사 ⌐ 수

사람은 [내가 가장 사랑하는] / 내 할머니다.

🎵 ← The person is *my grandma*. + I love **her** most.

🎵 most는 '가장 (많이)'라는 뜻의 부사로 동사 love를 꾸며 줘요.

815 He still uses *a fan* [that he bought ● many years ago].

주어 수식어 동사 목적어

그는 아직 선풍기를 사용한다 [그가 수년 전에 산].

🎵 ← He still uses *a fan*. + He bought **it** many years ago.

Point 158 목적격 관계대명사의 생략

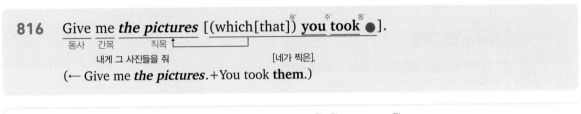

816 Give me *the pictures* [(which[that]) you took ●].

동사 간목 직목

내게 그 사진들을 줘 [네가 찍은].

(← Give me *the pictures*. + You took **them**.)

817 She is *the only person* [(who(m)[that]) I can trust ●].

주어 동사 보어

그녀는 유일한 사람이다 [내가 믿을 수 있는].

🎵 ← She is *the only person*. + I can trust **her**.

┌─ Check up ─ Answer ┄┄● 본문 p.105

1 ○ | 김 선생님은 우리가 정말 좋아하는 선생님이시다.

2 × | 나는 부산으로 가는 기차를 탈 것이다.

해설 that이 뒤의 절에서 주어 역할을 하는 주격 관계대명사이므로 생략할 수 없어요.

3 ○ | 내가 방문했던 박물관은 시내에 있었다.

UNIT
78 소유격 관계대명사 whose

Point 159 소유격 대명사를 대신하는 whose

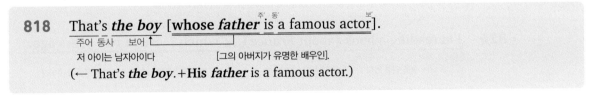

818 That's *the boy* [whose *father* is a famous actor].

주어 동사 보어

저 아이는 남자아이다 [그의 아버지가 유명한 배우인].

(← That's *the boy*. + His *father* is a famous actor.)

819 I have ***a friend*** [whose ***name*** is the same as mine].
주어 동사 　목적어 ↑

　　나는 친구가 있다 　　　　　　　[그녀의(그의) 이름이 나와 같은].

　♣ ← I have ***a friend***. + Her[His] ***name*** is the same as mine.
　♣ ⟨the same as A⟩는 'A와 똑같은 것'이라는 뜻으로 전치사 as 뒤에는 비교 대상이 와요.
　♣ mine = my name

---

820 A cactus is ***a plant*** [whose ***stem*** stores water].
주어 　동사 　보어 　　　　　↑

　　선인장은 식물이다 　　　　　[그것의 줄기가 물을 저장하는].

　♣ ← A cactus is ***a plant***. + Its ***stem*** stores water.

---

821 ***The man*** [whose ***car*** was stolen] / called the police.
주어 ↑ 　　　　　　　　　　　동사 　　목적어

　　그 남자는 　　　　[그의 차가 도난당한] 　/ 　경찰에 전화했다.

　♣ ← ***The man*** called the police. + His ***car*** was stolen.

Check up **Answer** ⋯⋯⋯⋯⋯⋯⋯⋯⋯⋯⋯⋯⋯⋯⋯⋯⋯⋯⋯⋯⋯⋯⋯⋯⋯⋯⋯ ● 본문 p.106

1 **whose** | 나는 이름이 스콧인 귀여운 고양이를 기른다.
2 **who** | 그는 나를 행복하게 만드는 사람이다.
　　해설 관계대명사 뒤에 명사가 없고, 뒤의 절에서 관계대명사가 주어 역할을 하고 있으므로 주격 관계대명사 who가 알맞아요.
3 **whose** | 그녀는 집이 개로 가득 찬 친구가 한 명 있다.

UNIT 79 콤마(,) 뒤의 관계대명사절

Point 160 선행사에 대한 설명을 덧붙이는 관계사절

822 I went to ***the library***, // which is my favorite place.
주어 　동사 　　수식어 　　　　　　　　　　보어

　　나는 도서관에 갔다, 　　　// 　그리고 그곳은 내가 가장 좋아하는 장소이다.

　♣ = I went to the library, **and it** is my favorite place.

---

823 ***His grandfather***, / who is 87 years old, // plays table tennis / every day.
주어 　　　　　　　　보어 　　　　　동사 　　목적어 　　수식어

　　그의 할아버지는 　/ 　그런데 그는 여든일곱 살이시다 　// 　탁구를 치신다 　/ 　매일.

　♣ = His grandfather is 87 years old, **but he** plays table tennis every day.

---

824 I'm reading a book (about ***France***), // which I visited two years ago.
주어 　동사 　목적어 　　　　　　　　　　목 주 　　동 　　수

　　나는 책을 읽고 있다 　(프랑스에 관한), 　// 　그런데 그곳은 내가 2년 전에 방문했던 곳이다.

　♣ = I'm reading a book about France, **and** I visited **there** two years ago.

1 **which** | 새 학교는 수영장이 있는데, 지난주에 문을 열었다.

2 **who** | 나는 내 친구 줄리에게 전화했는데, 그녀는 뉴욕에 산다.

3 **which** | 나는 작년에 새 자전거를 샀는데, 나는 지금은 그것을 좋아하지 않는다.

    해설 뒤의 절에서 관계대명사가 목적어 역할을 하고 있으며, 선행사(a new bicycle)가 사물이므로 목적격 관계대명사 which가 알맞아요.

UNIT 80 관계대명사 what

Point 161 명사 역할의 관계대명사 what절

825 What we really need // is positive thinking.
　　　　　목′ 주′　수′　동′　　　　　　　　
　　　　　　　주어　　　　　　동사　　보어
　　　우리가 정말로 필요로 하는 것은　//　긍정적인 생각이다.
　　　(= **The thing which[that]** we really need is positive thinking.)

826 I can't believe // **what** you are saying.
　　　주어　　동사　　　　목′ 주′　　동′
　　　　　　　　　　　　　　목적어
　　　나는 믿을 수가 없어　//　네가 말하고 있는 것을.
　　　(= I can't believe **the thing which[that]** you are saying.)

827 What I want for Christmas // is to go on a ski trip.
　　　목′주′ 동′　　　수′　　　　　동′
　　　　　주어　　　　　　　　동사　　보어
　　　내가 크리스마스에 원하는 것은　//　스키 여행을 가는 것이다.

   ♣ = **The thing which[that]** I want for Christmas is to go on a ski trip.
   ♣ be동사 뒤에는 to부정사구가 주어를 설명하는 보어로 쓰였어요. (☞ Ch 15)

828 She liked // **what** I gave her / as a birthday present.
　　　주어　동사　　직목′주′ 동′ 간목′　　　　수′
　　　　　　　　　　　　　　목적어
　　　그녀는 좋아했다　//　내가 그녀에게 준 것을　/　생일 선물로.

   ♣ = She liked **the thing which[that]** I gave her as a birthday present.

829 That's not // **what** I meant.
　　　주어　동사　　목′주′　동′
　　　　　　　　　　보어
　　　그건 아니야　//　내가 의미한 것이.

   ♣ = That's not **the thing which[that]** I meant.

830 Their efforts are // **what** we must remember.
　　　　주어　　　동사　　목′ 주′　　　동′
　　　　　　　　　　　　　보어
　　　그들의 노력은 ~이다　//　우리가 기억해야 하는 것.

   ♣ = Their efforts are **the thing which[that]** we must remember.

831 This is different // from what I ordered.
주어 동사 보어 　　　　　　　　수식어
　　　　　　　　　　　　　　　목′ 주 　　　동′

이것은 달라요 // 제가 주문한 것과.

- = This is different from **the thing which[that]** I ordered.
- 관계대명사절인 what I ordered는 전치사 from의 목적어 역할을 해요.

◆ 본문 p.109

Check up Answer

A 1 내가 정말로 즐기는 것이다　　　　2 네가 먹고 싶은 것을

B 1 **what** | 아무에게도 내가 말한 것을 말하지 마.

　　해설 '~에게 …를 말하다'라는 뜻의 동사 tell 뒤에는 〈간접목적어+직접목적어〉가 오므로 anyone은 선행사가 아닌 간접목적어에 해당해요.
　　그 뒤에는 직접목적어 역할을 하는 절이 필요하므로 what이 알맞아요.

2 **what** | 그 가게에는 내가 사야 하는 것이 없다.

3 **which** | 모두가 루시가 만든 케이크를 좋아했다.

　　해설 관계대명사가 선행사(the cake)를 수식하고 있으므로 which가 알맞아요.

UNIT 81 관계부사 where/when/why/how

Point 162 부사구를 대신하는 where/when/why

832 *The city* [**where** we spent our vacation] / was beautiful.
　　　주어　　　　　　　　　　　　　　　　　　　　동사　　보어
　　　　　　　수′ 주′　　동′　　　　목′

그 도시는 [우리가 휴가를 보낸] / 아름다웠다.

(← *The city* was beautiful.+We spent our vacation *in the city*.)

833 July is *the month* [**when** the summer heat actually begins].
　　　주어 동사 보어　　　　　　　　수′　　　　주′　　　　　　수′　　동′

7월은 달이다 [여름의 열기가 실제로 시작되는].

(← July is *the month*.+The summer heat actually begins *in the month*.)

834 I want to know *the reason* [**why** you are so late].
　　　주어 동사　　목적어　　　　　　　수′ 주′ 동′　　보′

나는 그 이유를 알고 싶어 [네가 그렇게 늦은].

(← I want to know *the reason*.+You are so late *for the reason*.)

835 This is *the store* [**where** I usually shop].
　　　주어 동사 보어　　　　　　　수′ 주′　　수′ 동′

이곳은 상점이다 [내가 주로 쇼핑을 하는].

- ← This is *the store*. + I usually shop *at the store*.

836 I remember *the day* [**when** my sister was born].
　　　주어　　동사　　목적어　　　　　　수′　주′　　동′

나는 그 날을 기억한다 [내 여동생이 태어난].

- ← I remember *the day*. + My sister was born *on the day*.

837 There must be *some reason* [**why** he cried].

동사   주어

무슨 이유가 분명히 있을 것이다   [그가 운].

- ← There must be *some reason*. + He cried *for* the reason.
- There는 '거기에'라고 해석하지 않으며, 이때 실제 주어는 be동사 뒤의 some reason이에요. (여러 가지 문장 ☞ 1권 Ch 11)
- 여기서 must는 '~임이 틀림없다. 틀림없이 ~일 것이다'라는 뜻의 강한 추측을 나타내요. (조동사 ☞ 1권 Ch 9)
- some은 단수명사와 함께 쓰여 '어떤, 무슨'이라는 의미를 나타낼 수 있어요. 특정되지 않은 무언가를 가리킬 때 사용해요.
  e.g. There must be **some** *mistake*. **무슨** 실수가 있는 게 틀림없어.

Point 163 부사구를 대신하는 how

838 I like // **how[the way]** you speak your mind.

주어 동사   목적어

나는 마음에 들어 //   네가 네 생각을 솔직하게 말하는 방식이.

839 This is // **how** he studied foreign languages.

주어 동사   보어

이것은 ~이다 //   그가 외국어를 공부한 방식.

- = This is *the way* he studied foreign languages.

Check up **Answer** ·· ● 본문 p.111

1 **why** | 그가 서두르는 무슨 이유가 있니?

2 **how** | 저것이 그녀가 그 문제를 푼 방법이다.
   해설 선행사가 the way인 경우, the way나 how 둘 중 하나만 써야 하므로 how가 알맞아요.

3 **where** | 우리는 아빠가 살던 집에 갔다.

4 **when** | 그들은 도쿄 올림픽이 개최되었던 해에 결혼했다.
   해설 선행사 the year가 시간을 나타내므로 when이 알맞아요.

A **1** who
> **해설** 선행사(The boy)가 사람이면서 주어 역할을 해야 하므로 주격 관계대명사 who가 알맞아요.

2 which
> **해설** 선행사(The cookies)가 사물이면서 관계사절 내 동사 made의 목적어 역할을 해야 하므로 목적격 관계대명사 which가 알맞아요.

3 whose
> **해설** 관계사 자리 뒤에 명사(life)가 오고 선행사(a sick animal)와 이 명사가 소유 관계(its life)이므로 소유격 관계대명사 whose가 알맞아요.

4 where
> **해설** 선행사(places)가 장소이고, 관계사가 장소 부사구 in the places를 대신하므로 관계부사 where가 알맞아요.

B **1** who[that] | 그는 친구를 쉽게 사귀는 사람이다.
> **해설** 관계대명사절에서 주어 역할을 하므로 주격 관계대명사 who나 that으로 고쳐 써야 해요.

2 gets | 나는 충분한 햇살이 들어오는 방을 원한다.
> **해설** 주격 관계대명사절의 동사는 선행사(a room)의 수에 일치시켜야 해요.

3 what | 추리 소설은 그녀가 즐겨 읽는 것이다.
> **해설** that 앞에 선행사가 없으므로 the things which[that]를 의미하는 관계대명사 what이 와야 해요.

4 are | 이 병원에서 일하는 간호사들은 친절하다.
> **해설** 관계대명사절(who ~ hospital)의 꾸밈을 받는 문장의 주어는 복수명사 The nurses이므로 are로 고쳐야 해요.

5 why | 그녀는 조던이 속상했던 이유를 알고 있다.

6 which | 우리는 그 식당에서 먹었는데, 그것은 강 근처에 있다.
> **해설** 선행사(the restaurant)에 관해 설명을 덧붙이는 관계사절에 관계대명사 that은 쓰일 수 없어요.

7 how[the way] | 이것이 내 할머니가 스파게티를 만드시는 방법이다.
> **해설** 관계부사 how의 선행사가 the way인 경우 the way나 how 둘 중 하나만 써야 해요.

C **1** The model whose hair is short
2 the roses which I gave
3 the new student, who comes from
4 the time when we can have fun

D **1** Tom is a soccer player who has many fans | 톰은 많은 팬들이 있는 축구 선수이다.
> **해설** 선행사(a soccer player)가 사람이면서 주어 역할을 해야 하므로 주격 관계대명사 who로 두 문장을 연결해요.

2 I wore the sweater which my aunt bought me | 나는 내 이모[고모, 숙모]가 내게 사 준 스웨터를 입었다.
> **해설** 선행사(the sweater)가 사물이면서 관계사절 내 동사 bought의 직접목적어 역할을 해야 하므로 목적격 관계대명사 which로 두 문장을 연결해요.

UNIT 82 비교급 표현

Point 164 A 형용사/부사+-er than B

840 Hot air is **lighter** / **than** cold air.
주어　　동사　　보어　　　~ than cold air is light.
뜨거운 공기는 더 가볍다 / 차가운 공기(가 가벼운 것)보다.

841 This book is **more interesting** / **than** that one.
　　　주어　　동사　　　　　보어　　　~ than that one is interesting.
이 책은 더 재미있다 / 저 책(이 재미있는 것)보다.

· one = book

842 Penguins can walk **faster** / **than** humans.
　　주어　　　동사　　수식어　　　~ than humans can walk.
펭귄은 더 빨리 걸을 수 있다 / 인간(이 걸을 수 있는 것)보다.

843 Veggie burgers are **healthier** / **than** hamburgers.
　　　주어　　　동사　　보어　　~ than hamburgers are healthy.
채식 버거가 건강에 더 좋다 / 햄버거(가 건강에 좋은 것)보다.

844 Children learn languages **more easily** / **than** adults.
　　주어　　동사　　목적어　　　수식어　　　~ than adults learn languages.
아이들은 더 쉽게 언어를 배운다 / 어른들(이 언어를 배우는 것)보다.

845 The writer's second book is **better** / **than** her first one.
　　　　　주어　　　　　동사　보어　　~ than her first one is good.
그 작가의 두 번째 책은 더 좋다 / 그녀의 첫 번째 책(이 좋은 것)보다.

· one = book

Point 165 비교급을 강조하는 부사

846 Dogs can hear *much* **better** / **than** humans.
　　주어　　동사　　수식어　　　~ than humans can hear.
개들은 훨씬 더 잘 들을 수 있다 / 인간(이 들을 수 있는 것)보다.

847 Arctic sea ice is melting *even* **faster** / **than** last year.
　　　주어　　　　동사　　수식어　　　~ than it melted last year.
북극 바다의 얼음이 훨씬 더 빨리 녹고 있다 / 작년(에 그것이 녹았던 것)보다.

1 **heavier than** | 암컷 부엉이는 수컷보다 더 무겁다.
2 **cheaper than** | 전자책은 종이책보다 더 싸다.
3 **a lot better than** | 너는 사진보다 훨씬 더 좋아 보여. (→ 너는 사진보다 실물이 훨씬 더 나아 보여.)

UNIT 83 원급 표현

Point 166 A as 형용사/부사 as B

848 My old bike is **as good** / **as** this new one.
주어　　　동사　　보어　　~ as this new one is good.
내 오래된 자전거는 좋다　　/　이 새것(이 좋은)만큼.

⁑ one = bike

849 My sister's hair is **as long** / **as** mine.
주어　　　동사　보어　　~ as mine is long.
내 여동생의 머리카락은 길다　/　내 것(이 긴)만큼.

⁑ mine = my hair

850 The movie became **as popular** / **as** the original novel.
주어　　　동사　　　보어　　~ as the original novel was popular.
그 영화는 인기 있게 되었다　/　원작 소설(이 인기 있었던)만큼.
↳ 그 영화는 원작 소설만큼이나 인기를 얻었다.

851 Crows are **as smart** / **as** a seven-year-old child.
주어　동사　　보어　　~ as a seven-year-old child is smart.
까마귀는 똑똑하다　/　일곱 살 아이(가 똑똑한)만큼.

⁑ 숫자와 명사가 하이픈(-)으로 연결되어 형용사처럼 쓰일 때는 〈숫자-단수명사-형용사〉의 형태로 써요. 이때 숫자 뒤의 명사는 항상 단수형으로 쓰는 것에 주의하세요. (a seven-**years**-old child (✗))

852 A giraffe can run almost **as fast** / **as** a horse.
주어　　　동사　　수식어　　　수식어　　~ as a horse can run.
기린은 거의 빨리 달릴 수 있다　/　말(이 달릴 수 있는)만큼.

⁑ 기린은 약 시속 32km~60km의 속도로, 말은 약 시속 60km~70km로 달린다고 해요.

Point 167 A not as 형용사/부사 as B

853 Today is **not as cold** / **as** yesterday.
주어　동사　　보어　　~ as yesterday was cold.
오늘은 춥지 않다　/　어제(추웠던)만큼.

854 My cell phone isn't **as new** / **as** yours.
주어　　　　　　동사　　　보어　　　~ as yours is new.
내 휴대전화는 새것이 아니다 / 네 것(이 새것인)만큼.

　🎧 yours = your cell phone

855 I can't cook **as well** / **as** my mom.
주어　동사　　　수식어　　　~ as my mom can cook.
나는 요리를 잘하지 못한다 / 엄마(가 요리를 잘하시는)만큼.

Check up **Answer** ●───● 본문 p.119

1　as big as
2　as cold as
3　not as expensive as
4　as soft as

UNIT
84 최상급 표현 ━━━━━━━━━━━━━━━━━━━━━━━

Point 168 the 형용사/부사 + -est(+명사) + in/of ...

856 He is **the tallest** student / in our school.
주어 동사　　　　보어　　　　　　수식어
그는 키가 가장 큰 학생이다 / 우리 학교에서.

857 Today is **the best** day / of my life!
주어　동사　　　보어　　　　수식어
오늘은 최고의 날이야 / 내 인생에서!

858 **The biggest** animal / in the world / is the blue whale.
　　　주어　　　　　수식어　　　동사　　　보어
가장 큰 동물은 / 세계에서 / 흰긴수염고래이다.

859 Safety is one (of **the most important** things) / in flight.
주어　동사 보어　　　　　　　　　　　　　　　　수식어
안전은 한 가지이다 　　(가장 중요한 것들 중) / 비행에서.

　🎧 〈one of the+최상급+복수명사〉가 주어 자리에 오는 경우 뒤에 단수 동사가 오는 것에 주의하세요.
　　e.g. **One** of the busiest cities in the world **is** Seoul. 세계에서 가장 바쁜 도시 중 하나는 서울이다.

Check up **Answer** ●───● 본문 p.120

1　the youngest person | 그녀는 그녀의 가족 중에 가장 어린 사람이다.
　해설 비교의 대상인 가족 중에서 가장 나이가 어리다는 의미의 최상급 형용사가 와야 해요. 최상급 형용사 앞에는 정관사 the를 써요.
2　the most expensive dish | 이것은 메뉴에서 가장 비싼 요리다.

UNIT 85

The 비교급 ~, the 비교급 ...

Point 169 The 비교급 ~, the 비교급 ...

860 **The older** we grow, // **the wiser** we become.
보어1 주어1 동사1 보어2 주어2 동사2
우리가 자라면 자랄수록, // 우리는 더 현명해진다.

861 **The more** books you read, // **the more** knowledge you gain.
목적어1 주어1 동사1 목적어2 주어2 동사2
네가 더 많은 책을 읽을수록, // 너는 더 많은 지식을 얻는다.

862 **The more** I worry, // **the less** I sleep.
수식어1 주어1 동사1 수식어2 주어2 동사2
내가 걱정을 하면 할수록, // 나는 잠을 더 적게 잔다.

863 **The more careful** you are, // **the fewer** mistakes you make.
보어1 주어1 동사1 목적어2 주어2 동사2
네가 더 조심하면 조심할수록, // 너는 더 적은 실수를 하게 된다.

more의 경우, 형용사나 부사를 바로 뒤에 붙여 써요.

Check up Answer 본문 p.121

1 the happier
2 The faster

UNIT 86

가정법 과거

Point 170 if 가정법 과거

864 If he **had** a car, // he **would drive** / everywhere.
주어' 동사 과거형 목적어' 주어 동사 수식어
만약 그가 차가 있다면, // 그는 운전해서 갈 텐데 / 어디든. 〈현재 사실과 반대되는 일〉
(← He **doesn't have** a car, so he **doesn't drive** everywhere.)

865 If I **were** my cat, // I **could sleep** / all day long.
주어' were 보어' 주어 동사 수식어
만약 내가 내 고양이라면, // 나는 잘 수 있을 텐데 / 온종일. 〈현재나 미래에 일어날 수 없는 일〉

현재나 미래에 일어날 수 없는 불가능한 일은 직설법으로 바꾸면 매우 어색하여 잘 쓰이지 않아요.
(I'**m not** a cat, so I **can't sleep** all day long. 나는 고양이가 아니라서 온종일 잘 수 없다.)

866 If my best friend **lived** / in my town, // I **would see** her / every day.
　　　　주어′　　　동사　　　　　수식어′　　　주어　　동사　　목적어　　　수식어
　　　　　　　　과거형

만약 내 가장 친한 친구가 산다면 / 나의 동네에, // 나는 그녀를 볼 텐데 / 매일. 〈현재 사실과 반대되는 일〉

　← My best friend **doesn't live** in my town, so I **don't see** her every day.

867 I **would be** really happy // **if** my vacation **were** longer.
　　　주어　　동사　　　보어　　　　　　주어′　　were　보어′

나는 정말 행복할 텐데, // 만약 내 방학이 더 길다면. 〈현재 사실과 반대되는 일〉

　← I'm **not** happy because my vacation **isn't** longer.

868 If I **made** a lot of money, // I **would build** schools / in poor countries.
　　　주어′ 동사　　　목적어′　　　　주어　　동사　　　목적어　　　　수식어
　　　　　과거형

만약 내가 돈을 많이 번다면, // 나는 학교들을 세울 텐데 / 가난한 나라들에. 〈현재 사실과 반대되는 일〉

　← I **don't make** a lot of money, so I **can't build** schools in poor countries.

869 If the weather **were** good / today, // we **could go** on a picnic.
　　　주어′　　were　보어′　수식어′　주어　동사

만약 날씨가 좋다면 / 오늘, // 우리는 소풍을 갈 수 있을 텐데. 〈현재 사실과 반대되는 일〉

　← The weather **isn't** good today, so we **can't go** on a picnic.

870 If my grandfather **were** younger, // he **could go** backpacking / with me.
　　　　주어′　　were　보어′　　주어　동사　　　　　수식어

만약 나의 할아버지가 더 젊으시다면, // 그는 배낭여행을 가실 수 있을 텐데 / 나와 함께.
　　　　　　　　　　　　　　　　　　　　　　　　　　　〈현재나 미래에 일어날 수 없는 일〉

Point **171** I wish + 가정법 과거

871 I **wish** // I **could go back** / to the past.
　　　주어 동사　　주′　동′　　　　목적어′

(~라면) 좋을 텐데 // 내가 돌아갈 수 있다면 / 과거로. 〈현재 이루기 힘든 일〉
(← I **want to go back** to the past, but I **can't**.)

872 I **wish** // I **were** taller.
　　　주어 동사　주′ 동′ 보′
　　　　　　　　　　목적어′

(~라면) 좋을 텐데 // 내가 키가 더 크다면. 〈현재 사실과 반대되는 일〉

　← I **want to be** taller, but I **am not**.

873 I **wish** // you **could stay** here / longer.
　　　주어 동사　주′ 동′　　수′　수′
　　　　　　　　　목적어′

(~라면) 좋을 텐데 // 네가 여기 머물 수 있다면 / 더 오래. 〈현재 이루기 힘든 일〉

　← I **want you to stay** here longer, but you **can't**.

1 lived

해설 주절에 〈조동사 과거형＋동사원형〉이 쓰였고, 문맥상 현재 사실과 반대되는 일을 가정하고 있으므로 가정법 과거 구문임을 알 수 있어요. 따라서 if절의 동사는 과거형 lived로 써야 해요.

2 would

해설 if절의 동사가 과거형이고 문맥상 현재 사실의 반대를 가정하고 있으므로 가정법 과거 구문임을 알 수 있어요. 따라서 주절에는 〈조동사 과거형＋동사원형〉이 와야 해요.

3 had

해설 현재나 미래에 이루기 힘든 소망을 나타내므로 〈I wish＋가정법 과거〉로 나타내야 해요. 따라서 과거형 had로 써야 해요.

A 1 **lighter** | 이 새 노트북은 내 오래된 것보다 더 가볍다.
　　해설 네모 뒤 비교급의 than이 있으므로 lighter가 적절해요.

2 **much** | 샘의 성적은 팀의 것보다 훨씬 더 좋았다.
　　해설 비교급을 강조할 수 있는 부사는 much예요.

3 **hard** | 론은 그의 코치만큼 세게 공을 찼다.
　　해설 비교 표현 〈as ~ as〉 사이에는 형용사나 부사의 원래 형태를 써야 해요.

4 **the most** | 이곳은 러시아에서 가장 유명한 호수이다.
　　해설 비교 대상인 호수 중에서 가장 유명하다는 의미의 최상급 형용사가 적절해요.

5 **better** | 네가 더 연습하면 할수록, 너는 더 잘 할 수 있을 것이다.
　　해설 〈The 비교급 ~, the 비교급 ...〉 구조이므로 good의 비교급이 와야 해요.

6 **saved** | 만약 그가 돈을 더 저축한다면, 그는 새 신발을 살 수 있을 텐데.
　　해설 주절에 〈조동사 과거형+동사원형〉이 쓰였고, 문맥상 현재 사실과 반대되는 일을 가정하고 있으므로 가정법 과거 문장이에요. 따라서 if절의 동사는 과거형 saved가 알맞아요.

7 **could** | 내가 내 휴가를 하와이에서 보낼 수 있다면 좋을 텐데.
　　해설 현재 이루기 힘든 소망을 나타내므로 〈I wish+가정법 과거〉로 나타내요. 따라서 조동사 과거형 could가 알맞아요.

B 1 **the most important thing in soccer**
　　해설 '…(중)에서 가장 ~한/하게'의 의미는 〈the most 형용사/부사(+명사)+in/of ...〉의 어순으로 나타내요.

2 **not as popular as**
　　해설 'A는 B만큼 ~하지 않은/하지 않게'의 의미는 〈not as ~ as〉로 나타내요.

3 **we could catch the bus**
　　해설 if 가정법 과거의 주절은 〈주어+would/could+동사원형 ...〉의 어순으로 나타내요.

4 **more difficult than the last one**
　　해설 'A는 B보다 더 ~한/하게'의 의미는 〈A more 형용사/부사 than B〉의 어순으로 나타내요.

5 **the worse you will feel**
　　해설 '~하면 할수록, 더 …하다'의 의미는 〈The 비교급+주어+동사 ~, the 비교급+주어+동사〉 구문으로 나타내요.

C 1 **sweeter than**
　　해설 'A는 B보다 더 ~한/하게'의 의미는 〈형용사/부사의 비교급+than〉으로 나타내요.

2 **as well as**
　　해설 'A는 B만큼 ~하지 않은/하지 않게'의 의미는 〈not as ~ as〉로 나타내요.

3 **the saddest part**
　　해설 '…(중)에서 가장 ~한'의 의미는 최상급으로 나타내요. 이때 최상급 앞에는 the를 써야 해요.

4 **The more, the more slippery**
　　해설 〈The 비교급 ~, the 비교급 ...〉로 나타낼 때, 첫 번째 빈칸에는 부사 much의 비교급 more, 두 번째 빈칸에는 형용사 slippery의 비교급 more slippery를 이용해서 완성해요.

5 **were, would apologize**
　　해설 if 가정법 과거는 〈If+주어+동사 과거형/were ~, 주어+would/could+동사원형〉으로 나타내요.

D 1 **younger than** | 월터는 브라이언이나 피터보다 나이가 더 어리다.
　　해설 월터가 브라이언이나 피터보다 나이가 어리므로, 비교급을 써서 나타내야 해요.

2 **the oldest** | 피터는 세 남자아이들 중에서 가장 나이가 많다.
　　해설 피터는 세 남자아이들 중에서 가장 나이가 많으므로 최상급을 써서 나타내야 해요.

3 **as tall as** | 브라이언은 피터만큼 키가 크다.
　　해설 브라이언은 피터와 키가 같으므로 〈as ~ as〉로 나타내야 해요.

4 **not as heavy as** | 월터는 브라이언만큼 무겁지 않다.
　　해설 월터는 브라이언보다 몸무게가 덜 나가므로 비교급 또는 〈not as ~ as〉 표현으로 나타낼 수 있어요. 빈칸 개수에 따라 〈not as ~ as〉로 쓰면 돼요.

UNIT 87 강조

Point 172 동사를 강조하는 do/does/did

874 The girl **does** *look* better / with short hair.
주어　　　동사　　보어　　　　수식어
그 여자아이는 정말 더 나아 보인다 / 짧은 머리와 함께.
↳ 그 여자아이는 머리가 짧으니 정말 더 나아 보인다.

875 I **did** *call* you / last night, // **but** you didn't answer.
주어1　동사1　목적어1　수식어1　　　주어2　　동사2
나는 너에게 정말로 전화했다 / 지난밤에, // 하지만 너는 받지 않았다.

876 I **do** *believe* // (that) you're telling the truth.
주어　　동사　　　　　　　　　　　목적어
나는 정말 믿는다 // 네가 진실을 말하고 있다는 것을.

> 🔹 동사 believe는 that절을 목적어로 취하는 동사이며, 이때 that은 생략할 수 있어요.
> **that절을 목적어로 취하는 동사:** think, believe, say 등 (that으로 시작하는 명사절 ☞ Unit 71)

877 He **does** *have* a great smile.
주어　　동사　　　목적어
그는 정말 멋진 미소를 가지고 있다.

878 It **did** *become* very humid / at night.
주어　　동사　　　보어　　　수식어
정말 무척 습해졌다 / 밤에.

Point 173 <It is[was] ~ that ...> 강조구문

879 **It was** *my neighbors* // **that** took care of my dog.
바로 내 이웃들이었다 // 내 개를 돌봐준 것은. 〈명사(주어) 강조〉
(← *My neighbors* took care of my dog.)

880 **It is** *this Friday* // **that** the final exams will be over.
바로 이번 금요일이다 // 기말고사가 끝나는 것은. 〈부사구(시간) 강조〉
(← The final exams will be over *this Friday*.)

881 **It is** *we //* **that** have to save the environment.
　　　바로 우리이다 //　　　　　　환경을 구해야 하는 것은. 〈명사(주어) 강조〉

(← *We* have to save the environment.)

　　　인칭대명사 주어를 강조할 때는 주격 그대로 사용해야 해요.
　　　(It is *us* that have to save the environment. (✗))

882 **It is** *the number 12 bus //* **that** I take to school every day.
　　　바로 12번 버스이다 //　　　내가 매일 학교로 타고 가는 것은. 〈명사(목적어) 강조〉

(← I take *the number 12 bus* to school every day.)

883 **It is** *this movie //* **that** Taylor wants to see.
　　　바로 이 영화이다 //　　　테일러가 보고 싶은 것은. 〈명사(to부정사의 목적어) 강조〉

(← Taylor wants to see *this movie*.)

884 **It is** *Vietnam //* **that** my family is going to visit this summer.
　　　바로 베트남이다 //　　　나의 가족이 이번 여름에 방문할 곳은. 〈명사(to부정사의 목적어) 강조〉

(← My family is going to visit *Vietnam* this summer.)

885 **It was** *in this park //* **that** we met for the first time.
　　　바로 이 공원이었다 //　　　우리가 처음으로 만난 곳은. 〈부사구(장소) 강조〉

(← We met *in this park* for the first time.)

Check up **Answer** ·· ● 본문 p.130

A　1　**get** | 그녀는 수학을 정말 더 잘하게 되었다.
　　　해설 네모 앞에 문장의 동사를 강조하는 조동사 did가 쓰였으므로 동사원형 get이 적절해요.

　　2　**do** | 농부들은 곧 비가 내리기를 정말 희망한다.
　　　해설 주어(The farmers)가 복수이므로 do가 적절해요.

　　3　**have** | 시금치는 비타민 A를 정말 많이 포함하고 있다.
　　　해설 조동사 do[does, did] 뒤에는 항상 동사원형이 와야 해요.

B　〈보기〉 우리 부모님은 지난 일요일에 우리를 해변으로 데려가셨다.

　　1　**It was our parents** | 지난 일요일에 우리를 해변으로 데려간 분들은 바로 우리 부모님이셨다.

　　2　**It was us** | 지난 일요일에 우리 부모님이 해변으로 데려간 것은 바로 우리였다.

　　3　**It was last Sunday** | 우리 부모님이 해변에 우리를 데려간 것은 바로 지난 일요일이었다.

UNIT 88 도치

Point 174 〈장소·방향의 부사(구)＋동사＋주어〉

886 *On the top of the hill / stood an old house.*
　　　장소의 부사구　　　동사　　　주어
　　　언덕 맨 위에　　/　오래된 집이 하나 있었다.

(← An old house stood *on the top of the hill*.)

　　　동사 stand는 '~에 있다. 위치하다'라는 뜻으로 물건이나 건물의 위치를 설명할 때 쓰여요.
　　　e.g. The tree **stands** on the edge of a cliff. 그 나무는 벼랑 끝에 있다.

887 *Here* **is the menu**. Please take your time.
　　부사　동사　주어　　　　　　동사　목적어

여기에 메뉴가 있어요.　　　　천천히 고르세요.

(← The menu is *here*. Please take your time.)

---

888 *Under the Christmas tree* / **were many gifts**.
　　　　장소의 부사구　　　　　　동사　주어

크리스마스트리 아래에　　　/　많은 선물들이 있었다.

⚬ ← Many gifts were *under the Christmas tree*.

---

889 *There* **goes our bus**! We should take a taxi instead.
　　부사　동사　주어　　주어　　동사　　목적어　수식어

저기 우리 버스가 간다!　　　우리는 대신 택시를 타야 해.

⚬ ← Our bus goes *there*! We should take a taxi instead.

Point 175 <so[neither] + (조)동사 + 주어>

890 I enjoyed the movie, // and *so* **did my friends**.
　　주어1　동사1　목적어1　　　동사2　주어2

나는 그 영화를 즐겼다.　//　그리고 내 친구들도 그랬다. (내 친구들도 즐겼다.)

(= ~, and my friends *enjoyed the movie, too*.)

⚬ 앞 문장의 동사가 일반동사 과거형 enjoyed이므로 so 뒤에는 did를 써요.

---

891 A: I have never been abroad / before.
　　主어　수식어　　장소　수식어
　　　　동사

나는 한 번도 외국에 나가 본 적이 없어　/　전에.

B: *Neither* **have I**.
　　　동사　주어

나도 그래. (나도 가 본 적이 없어.)

(= I *haven't been abroad, either*.)

⚬ before와 함께 쓰인 현재완료는 '경험'을 의미해요. (☞ Ch 13)

⚬ abroad는 '해외에, 해외로'라는 뜻의 부사로, be abroad(해외에 있다), go abroad(해외에 가다), travel abroad(해외로 여행하다)와 같은 표현으로 자주 쓰여요.

---

892 A: I'm looking forward to / going to the concert.
　　주어　　　동사　　　　　목적어

나는 기대하고 있다　/　콘서트에 가는 것을.

B: *So* **am I**.
　　동사 주어

나도 그래. (나도 기대하고 있다.)

⚬ = I'm *looking forward to going to the concert, too*.

⚬ '기대하다'라는 뜻의 look forward to는 to가 전치사이므로 뒤에 명사나 동명사가 와요. (☞ Ch 16)

893 People don't carry cash / often, // and *neither* **does my dad.**
　　　　주어1　　　　동사1　　목적어1　수식어1　　　　　　　　　　　　동사2　주어2
　　　　사람들은 현금을 가지고 다니지 않는다 / 종종, // 그리고 나의 아빠도 그렇다. (나의 아빠도 종종 가지고 다니지 않는다.)

　🎵 = ~, and my dad *doesn't carry cash often, either.*

894 She can't play any musical instruments, // and *neither* **can I.**
　　　주어1　　동사1　　　　목적어1　　　　　　　　　　　　　동사2 주어2
　　　그녀는 어떤 악기도 연주하지 못한다　　　　　// 그리고 나도 그렇다. (나도 악기를 연주하지 못한다.)

　🎵 = ~, I *can't play any musical instruments, either.*

Point 176 <부정어 + (조)동사 + 주어>

895 *Little* **did I know** / about the arts.
　　　부정어　did 주어 동사원형　　수식어
　　　나는 거의 알지 못했다 /　예술에 대해.
　　　(← I knew *little* about the arts.)

896 *Hardly* **could he hear** the teacher / from the back.
　　　부정어　조동사　주어 동사원형　목적어　　　수식어
　　　그는 선생님의 말을 거의 들을 수 없었다 /　뒤쪽에서.

　🎵 ← He could *hardly* hear the teacher from the back.

897 *Never* **will I try** this dish / again. It's too spicy / for me.
　　　부정어 조동사 주어 동사원형 목적어　수식어 주어 동사　보어　수식어
　　　나는 이 요리를 절대 먹어보지 않을 것이다 / 다시는. 그것은 너무 맵다 / 나에게.

　🎵 ← I will *never* try this dish again. It's too spicy for me.
　🎵 동사 try가 음식을 나타내는 표현과 함께 쓰일 때는 '먹어보다'라고 해석해요.

898 *Never* **has Kate told** a lie / to her parents.
　　　부정어　has 주어　p.p.　목적어　　　수식어
　　　케이트는 절대 거짓말을 한 적이 없다 /　그녀의 부모님에게.

　🎵 ← Kate has *never* told a lie to her parents.

Check up **Answer** ‧‧ ● 본문 p.133

A 1 **were the boxes** | 문 뒤에 상자들이 있었다.
　2 **does he play** | 그는 학교에서 야구를 거의 하지 않는다.
B **so did Kate** | 나는 머리를 잘랐고, 케이트도 머리를 잘랐다. → 나는 머리를 잘랐고, 케이트도 그랬다.
　해설 앞 문장이 긍정문이므로 so를 사용하며, 동사(got)의 시제에 맞춰 did로 써야 해요.

Point 177 전체 부정

899 **No** pets are allowed / in this hotel.
　　　　주어　　　　동사　　　　　수식어
어떤 반려동물도 허용되지 않는다 / 이 호텔에.

　　be allowed는 '~가 허락되다, 허용되다'라는 뜻으로 동사 allow의 수동태 표현이에요. (☞ Ch 14)

900 **None** of the passengers were hurt / in the accident.
　　　　　주어　　　　　　　동사　보어　　　　수식어
승객들 중 아무도 다치지 않았다 / 그 사고에서.

901 There is**n't any** food / in the kitchen.
　　　동사　　주어　　　　수식어
음식이 하나도 없다 / 부엌에.

902 A: Which flavor do you want, / vanilla or chocolate?
　　　의문사+명사　　　　주어
　　　　　　　　　　　　　동사
너는 어떤 맛을 원하니 / 바닐라와 초콜릿 중에서?
B: I want **neither** of them.
　주어 동사　　　목적어
나는 그것들 둘 다 원하지 않아.

　　them = vanilla and chocolate

Point 178 부분 부정

903 **Not every** student hates / to wear a school uniform.
　　　　　주어　　　　동사　　　　목적어
모든 학생이 싫어하는 것은 아니다 / 교복을 입는 것을.
(= Some students hate to wear a school uniform, but others don't.)

　　every 뒤에는 단수명사가 오며, 단수형 동사가 쓰여요. (☞ 1권 Ch 07)
　　동사 hate는 to부정사와 동명사를 모두 목적어로 취할 수 있어요. (☞ Ch 15)

904 **Not all** the information (on the Internet) / is useful.
　　　　　　주어　　　　　　　　　　　　　　동사　보어
모든 정보가 ~인 것은 아닌 (인터넷상의) / 유용하다.
↳ 인터넷상의 모든 정보가 유용한 것은 아니다.
(= Some information on the Internet is useful, but other information isn't.)

　　on the Internet은 앞에 the information을 꾸며 주는 어구예요. (☞ 1권 Ch 12)

905 Sorry. I do**n't** have / answers (to **all** of your questions).
　　　　　　주어　　동사　　　목적어
미안해. 나는 갖고 있는 것은 아니야 /　대답들을　　　(너의 모든 질문에 대한).

- = I don't have answers to some of your questions.
- to all of your questions는 앞에 명사 answers를 꾸며 주는 어구예요.

906 Being rich doesn't always mean / being happy.
　　　　　동　　보　　　　　　　　　　동　　보
　　　　주어　　　　　　수식어　　　　　　　목적어
　　　　　　　　　　└── 동사 ──┘
부유하다는 것은 항상 의미하는 것은 아니다　　/　행복하다는 것을.

- = Being rich usually means being happy, but sometimes it doesn't.
- 동명사 주어 뒤에 동사는 항상 단수형으로 써야 해요. (☞ Ch 16)

Check up **Answer** ··· ● 본문 p.135

1　①
2　②

UNIT 90 생략/동격

Point 179 생략

907 She asked / me to *help*, // but I couldn't (help).
　　　주어1　동사1　목적어1　보어1　　　주어2　동사2
그녀는 부탁했다 /　내가 돕도록, // 하지만 나는 할 수 없었다(도울 수 없었다). 〈조동사 뒤 생략〉

- 〈ask+목적어+to do〉는 '목적어가 ~하기를 요청[부탁]하다'라는 뜻이에요.
- to부정사(to help)가 목적격보어 자리에 쓰여 목적어(me)를 보충 설명해요. (☞ Ch 15)

908 You can *use the computer* // if *you want to* (use the computer).
　　　주어　동사　　목적어　　　　　주어′　동사′　　　　목적어′
너는 컴퓨터를 사용할 수 있다　//　네가 (컴퓨터를 사용하는 것을)원한다면.〈to부정사의 동사원형 이하 생략〉

909 Some people *prefer* / *to live in the city*, //
　　　　　주어1　　동사1　　　　목적어1
어떤 사람들은 선호한다 /　　도시에 사는 것을　　//
and others (prefer to live) / in the countryside.
　　　주어2　동사2　　　　목적어2
그리고 다른 사람들은　(사는 것을 선호한다) /　시골에. 〈동사+to부정사 목적어 생략〉

910 Tim *understands the problem* better / than Jenny (does).
　　　주어　　　동사　　　목적어　　수식어
팀은 그 문제를 더 잘 이해한다　　/　제니(가 하는 것)보다. 〈동사 생략〉

- does = understands the problem
- 앞에 나온 동사를 대신하여 do를 사용하며, 3인칭 단수형 주어에 맞춰 does로 바꿔 써야 해요.

911　I *cleaned my room* // because **Mom told me to** (clean it).

주어　동사　　목적어　　　　　　　　주어'　동사'　목적어'　　보어'

나는 내 방을 청소했다　　//　　엄마가 나에게 (청소)하라고 말씀하셨기 때문에. 〈to부정사의 동사원형 이하 생략〉

　　🎵 〈tell+목적어+to do〉는 '목적어가 ~하도록 말하다'라는 뜻이에요.

Point 180　A+콤마(,)+B

912　Rachel, / **the tall girl with brown hair**, / is my best friend.

주어 └──────── = ────────┘　　동사　　　보어

레이첼은, /　　갈색 머리의 키가 큰 여자아이인데, /　내 가장 친한 친구이다.

913　Kevin's father, / **the police officer**, / explained his job / in class.

주어 └────── = ──────┘　　동사　　목적어　　수식어

케빈의 아버지는, /　　경찰관이신데, /　그의 직업을 설명해주셨다 / 수업 시간에.

914　I wrote my report / on Abraham Lincoln, / **the 16th president (of America)**.

주어 동사　목적어　　　　수식어　　　└────── = ──────┘

나는 내 보고서를 썼다 /　아브라함 링컨에 대해, /　　16대 대통령인　　　(미국의).

　　🎵 전치사 on은 '~에 대해서, ~에 관한'이라는 뜻으로 쓰이기도 해요.

　　e.g. a book **on** science 과학책　information **on** the trip 여행에 관한 정보

Check up　Answer ·· ● 본문 p.137

A　**1**　<u>eats</u> | 나는 내 형[오빠, 남동생]이 먹는 것보다 훨씬 더 많이 먹는다.

　　2　<u>return it[to return it]</u> | 그녀는 나에게 그 책을 돌려달라고 말했지만, 나는 그것을 돌려주는 것을 잊어버렸다.

　　　　해설 반복되는 어구인 to부정사의 동사원형 이하(return it)는 생략할 수 있어요. 때때로 to부정사구 전체(to return it)를 생략하기도 해요.

　　3　<u>they were</u> | 그들은 학교에 다닐 때 좋은 친구였다.

B　**1**　<u>my neighbor</u> | 제레미는 나의 이웃인데, 내가 그 상자를 나르는 것을 도와주었다.

　　2　<u>my favorite cafe</u> | 우리는 내가 가장 좋아하는 카페인 스위트워터스에 들렀다.

　　3　<u>a house with a big garden</u> | 나의 조부모님은 큰 정원이 있는 주택인 집을 사셨다.

　　4　<u>one of the greatest inventors in history</u> | 나는 역사상 가장 훌륭한 발명가 중 한 명인 토마스 에디슨에 대한 책을 읽는 것을 끝냈다.

A **1** **look** | 그는 전보다 키가 정말 더 커 보인다.

해설 네모 앞에 문장의 동사를 강조하는 조동사 does가 쓰였으므로 동사원형 look이 적절해요.

2 **It** | 간식을 가져올 사람은 바로 민수이다.

해설 문장의 주어(Minsu)를 강조하는 〈It is ~ that ...〉 강조구문이 쓰였어요.

3 **so** | 숀은 속상해 보였는데, 제임스도 그랬다.

해설 앞 문장이 긍정문이므로 so가 적절해요.

4 **did** | 케빈은 어제 그 개를 정말 산책하러 데리고 나갔다.

해설 과거를 나타내는 시제 표현(yesterday)이 사용되었으므로 조동사 did가 적절해요.

5 **do** | 주원이는 오이를 좋아하지 않고, 나도 그렇지 않다.

해설 neither 뒤 '주어-동사'의 순서가 바뀌어요. 뒤 문장의 주어가 I이므로 동사 do가 적절해요.

6 **does Aaron** | 아론은 시험에서 실수를 거의 하지 않는다.

해설 부정어 Hardly가 문장 맨 앞에 쓰여 주어와 동사의 순서가 바뀌어요.

B **1** **Neither of us enjoy**

해설 부정어 Neither는 전체를 부정하는 의미를 나타내요. 이때, 〈Neither of+복수명사/대명사〉 주어 뒤에는 보통 동사의 단수형이 오지만, 복수형도 쓸 수 있어요.

2 **Not all computer games**

해설 부정어 Not과 전체를 나타내는 단어 all이 함께 쓰여 일부만 부정하는 의미를 나타내요.

3 **ordered the steak, and Tom the pasta**

해설 뒤 문장에서 반복되는 어구 ordered가 주어(Tom) 뒤에서 생략되었어요.

4 **will I ask Alice for help**

해설 부정어 Never가 문장 앞에 쓰였으므로 '주어-동사'의 순서가 바뀌어요.

5 **It is French that Mary can speak**

해설 강조되는 말이 목적어인 French이므로 It is와 that 사이에 쓰고 that 뒤에 나머지를 쓰면 돼요.

C **1** **does like to talk**

해설 주어(Erica)가 3인칭 단수이므로 문장의 동사 like를 강조하는 조동사 does가 와야 해요.

2 **It was last Thursday that**

해설 시간을 나타내는 부사구(last Thursday)를 강조할 때는 〈It is[was] ~ that ...〉 구문을 사용해요. 부사구가 과거를 나타내므로 was가 적절해요.

3 **neither does Sam**

해설 neither 뒤 '주어-동사'의 순서가 바뀌어요. 뒤 문장의 주어(Sam)가 3인칭 단수이므로 동사 does가 적절해요.

4 **It was a gold medal that**

5 **Not every student pays attention**

해설 부정어 Not과 전체를 나타내는 단어 every가 함께 쓰여 일부만 부정하는 의미를 나타내요.

D **ⓑ, Little did I know you were interested in history**

해설 부정어 Little이 문장 맨 앞에 와 '주어-동사'의 순서가 바뀌어요. 문장의 동사가 일반동사이며, 과거시제 문장이므로 〈부정어+did+주어+동사원형〉 순으로 써야 해요.

ⓓ, It was my cousins that baked a pie for Christmas

해설 강조하는 어구(my cousins)가 복수명사일 때도 앞에 be동사는 단수형 was로 써야 해요.

ⓐ 내 남동생[형, 오빠]이 깬 것은 바로 거울이었다.

ⓑ 나는 네가 역사에 관심이 있었는지 전혀 몰랐다.

ⓒ 사라의 오빠[남동생]인 에디는 고등학생이다.

ⓓ 크리스마스를 위해 파이를 구운 사람들은 바로 내 사촌들이었다.

ⓔ 의사는 내게 휴식을 취하라고 했지만, 나는 그럴 수 없다(휴식을 취할 수 없다). 나는 너무 바쁘다.

915

The weather is very dry. It **has not rained** / *for a few months.*
　　　주어　　　동사　　보어　　주어　　　동사　　　　　　수식어
　　날씨가 매우 가물었다.　　　　　비가 오지 않았다　/　몇 달 동안. 〈계속〉

♣ 두 번째 문장의 It은 날씨를 나타내는 비인칭 주어예요. (☞ 1권 Ch 07)

STEP 1　has not[hasn't] rained　해설 현재완료의 부정문은 〈have/has+not+p.p.(과거분사)〉로 나타내요.

2　for　해설 뒤에 '기간'을 나타내는 말이 있으므로 for가 알맞아요.

916

This sweater **was made** / by Jeremy. He *is* really *good* / *at* **making**~동~ ~목~ things.
　　주어　　　　동사　　　by+행위자　주어 동사　　보어　　전치사　　전치사의 목적어
　이 스웨터는 만들어졌다　/　제러미에 의해.　그는 매우 잘한다　/　만드는 것을.

STEP 1　This sweater was made by Jeremy　해설 능동태의 목적어가 수동태의 주어가 되고, 동사는 〈be동사+p.p.(과거분사)〉로 바꿔 써요.

2　making　해설 be good at(~하는 것을 잘하다)의 at이 전치사이므로 뒤에 동명사가 와야 해요.

917

Walking~동~ for hours~수~ / is really tiring. I need **to take**~동~ a rest~목~.
　　　　주어　　　　　　동사　　보어　주어 동사　　목적어
　몇 시간 동안 걷는 것은　/　정말 힘들다.　나는 휴식을 취해야 한다.

STEP 1　Walking for hours

2　is　해설 동명사 주어 뒤에 동사는 항상 단수형이 와요.

3　to take　해설 need는 to부정사를 목적어로 취하는 동사예요.

918

In the gallery, / the guide **was surrounded** / by many tourists.
　　수식어　　　　　주어　　　　동사　　　　　by+행위자
　미술관에서.　/　그 가이드는 둘러싸였다　/　많은 관광객에게.
(← In the gallery, many tourists **surrounded** the guide.)

Then / she began / **to explain**~동~ the artwork~목~.
수식어　주어　동사　　　　목적어
그때　/　그녀는 시작했다　/　그 미술품을 설명하는 것을.

STEP 1　was surrounded　해설 주어(the guide)와 동사(surround)의 관계가 수동(주어가 ~되다)이므로 수동태가 알맞아요.

2　to explain the artwork. **목적어**

3　explaining　해설 동사 begin은 to부정사와 동명사 모두 목적어로 취할 수 있어요.

919

A: **Have** you *ever* **tried** Thai food?
　　주어 수식어　　　목적어
　　　동사
　너는 태국 음식을 먹어본 적이 있니? 〈경험〉

B: Yes, I **have**. For me, / some dishes were **too** *spicy* / **to eat.**
　주어 동사　수식어　　　주어　　　동사　　보어　　수식어
　응. 그래.　나에게는,　/　몇몇 요리들은 너무 매웠어　/　먹기에.

STEP 1　tried

2　some dishes were too spicy to eat　해설 '너무 ~해서 …할 수 없는'이라는 의미는 〈too+형용사/부사+to부정사〉로 나타내요.

920

Someone **broke into** Jamie's house / last night. Luckily, / nothing **was stolen**.

　　주어　　　　동사　　　　　목적어　　　　　수식어　　　수식어　　　주어　　　동사

누군가 제이미의 집에 침입했다　　　/　　어젯밤에.　다행히,　/　아무것도 도난당하지 않았다.

STEP 1 (last night)

　　2 broke into [해설] 특정한 과거 시점을 나타내는 시간 표현(last night)이 있으므로 과거시제가 적절해요.

　　3 was stolen [해설] 주어(nothing)와 동사(steal)의 관계가 수동(주어가 ~당하다)이므로 수동태로 바꿔 써야 해요.

921

Many animals **use** their tails / **to communicate**.

　　주어　　　　동사　　목적어　　　　　수식어

많은 동물들이 그것들의 꼬리를 이용한다　/　의사소통하기 위해.

For example, / foxes signal danger / **by using** them.

　　수식어　　　　주어　　동사　　목적어　　전치사　전치사의 목적어

예를 들어,　　/　여우들은 위험 신호를 보낸다　/　그것들을 이용함으로써.

　them = their tails

STEP 1 use [해설] 주어(Many animals)와 동사(use)의 관계가 능동(주어가 ~하다)이므로 능동태가 적절해요.

　　2 의사소통하기 위해 [해설] 문맥상 '~하기 위해'라는 목적의 의미가 알맞아요.

　　3 using [해설] 전치사(by)의 목적어 자리이므로 동명사가 와야 해요.

922

The company **was started** / by two friends / ten years ago.

　　주어　　　　동사　　　　by+행위자　　　수식어

그 회사는 시작되었다　　/　두 친구에 의해　/　십 년 전에.

(← Two friends **started** the company ten years ago.)

But it **has become** really successful / *since last year*.

　주어　　동사　　　보어　　　　수식어

그런데 그것은 아주 성공했다　　/　작년부터. 〈계속〉

　it = the company

STEP 1 was started [해설] 주어(The company)와 동사(start)의 관계가 수동(주어가 ~되다)이므로 수동태로 써야 해요.

　　2 (since last year)

　　3 has become [해설] 〈since+과거 시점〉이 쓰여 과거부터 현재까지 계속된 상태를 나타내므로 현재완료가 적절해요.

923

A: I need some help. This copy machine / stopped **working**.

　주어 동사　목적어　　　　주어　　　　　동사　　목적어

나는 도움이 좀 필요해.　이 복사기가　/　작동하는 것을 멈췄어.

B: Peter knows / **how to fix it**. Why don't you ask him?

　주어　　동사　　　　목적어　　　　　　주어　　목적어

　　　　　　　　　　　　　　　　　동사

피터가 알아　/　어떻게 그것을 고칠 수 있는지.　그에게 부탁해 보는 게 어때?

STEP 1 working [해설] stop은 동명사를 목적어로 취하는 동사예요. stop 뒤에 to부정사가 오면 '~하기 위해 멈추다'라는 의미이므로 이 문맥에서는 적절하지 않아요.

　　2 how to fix [해설] '어떻게 ~해야 할지[할 수 있는지], ~하는 방법'은 〈how+to부정사〉로 나타낼 수 있어요.

924

It is not easy / ***for me* to talk** to people. But you **make** / me **feel** at home.

가주어　동사　　보어　의미상의 주어　　진주어　　　　　주어　동사　목적어　　보어

(~은) 쉽지 않아　/　내가 사람들에게 말을 거는 것은.　하지만 너는 (~하게) 해 /　내가 마음이 편안하도록.

STEP 1 to talk, feel [해설] 첫 번째 문장에는 진짜 주어가 필요하므로 to부정사 형태로 쓰고, 두 번째 문장에는 동사 make의 목적격보어 자리이므로 동사원형으로 써요.

　　2 ③ [해설] 문장의 밑줄 친 It은 진주어인 to부정사를 대신하는 가주어로, 이와 쓰임이 같은 것은 ③이에요. (It = to remember his name)

①의 It은 대명사, ②의 It은 비인칭 주어예요.

① 그것은 내가 가장 좋아하는 노래이다.　② 밖이 어두워지고 있다.　③ 그의 이름을 기억하는 것은 어렵다.

925

I **have worn** glasses // *since I was ten*. But sometimes / **wearing** glasses /
　주어　　동사　　　목적어　　　　　주어'동사'　보어'　　　　수식어　　　　　　주어

is not possible. I have to wear contact lenses // *when I play sports*.
　동사　　보어　주어　　　동사　　　목적어　　　　　주어'　동사'　목적어'

나는 안경을 써왔다 // 내가 열 살 때부터. 그러나 가끔 / 안경을 쓰는 것은 /
가능하지 않다. 나는 콘택트렌즈를 껴야 한다 // 내가 운동을 할 때.

　👥 빈도를 나타내는 부사 sometimes, often, usually 등은 문장 앞이나 뒤에 올 수도 있어요.
　👥 have to는 '~해야 한다'라는 뜻의 의무를 나타내는 조동사예요.

STEP 1　have worn

　　2　쭉 써왔다 [해설] 〈since+과거 시점〉이 쓰여 과거부터 현재까지 계속되는 상태를 나타내므로 '(지금까지) 쭉 ~해왔다'로 해석해요.

　　3　wearing [해설] 동사원형으로 시작할 경우 명령문이 되어야 하는데, glasses 뒤에 이미 문장의 동사 is가 있어요. 접속사 없이 동사 두 개가 함께 쓰일 수 없으므로 주어 역할을 할 수 있는 동명사 형태가 적절해요.

926

Jason **was born** / in Chicago, // but he **grew up** / in Korea.
　주어1　　동사1　　　수식어1　　　　주어2　동사2　　수식어2

제이슨은 태어났다 / 시카고에서. // 하지만 그는 자랐다 / 한국에서.

STEP 1　was born [해설] 영어에는 '태어나다'라는 동사가 없기 때문에 '낳아지다(be born)'라고 표현해요.

　　2　grew up [해설] 주어(he)와 동사(grow up)의 관계가 능동(주어가 ~하다)이므로 능동태가 적절해요.

927

A: I *feel like* / **playing** computer games / tonight.
　주어　　동사　　　　목적어　　　　수식어

나는 하고 싶어 / 컴퓨터 게임을 하는 것을 / 오늘 밤에.

B: You can't. Mom told / you **not to play** games / this week.
　주어　동사　주어　동사　　목적어　　보어　　　　수식어

너는 그래선 안 돼. 엄마가 말씀하셨어 / 네가 게임을 하지 않도록 / 이번 주에.

STEP 1　playing [해설] '~하고 싶다'라는 의미의 feel like 뒤에는 동명사가 와요.

　　2　not to play [해설] '목적어가 ~하도록 말하다'는 〈tell+목적어+to부정사〉로 나타낼 수 있는데, '~하지 않도록'은 부정이므로 to부정사 앞에 not을 붙여야 해요.

928

He **has tried** / **to help** young patients // *since he became a doctor*.
　주어　　동사　　　　목적어　　　　　　주어'　동사'　보어'

그는 노력해왔다 / 어린 환자들을 도우려고 // 그가 의사가 된 이후로. 〈계속〉

STEP 1　도우려고 [해설] 〈try+to부정사〉는 '~하려고 노력하다'로 해석해요.

　　2　③ [해설] has tried는 '계속'의 의미를 나타내므로 ③의 쓰임과 같아요. ①은 '완료', ②는 '경험'의 의미를 나타내요.
　　　① 그 버스는 방금 도착했다.　② 그들은 유럽에 가본 적이 있다.　③ 그녀는 5년 동안 개를 키웠다.

929

A: Are you still planning / **to go** to the festival?
　　주어 수식어　　　　　　목적어
　　└─동사─┘

너는 아직 계획 중이니 / 그 축제에 가는 것을?

B: No, I changed my mind. I decided / **to visit** an art gallery / instead.
　　주어　동사　　목적어　주어　동사　　　　목적어　　　　수식어

아니, 나는 마음을 바꿨어. 나는 결정했어 / 미술관에 방문하기로 / 대신에.

STEP 1　to go [해설] plan은 to부정사를 목적어로 취하는 동사예요.

　　2　방문하기로 [해설] to visit은 동사 decided의 목적어로 쓰였어요.

　　3　② [해설] ①과 ③은 모두 동사의 목적어로 쓰였지만, ②는 '~하기 위해'라는 의미로 쓰여 부사 역할을 해요.
　　　① 나는 집에 있기로 정했다.　② 그는 버스를 잡기 위해 빨리 달렸다.　③ 나는 지금 당장 가야 해.

930

James forgot / **to bring** his passport / this morning, // so he missed the flight.
　　주어　　　동사　　　　목적어　　　　　　　수식어　　　　　　주어′　동사′　　목적어′
제임스는 잊었다 / 그의 여권을 가져오는 것을 / 오늘 아침에, // 그래서 그는 비행기를 놓쳤다.

He **didn't check** his bag / last night.
주어　　　동사　　　목적어　　　수식어
그는 그의 가방을 확인하지 않았다 / 어젯밤에.

STEP 1　to bring　**해설** 문맥상 '~할 것을 잊어버리다'가 적절하므로 동사 forgot의 목적어로 to부정사가 와야 해요.

　　　2　(last night)

　　　3　didn't check　**해설** 특정한 과거 시점을 나타내는 시간 표현(last night)이 있으므로 과거시제가 적절해요.

931

During the storm, / the wind will be *strong* **enough** / **to break** the windows.
　　수식어　　　　　　주어　　　동사　　　　보어　　　　　　　　목적어
폭풍이 부는 동안, / 바람이 충분히 강할 것이다 / 창문들을 을 깰 만큼.

Put some newspaper / on them / **to avoid** the problem.
동사　　　목적어　　　　　수식어　　　　　　수식어
신문지를 좀 붙여라 / 그것들에 / 그 문제를 막기 위해.

STEP 1　strong enough to break　**해설** '~할 만큼 충분히 …한'은 〈형용사+enough+to부정사〉의 순서로 써요.

　　　2　to avoid　**해설** '~하기 위해'라는 '목적'의 의미를 나타낼 수 있는 것은 to부정사예요.

932

Sally **has taken care of** the garden / *since last spring*.
　주어　　　　　동사　　　　　목적어　　　　　　수식어
샐리는 그 정원을 가꾸어왔다 / 지난봄부터. 〈계속〉

Now, / the garden **is filled** / **with** flowers.
수식어　　　주어　　　동사　　　　수식어
이제, / 그 정원은 가득 차 있다 / 꽃들로.

STEP 1　(since last spring)

　　　2　has taken　**해설** 〈since+과거 시점〉이 쓰여 과거부터 현재까지 계속되는 상태를 나타내므로 현재완료형이 적절해요.

　　　3　by → with　**해설** 수동태 표현 be filled 뒤에는 전치사 by가 아닌 with가 쓰여요.

933

Koreans enjoy **eating** *tteokguk* / on New Year's Day.
　주어　　동사　　목적어　　　　　　수식어
한국인들은 떡국 먹는 것을 즐긴다 / 설날에.

Having one bowl of it / means **getting** one year older.
　　　　주어　　　　　　　동사　　　목적어
그것을 한 그릇 먹는 것은 / 나이를 한 살 더 먹는 것을 의미한다.

♣ 두 번째 문장의 getting ~ older는 동사 means의 목적어로 쓰인 동명사구예요. 동사 mean이 '~을 의도하다, 작정하다'라는 의미일 때는 to부정사를 목적어로 취할 수도 있어요.
　e.g. Sorry, I didn't **mean to step** on your foot. 미안해요, 당신의 발을 밟으려고 의도한 건 아니었어요.

STEP 1　to eat → eating　**해설** enjoy는 동명사를 목적어로 취하는 동사예요.

　　　2　means　**해설** 동명사 주어 뒤에 동사는 항상 단수형이 와요.

934

A: *Thank you* / *for* **inviting** us. You have a lovely house.
　동사　주어　전치사　전치사의 목적어　　주어　동사　　목적어
고맙습니다 / 저희를 초대해주셔서. 당신은 멋진 집을 갖고 계시네요.

B: Welcome! Come in. Would you like / *something* (to drink)?
　　　　　　　　　　　　　주어　　　　　목적어
　　　　　　　　　　　　　동사
어서 오세요! 들어오세요. 원하시나요 / 무언가를 (마실)?

STEP 1　Thank you for inviting　**해설** Thank you for ~.(~한 것에 대해 감사해요.)의 for는 전치사이므로 뒤에 동명사가 와야 해요.

　　　2　②　**해설** 밑줄 친 to drink는 앞의 대명사 something을 꾸며 주는 역할을 하므로, ②의 to read와 같은 쓰임이에요. ①은 동사의 목적어, ③은 부사 역할을 해요.
　　　　①　그녀는 반려동물을 키우기를 희망한다.　②　그는 읽을 책 한 권을 가져왔다.　③　나는 일출을 보기 위해 일찍 일어났다.

935

A: **Have** you **taken** your summer vacation?
　　　주어
　　　└─ 동사 ─┘　　　　　목적어
너는 여름휴가를 갔다 왔니? 〈완료〉

B: No, I **haven't**, // but I'm planning / to **go surfing** / in Jeju.
　　주어1 동사1　　　　주어2 동사2　　　　목적어2
아니, 그렇지 않아. // 하지만 나는 계획 중이야 / 서핑 하러 가는 것을 / 제주에서.

STEP 1　Have you taken
　　　2　surfing　해설 '~하러 가다'는 〈go+-ing〉로 나타낼 수 있어요.

936

A: Do you know / **where to get off** / for the museum?
　　주어
　　└─ 동사 ─┘　　　　　목적어
너는 아니 / 어디서 내려야 하는지 / 박물관을 위해?

B: Yes. I **will let** / you **know** / then.
　　주어 동사　　목적어 보어　수식어
그래. 내가 (~하게) 할게 / 네가 알도록 / 그때.
↳ 내가 그때 너한테 알려 줄게.

♣ let you know는 일상회화에서 상대방에게 '알려 주다'라는 의미로 자주 쓰여요.
　e.g. I'll think about it and **let you know** tomorrow. 제가 생각해 보고 내일 알려 드릴게요.

STEP 1　where to get off　해설 '어디에서 ~해야 할지[할 수 있는지]'는 〈where+to부정사〉로 나타낼 수 있어요.
　　　2　know　해설 '목적어가 ~하게 허락하다'는 〈let+목적어+동사원형〉으로 나타내요.

937

My dream is / **to be** a travel writer. I'm *interested* /
　주어　동사　　　　보어　　　　주어　동사
나의 꿈은 ~이다 / 여행 작가가 되는 것. 나는 관심이 있다 /

in **experiencing** different cultures // and **writing** about them.
전치사　　　　　　　전치사의 목적어
다른 문화들을 경험하는 것에 // 그리고 그것들에 대해 쓰는 것에.

♣ 접속사 and는 문법적으로 성격이 같은 동명사 experiencing과 writing을 연결해요. (☞ Unit 69)

STEP 1　② 해설 두 번째 문장의 be interested in(~하는 데 관심 있다)의 in은 전치사이므로 뒤에 동명사 형태가 와야 해요.
　　　2　experiencing

938

This blanket **should not be thrown away**. I **have had** it // since I was a baby.
　주어　　　　　　동사　　　　　　　주어 동사 목적어　　주어 동사　보어
이 담요는 버려져서는 안 된다. 나는 그것을 가지고 있어 왔다 // 내가 아기일 때부터.
　　　　　　　　　　　　　　　　　　〈계속〉

I want **to keep** it.
주어 동사　목적어
나는 그것을 간직하고 싶다.

STEP 1　be thrown away　해설 조동사가 있는 문장의 수동태는 〈조동사+be p.p.〉의 형태로 써요.
　　　2　have had　해설 〈since+과거 시점〉이 쓰여 과거부터 현재까지 계속되는 상태를 나타내므로 현재완료형이 적절해요.

939

We *are looking forward to* / **visiting** the Colosseum.
주어 　　　　동사　　　　　　　　　　목적어
　　우리는 기대하고 있다　　/　　콜로세움을 방문하기를.

It is very popular, // so it **is crowded** / **with** tourists.
주어동사　　보어　　　　　주어′　동사′　　　수식어′
　그곳은 매우 인기가 많다.　//　그래서 그곳은 붐빈다　/　관광객들로.

👥 It = it = the Colosseum

STEP 1 visiting 〔해설〕 look forward to(~하기를 기대하다)의 to는 전치사이므로 뒤에 동명사 형태가 와야 해요.

2 is crowded with 〔해설〕 주어(it = the Colosseum)가 관광객들로 '가득 메워지는' 것이므로 주어와 동사(crowd)는 수동 관계예요. 동사 crowd(가득 메우다)는 주로 '~으로 붐비다'라는 뜻의 수동태 표현 be crowded with로 쓰여요. 이때 전치사 by가 아닌 with를 쓰는 것에 주의하세요.

940

My dad wanted **to wash** his car, // and he **asked** / me **to help** him.
주어1　　동사1　　　목적어1　　　　　주어2　동사2　　목적어2　보어2
　나의 아빠는 그의 차를 세차하기를 원하셨다.　//　그리고 그는 부탁하셨다　/　내가 그를 돕기를.

We went / to a car wash / together.
주어　동사　　　수식어　　　　수식어
우리는 갔다　/　세차장에　/　함께.

STEP 1 to wash 〔해설〕 want는 to부정사를 목적어로 취하는 동사예요.

2 he asked me to help him 〔해설〕 '목적어가 ~하기를 부탁하다'는 〈ask+목적어+to부정사〉의 형태로 써요.

941

This book *is worth* **reading**. But it is / *difficult* **to read** / at first.
주어　　동사　　　보어　　　　　주어동사　　보어↑　　　　수식어
이 책은 읽을 가치가 있다.　하지만 그것은 ~하다　/　읽기에 어려운　/　처음에는.

STEP 1 reading 〔해설〕 '~할 만한 가치가 있다'는 be worth 뒤에 동명사를 사용해 나타내요.

2 ⟨difficult⟩

3 읽기에 〔해설〕 to부정사가 뒤에서 형용사를 꾸며 줄 때는 '~하기에 …인[한]'으로 해석해요.

942

I am sorry / **to give** you bad news.
주어동사　보어　　　　수식어
나는 유감이다　/　네게 나쁜 소식을 전하게 되어.

The baseball game **will be put off** / because of the rain.
주어　　　　　　동사　　　　　수식어
야구 경기는 연기될 것이다　/　비 때문에.

👥 because of는 이유를 나타내는 전치사예요. because of는 뒤에 명사(구)가, 접속사 because는 뒤에 〈주어+동사〉가 와야 해요. (☞ Ch 19)

STEP 1 ③ 〔해설〕 to부정사가 감정을 나타내는 형용사(sorry) 뒤에 쓰여 감정에 대한 원인을 나타내므로 이와 같은 쓰임은 ③이에요.
①은 목적격보어, ②는 주어를 보충 설명하는 보어로 쓰였어요.
① 그는 내게 침착함을 유지하라고 말했다. ② 내 계획은 자전거로 여행하는 것이다. ③ 우리는 그녀를 만나게 되어 기뻤다.

2 will be put off 〔해설〕 주어(The baseball game)가 '미뤄지는' 것이므로 주어와 동사(put off)는 수동 관계예요. 이때 미래시제의 수동태이므로 〈will+be+p.p.〉로 나타내고 put off는 구동사이므로 하나의 덩어리로 쓰면 돼요.

943

A: I've *already* **washed** my face / three times / today.
주어　수식어　　　　목적어　　　수식어　　수식어
　　　─ 동사 ─
나는 이미 세수했어 〈완료〉　/　세 번　/　오늘.

B: Be careful. **Washing** your face too often / can make / your skin dry.
동사　보어　　　　　　주어　　　　　　　동사　　　목적어　보어
조심해.　네 얼굴을 너무 자주 씻는 것은　/　(~하게) 할 수 있어　/　네 피부가 건조하게.

STEP 1 ①

2 washed

3 ⟨Washing your face too often⟩

944

I am pleased / **to introduce** our guest speaker.
주어동사 　　보어 　　　　　　　수식어
저는 기쁩니다 / 우리의 초청 강사를 소개하게 되어.

She came here / **to talk** to you / about career planning.
주어 　동사 　수식어 　　수식어 　　　　　수식어
그녀는 이곳에 왔습니다 / 여러분에게 말하기 위해 / 직업 계획에 대해.

STEP 1 to introduce 해설 감정을 나타내는 형용사(pleased) 뒤에 to부정사를 사용해 '~해서, ~하게 되어'라는 감정에 대한 원인을 나타내요.

　　2 말하기 위해 해설 밑줄 친 to talk는 앞의 동사 came의 목적을 나타내는 부사 역할을 하므로 '~하기 위해'라고 해석해요.

945

Some fans waited / **to get** an autograph / from the player.
주어 　　동사 　　　수식어 　　　　　　수식어
몇몇 팬들은 기다렸다 / 사인을 받기 위해 / 그 선수로부터.

They were so excited / **about** seeing him.
주어 　동사 　　보어 　　　전치사 　전치사의 목적어
그들은 정말 신이 나 있었다 / 그를 보는 것에 대해.

🐾 get an autograph는 '(유명한 사람에게) 사인을 받다'라는 의미예요. 동사 sign은 주로 서류나 편지에 '서명하다'라는 의미를 나타내고, '서명'이라는 명사의 의미로는 signature를 사용해요.

STEP 1 to get 해설 문맥상 '~하기 위해'라는 의미가 되어야 하므로 이를 나타낼 수 있는 to부정사로 고쳐야 해요.

　　2 seeing 해설 be excited about의 about은 전치사이므로 뒤에 동명사 형태가 와야 해요.

946

Everyone expected / Michael **to win** first place, // but he came in second.
주어1 　동사1 　　목적어1 　　보어1 　　　주어2 　동사2 　수식어2
모두가 예상했다 / 마이클이 우승할 것을, // 하지만 그는 2등을 했다.

He **wasn't satisfied** / **with** the result.
주어 　　동사 　　　　수식어
그는 만족하지 않았다 / 그 결과에.

STEP 1 ② 해설 to win은 〈expect+목적어+to부정사〉 구조에서 목적격보어로 쓰였으므로 이와 쓰임이 다른 것은 ②예요.
　　　②는 동사(failed)의 목적어로 쓰였어요.
　　　① 나는 그녀에게 나에게 전화하라고 말했다. ② 그는 그 경주를 완주하지 못했다. ③ 그녀는 그가 더 빨리 운전하기를 원했다.

　　2 with 해설 수동태 표현 be satisfied 뒤에는 전치사 with를 써요.

947

Taking good care of pets / is not easy. A lot of attention and love / **must be given** /
주어 　　　　　　　　동사 　보어 　　　　　주어 　　　　　　동사
반려동물을 잘 돌보는 것은 / 쉽지 않다. 많은 관심과 사랑이 / 주어져야 한다 /

to them.
수식어
그들에게.

STEP 1 Taking good care of pets

　　2 is 해설 동명사 주어 뒤에는 항상 단수 동사가 와요.

　　3 must be given 해설 조동사가 있는 문장의 수동태는 〈조동사+be p.p.〉의 형태로 써요.

948

The teacher **heard** / Jake **talk** / several times / in class.
주어 　　　 동사 　　 목적어 　 보어 　　　 수식어 　　　　 수식어
선생님은 들으셨다 　 / 제이크가 말하는 것을 / 여러 번 　 / 수업 시간에.

She **made** / him **stay** / after class // and **told** / him **to be** quiet next time.
주어 　 동사1 　 목적어1 보어1 　 수식어1 　　　 동사2 　 목적어2 　　 보어2
그녀는 (~하게) 했다 / 그가 머물도록 / 수업 후에 　 // 그리고 말씀하셨다 / 　 그가 다음번에는 조용히 하도록.

STEP 1 talk 【해설】 '목적어가 ~하는 것을 듣다'는 〈hear+목적어+동사원형〉의 형태로 써요.

2 being → to be 【해설】 '목적어가 ~하도록 말하다'는 〈tell+목적어+to부정사〉의 형태로 써요.

949

Bullfighting **has been** a popular sport / in Spain / *for many years*.
주어 　　　　 동사 　　　 보어 　　　 수식어 　　 수식어
투우는 인기 있는 스포츠였다 〈계속〉 　 / 스페인에서 / 수년 동안.

It is an old tradition, // but it **must be stopped**.
주어1 동사1 　 보어1 　　　 　 주어2 　 동사2
그것은 오래된 전통이다. 　 // 　 하지만 그것은 멈춰져야 한다.

🔈 bullfighting(투우): 사람이 사나운 소를 상대로 싸우는 투기

🔈 It = it = Bullfighting

STEP 1 (for many years)

2 has been

3 it must be stopped

950

I am very glad / **to tell** you the good news. The school **has decided** / **to build** a new gym.
주어동사 　 보어 　　　 수식어 　　　　 주어 　　 동사 　　 목적어
나는 정말 기쁘다 / 너에게 좋은 소식을 알리게 되어. 　 학교는 결정했다 　 / 새 체육관을 짓는 것을.

It **will be finished** / in two years.
주어 　　 동사 　　　 수식어
그것은 끝나게 될 것이다 / 2년 후에.

🔈 It = To build a new gym, 대명사 it은 단어뿐만 아니라 여러 단어가 모인 '구'를 대신할 수도 있어요.

🔈 전치사 in 뒤에 시간을 나타내는 표현이 오면 '~ 후에, ~만에, ~ 있으면'이라는 의미를 나타내요.
e.g. Dinner will be ready **in** *ten minutes*. 저녁 식사는 10분 있으면 준비될 것이다.

STEP 1 ① 【해설】 문맥상 '알리게 되어 기쁘다'라는 의미가 적절하므로 감정을 나타내는 형용사(glad) 뒤에 to부정사를 사용해 감정에 대한 원인을 나타내요.

2 to tell

3 will be finished 【해설】 주어(It)와 동사(finish)의 관계가 수동이므로 수동태가 적절하며, 수동태의 미래는 〈will+be+p.p.(과거분사)〉로 나타내요.

951

My brother enjoys / **making** small tables and chairs.
주어 　　 동사 　　 목적어
나의 형은 즐긴다 　 / 작은 탁자와 의자를 만드는 것을.

He wants / **to start** a furniture business / in the future.
주어 　 동사 　　 목적어 　　　　 수식어
그는 원한다 / 가구 사업을 시작하기를 　 / 미래에.

STEP 1 making 【해설】 enjoy는 동명사를 목적어로 취하는 동사예요.

2 ① 【해설】 to start는 동사(wants)의 목적어로 쓰였으므로 이와 같은 쓰임은 ①이에요. ②는 주어를 보충 설명하는 보어, ③은 부사(~하기 위해) 역할을 해요.
① 나는 대학에 가기로 정했다. ② 그의 계획은 이번 일요일에 차를 고치는 것이다. ③ 그들은 병원에 있는 그녀를 보기 위해 왔다.

952

Our employees are **too** *busy* / **to answer** your call / now.
　　　　주어　　　　동사　보어　　　　　　　　　　　　　수식어
저희 직원들은 매우 바쁩니다　　　/　　당신의 전화를 답하기에　/　지금.

↳ 현재 저희 직원들은 너무 바빠서 전화를 받을 수 없습니다.

Please stay on the line. Your call **will be answered** / soon.
　동사　　수식어　　　　주어　　　　　동사　　　　수식어
통화 중인 상태로 유지해 주세요.　　당신의 전화는 응답될 것입니다　/　곧.

↳ 끊지 말고 기다려 주세요.

❖ line은 보통 '줄, 선'이라는 의미로 쓰이지만, 여기서는 '전화선, 전화 연결'을 의미해요. 일상 회화에서 자주 쓰는 표현이에요.
　e.g. The **line** is busy. 통화 중입니다.

STEP 1　too busy to answer　해설 '너무 ～해서 …할 수 없는'의 의미는 〈too+형용사+to부정사〉로 나타낼 수 있어요.

　　2　be answered　해설 주어(Your call)와 동사(answer)의 관계가 수동이므로 수동태가 적절해요.

Level Up Sentences 13

953

A strong earthquake happened / last night / in Tokyo. The news says //
주어 　　　　　　 동사 　　　　　 수식어 　　　　 수식어 　　　 주어 　　동사
강한 지진이 발생했다 　　　 / 　　 어젯밤에 　 / 　 도쿄에서. 　　 뉴스는 (~라고) 한다 　//

that there are / many **injured** *people* and **destroyed** *houses*.
　　　　　　　　　　 목적어
(~가) 있다고 　 / 　　　　　 많은 다친 사람들과 파괴된 집들이.

▶ **STEP 1** destroying → destroyed 　**해설** 수식받는 명사(houses)가 '파괴되는' 것이므로 수동의 의미를 나타내는 과거분사(p.p.)로 고쳐야 해요.

　　　2 ② 　**해설** 두 번째 문장의 동사 says 뒤에 접속사 없이 다른 절(there are ~)이 이어지면서 says의 목적어 역할을 하므로 says 바로 뒤가 적절해요.

954

We should drive less // and use public transportation / more often.
주어 　조동사 　동사원형1 수식어1 　　　 동사원형2 　　목적어2 　　　　　 수식어2
우리는 덜 운전해야 한다 　// 　　　그리고 대중교통을 이용해야 한다 　/ 　더 자주.

It is / **not only** cheap / **but also** good / for the environment.
주어 동사 　　　　　 보어1 　　　　　　 보어2 　　　　　 수식어2
그것은 ~하다 / 저렴할 뿐만 아니라 　/ 　좋기도 　/ 　　환경에.

👥 빈도를 나타내는 부사 often, sometimes, usually 등은 문장 앞이나 끝에 올 수도 있어요.

👥 It = Using public transportation

▶ **STEP 1** and

　　　2 but 　**해설** 'A뿐만 아니라 B도'라는 의미는 〈not only A but also B〉로 나타낼 수 있어요.

955

A: Do you know // **where** I can find cookbooks?
　　　　 주어
　　　 ┌ 동사 ┐
당신은 아시나요 　// 　제가 어디에서 요리책들을 찾을 수 있는지를?

B: Sure. Walk this way, // and you will see them / on your right.
　　　　 명령문 　　　　 주어 　 동사 　목적어 　　　수식어
그럼요. 이쪽으로 걸어가세요. 　// 　그러면 당신은 그것들이 보일 거예요 　/ 　당신의 오른쪽에.

▶ **STEP 1** where I can find 　**해설** 목적어 역할을 하는 의문사절이므로 〈의문사+주어+동사〉의 순서로 써요.

　　　2 and 　**해설** 명령문 뒤에 지시한 행동의 결과가 나오므로 '그러면'에 해당하는 접속사 and가 적절해요.

956

While Chris was playing basketball, // he hurt his knee.
　　　 주어 　　 동사' 　　 목적어' 　　 주어 동사 　목적어
　　　크리스는 농구를 하다가. 　// 　그는 그의 무릎을 다쳤다.

He was **so** *badly hurt* // **that** he was taken / to the hospital.
주어 동사 　　　 보어 　　　　 주어' 　동사' 　　　수식어'
그는 매우 심하게 다쳐서 　// 　그는 옮겨졌다 　/ 　병원으로.

👥 hurt는 '다치게 하다; 아프다; 다친'과 같이 다양하게 쓰여요.

　　 e.g. He **hurt** *his leg*. 그는 그의 다리를 다치게 했다(→ 다쳤다) (목적어 ○)

　　 My feet **hurt**. 내 발이 아파. (목적어 ×)

👥 badly는 형용사 hurt를 꾸며 주는 부사예요.

▶ **STEP 1** Playing basketball 　**해설** 부사절과 주절의 주어가 같으므로(Chris = he), 부사절의 주어를 생략하고 동사 was playing은 -ing형으로 바꿔 쓰면 돼요.

　　　2 that 　**해설** 문맥상 '너무 ~해서 …하다'라는 결과의 의미를 나타내므로 접속사 that이 적절해요.

957

Although <u>the battery dies</u> / <u>quickly,</u> // <u>my dad</u> <u>still</u> <u>uses</u> <u>his old phone.</u>
　　　　　주어′　　　동사′　　　수식어′　　　　　주어　　수식어　동사　　　　목적어
　비록 배터리가 없어지지만　　　/　　빨리,　　//　나의 아빠는 여전히 그의 오래된 전화를 사용하신다.

<u>He</u> <u>is waiting</u> // **until** <u>a new model</u> <u>comes out.</u>
　주어　동사　　　　　　　　　주어′　　　　동사′
그는 기다리는 중이다 //　　　새로운 모델이 출시될 때까지.

- **STEP 1** Although **해설** 문맥상 앞뒤 내용이 대조를 나타내므로 '비록 ~이지만'이라는 뜻의 접속사 Although가 적절해요.
- **2** comes out **해설** 시간을 나타내는 접속사(until)가 이끄는 부사절에서는 현재시제가 미래를 대신해요.

958

<u>Cheap clothes</u> <u>can be made</u> / from **recycled** *materials* (like plastic bottles).
　　　주어　　　　　　동사　　　　　　수식어
　저렴한 옷이 만들어질 수 있다　　/　　재활용된 재료들로　　　　　　(플라스틱 병과 같은).

<u>So</u> <u>you</u> <u>can</u> / **not only** <u>save</u> <u>money</u> / **but also** <u>save</u> <u>the environment.</u>
　　주어　조동사　　　　　　동사원형1　목적어1　　　　　　동사원형2　　목적어2
그래서 당신은 ~할 수 있다 /　돈을 절약할 뿐만 아니라　/　　　환경을 구하기도.

- 첫 번째 문장의 like는 전치사로 '(예를 들어) ~같은'이라는 의미로 쓰였어요.

- **STEP 1** recycled **해설** 수식받는 명사(materials)가 '재활용되는' 것이므로 수동의 의미를 나타내는 과거분사(p.p.)가 적절해요.
- **2** as well as **해설** 〈not only A but also B〉는 〈B as well as A〉로 바꿔 쓸 수 있어요.

959

<u>The house</u> <u>looked</u> |so| <u>old</u> // |that| <u>Mr. Brown</u> **had** *all the walls* <u>painted.</u>
　　주어　　　동사　　　보어　　　　　　주어′　　　동사′　　목적어′　　보어(p.p.)′
　그 집은 너무 오래되어 보여서　//　브라운 씨는 모든 벽이 페인트칠 되도록 했다.

After <u>the work</u> <u>was done,</u> // <u>the house</u> <u>looked</u> <u>clean</u> |and| <u>new.</u>
　　　　　주어′　　　동사′　　　　　　　주어　　　동사　　　보어
그 작업이 다 끝난 후에,　//　그 집은 깨끗하고 새로워 보였다.

- **STEP 1** so
- **2** painted **해설** 〈have+목적어+목적격보어〉 구조에서 목적어(all the walls)가 '페인트칠 되는' 것이므로 목적격보어 자리에는 수동의 의미를 나타내는 과거분사(p.p.)가 적절해요.
- **3** After the work was done

960

<u>It</u> <u>is</u> <u>interesting</u> // **that** <u>men</u> <u>wore</u> <u>heels</u> / <u>to ride horses</u> / <u>long ago.</u>
가주어 동사　보어　　　　　　주′　동′　목′　　　　　　진주어
　(~은) 흥미롭다　//　남자들이 힐을 신었다는 것은　/　말을 타기 위해　/　오래전에.

(← That men wore heels to ride horses long ago is interesting.)

<u>They</u> <u>thought</u> // **that** <u>the heels</u> <u>helped</u> / <u>them</u> <u>ride better.</u>
주어　　동사　　　　　　　주′　　　동′　　목′　　　보′
　　　　　　　　　　　　　　　목적어
그들은 생각했다 //　힐이 도왔다고　/　그들이 (말을) 더 잘 타도록.

- They = them = the men
- 두 번째 문장의 that절에는 〈help+목적어+동사원형〉이 쓰였어요. 동사 help의 목적격보어로는 to부정사와 동사원형 둘 다 가능해요. (☞ Ch 15)

- **STEP 1** that men wore heels to ride horses long ago **해설** that절이 주어 역할을 할 때 가주어 It을 문장 앞으로 보내고 진짜 주어(진주어)는 문장 뒤로 보내요.
- **2** ② **해설** 두 번째 문장의 동사 thought 뒤에 접속사 없이 다른 절(the heels helped ~)이 이어지면서 thought의 목적어 역할을 하므로 thought 바로 뒤가 적절해요.

961

I'm worried / about the **melting** *ice* (in the North and South Poles).

주어동사 　보어　　　　　　　　수식어　　┌─────┐ = the ice which are melting

나는 걱정이 된다 / 　　녹고 있는 얼음에 대해　　　　　(북극과 남극에 있는).

Researchers say // **that** 750 billion tons of ice / is lost every year.

　　주어　　　동사　　　　　　　목적어

연구자들은 (~라고) 한다 //　　7,500억 톤의 얼음이 / 　매년 없어진다고.

STEP 1　melting　**해설** '녹고 있는'이라는 진행의 의미를 나타내는 현재분사가 적절해요.

　　2　③　**해설** 밑줄 친 that과 ①, ② 모두 명사절을 이끄는 접속사 that이지만, ③은 명사 song을 꾸며 주는 형용사의 역할을 하므로 쓰임이

　　　　달라요. (☞ 1권 Point 50)

　　　　① 그녀는 내가 틀렸다고 생각한다. ② 그가 대회에서 우승한 것은 놀랍다. ③ 사람들은 그 노래를 정말 많이 좋아한다.

962

Tell me // **when** your plane will land / in New York.
동사 간목   주   동   수
내게 알려 줘 //   네 비행기가 언제 착륙할지   /   뉴욕에.

(← **When will your plane** land in New York?)

Either Jake **or** I / *am* going to meet you / at the airport.
          주어   동사   목적어   수식어
제이크와 나 둘 중 하나가 /   너를 마중 갈 거야   /   공항에.

STEP 1   when your plane will land   해설 의문사로 시작하는 명사절의 어순은 〈의문사+주어+동사〉로 써요.

　　2   am   해설 〈either A or B〉가 주어일 때 동사에 가장 가까운 B(I)에 수를 일치시키므로 am으로 써야 해요.

963

Jennifer thought // **(that)** tennis was a **boring** *sport*.
주어   동사   주   동   목적어   보
제니퍼는 생각했다 //   테니스는 지루한 스포츠라고.

But when she tried it, // she had lots of fun.
        주어′ 동사′ 목적어′   주어 동사   목적어
그러나 그녀가 그것을 시도해 보았을 때, //   그녀는 정말 즐거웠다.

STEP 1   boring   해설 수식받는 명사(sport)가 다른 누군가에게 감정을 일으키므로 -ing 형태가 적절해요.

　　2   Jennifer thought ∨ tennis was a boring sport.   해설 동사 thought의 목적어 자리에 〈주어(tennis)+동사(was)〉로 시작하는 절이 바로 이어지므로 목적어절을 이끄는 접속사 that은 thought 뒤에 생략되었어요.

964

We should **have** / our windows **fixed**.
주어   동사   목적어   보어(p.p.)
우리는 (~되도록) 해야 한다 /   우리 창문이 수리되도록.
↳ 우리는 창문을 수리해야 한다.

If we don't fix them, // it will be freezing / in winter.
주어′ 동사′ 목적어′   주어 동사   보어   수식어
만약에 우리가 그것을 수리하지 않는다면, // 꽁꽁 얼게 추울 것이다 /   겨울에.

STEP 1   fixed   해설 목적어(our windows)가 다른 누군가에 의해 '수리되는' 것이므로 목적격보어는 p.p. 형태로 써야 해요.

　　2   ②   해설 문장의 밑줄 친 If는 '만약 ~한다면'이라는 뜻의 조건을 나타내지만, ②의 if는 '~가 …인지'라는 의미의 명사절을 이끄는 접속사예요.
　　　① 비가 멈추면 나는 외출할 것이다.　② 그녀는 에릭이 함께할지 모른다.　③ 네가 도움이 필요하면 나한테 전화해.

965

When the teacher came to class, // she asked the students //**who** cleaned the blackboard.
          주어′   동사′   수식어′   주어 동사   간목   주   동   목
그 선생님이 교실에 오셨을 때, //   그녀는 학생들에게 물어보셨다 //   누가 칠판을 청소했는지를.

(← **Who cleaned** the blackboard?)

❖ 의문사 who가 의문사절의 주어 역할을 해요.

STEP 1   As   해설 밑줄 친 When(~할 때)은 비슷한 의미의 접속사 As로 바꿔 쓸 수 있어요.

　　2   did clean → cleaned   해설 의문사가 주어일 때는 의문문과 의문사절의 어순이 〈의문사+동사〉로 같아요.

966

My brother and I have been close // **since** we were little.
주어　　　　　　　　동사　　　보어　　　　　　주어　동사　보어'
내 남동생과 나는 친했다　　　　　　 //　　　우리가 어렸을 때부터.

Though he is sometimes **annoying**, // he is my best friend.
주어'동사'　수식어'　　　보어(-ing)'　　　주어 동사　　보어
비록 그는 가끔 짜증스럽지만,　　　　 //　　그는 내 가장 친한 친구이다.

STEP 1　since　**해설** 문맥상 '~한 이후로'라는 의미의 접속사 since가 적절해요.

2　annoying　**해설** 주어인 he가 다른 누군가에게 '짜증나게 하는' 감정을 일으키므로 -ing 형태가 적절해요.

967

Feeling nervous, // Eva started to bite her nails. Then **after** she took a deep breath, //
　동사　　보　　　　주어　　동사　　　목적어　　　　수식어　　주어'　동사'　　목적어'
긴장해서,　　 //　　에바는 그녀의 손톱을 깨물기 시작했다.　　그리고 그녀는 심호흡한 후에, 〈이유〉　 //

(← *Because[Since, As]* she felt nervous, Eva started to bite her nails.)

she got on the stage // **and** started to play.
주어1 동사1　　수식어1　　　동사2　　목적어2
그녀는 무대 위에 올랐다　 //　그리고 연주하기 시작했다.

start는 to부정사와 동명사를 모두 목적어로 취할 수 있어요. (☞ Ch 15)

STEP 1　Feeling nervous　**해설** 부사절과 주절의 주어(Eva)가 같으므로 부사절의 주어를 생략한 다음 동사 feel 뒤에 -ing를 붙여 분사구문으로 나타내요.

2　started　**해설** 과거형 동사 got과 and로 연결된 구조이므로 문법적으로 같은 성격의 started가 적절해요.

968

A: My dog is **so** smart // **that** he can learn new tricks / very quickly.
　주어　동사　보어　　　　주어'　　동사'　　목적어'　　　수식어'
내 개는 아주 똑똑해서　 //　그는 새로운 묘기들을 배울 수 있어 /　아주 빨리.

B: That's amazing! Can you tell me // **how** you train your dog?
　주어 동사　보어　　　주어　　　간목　　　　직목
　　　　　　　　　　　└─동사─┘
그거 정말 멋지다!　너는 내게 알려 줄래　 //　네가 네 개를 어떻게 훈련하는지?

(← **How do you** train your dog?)

STEP 1　①　**해설** 문맥상 that절의 내용이 My dog is smart.에 대한 결과이므로 '너무 ~해서 …하다'라는 뜻의 〈so+형용사/부사+that ~〉으로 나타내요. 따라서 so는 형용사 smart 앞에 와야 해요.

2　tell me how you train　**해설** '내게 알려 주다'는 〈tell+간접목적어+직접목적어〉의 어순으로 쓰는데, 이때 직접목적어 자리에 의문사 how가 이끄는 절이 오므로 〈how+주어+동사〉로 써야 해요.

969

I quit my job // **and** decided to take pictures / for a living.
주어 동사1　목적어1　　　동사2　　목적어2　　　수식어2
나는 내 직장을 그만두었다 //　그리고 사진을 찍기로 결정했다 /　생계를 위해서.

I wasn't sure // **if** I could succeed, // **but** I decided to try.
주어1 동사1　보어1　　주어'동사'　보어'　　주어2 동사2　목적어2
나는 확실하지 않았다 //　내가 성공할 수 있을지, //　하지만 나는 시도해보기로 결정했다.

(← **Could I** succeed?)

decide는 to부정사를 목적어로 취하는 동사예요. (☞ Ch 15)

STEP 1　decided　**해설** 과거형 동사 quit과 and로 연결된 구조이므로 문법적으로 같은 성격의 decided가 적절해요.

2　if　**해설** 문맥상 '~가 …인지'라는 뜻으로 명사절을 이끄는 접속사 if가 알맞아요.

970

Although James just heard the **surprising** *news*, // he seems calm.

주어′　수식어′　동사′　　　　　　　목적어′　　주어　동사　보어

비록 제임스는 방금 그 놀라운 소식을 들었지만,　　//　　그는 침착해 보인다.

It is a little strange // **that** he doesn't show any emotion.

가주어 동사　보어　　　　　진주어

(~은) 약간 이상하다　//　그가 아무 감정도 보이지 않는 것은.

(← **That** he doesn't show any emotion is a little strange.)

STEP 1　Although　해설 문맥상 부사절과 주절의 내용이 대조를 나타내므로 '비록 ~이지만'이라는 뜻의 Although가 적절해요.

　　　2　surprising　해설 수식받는 명사(news)가 다른 누군가에게 감정을 일으키므로 -ing 형태로 써야 해요.

　　　3　that　해설 문맥상 주절의 보어(a little strange)가 빈칸 뒤의 내용(he ~ emotion)을 보충 설명하는 것이 자연스러워요. 따라서 주어인 명사절을 이끌 수 있는 접속사 that이 적절해요.

971

If you feel **tired** [and] stressed, // listen to slow music. Many studies have shown //

주어′ 동사′　　　보어′　　　　　동사　　목적어　　　　　주어　　　　동사

여러분이 피곤하고 스트레스를 받는다면,　//　느린 음악을 들으세요.　많은 연구가 보여 주었습니다　//

that slow music can help / you reduce stress.

　　　　　　　　목적어

느린 음악이 돕는다는 것을　/　당신이 스트레스를 줄이도록.

that절 안에는 〈help+목적어+동사원형〉 구조가 쓰여 '목적어가 ~하도록 돕다'라는 의미를 나타내요. 동사 help의 목적격보어 자리에는 동사원형과 to부정사 모두 올 수 있어요. (☞ Ch 15)

STEP 1　tired　해설 주어인 you가 직접 '피곤한' 감정을 느끼는 것이므로 p.p. 형태가 적절해요.

　　　2　①　해설 동사 show의 목적어 자리에 〈주어(slow music)+동사(can help)〉로 시작하는 절이 바로 이어지므로 목적어절을 이끄는 접속사 that은 show 뒤에 들어가야 해요.

Level Up Sentences **15**

972

People often think // (that) poisonous mushrooms are colorful.
주어　　수식어　동사　　　　　　　　　목적어
사람들은 종종 생각한다　//　　　　독버섯이 다채롭다고.

But *a white mushroom* (**called** the death cap) / is also poisonous.
　　　　　주어　　　　　　　　　　　　　　　　동사　수식어　　보어
그러나 흰색 버섯　　　　(the death cap이라 불리는)　/　또한 독이 있다.

🐾 목적어로 쓰이는 that절의 접속사 that은 실생활에서 자주 생략돼요.

STEP 1　that poisonous mushrooms are colorful

　　 2　called 해설 수식받는 명사(a white mushroom)가 어떤 이름으로 '불리는' 것이므로 수동을 나타내는 p.p. 형태가 적절해요.

973

It was amazing // **that** the man survived the accident.
가주어 동사　　보어　　　　　　　진주어
(~은) 놀라웠다　//　그 남자가 그 사고에서 살아남았다는 것은.

(← **That** the man survived the accident was amazing.)

Neither Mary **nor** I expected / him to live.
　　　　　주어　　　　　동사　　　목적어　　보어
메리와 나는 둘 다 예상하지 못했다　/　그가 살 것이라고.

STEP 1　② 해설 밑줄 친 that은 주어 역할을 하는 절을 이끄는 접속사이므로 이와 쓰임이 같은 것은 ②예요. ①은 명사(old man)를 꾸며 주는 지시
　　　　　형용사, ③은 동사의 목적어절을 이끄는 역할을 해요.
　　　　　① 나는 가게 안에 있는 그 나이 든 남자를 안다.　② 마이크가 매우 정직하다는 것은 사실이다.　③ 나는 토론토가 매우 큰 도시라고 들었다.

　　 2　Neither

974

Tom, // can you put away / the **dried** *dishes*?
　　　　　주어　　　　　　　　　　목적어
　　　　　　동사
톰,　//　너는 치워주겠니　/　그 마른 접시들을?

Both Dad **and** I / are too busy / now.
　　주어　　　　　동사　　　보어　　　수식어
아빠와 나는 둘 다　/　너무 바빠　/　지금.

STEP 1　dried 해설 수식받는 명사(dishes)가 '건조된, 마른' 것이므로 수동이나 완료를 나타내는 p.p. 형태가 적절해요.

　　 2　are 해설 〈both A and B〉가 주어로 쓰이면 항상 복수 취급해요.

975

His hair is **so** *long* // **that** it covers his eyes.
　　주어　동사　보어　　　　주어　동사　목적어
그의 머리카락은 너무 길어서 〈원인〉 //　그것은 그의 눈을 가린다. 〈결과〉

He needs / to **have** his hair cut.
주어　동사　　　　　목적어
그는 필요로 한다 / 그의 머리카락이 잘리게끔 하는 것을.

↳ 그는 머리카락을 잘라야 한다.

🐾 need는 to부정사를 목적어로 취하는 동사예요. (☞ Ch 15)
🐾 need의 목적어인 to부정사구 안에 〈have+목적어+목적격보어〉 구조가 쓰였어요.

STEP 1　so long that

　　 2　cut 해설 목적어(his hair)가 '잘리는' 것이므로 동사 cut과 수동 관계예요. 따라서 목적격보어 자리에는 p.p. 형태인 cut이 적절해요.

976

He **neither** smiled / **nor** talked / the whole day.
　주어　　　　　　동사1　　　　　동사2　　　　　수식어
　　그는 웃지도 않았다 　/ 말하지도 않았다 　/ 　하루 종일.

I will ask him // **if** something is bothering him.
주어　동사　간목　　　　　　주'동'　　직목
나는 그에게 물어볼 것이다 // 　무언가가 그를 괴롭히고 있는지.

(← **Is something** bothering him?)

STEP 1 talked 해설 〈neither A nor B〉에서 A와 B는 문법적으로 성격이 같아야 하므로 smiled와 같은 과거형 동사인 talked가 알맞아요.

2 ② 해설 밑줄 친 if는 직접목적어인 명사절을 이끄는 접속사이므로 이와 쓰임이 다른 것은 ②예요. ②는 '~한다면'의 조건을 나타내는 부사절을 이끄는 접속사예요.

① 그는 나에게 내가 케이트를 아는지 물어보았다.　② 나는 그가 늦게 온다면 그에게 말할 것이다.　③ 나는 내가 코트를 입어야 할지 궁금하다.

977

It is important // **that** students get enough sleep.
가주어동사　보어　　　　　주'　동'　　　목'
　(~은) 중요하다　　// 　　학생들이 잠을 충분히 자는 것은.

(← **That** students get enough sleep is important.)

Sleep helps / them reduce stress / **and** do better in school.
주어　동사　　목적어　동1　목1　　　　동2　　수2　　수2
수면은 도와준다 / 그들이 스트레스를 줄이도록 / 그리고 학교에서 더 잘하도록.

⁂ 동사 help의 목적격보어 자리에는 동사원형과 to부정사 둘 다 올 수 있어요.
⁂ them = the students

STEP 1 It is important that

2 does → do 해설 문맥상 동사 helps의 목적격보어 두 개가 and로 연결된 구조로 보는 것이 적절하므로 does를 동사원형 do로 고쳐야 해요.

978

You won't learn // **if** you don't try. Just try the class.
주어　　동사　　　주어'　동사'　　수식어　동사　목적어
너는 배우지 못할 것이다 // 만약 네가 시도하지 않는다면. 그냥 그 수업을 시도해 봐.

You will be **surprised** / at **how** *much* you can learn.
주어　　동사　　보어(p.p.)　　　　　주'　　동'
　　너는 놀랄 것이다　　　/ 　너가 얼마나 많이 배울 수 있는지.

(← **How much can you** learn?)
⁂ 의문사절(how much you can learn)이 전치사 at의 목적어로 쓰였어요.

STEP 1 if 해설 문맥상 '~한다면'이라는 뜻의 조건을 나타내는 접속사 if가 알맞아요.

2 surprised 해설 주어(You)가 직접 감정을 느끼게 되는 것이므로 p.p. 형태가 적절해요.

3 how much you can learn 해설 의문사 how 뒤에 형용사나 부사가 올 때는 〈how+형용사/부사+주어+동사〉의 어순으로 써요.

979

I was reading / in bed // **while** it was raining / outside.
주어　　동사　　수식어　　　　주어'　동사'　　　수식어'
나는 독서 중이었다 / 침대에서 // 비가 오는 동안 / 밖에.

Listening to the sound (of the rain), / I fell asleep.
　　　　동　　　　　　　　　　　　　주어 동사　보어
　　소리를 들으면서　　　(비의),　/ 나는 잠이 들었다. 〈시간〉

(← **While** I was listening to the sound of the rain, I fell asleep.)

STEP 1 while

2 빗소리를 들으면서 해설 '~하는 동안, ~하면서'라는 의미로 해석하는 것이 자연스러워요.

980

I find / her very **annoying**. She talks **so** loudly //
주어 동사　목적어　　보어(-ing)　　주어 동사　수식어

나는 알게 되었다 / 그녀가 매우 짜증 나게 한다는 것을. 그녀는 너무 크게 말한다 〈원인〉 //

that my ears hurt. Do you think // **that** I should talk to her / about it?
　　 주어'　동사'　　　　주어　　　　　주어'　동사'
　　　　　　　　　　　　　동사

내 귀가 아프다. 〈결과〉　　너는 생각하니 //　　내가 그녀에게 말해야 한다고 / 그것에 대해?

STEP 1　annoying　[해설] 목적어(her)가 다른 누군가에게 감정을 느끼게 하는 것이므로 -ing 형태가 적절해요.

　　　2　that　[해설] 첫 번째 빈칸에는 문맥상 '너무 ~해서 …하다'라는 뜻의 〈so+형용사/부사+that+주어+동사〉 표현의 접속사 that이 적절해요. 두 번째 빈칸에는 동사 think의 목적어절을 이끄는 접속사가 필요하므로 접속사 that이 적절해요. 따라서 공통으로 들어갈 알맞은 접속사는 that이에요.

981

The desert fox lives / in the Sahara Desert. It has *feet* (**covered** with fur) //
　　　주어　　　동사　　　　장소　　　　　주어 동사 목적어　　（털로 뒤덮인）　//

사막여우는 산다 / 사하라 사막에.　그것은 발이 있다　（털로 뒤덮인）　//

so that it can walk / on the hot sand.
　　　　주어'　동사'　　수식어

그것이 걸을 수 있도록 / 뜨거운 모래 위에서. 〈목적〉

STEP 1　covered　[해설] 수식받는 명사(feet)가 털로 '뒤덮인' 것이므로 p.p. 형태가 알맞아요.

　　　2　so that it can walk on the hot sand　[해설] '~하도록, ~하기 위해서'라는 목적의 의미는 〈so that+주어+동사〉로 나타낼 수 있어요.

982

A: Mike has *a dog* [**whose legs** are very short].
주어　동사　목적어
마이크는 개를 키워　　　　　　[그것의 다리가 매우 짧은].

← Mike has *a dog*. + **Its** *legs* are very short.

B: I know. It is *a Welsh Corgi*, // **which** is an active breed.
주어 동사　주어 동사　　　보어
맞아.　　　그건 웰시 코기야.　//　　그런데 그건 매우 활동적인 품종이야.

= It is a Welsh Corgi, **and it** is an active breed.

〈I know.〉는 '맞아, 그래'라는 뜻으로 동의나 공감을 나타내는 표현이에요.

STEP 1 whose 【해설】 선행사(a dog)와 관계사절의 명사(legs)가 소유 관계이므로 소유격 관계대명사 whose가 적절해요.

　　 2 which 【해설】 선행사(a Welsh Corgi)에 대한 설명을 덧붙이는 관계대명사절에서 관계대명사 that은 쓰일 수 없어요. 선행사가 동물이고 관계대명사절에서 주어 역할을 하므로 주격 관계대명사 which로 써야 해요.

983

The hotel has **the best** night views / in the city.
주어　동사　　목적어　　　수식어
그 호텔은 최고의 야경을 가지고 있다　/　그 도시에서.

I wish // I could stay there / for a week.
주어 동사 // 주어　동사　　　목적어
(~라면 좋을 텐데) // 내가 그곳에서 머물 수 있다면 / 일주일 동안. 〈현재 이루기 힘든 일〉

← I **want to stay** there for a week, but I **can't**.

STEP 1 the best 【해설】 형용사 good의 최상급은 불규칙 변화하여 the best로 나타내요.

　　 2 could 【해설】 I wish 가정법은 〈I wish+주어+could+동사원형〉의 형태로 나타내요.

984

It is *bibimbap* // **that** we are going to make.
바로 비빔밥이다　//　　우리가 만들 것은. 〈목적어 강조〉

← We are going to make *bibimbap*.

Please put on the gloves [**which** are on the table].
동사　　목적어
그 장갑들을 끼세요　　　　[테이블 위에 있는].

STEP 1 bibimbap that we are going to make 【해설】 강조하고자 하는 단어가 to부정사(to make)의 목적어인 bibimbap이므로 It is와 that 사이에 쓰고 나머지 부분은 that 뒤에 쓰면 돼요.

　　 2 ② 【해설】 관계사절 내 동사(are)의 주어 역할을 하는 관계대명사가 필요하므로 동사 앞에 which가 와야 해요.

985

If I **had** time, // I **would join** you.
주어 동사　목적어　주어　동사　목적어
　　과거형
만약 내가 시간이 있다면, //　나는 너와 함께할 텐데. 〈현재 사실과 반대되는 일〉

← I **don't have** time, so I **won't** join you.

But I have *a violin lesson* [**which** finishes at 4 p.m.]
주어 동사　　목적어
하지만 나는 바이올린 수업이 있다　　[오후 4시에 끝나는].

← But I have *a violin lesson*. + **It** finishes at 4 p.m.

STEP 1 had 【해설】 가정법 과거의 if절에서는 동사의 과거형을 써야 하므로 had가 알맞아요.

　　 2 ① 【해설】 밑줄 친 which는 관계사절의 주어 역할을 하는 관계대명사이므로, 이와 쓰임이 다른 것은 ①이에요.
①은 명사절을 이끄는 의문사예요.
① 네가 어떤 책을 가장 좋아하는지 골라.　② 그들은 안에 견과류가 있는 쿠키를 만들었다.　③ 나는 양털로 만들어진 장갑을 꼈다.

986

The most dangerous animal (in the world) / is the mosquito. Mosquitos cause /

주어 … 동사 … 보어 … 주어 … 동사

가장 위험한 동물은 … (세계에서) / 모기이다. … 모기들은 ~의 원인이 된다 /

diseases (such as Malaria). **It is** *the diseases* // **that** kill many people every year.

목적어

질병들 … (말라리아와 같은). … 바로 그 질병들이다 // … 매년 많은 사람들을 죽이는 것은. 〈주어 강조〉

⁂ ← *The diseases* kill many people every year.

⁂ 세계보건기구에 따르면 말라리아, 뎅기열 등과 같은 모기 매개 질병에 의해 매년 725,000명의 사람들이 사망한다고 해요.

STEP 1 The most dangerous 〖해설〗 형용사 dangerous의 최상급은 앞에 the most를 붙여요.

　　 2 is 〖해설〗 강조되는 어구가 복수명사일 때도 앞에 be동사는 항상 단수형으로 써야 해요.

987

A: I want to learn Taekwondo, / a Korean martial art.

주어 동사 … 목적어 … ＝ … 한국의 무술인.

나는 태권도를 배우고 싶다. / 한국의 무술인.

B: So do I! Let's find *a place* [**where** we can learn].

동사 주어 … 동사 … 목적어 ↑

나도 그래! … 장소를 찾아 보자 … [우리가 배울 수 있는].

⁂ ← Let's find *a place*. + We can learn *at the place*.

STEP 1 a Korean martial art 〖해설〗 명사를 보충 설명할 때 〈A+콤마(,)+B〉의 형태로 나타내며, 이때 A와 B는 같은 것으로 해석해요.

　　 2 So do I 〖해설〗 긍정의 동의를 나타내는 〈so+(조)동사+주어〉의 형태를 사용해야 하며, so 뒤에 오는 동사가 일반동사이므로 주어(I)의 인칭과 시제에 맞춰 do를 사용해요.

　　 3 where 〖해설〗 선행사 a place가 장소를 나타내므로 관계부사 where가 알맞아요.

988

Spring is *the time* [**when** I can see lots of flowers].

주어 동사 보어 ↑

봄은 시기이다 … [내가 많은 꽃을 볼 수 있는].

⁂ ← Spring is *the time*. + I can see lots of flowers *during* the time.

The warmer it becomes, // **the more** flowers there are.

보어1 … 주어1 동사1 … 주어2 … 동사2

더 따뜻해질수록, // 더 많은 꽃들이 있다.

STEP 1 ② 〖해설〗 밑줄 친 when은 시간을 나타내는 선행사(the time)를 꾸며 주는 절을 이끄는 관계부사이며, 이와 쓰임이 다른 것은 ②예요.

　　　 ②는 시간(~할 때)을 나타내는 부사절을 이끄는 접속사예요.

　　　 ① 그때가 사과가 맛이 좋을 때이다. ② 내가 집에 왔을 때, 그는 TV를 보고 있었다. ③ 나는 우리가 어른이 되는 날을 기대한다.

　　 2 The warmer it becomes 〖해설〗 '~하면 할수록, 더 …하다'는 〈The 비교급+주어+동사 ~, the 비교급+주어+동사 …〉의 형태로 나타내요.

989

This is **the smallest** room / in the house. *Hardly* **could you put** a bed / in it.

주어 동사 … 보어 … 수식어 … 부정어 … 주어 … 목적어 … 수식어

　　　　　　　　　　　　　　　　　　　　　　　　　　동사

이것은 가장 작은 방이다 / 집에서. … 너는 거의 침대를 둘 수 없다 / 그 안에.

STEP 1 the smallest room 〖해설〗 형용사 small의 최상급은 뒤에 -est를 붙여요.

　　 2 could you put 〖해설〗 부정어가 문장 맨 앞에 오면 '주어-동사'의 순서가 바뀌면서 〈부정어+조동사+주어+동사원형〉의 형태로 나타내요.

990

Mom is not going to like // **the way[how]** you are dressed.
주어 　　　　 동사 　　　　　　　 목적어
엄마는 좋아하시지 않을 것이다 // 네가 옷을 입은 방식을.

So **if** I **were** you, // I **would change** / into *something* different.
주어′ were 보어′ 　주어 　 동사 　　　　 수식어
그래서 만약 내가 너라면, // 나는 갈아입을 텐데 / 다른 무언가로. 〈현재나 미래에 일어날 수 없는 일〉

▶ STEP 1 how [해설] 선행사가 the way인 경우, the way나 관계부사 how 중 하나만 써야 해요.

　　　　2 would [해설] 현재에 일어날 가능성이 없는 일은 if 가정법 과거로 나타내며, 가정법 과거의 주절은 〈주어+would/could+동사원형〉의 형태로 나타내요.

991

The guest speaker, / Ms. Kelly, / will talk / about ***problems*** [(that) teenagers have. ●]
　　　 주어 　　　 = 　　　　　　 동사 　　　 수식어 　　　　　　　　　　　
초청 강사는, / 켈리 씨인데, / 이야기할 거예요 / 문제들에 대해 　　 [십대들이 가지고 있는].

Anyone [**who** is interested] / can come.
　주어↑ 　　　　　　　　　　　 동사
누구든 　 [관심이 있는] / 올 수 있어요.

♣ ← The guest speaker, Ms. Kelly, will talk about ***problems***. + Teenagers have **them**.
♣ ← ***Anyone*** can come. + **He/She** is interested.

▶ STEP 1 Ms. Kelly

　　　　2 ③ [해설] 관계사절 내 동사(have)의 목적어 역할을 하는 관계대명사 that은 선행사(problems) 바로 뒤에 와야 해요. 이때 관계대명사 that 대신 which가 쓰일 수도 있어요.

　　　　3 [who is interested]

Level Up Sentences **17**

992

The howler monkey is **the loudest** land animal.
　　　주어　　　　　　동사　　　　　　　보어
짖는 원숭이는 가장 시끄러운 육지 동물이다.

It makes *sounds* [**that** reach 140 decibels]. That's **as loud** / **as** a jet engine.
주어　동사　목적어└─────────────┘　　　　　　　주어　동사　　보어
그것은 소리를 낸다　　　[140 데시벨에 이르는].　　　　그것은 시끄럽다　/ 제트 엔진(이 시끄러운 것)만큼.

　← It makes **sounds**. + **They** reach 140 decibels.
　It = The howler monkey

STEP 1 reach 【해설】 주격 관계대명사절 안의 동사는 선행사(sounds)에 수를 일치시키므로 reach가 알맞아요.
　　　2 as loud as 【해설】 '~만큼 …한'은 〈as 형용사 as〉로 나타낼 수 있어요.

993

The more the teacher helped Tim, // **the better** his attitude became.
　수식어1　　　　주어1　　동사1　　목적어1　　　수식어2　　　　주어2　　　동사2
그 선생님이 팀을 도울수록,　　　　//　　　그의 태도는 더 좋아졌다.

She **did** *make* a big difference / in his life.
주어　　동사　　　　　보어　　　　　수식어
그녀는 정말로 큰 변화를 만들었다　/　그의 인생에서.

STEP 1 the better 【해설】 문장 맨 앞에 The more가 있고 문맥상 '~하면 할수록, 더 …하다'라는 의미가 적절하므로 〈the 비교급〉으로 고쳐야
　　　해요.
　　　2 make 【해설】 동사를 강조하는 조동사 do 뒤에는 항상 동사원형이 와야 해요.

994

Jenny doesn't know *the reason* [**why** Kate didn't come], // and *neither* do I.
주어1　　　동사1　　　목적어1└──────────────┘　　　　　　　　동사2 주어2
제니는 이유를 모른다　　　[왜 케이트가 오지 않았는지],　//　그리고 나도 그렇다. (나도 모른다.)

　← Jenny doesn't know *the reason*. + Kate didn't come *for the reason*.
　= ~, and I *don't know the reason why Kate didn't come, either*.

STEP 1 why 【해설】 선행사가 이유(the reason)를 나타내므로 관계부사 why가 적절해요.
　　　2 neither do I 【해설】 앞 내용을 받아 부정(doesn't know)의 동의를 나타내므로 〈neither+(조)동사+주어〉로 나타내요.

995

Body language, / **which** we use in every conversation, // is powerful.
　주어　　　　　　　　　　　　　　　　　　　　　　　동사　　보어
몸짓 언어는,　/　우리가 모든 대화에서 사용하는데,　//　강력하다.

　← We use body language in every conversation, **and it** is powerful.

It shows // **what** we think / **more clearly** / **than** words.
주어　동사　　　　　　　　　　　　수식어　　　　　~ than words show.
　　　　　　　　목적어
그것은 보여준다//　우리가 생각하는 것을　/　더 명백하게　/　말(이 보여주는 것)보다.

　= It shows **the thing which[that]** we think more clearly than words.
　It = Body language

STEP 1 (which we use in every conversation) 【해설】 관계대명사 which가 이끄는 절은 선행사(Body language)에 대해 보충 설명하
　　　는 역할을 해요.
　　　2 what 【해설】 네모 앞에 선행사가 없으므로 선행사를 포함한 관계대명사 what이 적절해요.
　　　3 more clearly

996

What I said to Mina // made her really upset.
_{목' 주어 동'}   _{동사 목적어 보어}
내가 미나에게 말한 것은   //   그녀를 매우 속상하게 만들었다.

= **The thing which[that]** I said to Mina made her really upset.

I wish // I could take it back.
_{주어 동사}   _{주' 동' 목'}   _{목적어}
(~라면) 좋을 텐데 // 내가 그것을 취소할 수 있다면. 〈현재 이루기 힘든 일〉

← **I want to take it back**, but **I can't**.

STEP 1 ② 해설 밑줄 친 What은 선행사를 포함한 관계대명사이므로, 이와 쓰임이 다른 것은 ②예요. ②는 '무엇'을 뜻하는 의문사예요.
① 피자는 내가 원하는 것이다. ② 그 실수가 무엇이었는지 내게 말해 줘. ③ 네가 필요한 것은 푹 쉬는 것이다.

2 could 해설 현재 이루기 힘든 일을 가정하므로 〈I wish+가정법 과거〉로 나타내요. 따라서 조동사 과거형 could가 알맞아요.

997

A: *Here* is the shrimp salad. Enjoy your meal.
_{부사 동사}   _{주어}   _{동사 목적어}
여기 새우 샐러드가 있습니다.   당신의 식사를 즐기세요.
↳ 식사 맛있게 하세요.

B: This is not // what I ordered. It is the chicken salad // that I ordered.
_{주어 동사}   _{목' 주' 동'}   _{보어}
그것은 (~이) 아니에요 //   제가 주문한 것.   바로 치킨 샐러드예요   //   제가 주문한 것은. 〈명사(목적어) 강조〉

= This is not **the thing which[that]** I ordered.

STEP 1 what

2 It is the chicken salad that I ordered 해설 강조구문 〈It is[was] ~ that ...〉으로 나타낼 수 있어요. 강조되는 어구가 the chicken salad이므로 It is와 that 사이에 쓰고 나머지는 that 뒤에 쓰면 돼요.

998

A balloon flew away. *The baby* [who was holding the balloon] / started crying.
_{주어}   _{동사}   _{주어 주' 동' 목'}   _{동사 목적어}
풍선 하나가 날아가 버렸다.   그 아기는   [그 풍선을 들고 있던]   /   울기 시작했다.

If I were tall enough, // I could get the balloon / for the baby.
_{주어' were 보어}   _{주어 동사 목적어}   _{수식어}
만약 내가 키가 충분히 크다면,   //   내가 풍선을 가져올 수 있을 텐데   /   그 아기를 위해. 〈현재나 미래에 일어날 수 없는 일〉

start는 동명사와 to부정사를 둘 다 목적어로 취하는 동사예요.

enough는 부사로 쓰일 때 형용사나 다른 부사를 뒤에서 꾸며 줘요.

STEP 1 who 해할 선행사가 사람(The baby)이고 관계사절 안에서 주어 역할을 하므로 주격 관계대명사 who가 적절해요.

2 could get

999

Venus is the hottest planet / in the solar system.
_{주어 동사 보어}   _{수식어}
금성은 가장 뜨거운 행성이다   /   태양계에서.

And it is *the planet* [which is the second closest / from the Sun].
_{주어 동사 보어}   _{주' 동' 보'}   _{수'}
그리고 그것은 행성이다   [두 번째로 가까운   /   태양으로부터].

STEP 1 the hottest planet in the solar system

2 which 해설 선행사(the planet)가 있고 관계사절 안에서 주어 역할을 하므로 주격 관계대명사 which가 적절해요.

1000

My grandmother enjoys making pies, / **which** I love ● so much.
　　주어　　　　動사　　　목적어
나의 할머니는 파이 만드는 것을 즐기신다. / 그리고 나는 그것들을 정말 많이 좋아한다.

= My grandmother enjoys making pies, **and** I love **them** so much.

Food is one (of **the many things**) [**that** connect us].
주어　動사　보어　　　（많은 것들 중에）　　[우리를 연결하는].
음식은 하나이다

STEP 1　which, that　해설 첫 번째 빈칸에는 선행사 pies를 보충 설명하는 절을 이끌 수 있는 관계대명사 which가 알맞아요. 관계대명사 that은 이러한 역할로는 쓸 수 없어요.

　　2　connect　해설 관계대명사 that절의 선행사는 바로 앞의 복수명사 the many things이므로 connect가 알맞아요.

1001

Police dogs can do **things** [(**that**) police officers cannot ●].
　주어　　　動사　　목적어　　　　[경찰관들이 할 수 없는].
경찰견들은 일들을 할 수 있다

They can find things better / with their powerful noses / and run faster
주어　　動사1　목적어1　수식어1　　　수식어1　　　　動사2　수식어2
그들은 물건들을 더 잘 찾을 수 있다 / 그들의 강력한 코로 / 그리고 더 빨리 달릴 수 있다

/ **than** any human being.
~ than any human being can find things and run.
/ 어느 인간(이 물건들을 찾고 달릴 수 있는 것)보다도.

STEP 1　③ 해설 밑줄 친 that은 목적격 관계대명사이므로 생략할 수 있어요. ③의 that도 관계사절(that you like ●) 안에서 목적어 역할을 하므로 생략할 수 있어요. ①과 ②는 주격 관계대명사로 쓰였으므로 생략할 수 없어요.
　　① 곤충을 먹는 식물이 있다.　② 나는 훌륭한 음식을 제공하는 식당을 알고 있다.　③ 네가 좋아하는 과목을 선택해.

　　2　as → than

WORKBOOK

ANSWER

CHAPTER 13 현재완료

UNIT 50 현재완료의 개념과 형태
본문 p.4

A 1 cleaned | 우리는 거실을 방금 청소했다.
2 had | 나는 일주일 동안 콧물이 났다.
3 seen | 그는 그 영화를 여러 번 봤다.
4 taught | 브라운 씨는 여러 해 동안 영어를 가르치셨다.
5 played | 토미와 나는 전에 같이 축구를 했다.

B 1 studied | 나는 한 달 동안 스페인어를 계속 공부해 왔다.
해설 현재완료 기본 형태는 〈have/has+p.p.(과거분사)〉이므로 동사 study의 과거분사 형태 studied로 써야 해요.
2 gone | 아이들은 방금 자러 갔다.
해설 go는 불규칙 변화형 동사이며 과거분사형은 gone이에요.
3 has arrived | 당신의 소포가 도착했어요.
해설 주어가 3인칭 단수(Your package)이므로 현재완료는 〈has+p.p.〉 형태로 써야 해요.
4 has read | 내 여동생은 전에 그 책을 읽은 적이 있다.
해설 주어(My sister)가 3인칭 단수이더라도 과거분사 뒤에 -s는 붙지 않아요.

C 1 has known Walter
2 has seen
3 She has acted
4 have become popular

UNIT 51 현재완료의 부정문과 의문문
본문 p.5

A 1 have not[haven't] | 나는 일 년 동안 아픈 적이 없다.
해설 현재완료의 부정은 have 바로 뒤에 not이 오므로, have not 또는 haven't로 고쳐 써야 해요.
2 Have you tried | 너는 전에 인도 음식을 먹어본 적이 있니?
해설 현재완료의 의문문은 주어와 p.p.(과거분사)의 순서를 바꾼 〈Have/Has+주어+p.p. ~?〉의 형태예요.
3 Has John | 존은 일본에 가본 적이 있니?
해설 주어가 3인칭 단수(John)이므로 Have 대신 Has로 고쳐 써야 해요.
4 hasn't come | 그녀는 아직 집에 돌아오지 않았다.
해설 주어가 3인칭 단수일 때 현재완료의 부정은 〈hasn't[has not]+p.p.〉로 써야 하므로, 과거분사형 come으로 고쳐 써야 해요.

B 1 He has not made any plans
2 Has Lisa left for school
3 Have you changed your mind

C 1 Has Chris visited
2 I have not eaten
3 Have you seen my glasses
4 We have not talked

UNIT 52 현재완료의 주요 의미
본문 p.6

A 1 ⓒ | 비가 막 멈췄다.
해설 just와 같이 쓰인 현재완료 문장은 '완료'를 나타내며 '막 ~했다'로 해석해요.
2 ⓑ | 그는 자신의 방을 한 번도 가져본 적이 없다.
해설 never와 같이 쓰인 현재완료 문장은 '경험'을 나타내며 '한 번도 ~한 적이 없다'로 해석해요.
3 ⓓ | 우유가 치즈로 변했다.
해설 우유가 변화 과정을 거쳐 치즈로 변했다는 내용이므로 '결과'를 나타내요.
4 ⓐ | 포터 씨는 일 년 동안 토론토에서 살았다.
해설 기간을 나타내는 표현(for a year)과 같이 쓰인 현재완료 문장은 '계속'을 나타내며 '쭉 ~해왔다'로 해석해요.

B 1 찾지 못했다
2 한 번도 가 본 적이 없다
3 기다렸다[기다려왔다]

C 1 Have you ever tried
해설 〈Have you ever p.p. ~? (너는 ~한 적이 있니?)〉는 대표적으로 '경험'을 의미하는 표현이에요.
2 They have already fixed
해설 부사 already는 주로 have와 p.p. 사이에 쓰여요.
3 has worked, for four years

UNIT 53 현재완료와 과거
본문 p.7

A 1 made | 나는 어제 시험에서 실수를 했다.
해설 yesterday, ago, last 등 특정 과거 시점을 나타내는 표현은 현재완료와 함께 사용할 수 없어요.
2 have been | 제인과 그녀의 남동생[오빠]은 지난주부터 아팠다.
해설 since가 함께 쓰여 과거부터 현재까지 계속된 상태를 나타내므로 현재완료 have been이 알맞아요.
3 has worked | 그는 3년 동안 병원에서 일해왔다.
4 did he live | 그는 2021년에 어디서 살았나요?
해설 〈in+특정 연도〉는 분명한 과거를 나타내는 표현으로 현재완료와 함께 쓸 수 없어요.

B 1 took | 팀은 어제 집에 가는 잘못된 버스를 탔다.
2 has planned | 루이스는 지난달부터 그 휴가를 계획했다.
3 invented | 토마스 에디슨은 1879년에 전구를 발명했다.
4 hasn't[has not] been
| 그녀의 가족은 아직 캐나다에 가 본 적이 없다.
해설 yet은 현재완료 부정문과 함께 자주 쓰여 과거에 시작한 행동이 아직 끝나지 않은 상태를 나타내요.

C 1 hasn't seen him since
2 gave gifts to my friends
3 Did you visit your grandmother
4 has stayed in Beijing for

Chapter 통합 Exercises 13

A 1 have climbed　　2 have forgotten
3 has been　　4 has not taken

B 1 arrived, 벌써 도착했니
2 written, 소설을 쓰지 않았다
3 has kept, 일기를 썼다
　　해설 since가 함께 쓰여 과거부터 현재까지 계속된 상태를 나타내므로
　　has kept로 고쳐 써야 해요.
4 have never watched, 한 번도 본 적이 없다
　　해설 현재완료의 부정은 have 바로 뒤에 never 또는 not을 넣어 나타
　　내요.
5 got[had], 어제 눈 수술을 받았다
　　해설 특정 과거 시점을 나타내는 표현 yesterday가 있으므로 동사의 과
　　거형 got 또는 had로 나타내야 해요.

C 1 ⓒ, hasn't[has not] come home
　　| 나의 누나[언니, 여동생]는 외출했다. 그녀는 지금 집에 있지 않다.
　　→ 나의 누나[언니, 여동생]는 아직 집에 오지 않았다.
　　해설 '완료'를 나타내는 현재완료는 yet과 같은 표현과 함께 잘 쓰여요.
2 ⓓ, We have become close
　　| 우리는 전에 친하지 않았다. 이제 우리는 친하다.
　　→ 우리는 이제 친해졌다.
　　해설 과거와 달리 친해졌다는 내용으로 현재완료의 '결과'를 나타내요.
3 ⓑ, I have ridden a horse
　　| 나는 지난 여름 승마를 했다. 나는 이번 여름에 또 승마를 했다.
　　→ 나는 승마를 두 번 했다.
　　해설 '경험'을 나타내는 현재완료는 twice와 같이 횟수를 나타내는 표현
　　과 함께 잘 쓰여요.
4 ⓐ, Fred has lived in Chicago
　　| 프레드는 2020년에 시카고로 이사를 왔다. 그는 지금 아직도 그곳에
　　산다. → 프레드는 2020년부터 시카고에 살고 있다.
　　해설 '계속'을 나타내는 현재완료는 since와 자주 쓰이며, since 뒤에는
　　기준이 되는 시점인 2020년이 와요.

D **영작**
2 I have
　　해설 현재완료 의문문에 대한 긍정의 대답은 〈Yes, 주어 + have/has.〉
　　로 해요.
6 I have been a fan of the writer
8 has just released a new book

해석
1 너는 전에 이 책을 읽은 적이 있니
3 나는 지난달에 그것[그 책]을 읽었어

CHAPTER 14 수동태

UNIT 54 수동태의 개념과 형태

A 1 closed | 그 박물관은 휴일에 닫혀있니?
　　해설 주어(the museum)가 동사(close)의 동작을 받으므로 수동태를
　　사용하며, 동사 close의 과거분사형인 closed로 고쳐 써야 해요.
2 sold | 그는 어제 그의 친구에게 그의 책들을 팔았다.
　　해설 주어(He)가 '판매하는(sell)' 주체이므로 '주어-동사'는 능동관계예
　　요.
3 are not[aren't] allowed | 큰 트럭들은 이 다리를 건너는 것이 허용
　　되지 않는다.
　　해설 주어(Big trucks)가 복수명사이므로 be동사는 are로 써야 해요.
4 is not[isn't] owned | 이 가게는 내 할아버지의 소유가 아니다.
　　해설 수동태의 부정문은 〈be동사+not+p.p.〉로 나타내요.

B 1 잠겼나요
2 쓰여 있다
3 불린다

C 1 aren't held
2 Is your hair damaged
3 is caused by

UNIT 55 수동태의 시제 표현

A 1 was | 최초의 자동차는 1886년에 발명되었다.
　　해설 수동태의 과거는 be동사의 과거형을 써서 〈was/were+p.p.〉로
　　나타내요.
2 was | 그 소포는 지난 수요일에 배송되었다.
　　해설 주어(The package)가 3인칭 단수이므로 be동사는 was를 써야
　　해요.
3 will be | 그 벽은 다음 주에 초록색으로 페인트칠 될 것이다.
　　해설 수동태의 미래는 〈will+be+p.p.〉로 나타내요.
4 will be | 새로운 도서관은 2주 이내로 완성될 것이다.
　　해설 주어(A new library)가 3인칭 단수라도 will의 형태는 변하지 않아요.

B 1 was repaired
2 weren't hurt
3 will be dropped

C 1 was passed | 다니엘은 내게 그 공을 패스했다. → 그 공은 다니엘에
　　의해 내게 패스되었다.
2 was taken | 마리아는 맥스를 병원으로 데려갔다. → 맥스는 마리아에
　　의해 병원으로 데려가졌다.
3 will be changed | 제니는 모임 시간을 네 시로 바꿀 것이다. → 모임
　　시간은 제니에 의해 네 시로 바뀔 것이다.

UNIT 56 주의해야 할 수동태

본문 p.12

A **1** be | 창문들은 밤에 닫혀 있어야 한다.

해설 조동사가 포함된 수동태는 〈조동사+be+p.p.〉로 써요.

2 must be | 케이크는 파티를 위해 준비되어 있어야 한다.

3 not be | 그의 부드러운 목소리는 들리지 않을 수 있었다.

해설 조동사가 포함된 수동태의 부정문은 〈조동사+not+be+p.p.〉로 나타내요.

4 was put off | 그 여행은 다음 달까지 미뤄졌다.

해설 put off는 '~을 미루다'라는 뜻의 구동사이며, 구동사의 수동태는 〈be+p.p.+나머지 부분〉으로 나타내요.

B **1** 들어 올려졌다

2 느껴질 수 있다

3 존경 받는다

C **1** were woken up

2 was asked for

해설 주어(His ID card)가 단수명사이므로 be동사는 was로 써야 해요.

3 must be thrown

UNIT 57 수동태의 관용적 표현

본문 p.13

A **1** in | 독도는 동해에 위치해 있다.

해설 '~에 위치해 있다'는 의미를 나타낼 때 be located in[at]을 사용해요.

2 for | 파리는 에펠 탑으로 잘 알려져 있다.

해설 '~로 알려져 있다[유명하다] (이유)'는 의미를 나타낼 때 be known for를 사용해요.

3 to | 그의 재능은 세상에 알려질 것이다.

해설 '~에게 알려져 있다 (대상)'는 의미를 나타낼 때 be known to를 사용해요.

4 with | 공항은 많은 관광객들로 붐볐다.

해설 '~로 붐비다'는 의미를 나타낼 때 be crowded with를 사용해요.

B **1** 스포츠에 관심이 있다

2 그 비싼 가격에 놀랐다

3 눈으로 덮여 있니

C **1** is filled with

해설 '~로 가득 차 있다'는 의미를 나타낼 때 be filled with를 사용해요.

2 are scared of

해설 '~을 두려워하다'는 의미를 나타낼 때 be scared of를 사용해요.

3 is satisfied with

해설 '~에 만족하다'는 의미를 나타낼 때 be satisfied with를 사용해요.

Chapter 통합 Exercises 14

A **1** are worn

2 was built

3 will be given

4 wasn't pleased

B **1** taken, 찍혔니

해설 주어(this picture)가 '찍히는' 동작의 대상이므로 수동태를 사용하여 과거분사 형태인 taken으로 고쳐 써야 해요.

2 are, 준비된다

해설 주어 School meals가 복수명사이므로 be동사는 are로 고쳐 써야 해요.

3 be returned, 반납되어야 한다

해설 조동사가 포함된 수동태는 〈조동사+be+p.p.〉의 형태이므로 be returned로 고쳐 써야 해요.

4 with, 관광객들로 붐빈다

해설 '~로 붐비다'는 be crowded with로 나타내요.

5 will be delivered, 배달될 것이다

해설 수동태의 미래는 〈will+be+p.p.〉로 나타내요.

C **1** were raised

해설 수동태의 과거는 〈was/were+p.p.〉로 써요. 주어 They가 복수명사이므로 were raised로 써야 해요.

2 should be chosen by

3 is known as

해설 '~로 알려져 있다 (명칭, 별칭)'는 의미를 나타낼 때 be known as를 사용해요. 이때 주어(The Indian Festival *Holi*)가 셀 수 없는 명사이므로 be동사는 is로 써요.

4 must be washed, thrown away

D **영작**

1 a puppy was born

4 is taken care of by

6 His health should be checked

해석

2 그것은 웬디에게 주어졌다

5 수의사에게 데려가질 것이다

CHAPTER 15 부정사

UNIT 58 명사 역할의 부정사

———————————————— 본문 p.16

A **1 to tell** | 너는 그녀에게 사실을 말해야 해.

해설 need는 to부정사를 목적어로 가지는 동사이므로 to tell이 알맞아요.

2 to be | 나는 반장이 되고 싶었다.

해설 want는 to부정사를 목적어로 가지는 동사이므로, to 뒤에는 be동사의 원형인 be가 와야 해요.

3 to exercise | 제이크의 계획은 매일 아침 운동하는 것이다.

해설 동사 is 뒤에는 문장의 보어 역할을 하는 to부정사가 와야 해요. be동사와 일반동사는 함께 쓸 수 없어요.

4 impossible to get | 거기에 제때 도착하는 것은 불가능하다.

해설 진주어인 to부정사가 문장 뒤로 보내진 구조이므로, 〈It+be동사+형용사(impossible)+to부정사〉로 나타내요.

B **1** 통과하는 것이다

2 머무르기로

3 아이들이 예절을 배우는 것은

해설 to부정사 앞의 for children은 의미상 주어이며 '아이들이 ~'로 해석해요.

C **1 to teach**

2 planned to visit

3 is dangerous to walk

UNIT 59 형용사, 부사 역할의 부정사

———————————————— 본문 p.17

A **1 ⓑ** | 마이크는 티나에게 인사를 하기 위해 왔다.

해설 '~하기 위해서'라는 뜻으로 '목적'을 나타내는 to부정사의 부사적 쓰임이에요.

2 ⓓ | 그 수학 문제는 풀기에 어려웠다.

해설 '~하기에 …인[한]'이라는 뜻으로 앞의 형용사(difficult)를 꾸며 주는 to부정사의 부사적 쓰임이에요.

3 ⓒ | 나는 집에 돌아와서 매우 행복하다.

해설 '~해서 …인[한]'이라는 뜻으로 '감정의 원인'을 나타내는 to부정사의 부사적 쓰임이에요.

4 ⓐ | 도서관은 공부하기에 완벽한 장소이다.

해설 '~하는, ~할'이라는 뜻으로 앞의 명사(a perfect place)를 꾸며 주는 to부정사의 형용사적 쓰임이에요.

B **1 great news to share**

2 is simple to follow

3 not to forget anything

해설 to부정사의 부정형은 〈not+to+동사원형〉으로 나타내요. 여기서 anything은 동사 forget의 목적어예요.

C **1 is easy, to read** | 이 책은 쉽다. 모두가 그것을 읽을 수 있다.

→ 이 책은 모두가 읽기에 쉽다.

2 are excited to travel | 우리는 부산으로 여행갈 것이다. 우리는 신이 났다.

→ 우리는 부산으로 여행가게 되어 신이 났다.

3 need more time to think | 나는 그 문제에 대해 생각해 봐야 한다. 나는 시간이 더 필요하다.

→ 나는 그 문제에 대해 생각할 시간이 더 필요하다.

UNIT 60 부정사를 포함한 주요 구문

———————————————— 본문 p.18

A **1 where to go** | 그는 여기서 어디로 가야 하는지 우리에게 보여줄 것이다.

해설 〈의문사+to부정사〉가 동사(will show)의 직접목적어 자리에 쓰였으므로 where to go로 고쳐 써야 해요.

2 smart enough | 그는 답을 알 정도로 충분히 똑똑하다.

해설 '~할 만큼[하기에] 충분히 …하다'라는 의미는 〈형용사/부사+enough+to부정사〉로 나타내요.

3 too busy to | 엄마는 너무 바빠서 저녁을 준비하실 수 없었다.

해설 '너무 ~해서 …할 수 없다'라는 의미는 〈too+형용사/부사+to부정사〉로 나타내요.

4 how to use | 너는 젓가락을 어떻게 사용해야 하는지 배워야 한다.

B **1** 무슨 말을 해야 할지

2 들어갈 만큼 충분히 작다

3 너무 키가 작아서 탈 수 없었다

C **1 too salty to eat**

2 where to find

3 kind enough to lend

UNIT 61 목적격보어로 쓰이는 부정사

———————————————— 본문 p.19

A **1 to turn off** | 엄마는 내가 TV를 끄기를 원하셨다.

해설 동사 want의 목적격보어 자리에는 to부정사가 와야 해요.

2 call[calling] | 그 아이들은 그들의 선생님이 그들을 부르는 것을 들었다.

해설 지각동사(hear)의 목적격보어 자리에는 원형부정사 또는 동사의 -ing형이 와야 해요.

3 change | 그의 조언은 그녀가 그녀의 생각을 바꾸도록 했다.

해설 사역동사(make, have, let 등)의 목적격보어 자리에는 원형부정사가 와야 해요.

4 take | 그 감독은 팀이 휴식을 갖도록 허락했다.

B **1** 너를 데려오라고 요청[부탁]했다

2 정직하기를 예상[기대]한다

3 산책하는 것을 보았다

C **1 advised him not to say**

해설 to부정사의 부정형은 to 바로 앞에 not을 써야 해요.

2 told me to water

3 smelled the cake burn[burning]

해설 '목적어가 ~하는 것을 냄새 맡다'라는 의미를 나타낼 때 〈smell+목적어+원형부정사〉의 형태로 써요. 원형부정사 대신 동사의 -ing형을 쓸 수도 있는데 이는 동작이 진행 중인 것을 강조해요.

본문 p.20

 Chapter 통합 Exercises 15

A 1 to borrow
　해설 '~하기 위해'라는 목적의 의미는 to부정사로 나타낼 수 있어요.

2 feel
　해설 〈make+목적어+목적격보어〉 구조에서 목적격보어 자리에는 원형부정사가 와야 해요.

3 to do
　해설 '무엇을 ~해야 할지'라는 의미는 〈what+to부정사〉로 나타내요.

4 to exercise
　해설 〈It+be동사+형용사+의미상의 주어(for Thomas)+to부정사〉 구조이므로, for Thomas 뒤에는 〈to+동사원형〉으로 나타내요.

B 1 too dark to see, 너무 어두워서 아무것도 보이지 않았다
　해설 〈too+형용사/부사+to부정사〉를 써서 '너무 ~해서 …할 수 없다'라는 의미를 나타내요.

2 to catch, 마지막 버스를 타게 되어
　해설 〈형용사+to부정사〉는 '~하기에 …인[한]'이라는 뜻으로 감정의 원인을 나타내요.

3 to fix, 컴퓨터를 고쳐달라고 요청[부탁]했다
　해설 〈ask+목적어+목적격보어〉 구조에서 목적격보어 자리에는 to부정사가 와야 해요.

4 for me to wake up, 내가 아침에 일찍 일어나는 것은
　해설 to부정사의 의미상의 주어는 to부정사 바로 앞에 〈for+목적격〉으로 나타내요.

5 enough to reach, 닿을 만큼 충분히 키가 크다
　해설 〈형용사/부사+enough+to부정사〉로 '~할 만큼[하기에] 충분히 …하다'라는 의미를 나타내요.

C 1 practiced hard to sing
2 is interesting to hear
3 too deep to swim in
4 is old enough to take care of

D 영작
1 wanted to do well
3 asked Robert to help her
5 showed her how to solve

　해석
4 그 시험을 준비하는 것을 도와주었다
6 만점을 받기 위해 열심히 공부했다

CHAPTER 16 동명사

UNIT 62 주어, 보어, 목적어로 쓰이는 동명사
본문 p.22

A 1 주어 | 새 친구를 사귀는 것은 내게 쉽지 않다.
　해설 동명사가 문장의 맨 앞에 쓰여 주어 역할을 해요.

2 보어 | 내 꿈은 전 세계를 여행하는 것이다.
　해설 동명사가 be동사 뒤에 쓰일 때 주어를 보충 설명해주는 보어 역할을 해요.

3 목적어 | 그 아기는 밤 동안 계속 울었다.
　해설 동사 keep은 동명사를 목적어로 취하는 동사예요.

4 목적어 | 제임스는 매일 플루트 연주하는 것을 연습한다.
　해설 동사 practice는 동명사를 목적어로 취하는 동사예요.

B 1 사진을 찍는 것이다
2 껌을 씹는 것은
　해설 동명사가 동사(is) 앞 주어 자리에 올 때 '~하는 것은, ~하기는'으로 해석해요.
3 생각하는 것을 그만 두었다

C 1 jogging
2 Taking a nap
3 eating too much sugar
　해설 avoid는 동명사를 목적어로 취하는 동사이므로 eating too much sugar로 써야 해요.

UNIT 63 동명사 vs. to부정사
본문 p.23

A 1 moving | 그들은 서울로 이사 갈 것을 생각하고 있다.
　해설 전치사(about)의 목적어로는 동명사(동사+-ing) 형태가 와야 해요.

2 taking | 나는 지난 학기에 이 수업을 들었던 것을 잊어버렸다.
　해설 문맥상 '(예전에) ~했던 것을 잊어버리다'라는 의미가 적절하므로 동명사로 나타내요.

3 training | 팀은 열심히 훈련함으로써 금메달을 땄다.

4 to wash | 나는 이 셔츠를 내일 세탁하는 것을 기억해야 한다.
　해설 문맥상 '(앞으로) ~할 것을 기억하다'라는 의미가 적절하므로 to부정사로 나타내요.

B 1 파리를 방문했던 것을
2 그녀의 여권을 가져가는 것을
3 시험 삼아 야구를 해보았다

C 1 remember meeting Tom
　해설 '~했던 것을 기억하다'라는 의미는 remember doing으로 나타내요.
2 without asking me
3 tried to explain
　해설 '~하려고 노력하다'라는 의미는 try to do로 나타내요.

UNIT 64 동명사를 포함한 주요 표현

———— 본문 p.24

A **1 studying** | 나는 영화를 공부하는 것에 관심 있다.

해설 '~하는 데 관심 있다'라는 의미는 be interested in doing으로 나타내요.

2 reading | 이 책은 읽을 만한 가치가 있다.

해설 '~할 만한 가치가 있다'라는 의미는 be worth doing으로 나타내요.

3 taking | 공원에서 산책을 하는 게 어때?

해설 '~하는 게 어때?'라는 의미는 How about doing ~?으로 나타내요.

4 fishing | 나의 아빠는 주말마다 오빠[형, 남동생]와 낚시하러 가신다.

해설 '~하러 가다'라는 의미는 go doing으로 나타내요.

B **1** 도와 주셔서 감사합니다

2 사는 것을 기대하고 있다

3 웃지 않을 수 없다

C **1 is good at fixing**

해설 '~을 잘하다'라는 의미는 be good at doing으로 나타내요. 여기서 things는 fixing의 목적어예요.

2 is afraid of being

해설 '~하는 것을 두려워하다'라는 의미는 be afraid of doing으로 나타내요. 여기서 alone은 being의 보어예요.

3 feel like eating something sweet

해설 '~하고 싶다'라는 의미는 feel like doing으로 나타내요. 또한, -thing으로 끝나는 대명사는 형용사가 뒤에서 수식하므로, eating의 목적어는 something sweet로 나타내요.

———— 본문 p.25

Chapter 통합 Exercises 16

A **1 getting**   **2 looking**
3 making   **4 Eating**

B **1 talking, 이야기하는 것을**

해설 enjoy는 동명사를 목적어로 취하는 동사이므로 talking으로 써야 해요.

2 is, 꽃을 돌보는 것은

해설 동명사 주어 뒤에 오는 동사는 항상 단수형으로 써요.

3 teaching, 가르치는 것이다

해설 동명사가 be동사 뒤에 와서 보어 역할을 할 때는 '~하는 것(이다)'로 해석해요.

4 going, 자고 싶다

해설 '~하고 싶다'라는 의미는 feel like doing으로 나타내므로 going이 오는 것이 적절해요.

5 to bring, 가지고 올 것을 기억하세요

해설 문맥상 '(앞으로) ~할 것을 기억하다'라는 의미가 적절하므로 to부정사로 나타내요.

C **1 doesn't mind walking**

해설 mind는 동명사를 목적어로 취하는 동사이므로 뒤에 walking이 오는 것이 적절해요.

2 tried to have

해설 '~하려고 노력하다'라는 의미는 try to do로 나타내요. 여기서 a talk는 have의 목적어예요.

3 were afraid of losing

해설 전치사(of)의 목적어로는 동명사를 써야 하므로 lose를 losing으로 바꿔 써야 해요.

4 Learning about other cultures

D 영작

4 finished mixing everything

8 She forgot to add

해설 '~할 것을 잊어버리다'라는 의미는 forget to do로 나타내요.

해석

1 레나의 취미는 빵을 굽는 것이다

2 그녀는 쿠키를 만들고 싶었다

6 조리법에 대해 생각하기 시작했다

CHAPTER 17 분사

UNIT 65 명사를 꾸며 주는 분사

———— 본문 p.27

A **1 standing** | 문가에 서 있는 그 남자는 내 삼촌이다.

해설 '~하는(능동)'의 의미를 나타내는 -ing 형태로 써야 해요.

2 built | 1897년에 지어진 그 교회는 오늘날에도 아직 사용되고 있다.

해설 수식받는 명사(The church)가 다른 누군가에 의해 '지어진(수동)' 것이므로 p.p. 형태로 써야 해요.

3 dried | 그 가게는 말린 과일과 다른 간식들을 판다.

해설 수식받는 명사(fruit)가 다른 누군가에 의해 '말려진(수동)' 것이므로 p.p. 형태로 써야 해요.

4 crying | 그 엄마는 자신의 울고 있는 아기에게로 달려갔다.

해설 '~하고 있는(진행)'의 의미를 나타내는 -ing 형태로 써야 해요.

B **1** 타고 있는 양초를

2 삶은 계란으로

3 우비를 입고 있는 저 여자아이를

C **1 The sleeping dog**

2 Look at the shining star

3 the letter sent by Tim

UNIT 66 감정을 나타내는 분사

———— 본문 p.28

A **1 (1) surprising** | 앨리슨은 놀라운 연설을 했다.

해설 수식받는 명사(speech)가 다른 누군가에게 감정을 일으키므로 -ing 형태가 적절해요.

(2) surprised | 그 연설은 모두를 놀라게 만들었다.

해설 목적어(everyone)가 직접 감정을 느끼는 것이므로 p.p. 형태가 알맞아요.

2 (1) disappointing | 나는 그 연극이 실망스럽다는 것을 알게 되었다.

[해설] 목적어(the play)가 다른 누군가에게 감정을 일으키므로 -ing 형태가 적절해요. 문장에서 〈find+목적어+목적격보어〉 구조가 쓰여 '~가 …하다는 것을 알게 되다[깨닫다]'의 의미로 쓰였어요.

(2) disappointed | 관객들도 실망스러워했다.

[해설] 주어(The audience)가 직접 감정을 느끼는 것이므로 p.p. 형태가 알맞아요.

B 1 감동하셨다
2 흥미[관심]가 있다
3 충격적인 소식을

C 1 got amazing results
2 felt embarrassed
3 found the product very satisfying

UNIT 67 have+목적어+과거분사(p.p.)
본문 p.29

A 1 ×→ washed | 아빠는 그의 차가 오늘 아침에 세차되도록 했다.

[해설] 목적어(his car)가 '세차되도록' 하는 것이므로, 목적어와 목적격보어는 수동 관계예요. 따라서 p.p. 형태인 washed로 고쳐 써야 해요.

2 ○ | 그녀는 그녀의 신분증을 위해 사진을 찍었다.

3 ×→ cook | 나는 주방장이 스테이크를 더 익히도록 할 것이다.

[해설] 목적어(the chef)가 '요리를 하도록' 시키는 것이므로, 목적어와 목적격보어는 능동 관계예요. 따라서 동사원형 cook으로 고쳐 써야 해요.

4 ○ | 너는 네 집 앞으로 책들이 배송되도록 할 것이다.

B 1 set | 나는 내 남동생[오빠, 형]이 상을 차리도록 할 것이다.
→ 나는 상이 내 남동생[오빠, 형]에 의해 차려지도록 할 것이다.

[해설] 목적어(the table)와 목적격보어(set) 관계가 수동이므로 목적격보어 자리에 p.p. 형태로 써야 해요.

2 pulled | 켈리는 치과의사가 그녀의 이를 뽑도록 했다.
→ 켈리는 그녀의 이가 치과의사에 의해 뽑히도록 했다.

3 written | 그 선생님은 토니가 칠판에 답을 적도록 시켰다.
→ 그 선생님은 답이 토니에 의해 칠판에 적히도록 했다.

C 1 have this stain removed
2 have my room painted
3 had their shoes repaired

UNIT 68 분사 구문
본문 p.30

A 1 Hearing the news | 그 소식을 들었을 때, 나는 그녀가 안쓰러웠다.
2 Having no information | 정보가 하나도 없기 때문에, 나는 너를 도와줄 수 없다.
3 Taking a walk | 걸으면서, 그들은 음악을 들었다.

B 1 점심을 요리하는 동안

[해설] 문맥상 '~하는 동안(while)'이라는 의미의 시간을 나타내는 분사구문이 쓰였어요.

2 열심히 공부했기 때문에

[해설] 문맥상 '~이기 때문에(because, since, as)'라는 의미의 이유를 나타내는 분사구문이 쓰였어요.

3 친절하게 말하면서

[해설] 문맥상 '~하면서'라는 의미의 동시동작을 나타내는 분사구문이 쓰였어요.

C 1 Listening to the radio
2 Being tired
3 cheering for the Korean team

Chapter 통합 Exercises 17
본문 p.31

A 1 boring

[해설] 목적어(the movie)가 다른 누군가에게 감정을 일으키므로 -ing 형태의 형용사 boring이 그대로 오면 돼요.

2 Sitting

[해설] '~한 채'라는 동시에 일어나는 동작을 나타내는 문장은 분사구문으로 나타낼 수 있어요.

3 cleaned

[해설] 목적어(its rooms)가 호텔에 의해 '청소되는' 것이므로 목적격보어와 수동 관계를 나타내는 〈have+목적어+p.p.〉 형태로 써야 해요.

4 left

[해설] 수식받는 명사(any food)가 다른 누군가에 의해 '남겨진' 것이므로 수동의 의미를 나타내는 p.p. 형태로 써야 해요.

B 1 wearing, 안경을 쓴 그 남자아이는

[해설] '~하는(능동)'의 의미를 나타내는 -ing 형태가 알맞아요.

2 touched, 감동받았다

[해설] 주어(I)가 직접 감정을 느끼는 것이므로 p.p. 형태가 알맞아요.

3 embarrassing, 그 당황스러운 사진들을

[해설] 수식받는 명사(photos)가 다른 누군가에게 감정을 일으키므로 -ing 형태가 적절해요.

4 signed, 서명되도록

[해설] 목적어(the papers)가 다른 사람에 의해 '서명되는' 것이므로 목적격보어와 수동 관계를 나타내는 〈have+목적어+p.p.〉 형태로 써야 해요.

5 Having, 열이 있기 때문에[열이 나서]

[해설] '~이기 때문에'라는 이유를 나타내는 문장은 분사구문으로 나타낼 수 있어요.

C 1 The ducks swimming

[해설] '~하고 있는(진행)'의 의미를 나타내는 -ing 형태가 알맞아요.

2 the stolen paintings

[해설] 수식받는 명사(paintings)가 다른 사람에 의해 '훔쳐진' 것이므로 수동의 의미를 나타내는 p.p. 형태로 써야 해요.

3 had her bag checked

[해설] 목적어(her bag)가 다른 사람에 의해 '검사받는' 것이므로 목적격보어와 수동 관계를 나타내는 〈have+목적어+p.p.〉 형태로 써야 해요.

4 made the children excited

[해설] 목적어(the children)가 직접 감정을 느끼는 것이므로 p.p. 형태가 알맞아요.

D 영작

1 had his old laptop sold
6 had him blow out
7 felt very surprised

해석

2 남겨진 선물을 발견했다
3 신이 나서

CHAPTER 18 접속사 I

UNIT 69 접속사 and, but, or

본문 p.33

A 1 or | 너는 학교에 걸어갔니 아니면 버스를 탔니?
해설 연결된 것들 중 선택을 의미하는 접속사(or)가 문맥상 가장 알맞아요.
2 and | 당신은 집에 가서 휴식을 좀 취해야 한다.
해설 문맥상 서로 비슷한 내용을 연결하는 접속사 and가 가장 알맞아요.
3 but | 그 수업은 길었으나 재미있었다.
해설 서로 반대되는 내용을 연결하는 접속사 but을 사용해야 해요.
4 and | 검정색 버튼을 눌러라, 그러면 문이 열릴 것이다.
해설 문맥상 빈칸 뒤의 내용이 앞에 지시한 행동의 결과를 의미하므로 빈칸에 and가 가장 알맞아요.

B 1 beautiful | 이 자동차는 아름다우나 내게는 쓸모가 없다.
해설 but 뒤에 있는 형용사 useless와 문법적으로 성격이 같아야 하므로 같은 형용사인 beautiful이 적절해요. beauty는 명사예요.
2 ate | 크리스는 식당에 가서 거기서 저녁 식사를 했다.
해설 과거형 동사 went와 and로 연결되어 있으므로 같은 과거형 동사인 ate가 적절해요.
3 will fall | 발밑을 조심해라, 아니면 너는 넘어질 것이다.
해설 명령문 뒤에 or가 이끄는 절이 오면 지시한 행동을 하지 않을 경우의 결과를 나타내므로 미래시제 will fall이 와야 해요.
4 wants | 그는 여행을 하고 싶지만 시간이 없다.
해설 현재형 동사 doesn't have와 but으로 연결되어 있으므로 같은 현재형 동사인 wants가 적절해요.

C 1 or you will slide down
2 and has curly hair
해설 and 앞의 동사(is)와 수와 시제를 일치시켜 3인칭 단수형 has로 써야 해요.
3 but Jason didn't laugh

UNIT 70 짝을 이루는 and, but, or

본문 p.34

A 1 is | 제시와 마이크 둘 중 하나가 동아리에 가입할 것이다.
해설 ⟨either A or B⟩가 문장의 주어일 경우, 동사와 가까운 주어(Mike)의 인칭과 수에 일치시키므로 동사 is가 와야 해요.
2 neither | 수는 다른 사람들에게 돈을 빌려주지도, 빌리지도 않는다.

3 cried | 나는 그 공연 동안 웃었을 뿐만 아니라 울기도 했다.
해설 과거형 동사 laughed와 시제가 일치하도록 동사 cried를 써야 해요.

B 1 both, and | 그녀는 피아노를 연주할 수 있다. 그녀는 작곡도 할 수 있다. → 그녀는 피아노 연주와 작곡 둘 다 할 수 있다.
2 Neither, nor | 리사는 땅콩 알레르기가 없다. 테리 또한 땅콩 알레르기가 없다. → 리사와 테리 둘 다 땅콩 알레르기가 없다.
3 as well as | 주방장은 새로운 요리를 만들어낸다. 그는 식당을 운영하기도 한다. → 주방장은 새로운 요리를 만들어낼 뿐만 아니라 식당을 운영하기도 한다.

C 1 Either Emily or Brian
2 not only surprised but also satisfied
3 both the sellers and the buyers

UNIT 71 that으로 시작하는 명사절

본문 p.35

A 1 ① | 나는 그들이 좋은 여행을 하기를 바란다.
해설 동사 hope는 that절을 목적어로 취하므로 hope 뒤에 that이 와야 해요.
2 ③ | 민지는 그녀가 대회에서 우승할 것이라고 전혀 상상도 하지 못했다.
해설 동사 imagine은 that절을 목적어로 취해요.
3 ② | 내 남동생[형, 오빠]가 내게 사실을 말하고 있었다는 것은 매우 명백했다.
해설 that절이 주어 역할을 할 때 가주어 it을 사용한 ⟨It+is+형용사+that+주어+동사 ~⟩의 형태로 쓰이므로 형용사 clear 뒤에 that이 와야 해요.
4 ③ | 몇몇 과학자들은 돌고래와 고래도 웃을 수 있다고 믿는다.
해설 동사 believe는 that절을 목적어로 취해요.

B 1 that rabbits are very gentle | 토끼는 매우 순하다. 모든 사람들은 그것을 안다. → 모든 사람들은 토끼가 매우 순하다는 것을 안다.
2 that Eric has three cats | 에릭은 고양이 세 마리를 기른다. 그것은 사실이다. → 에릭이 고양이 세 마리를 기른다는 것은 사실이다.
3 that he would do the laundry tomorrow | 크리스는 내일 빨래를 할 것이다. 그는 그것을 말했다. → 크리스는 그가 내일 빨래를 할 것이라고 말했다.
해설 앞의 과거형 동사 said와 that절 동사의 시제가 일치해야 하므로 will의 과거형 would를 사용해야 해요.

C 1 is good that
해설 진짜 주어인 that절이 문장 뒤에 쓰였으므로 가주어 It을 사용해야 해요. 이때 that은 생략할 수 없어요.
2 heard that my uncle got
해설 동사 hear는 that절을 목적어로 취해요. 이때 that은 생략할 수 있어요.
3 means that your parents trust
해설 3인칭 단수 주어 It(그것)에 맞게 동사를 means로 고쳐 써야 해요. 동사 mean은 that절을 목적어로 취해요.

Chapter 통합 Exercises 18

본문 p.36

A **1** met

해설 접속사(and)가 동사를 연결할 때 시제가 일치해야 하므로 동사 meet을 met으로 고쳐 써야 해요.

2 entered

3 swimming

해설 접속사 or는 문법적 성격이 같은 것끼리 연결하므로 swim을 동명사 swimming으로 고쳐 써야 해요.

4 thought

해설 우리말에 맞게 동사 think를 과거형 thought로 고쳐 써야 해요. 동사 think는 that절을 목적어로 취하는데 이때 that은 생략할 수 있어요.

B **1** will catch, 그렇지 않으면

해설 명령문 뒤에 or가 이끄는 절이 오면 지시한 행동을 하지 않을 경우의 결과를 나타내므로 미래시제 will catch로 써야 해요.

2 neither, 둘 다 좋아하지 않는다

해설 〈neither A nor B〉는 'A와 B 둘 다 아닌'이라는 의미예요.

3 are, 내 사촌과 나는 둘 다

해설 〈both A and B〉가 주어일 때는 항상 복수 동사를 쓰므로 are로 고쳐 써야 해요.

4 It, 배우가 되었다는 것은

해설 진주어 that절이 문장의 뒤에 있으므로 가주어 It이 원래 주어 자리에 와야 해요.

5 but, 더웠을 뿐만 아니라 습했다

해설 〈not only A but also B〉는 'A뿐만 아니라 B도'라는 의미예요.

C **1** diligent as well as kind

2 either popcorn or hotdogs

3 It's[It is] surprising that

해설 '~하다는 것은'으로 해석되는 진주어(that Steven ~ well)가 뒤에 오고, 가주어 It이 문장 맨 앞에 와야 해요.

4 I didn't[did not] know (that) he was sleeping

해설 동사 know는 that절을 목적어로 취할 수 있는 동사이며, 이때 that은 생략할 수 있어요.

D 영작

3 (that) they should take a bus

7 Be careful, or you will fall

해석

2 버스를 타야 할까 또는[아니면]

4 빠를 뿐만 아니라 편리하기도 해

CHAPTER 19 접속사 Ⅱ

UNIT 72 시간/조건/대조를 나타내는 접속사

본문 p.38

A **1** if | 그녀는 늦게 도착한다면 비행기를 놓칠 것이다.

2 although | 우리는 비록 교통상황이 나빴지만 제 시간에 도착했다.

3 unless | 나는 만약 비가 오지 않는다면 아빠와 보트를 타러 갈 것이다.

4 after | 너는 네 숙제를 마친 후에 TV를 봐도 된다.

B **1** although | 비록 태양은 빛나고 있었지만, 따뜻하지 않았다.

해설 문맥상 '비록 ~이지만'이라는 의미의 대조를 나타내는 접속사 although가 알맞아요.

2 bring | 만약 네가 음료를 가져온다면 나는 음식을 좀 만들 것이다.

해설 조건의 부사절(if ~ drinks)에서 미래의 일은 현재시제로 나타내므로 bring이 알맞아요.

3 As | 나는 내 여동생이 문을 열었을 때 옷을 입고 있었다.

해설 문맥상 '~할 때'라는 의미의 동시 동작을 나타내는 접속사 As가 알맞아요.

4 becomes | 그는 훌륭한 바이올린 연주자가 될 때까지 매일 연습할 것이다.

해설 시간의 부사절(until ~ a great violinist)에서 미래의 일은 현재시제로 나타내므로 becomes가 알맞아요.

C **1** before my dad came home

2 if you want to catch the train

3 though the movie was sad

UNIT 73 이유/결과/목적을 나타내는 접속사

본문 p.39

A **1** so that | 나는 그녀가 기운을 낼 수 있도록 그녀를 껴안아 줄 것이다.

해설 문맥상 빈칸 뒤의 내용이 목적을 나타내기 때문에 so that이 알맞아요.

2 because | 에밀리는 그녀의 다리를 다쳤기 때문에 축구를 할 수 없었다.

해설 문맥상 빈칸 뒤의 내용이 이유를 나타내기 때문에 because가 알맞아요.

3 so | 그 창문이 너무 더러워서 나는 그것을 통해 볼 수 없다.

해설 문맥상 빈칸 뒤의 내용이 결과를 나타내기 때문에 〈so+형용사/부사+that〉 형태로 써야 해요.

4 since | 밖이 매우 춥기 때문에 코트를 입어라.

해설 문맥상 빈칸 뒤의 내용이 이유를 나타내기 때문에 since를 써야 해요.

B **1** 열이 났기 때문에

2 너무 빨라서, 잡을 수 없었다

3 나는 커피를 주문하기 위해

C **1** so slippery that the cars couldn't go fast | 그 길은 매우 미끄러웠다. 차들은 빨리 갈 수 없었다. → 그 길은 너무 미끄러워서 차들은 빨리 갈 수 없었다.

2 missed the bus as she wasn't ready in time | 캐리는 시간 안에 준비하지 않았다. 그녀는 버스를 놓쳤다. → 캐리는 시간 안에 준비하지 않았기 때문에 버스를 놓쳤다.

3 raining heavily so that we can't move | 비가 심하게 오고 있다. 우리는 움직일 수 없다. → 비가 너무 심하게 와서 우리는 움직일 수 없다.

UNIT 74 whether/if로 시작하는 명사절

— 본문 p.40

A 1 David has | 나는 데이비드가 반려동물을 기르는지 모른다.
해설 if가 이끄는 명사절은 〈if+주어+동사〉의 어순으로 나타내야 해요.
2 you will | 나는 네가 그 음식을 좋아할지 아닐지 확실하지 않다.
해설 whether가 이끄는 명사절은 〈whether+주어+동사〉의 어순으로 나타내야 해요.
3 will rain | 너는 내일 비가 올 것인지 내게 말해줄 수 있니?
해설 if가 이끄는 명사절은 문장에서 목적어 역할을 하며, 미래의 일을 나타낼 때 현재시제가 아닌 미래시제로 나타내요.
4 wanted | 그는 내게 그와 점심을 같이 먹고 싶은지 아닌지 물어보았다.
해설 문장의 동사(asked)가 과거시제이므로 명사절의 동사(wanted)도 과거로 나타내요.

B 1 도서관이 열었는지 아닌지
2 팀이 오고 있는 중인지
3 내가 수술이 필요한지

C 1 if[whether] Alice can play | 나는 확실하지 않다. 앨리스는 기타를 연주할 수 있니? → 나는 앨리스가 기타를 연주할 수 있는지 아닌지 확실하지 않다.
2 if[whether] she passed | 샐리는 궁금하다. 그녀는 시험을 통과했니? → 샐리는 그녀가 시험을 통과했는지 아닌지 궁금하다.
해설 if[whether]가 이끄는 명사절에서 동사 pass를 과거시제 passed로 바꿔 써야 해요.
3 if[whether] this train goes | 너는 아니? 이 기차는 서울행이니? → 너는 이 기차가 서울행인지 아닌지 아니?
해설 if[whether]가 이끄는 명사절에서 3인칭 단수 주어(this train)에 맞춰 동사도 goes로 바꿔 써야 해요.

UNIT 75 의문사로 시작하는 명사절

— 본문 p.41

A 1 my mom was | 릴리는 왜 나의 엄마가 화가 났는지 말해주었다.
해설 의문사로 시작하는 명사절의 형태는 〈의문사+주어+(조)동사〉에요.
2 Bill Gates is | 너는 빌 게이츠가 누구인지 아니?
3 I could | 맥스는 내가 어디서 택시를 탈 수 있는지 보여주었다.
4 how much the bag | 나는 점원에게 그 가방이 얼마인지 물어보았다.
해설 정도나 수치를 나타낼 때는 〈how+형용사/부사+주어+동사〉로 써요.

B 1 how tall I am
2 what time the play begins
해설 what time으로 시작하는 명사절로, 뒤에 〈주어(the play)+동사(begins)〉가 와요.
3 why she cried

C 1 what his name is
2 who broke the window
해설 의문사 who가 문장에서 주어로 쓰였으므로 〈의문사+동사〉로 써야 해요.
3 how you solved

— 본문 p.42

Chapter 통합 Exercises 19

A 1 so that   2 Before
3 Unless   4 though

B 1 gets, 아빠가 집에 오시면
해설 시간을 나타내는 접속사 when이 이끄는 부사절은 미래를 나타내더라도 현재시제를 써야 해요.
2 so nervous, 나는 너무 긴장해서
해설 결과를 나타내는 접속사 so는 〈so+형용사/부사+that+주어+동사〉의 형태로 써요.
3 I moved, 내가 왜 베이징으로 이사 갔는지
해설 의문사로 시작하는 명사절의 형태는 〈의문사+주어+동사〉로 써야 해요.
4 will go, 캠핑하러 갈 것인지
해설 여기서 if는 조건을 나타내는 접속사가 아닌 간접의문문의 if로 미래시제를 사용하여 궁금증을 표현해요.
5 because, 수영하는 것을 즐기기 때문에
해설 밑줄 친 부분 뒤에 〈주어(she)+동사(enjoys)〉가 왔으므로, 전치사인 because of를 접속사 because로 고쳐 써야 해요. 전치사 because of 뒤에는 명사(구)가 와요.

C 1 so young that
해설 빈칸 뒤의 내용이 결과를 나타내므로 〈so+형용사/부사+that〉으로 써야 해요.
2 where he was
해설 의문사로 시작하는 명사절의 형태는 〈의문사+주어+동사〉로 써야 해요. 과거(yesterday)의 동작을 묻고 있으므로 be동사를 과거형 was로 써요.
3 until[till] he was thirty years old
4 so that she can prepare breakfast
해설 빈칸 뒤의 부사절이 주절의 목적을 나타내므로 〈so that+주어+동사〉로 써야 해요.

D 영작
2 After Noah talked to Lisa
3 so that he could go out
5 what time he would come back home

해석
1 그들이 영화를 보러 갈 수 있는지를
6 지금 제가 간다면

CHAPTER 20 관계사

UNIT 76 주격 관계대명사 who/which/that
본문 p.44

A 1 that | 여기 여러분에게 도움이 될 만한 몇 가지 안전 수칙이 있습니다.
해설 동사 can help의 주어 역할을 하는 주격 관계대명사가 필요하며,
선행사(some safety tips)가 사람이 아니므로 that이 와야 해요.

2 who | 내 이웃은 의사인 아들이 있다.
해설 선행사(a son)가 사람이므로 who나 that이 와야 해요.

3 teaches | 저 분은 과학을 가르치시는 선생님이시다.
해설 주어 역할을 하는 선행사(the teacher)가 3인칭 단수이므로
teaches로 써야 해요.

4 are | 그 섬에 사는 사람들은 매우 친절하다.
해설 주어 역할을 하는 선행사(The people)가 복수명사이므로 are로
써야 해요.

B 1 who plays basketball | 나는 남동생[오빠, 형]이 있다. 그는 농구를
잘한다. → 나는 농구를 잘하는 남동생[오빠, 형]이 있다.

2 someone that works | 나는 누군가를 안다. 그는 은행에서 일한다.
→ 나는 은행에서 일하는 누군가를 안다.

3 which is in the garage | 그 차는 내 아버지의 것이다. 그것은 차고
안에 있다. → 차고 안에 있는 차는 내 아버지의 것이다.

C 1 The man who is waving
2 a friend who is from
3 the restaurant which opened
해설 선행사(the restaurant)가 사람이 아니므로 which를 사용하여
나타내요.

UNIT 77 목적격 관계대명사 who(m)/which/that
본문 p.45

A 1 × | 나는 매우 비싼 지갑을 샀다.
해설 관계사절에서 주어 역할을 하는 주격 관계대명사이므로 생략할 수
없어요.

2 ○ | 이것은 내가 어제 본 영화이다.
해설 관계대명사(which)가 관계사절에서 목적어 역할을 하므로 생략할
수 있어요.

3 ○ | 네가 입고 있는 그 재킷은 네게 잘 어울린다.
해설 관계대명사(that)가 관계사절에서 목적어 역할을 하므로 생략할 수
있어요.

4 × | 칼은 그 파티에서 춤췄던 사람이다.
해설 관계사절에서 주어 역할을 하는 주격 관계대명사이므로 생략할 수
없어요.

B 1 who(m) everyone likes | 에밀리는 학생이다. 모두가 그녀를 좋아한
다. → 에밀리는 모두가 좋아하는 학생이다.
해설 관계사절에서 목적어 역할을 하는 관계대명사 who나 whom을
사용할 수 있어요.

2 which Mom knitted | 나는 목도리를 착용하고 있다. 엄마가 나를 위
해 그것을 뜨개질하셨다. → 나는 엄마가 나를 위해 뜨개질하신 목도리를
착용하고 있다.

3 which had pineapple | 우리는 그 피자를 주문하지 않았다. 그것은
파인애플이 있었다. → 우리는 파인애플이 있는 피자를 주문하지 않았다.

C 1 which Jake put
2 the house which his grandfather built
3 the girl who(m) I met

UNIT 78 소유격 관계대명사 whose
본문 p.46

A 1 whose | 나는 취미가 사진 찍기인 친구가 있다.
해설 선행사(a friend)와 hobby가 소유 관계이므로, 소유격 관계대명사
whose가 알맞아요.

2 whose | 루시는 깃털이 형형색색인 새를 보았다.

3 which | 나의 아빠가 기르시는 장미는 아름답다.
해설 관계대명사(which)가 관계사절에서 목적어 역할을 하므로, 목적격
관계대명사 which가 알맞아요.

4 whose | 그들은 머리 색이 금발인 딸이 한 명 있다.

B 1 whose owner | 저것이 그 건물이다. 그 건물의 주인은 나의 삼촌이다.
→ 저것이 나의 삼촌이 주인인 그 건물이다.

2 whose Mom | 내 형[오빠, 남동생]은 친구가 있다. 그 친구의 엄마는
노래를 잘 부르신다. → 내 형[오빠, 남동생]은 엄마가 노래를 잘 부르시는
친구가 있다.

3 whose hit song is | 그 가수는 콘서트를 열 것이다. 그 가수의
히트곡은 「Bad Guy」이다. → 히트곡이 「Bad Guy」인 그 가수는 콘서트
를 열 것이다.

C 1 a man whose last name
2 a cat whose fur
3 the city whose population

UNIT 79 콤마(,) 뒤의 관계대명사절
본문 p.47

A 1 who | 클레어는 내 가장 친한 친구인데, 그녀는 보스턴에 산다.
해설 관계대명사가 주어 역할을 하고 있으며, 선행사(Claire)가 사람이므
로 주격 관계대명사 who가 와야 해요.

2 which | 나는 블루베리 머핀을 만들 것인데, 나는 그것이 맛있다고 생각
한다.
해설 관계대명사가 목적어 역할을 하고 있으며, 선행사(blueberry
muffins)가 사물이므로 목적격 관계대명사 which가 와야 해요.

3 which | 올리버는 내게 많은 사진들을 보여줬는데, 그는 그것을 파리에
서 찍었다.

4 who | 내 사촌은 나보다 어린데, 두 가지 언어를 한다.

B 1 which bloom | 나는 튤립을 아주 좋아한다. 그리고 튤립은 봄에 일 년
에 한 번 핀다. → 나는 튤립을 아주 좋아하는데, 그것은 봄에 일 년에 한
번 핀다.

2 who is the class president | 제임스는 오늘 결석했다. 그리고 그는
반장이다. → 제임스는 반장인데, 그는 오늘 결석했다.

3 which I couldn't answer | 월터 선생님은 내게 질문을 하셨다. 그러
나 나는 대답을 하지 못했다. → 월터 선생님은 내게 질문을 하셨는데, 나
는 그것에 대답을 하지 못했다.

C 1 who is my close friend
2 which was very comfortable
3 which goes to city hall

UNIT 80 관계대명사 what

본문 p.48

A 1 what | 그것이 바로 내가 말하고 싶었던 것이다.
　해설 선행사가 없으므로 선행사를 포함한 관계대명사 what을 사용해요.
　2 which | 이것은 내가 예상했던 상황이다.
　해설 선행사(the situation)가 있으므로 which를 사용해요. 선행사는 what과 함께 쓸 수 없어요.
　3 what | 테드는 그가 수업에 필요로 하는 것을 가져오는 걸 잊어버렸다.
　4 was | 미나가 내게 말하고 있던 것은 사실이 아니었다.
　해설 주어로 쓰인 what절(What ~ me) 뒤에는 단수 동사 was가 알맞아요.

B 1 내가 원하는 것이다
　2 선생님이 말한 것을
　3 내가 정말로 필요로 하는 것은

C 1 what you draw
　2 what Jessica said
　3 What they didn't like

UNIT 81 관계부사 where/when/why/how

본문 p.49

A 1 when | 내가 학교에 가는 시간은 오전 8시이다.
　해설 시간을 나타내는 선행사(The time) 뒤에는 관계부사 when을 사용해요.
　2 why | 네가 버스를 놓친 이유를 내게 말해봐.
　해설 이유를 나타내는 선행사(the reason) 뒤에는 관계부사 why를 사용해요.
　3 where | 나는 우리가 수영하곤 했던 그 호수가 그립다.
　해설 장소를 나타내는 선행사(the lake) 뒤에는 관계부사 where를 사용해요.
　4 how | 엘레나는 그에게 그의 성적을 향상시킨 방식을 물어보았다.
　해설 선행사가 the way인 경우, the way나 how 중 하나만 써야 하므로 how가 알맞아요.

B 1 when it gets | 1월은 그 달이다. 그 달에는 매우 추워진다. → 1월은 매우 추워지는 달이다.
　2 where his grandparents lived | 데이비드는 그 마을을 방문했다. 그의 조부모님께서 그 마을에 사셨다. → 데이비드는 그의 조부모님께서 사셨던 마을을 방문했다.
　3 how some plants can survive | 이 책은 그 방식을 설명한다. 어떤 식물들은 그 방식으로 사막에서 살아남을 수 있다. → 이 책은 어떤 식물들이 사막에서 살아남을 수 있는 방식을 설명한다.

C 1 where you bought
　해설 선행사(the store)가 장소를 나타내므로 관계부사 where를 써야 해요. 이때, 관계부사 뒤에는 〈주어+동사〉의 완전한 구조가 와야 해요.
　2 how I cleaned
　3 why she was late
　해설 선행사 the reason이 이유를 나타내므로 관계부사 why를 써야 해요. 이때, the reason은 생략할 수 있어요.

Chapter 통합 Exercises 20

A 1 whose roof
　해설 선행사(a house)와 roof가 소유 관계이므로 소유격 관계대명사 whose를 사용해요. 소유격 대명사 뒤에는 항상 명사가 와요.
　2 whom I trust
　해설 관계사절에서 목적어 역할을 하며, 선행사(the friend)가 사람일 때 목적격 관계대명사 whom을 사용해요. 이때, whom 대신 who도 쓸 수 있어요.
　3 what we made
　해설 선행사가 없으므로 선행사를 포함한 관계대명사 what을 사용해요.
　4 which was
　해설 동사 was의 주어 역할을 하며, 선행사(a box)가 사물이므로 주격 관계대명사 which를 사용해요.

B 1 who, 레나는 샐러드를 주문했는데
　해설 that은 콤마 뒤에 올 수 없으며, 선행사(Lena)가 사람이므로 who로 써야 해요.
　2 why, 내가 속상했던 이유를
　3 what, 내가 찾고 있는 것을
　4 the way, 그가 나에게 미소 지었던 방식을
　해설 선행사가 the way인 경우, the way나 how 중 하나만 써야 해요.
　5 that, 나의 할아버지가 주셨던 그 차는
　해설 선행사(The car)가 사람이 아니므로 관계대명사 that을 사용해요. that은 관계사절에서 목적어 역할을 하기 때문에 생략할 수 있어요.

C 1 which everyone can enjoy, a sport
　해설 선행사(a sport)가 사물이며, 관계사절 내 동사 can enjoy의 목적어 역할을 하고 있으므로 which를 사용해야 해요.
　2 which keeps our eyes healthy, a lot of vitamin A
　해설 콤마 앞의 선행사(a lot of vitamin A)가 사람이 아니며, 관계사절에서 주어 역할을 하므로 which를 사용해야 해요.
　3 who was a musician, Ray Charles
　해설 콤마 앞의 선행사(Ray Charles)가 사람이며, 관계사절에서 주어 역할을 하므로 who를 사용해야 해요. 이때 that은 사용할 수 없어요.
　3 where I take the bus, the bus stop
　해설 선행사(the bus stop)가 장소이며, 뒤에 〈주어(I)+동사(take)〉의 구조가 이어지므로 관계부사 where를 사용해야 해요.

D 영작
　1 a friend whose name
　2 why Brian was upset
　5 where they usually hang out

　해석
　3 자신이 화가 났던 이유를
　4 브라이언은 바로 그 사과를 받아들였다

CHAPTER 21 비교 표현과 가정법

UNIT 82 비교급 표현

본문 p.52

A **1** mine[my laptop] | 케빈의 노트북 컴퓨터는 내 것[내 노트북 컴퓨터]보다 더 가볍다.

해설 비교 대상인 Kevin's laptop과 me는 서로 비교할 수 있는 종류와 형태여야 하므로, me를 소유대명사 mine(= my laptop)으로 고쳐 써야 해요.

2 harder | 케이트는 에밀리보다 더 열심히 공부했다.

해설 밑줄 친 부분 뒤 than이 나오므로 hard를 비교급 harder로 고쳐 써야 해요.

3 worse | 홍팀의 점수는 청팀의 점수보다 더 나빴다.

4 more | 이 휴대전화는 저것[저 휴대전화]보다 훨씬 더 비싸다.

해설 expensive는 2음절 이상의 형용사이므로 비교급은 앞에 more를 써서 나타내요. 이때 부사 a lot은 비교급 앞에서 비교급을 강조하기 위해 쓰였어요.

B **1** larger than
2 better than 해설 부사 well의 비교급은 better로 써요.
3 a lot faster than

C **1** heavier than that box[one] | 이 상자는 5kg이다. 저 상자는 3kg이다. → 이 상자는 저 상재[저것]보다 더 무겁다.

해설 형용사 heavy의 비교급은 heavier예요. 앞에 쓰인 명사(box)의 반복을 피하기 위해 대명사 one을 사용할 수 있어요.

2 earlier than his brother | 제임스는 일곱 시에 일어난다. 그의 남동생[형]은 여덟 시에 일어난다. → 제임스는 그의 남동생[형]보다 일찍 일어난다.

3 much longer than the River Thames | 템스 강은 길이가 346km이다. 센 강은 길이가 777km이다. → 센 강은 템스 강보다 훨씬 더 길다.

UNIT 83 원급 표현

본문 p.53

A **1** much | 마이크는 그의 아빠만큼 많이 먹을 수 있다.

해설 as ~ as 사이에는 동사 eat을 꾸며 주는 부사의 원급이 들어가야 하므로 much가 알맞아요. more는 many/much의 비교급이에요.

2 good | 그 영화는 원작 책만큼 좋다.

해설 is 뒤에는 '~만큼 …한'이라는 의미의 형용사의 원급이 와야 하므로, 〈as+형용사+as〉 형태로 써야 해요.

3 fresh | 그 오렌지는 포도만큼 신선해 보인다.

해설 감각동사 look은 형용사를 보어로 취하므로 as ~ as 사이에는 형용사의 원급인 fresh가 알맞아요.

4 well | 메리는 그녀의 여동생[언니]만큼 춤을 잘 춘다.

해설 as ~ as 사이에는 동사 dances를 꾸며 주는 부사의 원급이 들어가야 하므로 well이 알맞아요.

B **1** as big as
2 not as far as

해설 비교 대상이 서로 같지 않음을 나타낼 때는 〈not+as+형용사/부사+as〉로 나타내요.

3 as much as people

C **1** as tall as his sister | 케빈은 키가 160cm이다. 그의 누나[여동생]도 키가 160cm이다. → 케빈은 그의 누나[여동생]만큼 키가 크다.

해설 케빈과 그의 누나[여동생]의 키가 같으므로 〈as+형용사/부사+as〉로 써야 해요.

2 not as cheap as this lamp[one] | 이 전등은 80달러이다. 저 전등은 120달러이다. → 저 전등은 이 전등[이것]만큼 저렴하지 않다.

해설 이 전등이 저 전등보다 비싸지 않으므로 〈not+as+형용사/부사+as〉로 써야 해요.

3 go jogging as often as | 나는 매일 조깅하러 간다. 마이크는 일주일에 한 번 조깅하러 간다. → 마이크는 나만큼 자주 조깅하러 가지 않는다.

해설 내가 마이크보다 자주 조깅을 하므로 as ~ as 앞에 not을 넣어 표현해야 해요. 이때 doesn't(= does not) 뒤에는 동사 go를 그대로 써요.

UNIT 84 최상급 표현

본문 p.54

A **1** the largest | 알래스카는 미국에서 가장 큰 주(州)이다.

해설 large는 -e로 끝나는 형용사이므로 뒤에 -st를 붙여 최상급을 만들어요. 최상급 형용사 앞에는 the를 붙여야 해요.

2 the shortest | 2월은 일 년 중 가장 짧은 달이다.

3 the best | 마지막 장면은 그 영화에서 최고의 부분이다.

해설 형용사 good의 최상급은 불규칙 변화하여 the best로 나타내요.

4 the smartest students | 브라이언은 그의 반에서 가장 똑똑한 학생들 중 한 명이다.

해설 '가장 ~한 …중의 하나'라는 의미의 〈one of the+최상급+복수명사〉를 사용해야 하므로 복수명사 students로 써야 해요.

B **1** the tallest bridge | 다리 A는 셋 중 가장 높은 다리이다.

해설 셋 중에서 다리 A가 가장 높으므로 최상급을 사용하여 〈the 형용사/부사+-est(+명사)〉로 나타내요.

2 the longest bridge | 다리 B는 셋 중 가장 긴 다리이다.

3 the most expensive toll | 다리 C는 셋 중 가장 비싼 통행료를 가지고 있다.

해설 expensive는 2음절 이상의 형용사이므로 최상급은 앞에 the most를 붙여 나타내요.

C **1** the highest mountain
2 the fewest members
3 one of the greatest inventions

UNIT 85 The 비교급 ~, the 비교급 …

본문 p.55

A **1** sooner[earlier], earlier[sooner] | 네가 더 빨리[일찍] 시작할수록, 더 일찍[빨리] 끝낼 것이다.

해설 '더 ~할수록, 더 …하다'라는 의미의 〈The 비교급+주어+동사 ~, the 비교급+주어+동사 …〉를 사용해야 하므로 soon은 The sooner로 바꿔 써야 해요.

2 shorter, better | 그의 머리카락이 짧을수록, 그는 더 나아 보인다.

3 colder, more | 더 추워질수록, 나는 더 실내에 머무르고 싶다.

4 louder, louder | 그의 개는 점점 더 크게 짖었다.

해설 '점점 더 ~하게'라는 의미의 〈비교급+and+비교급〉 형태로 바꿔 써야 해요.

B　1 사람들은 더 지루해한다
　　2 점점 더 심각해지고 있다
　　3 네가 더 자주 운동할수록

C　1 The older, the wiser
　　2 stronger and stronger
　　3 The hotter, the more annoyed
　　해설 annoyed는 2음절 이상의 형용사이므로 비교급은 more annoyed로 써요.

UNIT **86** 가정법 과거
본문 p.56

A　1 were | 내 가장 친한 친구가 나와 함께 이곳에 있다면 좋을 텐데.
　　해설 I wish 가정법은 〈I wish+주어+were〉의 형태로 나타내요. 구어에서는 were 대신 was를 쓰기도 해요.
　　2 had | 만약 내게 시간이 있다면, 나는 너와 점심을 함께할 텐데.
　　해설 가정법 과거의 if절에서는 동사의 과거형을 써야 하므로 had가 알맞아요.
　　3 could | 만약 그 차가 고쳐진다면, 우리는 내일 여행을 떠날 수 있을 텐데.
　　해설 가정법 과거의 주절은 〈주어+would/could+동사원형〉 형태로 써야 해요.
　　4 would be | 만약 나의 할머니께서 살아 계신다면, 칠순이실 텐데.

B　1 I could go camping
　　2 were you, I would save
　　3 took, we would arrive

C　1 knew, you could be | 너는 사실을 모른다. 그래서 너는 놀라지 않았다. → 만약 네가 사실을 안다면 너는 놀랄 텐데.
　　2 were not, I would go | 비가 내리고 있다. 그래서 나는 산책을 가지 않을 것이다. → 만약 비가 내리지 않는다면 나는 산책을 갈 텐데.
　　해설 if 가정법에서 be동사는 were로 써야 해요.
　　3 could turn back | 나는 시간을 돌리고 싶다. 하지만 나는 그럴 수 없다. → 내가 시간을 돌릴 수 있다면 좋을 텐데.

Chapter 통합 Exercises **21**
본문 p.57

A　1 smaller
　　해설 형용사 small의 비교급 smaller로 바꿔 써야 해요.
　　2 apologized
　　해설 if 가정법 과거가 쓰였으므로 동사 apologize를 과거형 apologized로 바꿔 써야 해요.
　　3 driest
　　해설 형용사 dry의 최상급 driest로 바꿔 써야 해요.
　　4 nervous
　　해설 〈The 비교급+주어+동사 ~, the 비교급+주어+동사 …〉 형태를 써야 하므로, more 뒤에 nervous를 그대로 쓰면 돼요.

B　1 much, 훨씬 더 맛이 좋다
　　해설 비교급 앞에 much, even, still, far, a lot 등의 부사를 써서 '훨씬 더 ~한/하게'라는 뜻으로 비교급을 강조해요.
　　2 as cool as, 어제만큼 시원하지 않다
　　해설 is 뒤에는 형용사의 원급이 와야 하므로 as cool as가 알맞아요.

　　3 slowest, 가장 느린 동물 중 하나이다
　　해설 '가장 ~한 … 중 하나'는 〈one of the+최상급+복수명사〉로 나타내며, 명사(animals)를 꾸며 주는 형용사 slow의 최상급이 와야 하므로 slowest가 알맞아요.
　　4 lived, 만약 그가 그의 가족과 같이 산다면
　　해설 '만약 ~라면 …할[일] 텐데'라는 뜻의 가정법 과거가 쓰였으므로, if 조건절은 〈If+주어+동사의 과거형 ~〉으로 나타내요.
　　5 were, 런던에 있다면 좋을 텐데
　　해설 〈I wish+가정법 과거〉 표현에서 be동사는 if 가정법 과거와 마찬가지로 were가 와야 해요.

C　1 the cheapest model | 키보드 A는 셋 중 가장 저렴한 모델이다.
　　해설 키보드 A는 세 키보드 중 가장 저렴하므로 최상급을 써서 나타내요.
　　2 as long as | 키보드 B의 배터리 수명은 키보드 A의 배터리 수명만큼 길다.
　　해설 키보드 B와 키보드 A의 배터리 수명이 같으므로 〈as+원급+as〉 구문을 써서 나타내요.
　　3 a lot heavier | 키보드 A는 키보드 C보다 훨씬 더 무겁다.
　　해설 부사 a lot을 비교급 heavier 앞에 써서 비교급을 강조해요.
　　4 lighter than | 키보드 B의 무게는 키보드 A의 무게보다 더 가볍다.
　　해설 키보드 B의 무게는 키보드 A의 무게보다 가벼우므로 〈비교급+than〉 구문을 써서 나타내요.
　　5 The longer, the higher | 배터리 수명이 길수록, 가격이 더 높다.
　　해설 배터리 수명이 길수록 가격이 비싸지므로 '~하면 할수록, 더 …하다'라는 의미를 나타내는 〈The 비교급+주어+동사 ~, the 비교급+주어+동사 …〉 구문을 써서 나타내요.

D　**영작**
　　2 If I had an umbrella
　　5 The clearer the sky gets

　　해석
　　4 하늘이 전보다 더 맑아
　　7 가장 아름다운 오후 중 하나였다

CHAPTER **22** 특수 구문

UNIT **87** 강조
본문 p.59

A　1 do study | 우리는 방과 후에 매일 정말 열심히 공부한다.
　　해설 동사(study)를 강조하는 do[does, did]는 동사 앞에 써야 해요.
　　2 did | 켈리는 오늘 아침에 그녀의 연설을 정말 잘했다.
　　해설 문맥상 과거에 일어난 일이므로 동사원형(do) 앞에 did를 써야 해요.
　　3 It | 내가 제이크를 만났던 곳은 바로 슈퍼마켓 앞에서였다.
　　해설 부사구(in front of the supermarket)를 강조하는 〈It is[was] ~ that …〉 강조구문이 쓰였으므로 문장 맨 앞에는 It이 와야 해요.
　　4 is | 내가 서점에서 찾고 있던 것이 바로 이 책들이다.
　　해설 강조하는 어구(these books)가 복수일 때도 앞에는 is로 써야 해요.

B 1 do like | 많은 학생들은 김 선생님의 과학 수업을 좋아한다. → 많은 학생들은 김 선생님의 과학 수업을 정말 좋아한다.
해설 주어 Many students가 복수이고 현재시제 문장이므로 〈do+동사원형〉으로 나타내요.
2 for Jane | 해럴드는 제인을 위해 케이크를 만들 것이다. → 해럴드가 케이크를 만들 것은 바로 제인을 위해서이다.
해설 강조하려는 부분을 It is와 that 사이에 두고 나머지 부분은 that 뒤로 보내요.
3 Kate and Jenny | 케이트와 제니는 같은 학교를 졸업했다. → 같은 학교를 졸업한 것은 바로 케이트와 제니였다.

C 1 does enjoy
해설 주어 Jacob이 3인칭 단수이고 현재시제 문장이므로 〈does+동사원형〉으로 나타내요.
2 is my brother's watch that
3 was in a drawer that

UNIT **88** 도치
—— 본문 p.60

A 1 he touch | 그는 오늘밤 거의 음식을 건들지 않았다.
해설 부정어(Hardly)가 문장 맨 앞에 오면 도치가 일어나므로 〈부정어+do/does/did+주어+동사원형〉의 형태가 되어야 해요.
2 swam the ducks | 강을 건너 오리들이 헤엄쳤다.
해설 장소를 나타내는 부사구(Across the river)가 문장 맨 앞에 오는 도치 구문이므로 뒤에 〈동사+주어〉순으로 써야 해요.
3 did | 나는 벤치에 앉았고, 네이트도 그랬다.
해설 긍정의 동의를 나타내기 위해 〈so+(조)동사+주어〉의 형태를 사용해요. 이때 앞의 일반동사 과거형(sat)에 맞춰 did가 와야 해요.
4 will | 마리아는 그녀의 생각을 바꾸지 않을 것이고, 나도 그러지 않을 것이다.
해설 앞의 조동사 won't[will not]에 맞춰 〈neither+will+주어〉로 써야 해요.

B 1 gathered many people | 공원에 많은 사람들이 모였다.
2 did we expect | 우리는 여기서 그 유명한 배우를 보는 것을 전혀 예상하지 못했다.
해설 부정어(little) 도치 구문으로, 일반동사의 과거형(expected)이 쓰였으므로 〈did+주어+동사원형〉으로 써야 해요.
3 is the answer | 네 질문에 대한 답은 여기에 있다.
해설 장소를 나타내는 부사 here가 문장 맨 앞에 오면 〈Here+동사+주어〉로 써야 해요.

C 1 hid my cat
2 will Kate call you
해설 부정어(never) 도치 구문에서 조동사 will이 쓰였으므로 〈조동사(will)+주어+동사원형〉의 어순으로 써야 해요.
3 so is my dad

UNIT **89** 부정
—— 본문 p.61

A 1 Not all | 몇몇 가수들은 부유하고 유명해지지만, 다른 가수들은 그렇지 않다. = 모든 가수들이 부유하고 유명해지는 것은 아니다.
해설 주어진 문장이 일부만 부정하고 있으므로 '모두 ~인 것은 아니다(Not all)'라는 의미의 부분 부정으로 바꿔 쓸 수 있어요.
2 None | 모든 창문들은 열려 있었다. = 어떤 창문들도 닫혀 있지 않았다.
해설 '모든 창문이 열려있었다'는 의미는 부정어 None을 사용하여 '어떤 창문도 닫혀 있지 않았다'라는 의미의 전체 부정으로 바꿔 쓸 수 있어요.
3 Neither | 너희 둘 다 정답을 맞히지 못했다. = 너희 중 아무도 정답을 맞히지 못했다.
해설 '둘 다 ~하지 못했다'라는 의미는 부정어 Neither를 사용하여 '전혀[아무도] ~하지 못했다'라는 의미의 전체 부정으로 바꿔 쓸 수 있어요.

B 1 하나도 없다
해설 not과 같은 부정어가 any, either 등과 함께 쓰여 전체를 부정하는 의미를 나타내요.
2 항상 열려있는[개방되어 있는] 것은 아니다
해설 전체를 나타내는 all, always 등과 not이 함께 쓰이면 일부만 부정하는 의미를 나타내요.
3 모두가 온 것은 아니었다

C 1 does not always rain
2 No cellphones are allowed
3 not all of them helped

UNIT **90** 생략/동격
—— 본문 p.62

A 1 ③ | 네가 원한다면 너는 일찍 떠나도 된다.
해설 반복되는 어구 leave early가 to부정사의 to 뒤에 생략되었어요.
2 ② | 나는 파란색 원피스를 입었고 내 여동생[언니]은 빨간 것[빨간 원피스]을 입었다.
해설 반복되는 동사 wore가 주어 my sister 뒤에 생략되었어요.
3 ② | 그는 병을 열고 싶었지만 열 수 없었다.
해설 반복되는 어구 open the jar가 couldn't 뒤에 생략되었어요.
4 ③ | 내 사촌인 케이트는 운동을 잘하지만 나는 그렇지 않다.
해설 반복되는 어구 good at sports가 not 뒤에 생략되었어요.

B 1 케빈이라는 나의 친구를
2 그녀가 가장 좋아하는 음식인 김밥을
3 한국의 수도인 서울에는

C 1 call you | 나는 어젯밤에 네게 전화할 수 없었지만, 하고 싶었어.
2 travel abroad | 몇몇 사람들은 휴식을 취하기 위해 해외여행을 가고, 다른 몇몇 사람들은 배우기 위해 해외여행을 간다.
3 his teacher, Mr. White | 그는 그의 선생님을 저녁식사에 초대했는데, 그 선생님은 화이트 선생님이다.
해설 명사 A(his teacher)와 명사 B(Mr. White)는 같은 대상을 가리키고 있으므로 〈A+콤마(,)+B〉로 나타내요.

Chapter 통합 Exercises 22

A **1 did donate**
해설 과거에 일어난 일을 나타내므로 동사 donate를 강조하는 did를 써서 〈did+동사원형〉으로 나타내요.

2 goes
해설 부사 There가 문장의 맨 앞에 와서 〈부사(There)+동사+주어〉 순으로 도치가 일어나요. 주어가 3인칭 단수(the last bus)이므로 동사도 goes로 써야 해요.

3 Not everyone
해설 '모두 ~인 것은 아니다'라는 의미의 부분 부정은 〈not+everyone〉으로 나타내요.

4 wanted
해설 〈It was ~ that ...〉 강조 구문이 쓰였으며, 시제가 과거이므로 that절의 동사도 과거형 wanted로 바꿔 써야 해요.

B **1 play, 정말로 바이올린을 잘 연주한다**
해설 does 뒤에는 동사원형이 와야 하므로 play가 적절해요.

2 who, 바로 내 아빠였다
해설 강조하는 어구(my dad)가 사람이므로 who가 알맞아요.

3 so, 나도 그랬다[그 비밀을 지켰다]
해설 앞 문장이 긍정문이므로, 긍정의 동의를 나타내는 so를 사용해야 해요.

4 did I expect, 정말로 거의 예상하지 못했다
해설 부정어(Hardly) 도치 구문에서 일반동사의 과거형이 쓰였으므로 〈부정어+did+주어+동사원형〉의 형태를 사용해요.

5 jumped the frog, 개구리가 뛰어들었다
해설 장소를 나타내는 부사구가 문장 맨 앞에 오면 〈동사+주어〉순으로 도치가 일어나요.

C **1 were many books**
해설 장소의 부사구(Behind the door)가 문장 맨 앞에 오면 〈동사+주어〉의 어순으로 써야 해요.

2 does not always look the same
해설 부정어(not)가 전체를 나타내는 말(always) 앞에 쓰여 일부만 부정하는 의미를 나타내요.

3 It is these jeans that
해설 강조하려는 부분(these jeans)을 It is와 that 사이에 두고 나머지 부분은 that 뒤로 보내야 해요.

4 have I heard of the place
해설 부정어(Never)가 문장 맨 앞에 오면 동사의 시제가 현재완료형의 경우 〈부정어+have/has+주어+p.p.(과거분사)〉의 형태로 써야 해요.

D 영작

3 It was Chris that
해설 강조되는 어구가 사람(Chris)이므로 that 대신에 who를 사용할 수 있어요.

5 does he come

해석

6 그는 항상 하루 종일 남아있는 것도 아니다
8 마라톤 우승자인 크리스

1001 SENTENCES
STARTER

천일문
STARTER
WORKBOOK 2

Contents

〈천일문 STARTER 2〉 WORKBOOK의 차례

UNIT 50 현재완료의 개념과 형태

A

알맞은 과거분사 쓰기 ▶ 주어진 동사를 빈칸에 알맞은 과거분사 형태로 바꿔 쓰세요.

1 We've just _____ the living room. (clean)

2 I have _____ a runny nose for a week. (have)

3 He has _____ the movie several times. (see)

4 Mr. Brown has _____ English for many years. (teach)

5 Tommy and I have _____ soccer together before. (play)

B

알맞은 어법 고르기 ▶ 다음 문장의 네모 안에서 어법상 알맞은 것을 고르세요.

1 I have study / studied Spanish for a month.

2 The children have just went / gone to bed.

3 Your package has arrived / have arrived .

4 My sister has read / has reads the book before.

C

조건 영작하기 ▶ 다음 우리말과 의미가 같도록 주어진 단어를 사용하여 현재완료 문장을 완성하세요.

1 닉은 어린 시절부터 월터를 알았다. (Walter, know)

→ Nick _____ _____ _____ since childhood.

2 내 남동생은 이 영화를 세 번 보았다. (see)

→ My brother _____ _____ this movie three times.

3 그녀는 여러 프로그램에서 연기했다. (act)

→ _____ _____ _____ in several shows.

4 그 노래들은 인기가 많아졌다. (popular, become)

→ The songs _____ _____ _____ .

Ⓐ **1** living room 거실   clean 청소하다; 깨끗한   **2** have a runny nose 콧물이 나다   **3** several times 여러 번 *cf.* several 몇몇의, 여러
5 together 같이, 함께   Ⓑ **1** Spanish 스페인어; 스페인의   **2** go to bed 자러 가다   **3** package 소포; 포장물   arrive 배달되다; 도착하다
Ⓒ **1** childhood 어린 시절   **3** act (연극, 영화에서) 연기하다   **4** popular 인기가 많은

UNIT 51 현재완료의 부정문과 의문문

A

어법 판단하기 ▶ 다음 밑줄 친 부분을 어법상 알맞은 형태로 고쳐 쓰세요.

1 I <u>not have</u> been sick in a year. → _____

2 <u>Have tried you</u> Indian food before? → _____

3 <u>Have John</u> ever been to Japan? → _____

4 She <u>hasn't came</u> back home yet. → _____

B

배열 영작하기 ▶ 다음 우리말과 의미가 같도록 주어진 단어를 올바르게 배열하세요.

1 그는 아직 어떤 계획도 세우지 않았다. (not / he / any plans / made / has)

→ _____ yet.

2 리사가 벌써 학교로 출발했니? (Lisa / has / for school / left)

→ _____ already?

3 너는 그 여행에 대해 마음이 바뀌었니? (your mind / changed / you / have)

→ _____ about the trip?

C

조건 영작하기 ▶ 다음 우리말과 의미가 같도록 주어진 단어를 사용하여 현재완료 문장을 완성하세요.

1 크리스는 전에 홍콩을 방문한 적이 있니? (visit, Chris)

→ _____ _____ _____ Hong Kong before?

2 나는 아침식사 이후로 아무것도 먹지 못했다. (eat)

→ _____ _____ _____ anything since breakfast.

3 너는 어디선가 내 안경을 봤니? (see, my glasses)

→ _____ _____ _____ _____ anywhere?

4 우리는 3년 동안 서로 얘기하지 않았다. (talk)

→ _____ _____ _____ to each other for 3 years.

A 2 try 먹어 보다; 시도하다 Indian 인도의; 인도 사람 4 come back 돌아오다 yet 아직 B 1 make plans 계획을 세우다 cf. plan 계획 2 leave(-left-left) 출발하다[떠나다] already 벌써 3 change one's mind 생각[마음]을 바꾸다 trip 여행 C 1 visit 방문하다 3 anywhere (의문문·부정문에서) 어디엔가 4 each other 서로

UNIT 52 현재완료의 주요 의미

A 현재완료의 의미 찾기 ▶ 다음 밑줄 친 부분의 의미를 〈보기〉에서 골라 기호를 쓰세요.

> **보기**　ⓐ 계속: (지금까지) 쭉 ~해왔다　　　ⓑ 경험: ~한 적이 있다, ~해봤다
> 　　　　ⓒ 완료: 막 ~했다　　　　　　　　　ⓓ 결과: ~했다 (그래서 지금 …이다)

1 The rain <u>has just stopped</u>.

2 He <u>has never had</u> his own room.

3 The milk <u>has turned</u> into cheese.

4 Mr. Potter <u>has lived</u> in Toronto for a year.

B 문장 해석하기 ▶ 다음 밑줄 친 부분에 주의하여 해석을 완성하세요.

1 He <u>hasn't found</u> his passport yet.

→ 그는 아직 자신의 여권을 _____.

2 Sarah <u>has never been</u> to Europe before.

→ 사라는 전에 유럽에 _____.

3 Many fans <u>have waited</u> for the singer for a long time.

→ 많은 팬들은 오랜 시간 동안 그 가수를 _____.

C 조건 영작하기 ▶ 다음 우리말과 의미가 같도록 주어진 단어를 사용하여 현재완료 문장을 완성하세요.

1 너는 그리스 음식을 먹어본 적이 있니? (ever, try)

→ _____ _____ _____ _____ Greek food?

2 그들은 벌써 마이크의 차를 고쳤다. (fix, already)

→ _____ _____ _____ Mike's car.

3 나의 삼촌은 4년 동안 은행에서 근무하셨다. (four years, work)

→ My uncle _____ _____ for the bank _____ _____ _____.

A 2 own 자기 자신의; 소유하다　3 turn into ~으로 변하다　4 Toronto 토론토 ((캐나다의 도시))　**B** 1 passport 여권　2 Europe 유럽
3 fan (영화·스포츠 등의) 팬; 선풍기　**C** 1 Greek 그리스(인)의; 그리스어　3 work 근무하다, 일하다; 직장

UNIT 53 현재완료와 과거

A 알맞은 어법 고르기 ▶ **다음 문장의 네모 안에서 어법상 알맞은 것을 고르세요.**

1 I made / have made a mistake on the test yesterday.

2 Jane and her brother were / have been sick since last week.

3 He worked / has worked in a hospital for three years.

4 Where did he live / has he lived in 2021?

B 알맞은 형태의 동사 쓰기 ▶ **다음 빈칸에 알맞은 단어를 〈보기〉에서 골라 문장을 완성하세요. (필요시 형태를 바꿀 것)**

보기	invent	be	plan	take

1 Tim _____ the wrong bus home yesterday.

2 Louis _____ the vacation since last month.

3 Thomas Edison _____ the light bulb in 1879.

4 Her family _____ to Canada yet.

C 조건 영작하기 ▶ **다음 우리말과 의미가 같도록 주어진 단어를 사용하여 문장을 완성하세요.**

1 제시카는 그를 월요일부터 본 적이 없다. (him, see)

→ Jessica _____ _____ _____ _____ Monday.

2 나는 지난 화요일에 친구들에게 선물을 줬다. (to my friends, gifts, give)

→ I _____ _____ _____ _____ last Tuesday.

3 너는 어제 할머니를 방문했니? (visit, your grandmother)

→ _____ _____ _____ _____ yesterday?

4 우리 가족은 일주일 동안 베이징에 머물렀다. (stay, in Beijing)

→ My family _____ _____ _____ _____ a week.

A 1 make a mistake 실수를 하다 **4** Korean 한국어; 한국(인)의 **B** invent 발명하다 plan 계획하다; 계획 **1** take a bus 버스를 타다
wrong 잘못된, 틀린 **3** light bulb 전구 **C 4** stay 머무르다 Beijing 베이징 ((중국의 수도))

A 어휘+문법 ┃ 다음 우리말과 의미가 같도록 빈칸에 알맞은 단어를 〈보기〉에서 골라 문장을 완성하세요. (필요시 형태를 바꿀 것)

| 보기 | take | climb | be | forget |

1 우리는 전에 한 번 지리산을 등반했다.

→ We _____ _____ Mt. Jiri once before.

2 나는 그의 이름을 잊어버렸다. 그의 이름이 무엇이니?

→ I _____ _____ his name. What's his name?

3 스티브는 일 년 동안 프랑스에 있어 왔다.

→ Steve _____ _____ in France for a year.

4 그녀는 아직 샤워하지 않았다.

→ She _____ _____ _____ a shower yet.

B 문법+해석 ┃ 다음 밑줄 친 부분을 바르게 고쳐 쓰고, 해석을 완성하세요.

1 Have the guests <u>arrive</u> already?

→ 손님들이 _____?

2 The writer has not <u>wrote</u> a novel for 5 years.

→ 그 작가는 5년 동안 _____.

3 Eric <u>kept</u> a diary since he was 10 years old.

→ Eric은 그가 10살이었을 때부터 _____.

4 We <u>never have watched</u> this movie.

→ 우리는 이 영화를 _____.

5 My dog <u>has got</u> eye surgery yesterday.

→ 내 개는 _____.

A climb 오르다; 등반하다 forget 잊어버리다, 잊다 **1** Mt. 산 ((Mountain의 약자)) **5** take a shower 샤워하다 **B** **1** guest 손님 arrive 도착하다 **2** writer 작가 novel (장편) 소설 **3** keep a diary 일기를 쓰다 **5** surgery 수술

C 의미 파악+영작 ✎ **다음 주어진 두 문장을 현재완료를 사용하여 한 문장으로 쓴 후, 알맞은 의미를 〈보기〉에서 골라 그 기호를 쓰세요.**

> **보기**
> ⓐ 계속: (지금까지) 쭉 ~해왔다   ⓑ 경험: ~한 적이 있다, ~해봤다
> ⓒ 완료: 막 ~했다   ⓓ 결과: ~했다 (그래서 지금 …이다)

1 My sister went out. She is not at home now. (come home)

→ My sister _____ yet.

2 We were not close before. Now we are close. (become)

→ _____ now.

3 I rode a horse last summer. I rode a horse again this summer. (ride)

→ _____ twice.

4 Fred moved to Chicago in 2020. He still lives there now. (live)

→ _____ since 2020.

D 영작+해석 ✎ **다음 글을 읽고 주어진 단어를 배열하여 문장을 완성하고, 해석하세요.**

영작　A: **¹** Have you read this book before?

B: **²** Yes, _____. **³** I read it last month. **⁴** I really loved it.
　　　(have / I)

A: **⁵** Me, too. **⁶** _____ for over a year.
　　　(I / been / have / of the writer / a fan)

B: **⁷** Oh, then did you hear the news?

⁸ The writer _____ .
　　　(released / just / a new book / has)

A: **⁹** That's great!

해석　A: **¹** _____ ?

B: **²** 응, 그래. **³** _____ . **⁴** 나는 그것이 정말 좋았어.

A: **⁵** 나도. **⁶** 나는 일 년 넘게 그 작가의 팬이거든.

B: **⁷** 아, 그럼 너 그 소식 들었어? **⁸** 그 작가가 막 새로운 책을 출간했대.

A: **⁹** 그거 정말 잘됐다!

C 1 go out 외출하다[나가다]　2 close 친한; 가까운　3 ride a horse 승마하다　4 Chicago 시카고 ((미국 일리노이 주(州)의 도시))　still 여전히　**D** news 소식; (신문·방송 등의) 뉴스　release 출간하다; 공개[발표]하다

UNIT 54 수동태의 개념과 형태

A

어법 판단하기 ▶ **다음 밑줄 친 부분을 어법상 알맞은 형태로 고쳐 쓰세요.**

1 Is the museum <u>closes</u> on holidays?　　　　　→ _____

2 He <u>is sold</u> his books to his friend yesterday.　→ _____

3 Big trucks <u>is not allowed</u> over this bridge.　　→ _____

4 This store <u>not owned</u> by my grandfather.　　→ _____

B

문장 해석하기 ▶ **다음 밑줄 친 동사에 주의하여 해석을 완성하세요.**

1 Is the door <u>locked</u> from the outside?

→ 바깥쪽에서 문이 _____?

2 My name <u>is written</u> in blue on the book.

→ 내 이름이 그 책에 파란색으로 _____.

3 This painting <u>is called</u> *The Last Supper*.

→ 이 그림은 '최후의 만찬'이라 _____.

C

조건 영작하기 ▶ **다음 우리말과 의미가 같도록 주어진 단어를 사용하여 문장을 완성하세요.**

1 그 선거는 매년 개최되지 않는다. (hold)

→ The elections _____ _____ every year.

2 네 머리카락은 파마로 인해 손상되었니? (your hair, damage)

→ _____ _____ _____ _____ by a perm?

3 기상재해는 열, 추위, 그리고 습기로 인해 일어난다. (cause)

→ Weather damage _____ _____ _____ heat, cold, and moisture.

A 1 holiday 공휴일; 휴가　3 allow 허락[허용]하다　4 own 소유하다; 자신만의　**B** 1 lock 잠그다　3 call ~라고 부르다; 전화하다　The Last Supper 최후의 만찬 ((레오나르도 다빈치가 그린 작품))　**C** 1 hold 개최하다; 들다　election 선거　2 damage 손상을 주다; 재해, 피해　perm 파마　3 cause 일으키다　weather damage 기상재해　heat 열, 열기　moisture 수분, 습기

UNIT 55 수동태의 시제 표현

A 알맞은 어법 고르기 ▶ **다음 문장의 네모 안에서 어법상 알맞은 것을 고르세요.**

1 The first car is / was invented in 1886.

2 The package was / were delivered last Wednesday.

3 The walls were / will be painted green next week.

4 A new library wills be / will be completed in two months.

B 조건 영작하기 ▶ **다음 우리말과 의미가 같도록 주어진 단어를 사용하여 문장을 완성하세요.**

1 내 컴퓨터는 우리 삼촌에 의해 고쳐졌다. (repair)

→ My computer _____ _____ by my uncle.

2 그들은 그 교통사고에서 다치지 않았다. (hurt)

→ They _____ _____ in the car accident.

3 그는 팀에서 탈락될 것이다. (will, drop)

→ He _____ _____ _____ from the team.

C 문장 전환하기 ▶ **다음 문장을 수동태로 바꿔 쓸 때, 알맞은 말로 문장을 완성하세요.**

1 Daniel passed the ball to me.

→ The ball _____ _____ to me by Daniel.

2 Maria took Max to the hospital.

→ Max _____ _____ to the hospital by Maria.

3 Jenny will change the meeting time to 4 o'clock.

→ The meeting time _____ _____ _____ to 4 o'clock by Jenny.

A **1** invent 발명하다　**2** package 소포, 포장물　deliver 배송[배달]하다　**3** wall 벽; 담　**4** complete 완성하다; 완전한　**B** **1** repair 고치다, 수리하다　**2** hurt 다치게 하다; 다친　accident 사고　**3** drop 탈락하다; 떨어뜨리다　**C** **1** pass (공을) 패스하다; 통과하다　**3** meeting 모임, 회의

UNIT 56 주의해야 할 수동태

천일비급 p.103

A

알맞은 어법 고르기 ▶ 다음 문장의 네모 안에서 어법상 알맞은 것을 고르세요.

1 The windows should | be / been | closed at night.

2 The cake | is must / must be | prepared for the party.

3 His soft voice could | not be / be not | heard.

4 The trip | put was off / was put off | until next month.

B

문장 해석하기 ▶ 다음 밑줄 친 부분에 주의하여 해석을 완성하세요.

1 The boy was lifted up high by his father.

→ 그 남자아이는 그의 아빠에 의해 높게 _____.

2 A strong earthquake can be felt kilometers away.

→ 강한 지진은 수 킬로미터 밖에서도 _____.

3 The president is looked up to by many people.

→ 그 대통령은 많은 사람들에게 _____.

C

조건 영작하기 ▶ 다음 우리말과 의미가 같도록 주어진 단어를 사용하여 문장을 완성하세요.

1 그들은 알람에 의해 잠에서 깼다. (wake up)

→ They _____ _____ _____ by the alarm.

2 그의 신분증이 경찰에 의해 요청되었다. (ask for)

→ His ID card _____ _____ _____ by the police.

3 쓰레기는 쓰레기 통에 버려져야 합니다. (must, throw)

→ The trash _____ _____ _____ into the trash can.

A 2 prepare 준비하다   **3** soft (소리가) 부드러운[은은한]   **B 2** earthquake 지진   kilometer 킬로미터 ((거리의 단위))   away (시간·공간적으로) 떨어져[떨어진 곳에]   **3** president 대통령; 회장   **C 1** alarm 알람, 경보   **2** ID card 신분증 (= Identification card)   **3** trash can 쓰레기통 cf. trash 쓰레기

UNIT 57 수동태의 관용적 표현

A
알맞은 전치사 고르기 ▶ 다음 빈칸에 알맞은 전치사를 〈보기〉에서 골라 문장을 완성하세요. (단, 한 번씩만 쓸 것)

보기	in	with	to	for

1 Dokdo is located _____ the East Sea.

2 Paris is well known _____ the Eiffel Tower.

3 His talents will be known _____ the world.

4 The airport was crowded _____ many tourists.

B
문장 해석하기 ▶ 다음 밑줄 친 부분에 주의하여 해석을 완성하세요.

1 Brian is interested in sports.

→ 브라이언은 _____.

2 We were surprised by the expensive price.

→ 우리는 _____.

3 Is the roof covered with snow?

→ 지붕이 _____?

C
조건 영작하기 ▶ 다음 우리말과 의미가 같도록 주어진 단어를 사용하여 문장을 완성하세요.

1 그 상자는 책으로 가득 차 있다. (filled)

→ The box _____ _____ _____ books.

2 그 아이들은 거미를 두려워한다. (scared)

→ The kids _____ _____ _____ spiders.

3 그 가족은 그 고객 서비스에 만족한다. (satisfied)

→ The family _____ _____ _____ the customer service.

A 1 Dokdo 독도 ((우리나라 최동단에 위치한 섬)) East Sea 동해 2 Eiffel Tower 에펠 탑 3 talent 재능 4 tourist 관광객 **B** 2 price 가격 3 roof 지붕 **C** 2 spider 거미 3 customer 고객, 구매자 service (손님에 대한) 서비스

A 어휘+문법 **다음 우리말과 의미가 같도록 빈칸에 알맞은 단어를 〈보기〉에서 골라 문장을 완성하세요. (필요시 형태를 바꿀 것)**

보기	give	build	wear	please

1 청바지는 모든 연령대의 사람들이 입는다.

→ Blue jeans ＿＿＿＿＿＿ ＿＿＿＿＿＿ by people of all ages.

2 이 한옥은 수 년 전에 지어졌다.

→ This Hanok ＿＿＿＿＿＿＿＿ many years ago.

3 나의 아빠는 2주의 휴가가 주어질 것이다.

→ My dad ＿＿＿＿＿ ＿＿＿＿＿ ＿＿＿＿＿ two weeks of vacation.

4 그녀는 자신의 시험 결과에 대해 기뻐하지 않았다.

→ She ＿＿＿＿＿＿ ＿＿＿＿＿＿ with her test results.

B 문법+해석 **다음 밑줄 친 부분을 바르게 고쳐 쓰고, 해석을 완성하세요.**

1 Was this picture <u>took</u> in front of the hotel?

→ 이 사진은 호텔 앞에서 ＿＿＿＿＿＿＿＿＿＿＿＿＿?

2 School meals <u>is</u> prepared by our cooks.

→ 학교 급식은 우리 요리사들에 의해 ＿＿＿＿＿＿＿＿＿.

3 The books should be <u>return</u> by next Tuesday.

→ 책들은 다음 주 화요일까지 ＿＿＿＿＿＿＿＿＿.

4 Haeundae is crowded <u>for</u> visitors in summer.

→ 해운대는 여름에 ＿＿＿＿＿＿＿＿＿.

5 The pizza <u>will delivered</u> in 30 minutes.

→ 그 피자는 30분 이내로 ＿＿＿＿＿＿＿＿＿.

A **1** blue jean 청바지   of all ages 모든 연령대의[나이의]   **4** result 결과   **B** **2** school meal 학교 급식 *cf.* meal 식사   prepare 준비[대비]하다   **3** return 반납하다, 되돌려주다   **4** visitor 관광객; 방문객

C 영작 ┃ 다음 우리말과 의미가 같도록 주어진 단어를 사용하여 문장을 완성하세요.

1 그들은 텍사스에서 자랐다. (raise)

→ They ＿＿＿＿＿＿ ＿＿＿＿＿＿ in Texas.

2 팀 리더는 멤버들에 의해 선출되어야 한다. (should, choose)

→ The team leader ＿＿＿＿＿ ＿＿＿＿＿ ＿＿＿＿＿ ＿＿＿＿＿ the members.

3 인도 축제 '홀리'는 색의 축제로 알려져 있다. (know)

→ The Indian Festival *Holi* ＿＿＿＿＿ ＿＿＿＿＿ ＿＿＿＿＿ the Festival of Colors.

4 플라스틱 병은 씻겨진 다음 버려져야 한다. (must, wash, throw away)

→ Plastic bottles ＿＿＿＿＿ ＿＿＿＿＿ and ＿＿＿＿＿ ＿＿＿＿＿.

D 영작+해석 ┃ 다음 글을 읽고 주어진 단어를 사용하여 문장을 완성하고, 해석하세요.

영작 **1** Last week, ＿＿＿＿＿＿＿＿＿＿＿＿＿＿＿＿ in Wendy's neighborhood.
(a puppy, born)

2 It was given to Wendy. **3** The puppy was soon named Lucky.

4 Lucky ＿＿＿＿＿＿＿＿＿＿＿＿＿＿＿＿ Wendy's family now.
(take care of)

5 Next week, Lucky will be taken to the vet.

6 ＿＿＿＿＿＿＿＿＿＿＿＿＿＿＿＿＿＿＿.
(should, his health, check)

해석 **1** 지난주에 한 마리의 강아지가 웬디 동네에서 태어났다. **2** ＿＿＿＿＿＿＿＿＿＿＿＿＿＿.

3 그 강아지는 곧 럭키라고 이름이 지어졌다. **4** 럭키는 이제 웬디의 가족들에 의해 보살펴진다. **5** 다음 주에 럭키는 ＿＿＿＿＿＿＿＿＿＿＿＿＿＿＿＿＿＿. **6** 그의 건강이 검진되어야 한다.

C **1** raise (아이를) 키우다[기르다]; 들어 올리다　Texas 텍사스 ((미국의 주(州)))　**2** choose 선출하다, 고르다　leader 리더, 지도자　member 멤버, 회원　**3** festival 축제　**4** bottle 병　**D** puppy 강아지　born 태어난　neighborhood 동네, 이웃 (사람들)　name 이름 짓다; 이름　vet 수의사　check 검진하다; 확인하다

UNIT 58 명사 역할의 부정사

A

알맞은 어법 고르기 ▶ 다음 문장의 네모 안에서 어법상 알맞은 것을 고르세요.

1 You need | telling / to tell | her the truth.

2 I wanted | to be / to am | the class president.

3 Jake's plan is | to exercise / exercise | every morning.

4 It is | to get impossible / impossible to get | there on time.

B

문장 해석하기 ▶ 다음 밑줄 친 부분에 주의하여 해석을 완성하세요.

1 His goal is to pass the test.

→ 그의 목표는 시험을 _____.

2 It's raining. We chose to stay at home instead.

→ 비가 오고 있다. 우리는 대신 집에 _____ 선택했다.

3 It is important for children to learn manners.

→ _____ 중요하다.

C

조건 영작하기 ▶ 다음 우리말과 같도록 주어진 단어를 사용하여 문장을 완성하세요.

1 그가 하는 일은 학생들에게 역사를 가르치는 것이다. (teach)

→ His job is _____ _____ students history.

2 그들은 다음 달에 대만을 방문하기로 계획했다. (plan, visit)

→ They _____ _____ _____ Taiwan next month.

3 밤에 혼자 걷는 것은 위험하다. (dangerous, walk)

→ It _____ _____ _____ _____ alone at night.

Ⓐ 1 truth 사실, 진실 2 class president 반장 4 get 도착하다; 받다 impossible 불가능한 (↔ possible 가능한) on time 정각에, 제때에 Ⓑ 1 goal 목표; 골, 득점 2 choose(-chose-chosen) 선택하다, 고르다 instead 대신에 3 important 중요한 learn 배우다, 학습하다 manner 예절, 예의; 방식 Ⓒ 2 Taiwan 대만 3 dangerous 위험한 alone 혼자, 홀로

UNIT 59 형용사, 부사 역할의 부정사

A

부정사 쓰임 파악하기 ▶ **다음 밑줄 친 to부정사의 쓰임을 〈보기〉에서 골라 그 기호를 쓰세요.**

> **보기**
> ⓐ 명사 수식: ~하는, ~할
> ⓑ 목적: ~하기 위해서
> ⓒ 감정의 원인: ~해서 …인[한]
> ⓓ 형용사 수식: ~하기에 …인[한]

1 Mike came to say hi to Tina.

2 The math question was difficult to solve.

3 I am very happy to be back home.

4 A library is a perfect place to study.

B

배열 영작하기 ▶ **다음 우리말과 같도록 주어진 단어를 올바르게 배열하세요.**

1 나는 너와 나눌 좋은 소식이 있다. (news / to / great / share)

→ I have _____ with you.

2 그 조리법은 따라 하기에 단순하다. (is / follow / to / simple)

→ The recipe _____.

3 그는 어떤 것도 잊어버리지 않기 위해서 항상 필기를 한다. (anything / not / forget / to)

→ He always takes notes _____.

C

문장 전환하기 ▶ **다음 두 문장을 부정사를 사용하여 한 문장으로 바꿔 쓰세요.**

1 This book is easy. Everyone can read it.

→ This book _____ _____ for everyone _____ _____.

2 We will travel to Busan. We are excited.

→ We _____ _____ _____ _____ to Busan.

3 I need to think about the problem. I need more time.

→ I _____ _____ _____ _____ _____ about the problem.

Ⓐ **1** say hi 인사하다, 인사말을 건네다 **2** solve 풀다, 해결하다 Ⓑ **1** share 나누다 **2** follow 따라 하다, 따라가다 simple 단순한, 간단한 recipe 조리법, 레시피 **3** forget 잊어버리다 take note 필기하다 Ⓒ **2** travel 여행하다; 이동하다 excited 신이 난

UNIT 60 부정사를 포함한 주요 구문

A 어법 판단하기 ▶ **다음 밑줄 친 부분을 어법상 알맞은 형태로 고쳐 쓰세요.**

1 He will show us <u>where go</u> from here. → _____

2 He is <u>enough smart</u> to know the answer. → _____

3 Mom was <u>busy too</u> to prepare for dinner. → _____

4 You need to learn <u>how used</u> chopsticks. → _____

B 문장 해석하기 ▶ **다음 밑줄 친 부분에 주의하여 해석을 완성하세요.**

1 I don't know <u>what to say</u>.

→ 내가 _____ 모르겠다.

2 The phone is <u>small enough to fit</u> into a pocket.

→ 그 전화기는 주머니 안에 _____.

3 My sister was <u>too short to ride</u> the roller coaster.

→ 내 여동생은 롤러코스터를 _____.

C 조건 영작하기 ▶ **다음 우리말과 의미가 같도록 주어진 단어와 부정사를 사용하여 문장을 완성하세요.**

1 음식이 너무 짜서 먹을 수 없었다. (salty, eat)

→ The food was _____ _____ _____ _____ .

2 제게 어디에서 화장실을 찾을 수 있는지 알려주시겠어요? (find)

→ Can you tell me _____ _____ _____ the bathroom?

3 샘은 그의 노트를 나에게 빌려줄 만큼 충분히 친절했다. (kind, lend)

→ Sam was _____ _____ _____ _____ me his notes.

Ⓐ **1** show 보여주다; 공연 **2** answer 답; 대답하다 **3** prepare 준비[대비]하다 **4** chopsticks 젓가락 Ⓑ **2** fit into ~에 꼭 들어맞다 pocket 주머니 **3** roller coaster 롤러코스터 Ⓒ **1** salty 짠 **3** kind 친절한, 다정한; 종류 lend 빌려주다

UNIT 61 목적격보어로 쓰이는 부정사

A

알맞은 보어 형태 쓰기 ▶ **주어진 동사를 빈칸에 알맞은 형태로 바꿔 쓰세요.**

1 My mother wanted me _____ the TV. (turn off)

2 The children heard their teacher _____ them. (call)

3 His advice made her _____ her mind. (change)

4 The coach let the team _____ a break. (take)

B

문장 해석하기 ▶ **다음 밑줄 친 부분에 주의하여 해석을 완성하세요.**

1 The teacher <u>asked me to bring</u> you to the teacher's room.

→ 선생님께서 내게 교무실로 _____.

2 I <u>expect my friends to be</u> honest with me.

→ 나는 친구들이 내게 _____.

3 We <u>saw Jackson take a walk</u> in the park.

→ 우리는 잭슨이 공원에서 _____.

C

조건 영작하기 ▶ **다음 우리말과 의미가 같도록 주어진 단어를 사용하여 문장을 완성하세요.**

1 그 변호사는 그에게 아무것도 말하지 말라고 조언했다. (say, advise)

→ The lawyer _____ _____ _____
_____ anything.

2 마크는 내게 일주일에 두 번 식물에 물을 주라고 말했다. (water, tell)

→ Mark _____ _____ _____ _____ the plant
twice a week.

3 그녀는 부엌에서 케이크가 타는 냄새를 맡았다. (smell, burn, the cake)

→ She _____ _____ _____ _____ in the kitchen.

A **1** turn off (전기 등을) 끄다 **3** advice 조언 *cf.* advise 조언하다 change one's mind 생각[마음]을 바꾸다 **4** coach 감독 take a break 휴식을 취하다 **B** **1** bring A to B A를 B로 가져오다[데려오다] **2** honest 정직한 **3** take a walk 산책하다 **C** **1** lawyer 변호사 **2** water 물을 주다; 물 plant 식물; 심다 **3** burn 타다

A 어휘+문법 | 다음 우리말과 의미가 같도록 빈칸에 알맞은 단어를 〈보기〉에서 골라 문장을 완성하세요. (필요시 형태를 바꿀 것)

| 보기 | exercise | borrow | do | feel |

1 그는 책을 빌리기 위해 도서관에 갔다.

→ He went to the library _____ a book.

2 그 약은 내가 졸리도록 만들었다.

→ The medicine made me _____ sleepy.

3 제가 다음에 무엇을 해야 할지 말씀해 주시겠어요?

→ Can you tell me what _____ next?

4 매일 운동하는 것은 토마스에게 쉽지 않았다.

→ It was not easy for Thomas _____ every day.

B 문법+해석 | 다음 밑줄 친 부분을 바르게 고쳐 쓰고, 해석을 완성하세요.

1 The room was <u>dark to see</u> anything.

→ 그 방은 _____.

2 We were lucky <u>catch</u> the last bus.

→ 우리는 _____ 운이 좋았다.

3 I asked my uncle <u>fixes</u> the computer.

→ 나는 삼촌에게 _____.

4 It is hard <u>for I wake up</u> early in the morning.

→ _____ 힘들다.

5 Jamie is tall <u>to reach enough</u> the top shelf.

→ 제이미는 꼭대기 선반에 _____.

A borrow 빌리다 **2** medicine 약 **3** next 다음에; 다음의 **B 1** dark 어두운 **2** lucky 운이 좋은 last 마지막의; 지난 **3** fix 고치다, 수리하다 **5** reach 닿다, 도달하다 top 꼭대기, 맨 위 shelf 선반

C 영작 ┃ 다음 우리말과 의미가 같도록 주어진 단어를 사용하여 문장을 완성하세요.

1 피터는 노래를 잘 부르기 위해 열심히 연습했다. (hard, sing, practiced)

→ Peter _____ well.

2 나의 할아버지의 이야기를 듣는 것은 재미있다. (hear, interesting)

→ It _____ my grandfather's stories.

3 그 강은 너무 깊어서 안에서 수영할 수 없다. (deep, swim in)

→ The river is _____ .

4 에이든은 스스로를 돌볼 만큼 충분히 나이가 들었다. (take care of, old)

→ Aiden _____ himself.

D 영작+해석 ┃ 다음 글을 읽고 주어진 단어를 사용하여 문장을 완성하고, 해석하세요.

영작 **1** Bella _____ on the math test.

　　　　　(wanted, well, do)

2 But she couldn't understand some problems.

3 She _____ . **4** Robert helped her prepare for

　　　(Robert, help, asked, her)

the test. **5** He _____ the problems.

　　　　　　　(solve, showed, how, her)

6 Then Bella studied hard to get a perfect score. **7** And she got one!

해석 **1** 벨라는 수학 시험을 잘 보고 싶었다. **2** 하지만 그녀는 몇 가지 문제를 이해할 수 없었다. **3** 그녀는 로버트에게 자신을 도와달라고 부탁했다. **4** 로버트는 그녀가 _____ . **5** 그는 그녀에게 그 문제들을 푸는 방법을 보여 줬다. **6** 그리고 나서 벨라는 _____ . **7** 그리고 그녀는 만점을 받았다!

C 2 interesting 재미있는, 흥미로운　story 이야기　3 deep 깊은　4 take care of ~을 돌보다　**D** do well 잘하다[성공하다]
understand 이해하다　help 돕다; 도움　perfect 완벽한　score 점수; 득점하다

UNIT 62 주어, 보어, 목적어로 쓰이는 동명사

천일비급 p.105

A 알맞은 역할 고르기 ▶ 다음 밑줄 친 동명사의 알맞은 역할을 고르세요.

1 <u>Making</u> new friends is not easy for me. 주어 / 목적어 / 보어

2 My dream is <u>traveling</u> all over the world. 주어 / 목적어 / 보어

3 The baby kept <u>crying</u> during the night. 주어 / 목적어 / 보어

4 James practices <u>playing</u> the flute every day. 주어 / 목적어 / 보어

B 문장 해석하기 ▶ 다음 밑줄 친 부분에 주의하여 해석을 완성하세요.

1 My hobby is <u>taking</u> pictures.

→ 내 취미는 _____.

2 <u>Chewing</u> gum is not allowed in Singapore.

→ _____ 싱가포르에서는 허용되지 않는다.

3 I stopped <u>thinking</u> about the problem.

→ 나는 그 문제에 대해 _____.

C 조건 영작하기 ▶ 다음 우리말과 의미가 같도록 주어진 단어를 사용하여 문장을 완성하세요. (단, 동명사를 사용할 것)

1 내가 가장 좋아하는 운동은 조깅하는 것이다. (jog)

→ My favorite exercise is _____.

2 낮잠을 자는 것은 여러분의 건강에 좋습니다. (take, a nap)

→ _____ _____ _____ is good for your health.

3 그들은 설탕을 너무 많이 먹는 것을 피한다. (too much sugar, eat)

→ They avoid _____ _____ _____ _____.

Ⓐ 1 make friends 친구를 사귀다 2 dream (장래의) 꿈; 꿈을 꾸다 all over A A 전역에 3 during ~ 동안 4 flute 플루트
Ⓑ 2 chew 씹다 gum 껌 allow 허용하다 Ⓒ 1 jog 조깅하다 favorite 가장 좋아하는 2 take a nap 낮잠을 자다 3 avoid 피하다

UNIT 63 동명사 vs. to부정사

A

어법 판단하기 ▶ **다음 밑줄 친 부분을 어법상 알맞은 형태로 고쳐 쓰세요.**

1 They are thinking about <u>move</u> to Seoul. → _____

2 I forgot <u>take</u> this class last semester. → _____

3 Tim won the gold medal by <u>train</u> hard. → _____

4 I should remember <u>washing</u> this shirt tomorrow. → _____

B

문장 해석하기 ▶ **다음 밑줄 친 부분에 주의하여 해석을 완성하세요.**

1 I will never forget <u>visiting</u> Paris for the first time.

→ 나는 처음으로 _____ 절대 잊지 못할 것이다.

2 Erin should remember <u>to take</u> her passport to the airport.

→ 에린은 공항에 _____ 기억해야 한다.

3 Jason tried <u>playing</u> baseball with his younger sister.

→ 제이슨은 자신의 여동생과 _____ .

C

조건 영작하기 ▶ **다음 우리말과 의미가 같도록 주어진 단어를 사용하여 문장을 완성하세요.**

1 나는 작년에 톰을 만났던 것을 기억한다. (meet, remember, Tom)

→ I _____ _____ _____ last year.

2 에이미는 내게 먼저 물어보지 않고 내 펜을 썼다. (ask, me, without)

→ Amy used my pen _____ _____ _____ first.

3 그 심판은 경기 규칙에 대해 설명하려고 노력했다. (try, explain)

→ The referee _____ _____ _____ the rules of the game.

Ⓐ **1** move 이사하다; 움직이다 **2** semester 학기 **3** win a medal 메달을 따다 train 훈련하다; 기차 **4** wash 세탁하다, 닦다
Ⓑ **1** for the first time 처음으로 **2** passport 여권 Ⓒ **3** explain 설명하다 referee (스포츠 경기의) 심판 rule 규칙 game 경기, 게임

UNIT 64 동명사를 포함한 주요 표현

천일비급 p.106

A 빈칸 완성하기 ▶ **주어진 단어를 빈칸에 알맞은 형태로 쓰세요.**

1 I'm interested in _____ film. (study)

2 This book is worth _____ . (read)

3 How about _____ a walk in the park? (take)

4 My dad goes _____ with my brother on weekends. (fish)

B 문장 해석하기 ▶ **다음 밑줄 친 부분에 주의하여 해석을 완성하세요.**

1 Thank you for helping me with my homework.

→ 제가 숙제하는 것을 _____ .

2 He is looking forward to buying a new phone.

→ 그는 새 전화기를 _____ .

3 I cannot help laughing at her funny stories.

→ 나는 그녀의 재밌는 이야기에 _____ .

C 조건 영작하기 ▶ **다음 우리말과 의미가 같도록 주어진 표현을 사용하여 문장을 완성하세요.**

1 나의 오빠는 물건을 잘 고친다. (fix, be good at)

→ My brother _____ _____ _____ things.

2 에이미는 혼자 있는 것을 두려워한다. (be, be afraid of)

→ Amy _____ _____ _____ _____ alone.

3 나는 지금 무언가 단 것을 먹고 싶다. (something, feel, eat, sweet)

→ I _____ _____ _____ _____ now.

A **1** film 영화; 촬영하다 **3** take a walk 산책하다 **B** **3** laugh 웃다; 웃음 **C** **1** fix 고치다. 수리하다 thing 물건; (사물) 것 **2** alone 혼자, 홀로

A 어휘+문법 │ 다음 우리말과 의미가 같도록 빈칸에 알맞은 단어를 〈보기〉에서 골라 문장을 완성하세요. (필요시 형태를 바꿀 것)

보기   make   get   eat   look

1 나는 안 좋은 성적을 받을까 봐 걱정했다.

→ I was worried about _____ bad grades.

2 그 남자아이는 수업 중에 손목시계를 보는 것을 계속했다.

→ The boy kept _____ at his watch during class.

3 애슐리는 돈을 버는 재주가 있다.

→ Ashley has a talent for _____ money.

4 밤 늦게 먹는 것은 복통을 일으킬 수 있다.

→ _____ late at night can cause a stomachache.

B 문법+해석 │ 다음 문장의 네모 안에서 어법상 알맞은 것을 고르고, 해석을 완성하세요.

1 She enjoyed │ to talk / talking │ with her neighbor.

→ 그녀는 이웃과 _____ 즐겼다.

2 Taking care of the flowers │ is / are │ not fun.

→ _____ 재미있지 않다.

3 Ella's job is │ teach / teaching │ students English.

→ 엘라의 직업은 학생들에게 영어를 _____.

4 I feel like │ to go / going │ to bed early tonight.

→ 나는 오늘밤 일찍 _____.

5 Remember │ to bring / bringing │ your homework tomorrow.

→ 내일 여러분의 숙제를 _____.

A **1** grade 성적; 학년   **2** keep 계속 ~하다; 가지고 있다   **3** talent 재능   **4** cause 일으키다, ~의 원인이 되다   stomachache 복통
B **1** neighbor 이웃 (사람); 동네   **2** take care of A A를 돌보다   **4** go to bed 자러 가다   **5** bring 가져오다

C 영작 │ 다음 우리말과 의미가 같도록 주어진 단어를 사용하여 문장을 완성하세요. (필요시 형태를 바꿀 것)

1 그는 빗속에서 걷는 것을 꺼리지 않는다. (mind, walk)

→ He _____ _____ _____ in the rain.

2 팀은 사만다와 대화를 나누려고 노력했다. (tried, have)

→ Tim _____ _____ _____ a talk with Samantha.

3 우리는 결승에서 지는 것을 두려워했다. (lose, be afraid of)

→ We _____ _____ _____ _____ the final match.

4 다른 문화에 대해 배우는 것은 재미있을 수 있다. (about, learn, other cultures)

→ _____ _____ _____ _____ can be fun.

D 영작+해석 │ 다음 글을 읽고 주어진 단어를 사용하여 문장을 완성하고, 해석하세요.

영작
¹ Rena's hobby is baking. ² Today, she felt like making cookies.

³ She put flour, sugar, and milk in a bowl.

⁴ She soon _____ together.
(everything, mix, finished)

⁵ But something was missing. ⁶ Rena started thinking about the recipe.

⁷ Oh no! ⁸ _____ chocolate chips.
(she, add, forgot)

해석
¹ _____.

² 오늘, _____. ³ 그녀는 그릇에 밀가루, 설탕과 우유를 넣었다.

⁴ 그녀는 곧 함께 모든 것을 섞기를 끝냈다. ⁵ 그러나 뭔가가 빠져있었다.

⁶ 레나는 _____. ⁷ 이런! ⁸ 그녀는 초콜릿 칩을 넣는 것을 잊어버렸다.

C 1 mind 꺼리다, 언짢게 생각하다   2 have a talk 대화를 나누다   3 final match 결승   4 learn 배우다, 학습하다   culture 문화
D bake (빵을) 굽다, 만들다   flour 밀가루   bowl (우묵한) 그릇   mix 섞다   missing 빠진, 없어진   recipe 조리법   add 넣다, 더하다

UNIT 65 명사를 꾸며 주는 분사

A
알맞은 분사 형태 쓰기 ▶ 주어진 단어를 빈칸에 알맞은 형태로 쓰세요.

1 The man _____ by the door is my uncle. (stand)

2 The church _____ in 1897 is still in use today. (build)

3 The shop sells _____ fruit and other snacks. (dry)

4 The mother ran to her _____ baby. (cry)

B
문장 해석하기 ▶ 다음 밑줄 친 부분에 주의하여 해석을 완성하세요.

1 She blew out the <u>burning</u> candle.

→ 그녀는 _____ 껐다.

2 I made some sandwiches with <u>boiled</u> eggs.

→ 나는 _____ 샌드위치를 좀 만들었다.

3 Do you know that girl <u>wearing</u> a raincoat?

→ 너는 _____ 아니?

C
배열 영작하기 ▶ 다음 우리말과 같도록 주어진 단어를 올바르게 배열하세요. (필요시 형태를 바꿀 것)

1 그 자고 있는 개는 나의 이웃의 것이다. (dog / sleep / the)

→ _____ is my neighbor's.

2 빛나는 저 별을 봐! 그것은 정말 아름다워. (star / shine / look at / the)

→ _____ ! It's so beautiful.

3 케이트는 팀이 보낸 편지를 읽고 있다. (by / the / Tim / letter / send)

→ Kate is reading _____ .

A **1** stand 서다, 서 있다 **2** church 교회 still 아직 in use 쓰이고 있는 today 오늘날에, 현재 build (건물을) 짓다 **3** dry 마르다, 말리다; 건조한 **B** **1** blow out (불 등을 불어서) 끄다 candle 양초 **2** boil 삶다; 끓다 **3** raincoat 우비 **C** **2** shine 빛나다 **3** send 보내다

UNIT 66 감정을 나타내는 분사

천일비급 p.106

A

알맞은 어법 고르기 ▶ **다음 문장의 네모 안에서 어법상 알맞은 것을 고르세요.**

1 (1) Alison gave a surprising / surprised speech.

(2) The speech made everyone surprising / surprised.

2 (1) I found the play disappointing / disappointed.

(2) The audience was disappointing / disappointed, too.

B

문장 해석하기 ▶ **다음 밑줄 친 부분에 주의하여 해석을 완성하세요.**

1 The teacher was <u>touched</u> by our letter.

→ 선생님은 우리의 편지에 _____.

2 My little brother is <u>interested</u> in basketball.

→ 내 남동생은 농구에 _____.

3 She heard the <u>shocking</u> news about her friend.

→ 그녀는 그녀의 친구에 대한 _____ 들었다.

C

조건 영작하기 ▶ **다음 우리말과 같도록 주어진 단어를 사용하여 문장을 완성하세요.**

1 에밀리는 시험에서 놀라운 결과를 얻었다. (results, amaze, got)

→ Emily _____ _____ _____ on the test.

2 크리스는 계단에서 넘어졌다. 그는 당황했다. (felt, embarrass)

→ Chris fell down the stairs. He _____ _____.

3 우리는 그 제품이 매우 만족스럽다는 것을 알게 되었다. (very, satisfy, found, the product)

→ We _____ _____ _____ _____ _____.

A 1 give a speech 연설을 하다 *cf.* speech 연설 2 play 연극; 연주하다; 놀다 audience 관객, 관중 **C** 1 result 결과 2 fall down 넘어지다 stair 계단 3 product 제품, 상품

A 어법 판단하기 ▶ 다음 밑줄 친 부분이 맞으면 ○, 틀리면 ×하고 바르게 고쳐 쓰세요.

1 Dad had his car <u>wash</u> this morning. → _____

2 She had her photo <u>taken</u> for her ID. → _____

3 I will have the chef <u>cooked</u> the steak more. → _____

4 You'll have the books <u>delivered</u> to your door. → _____

B 문장 전환하기 ▶ 주어진 문장과 의미가 같도록 다음 문장을 완성하세요.

1 I will have my brother set the table.

→ I will have the table _____ by my brother.

2 Kelly had the dentist pull out her tooth.

→ Kelly had her tooth _____ out by the dentist.

3 The teacher had Tony write the answer on the board.

→ The teacher had the answer _____ on the board by Tony.

C 조건 영작하기 ▶ 다음 우리말과 같도록 동사 have와 주어진 단어를 사용하여 문장을 완성하세요.

1 이 얼룩이 없어지도록 할 수 있나요? (remove, this stain)

→ Can you _____ _____ _____ _____?

2 나는 내 방을 흰색으로 페인트칠되도록 할 것이다. (my room, paint)

→ I'm going to _____ _____ _____ _____ white.

3 그들은 지난주에 그들의 신발이 수선되도록 했다. (their shoes, repair)

→ They _____ _____ _____ _____ last week.

A 2 ID 신분증 ((identification의 약어)) 3 chef 주방장; 요리사 cook 익히다; 요리하다 4 deliver 배송[배달]하다 to one's door ~의 집 앞으로 **B** 1 set the table 식탁을 차리다 2 dentist 치과의사; 치과 pull out 뽑아내다 3 board 칠판; 보드 **C** 1 remove 제거하다 stain 얼룩 3 repair 수리[수선]하다; 수리, 수선

UNIT 68 분사 구문

A

문장 전환하기 ▶ **다음 문장을 밑줄 친 부분을 분사구문으로 고쳐 쓰세요.**

1 <u>When I heard the news</u>, I felt bad for her.

→ _____, I felt bad for her.

2 <u>Because I have no information</u>, I can't help you.

→ _____, I can't help you.

3 <u>While they took a walk</u>, they listened to music.

→ _____, they listened to music.

B

문장 해석하기 ▶ **다음 밑줄 친 부분에 주의하여 해석을 완성하세요.**

1 <u>Cooking lunch</u>, I accidentally cut my finger.

→ _____, 나는 실수로 내 손가락을 베었다.

2 <u>Studying hard</u>, Dave and I got good grades.

→ _____, 데이브와 나는 좋은 성적을 받았다.

3 <u>Speaking kindly</u>, she explained the rules to the students.

→ _____, 그녀는 학생들에게 그 규칙을 설명했다.

C

배열 영작하기 ▶ **다음 우리말과 같도록 주어진 단어를 올바르게 배열하세요. (필요시 형태를 바꿀 것)**

1 태미는 라디오를 들으면서 설거지를 했다. (the radio / listen to)

→ _____, Tammy washed the dishes.

2 나는 피곤해서 외출하고 싶지 않았다. (tired / be)

→ _____, I didn't want to go out.

3 그들은 한국팀을 응원하면서 경기를 보았다. (the Korean team / cheer for)

→ They watched the game, _____.

A 1 feel bad for A A를 안쓰러워하다 **2** information 정보 **3** take a walk 산책하다 **B 1** accidentally 실수로 **3** explain 설명하다 rule 규칙 **C 2** go out 외출하다, 나가다 **3** Korean 한국(인)의; 한국어 cheer for ~을 응원하다

A 어휘+문법 ┃ 다음 우리말을 보고 〈보기〉에서 알맞은 단어를 골라 문장을 완성하세요. (필요시 형태를 바꿀 것)

> **보기**   leave   clean   boring   sit

1 에밀리는 그 영화를 지루해했다.

→ Emily found the movie _____.

2 그는 벤치에 앉은 채, 일몰을 보았다.

→ _____ on the bench, he watched the sunset.

3 그 호텔은 체크인 시간 전에 방이 청소되도록 한다.

→ The hotel has its rooms _____ before check-in time.

4 우리는 파티 이후에 어떤 음식도 남아있지 않았다.

→ We didn't have any food _____ after the party.

B 문법+해석 ┃ 다음 문장의 네모 안에서 어법상 알맞은 것을 고르고, 해석을 완성하세요.

1 The boy | wearing / worn | glasses is Tom.

→ _____ 톰이다.

2 I was very | touching / touched | by her story.

→ 나는 그녀의 이야기에 매우 _____.

3 She hid the | embarrassing / embarrassed | photos.

→ 그녀는 _____ 숨겼다.

4 My dad had the papers | signing / signed |.

→ 나의 아빠는 그 서류가 _____ 했다.

5 | Have / Having | a fever, she rested at home.

→ _____, 그녀는 집에서 휴식을 취했다.

A leave 남다, 남기다   **2** sunset 일몰   **3** check-in time 투숙[탑승] 수속 시간   **4** leave 남기다; 떠나다; 휴가   **B** 3 hide(-hid-hidden) 숨다, 숨기다   **4** paper 서류; 종이   sign 서명하다   **5** have a fever 열이 나다[있다]   rest 휴식하다

C 영작 **다음 우리말과 의미가 같도록 주어진 단어를 올바르게 배열하세요. (필요시 형태를 바꿀 것)**

1 연못에서 헤엄치고 있는 오리들은 평화로워 보인다. (ducks / the / swim)

→ _____ in the pond look peaceful.

2 경찰은 숲에서 도난당한 그림들을 찾아냈다. (paintings / steal / the)

→ The police found _____ in the woods.

3 에이미는 공항에서 자신의 가방을 검사받았다. (had / check / her bag)

→ Amy _____ at the airport.

4 그 현장 학습은 아이들을 신나게 만들었다. (the children / made / excite)

→ The field trip _____ .

D 영작+해석 **다음 글을 읽고 주어진 단어를 사용하여 문장을 완성하고, 해석하세요.**

영작 **¹** James _____ and then came home.
(had, sell, his, old laptop)

² He went to his room and found a present left on his bed. **³** Feeling excited, he opened the present. **⁴** It was a new laptop! **⁵** Then he heard a sound coming from outside his room.

⁶ His family were holding a birthday cake and _____
(had, blow out, him)
the candles. **⁷** He _____ and happy.
(felt, very, surprise)

해석 **¹** 제임스는 그의 오래된 노트북 컴퓨터를 팔고 집으로 왔다.

² 그는 그의 방으로 가서 그의 침대 위에 _____ .

³ _____ , 그는 그 선물을 열었다. **⁴** 그것은 새 노트북 컴퓨터였다!

⁵ 그 때 그는 그의 방 밖에서 소리가 나는 것을 들었다. **⁶** 그의 가족이 생일케이크를 들고 있었고 그가 촛불을 끄도록 했다. **⁷** 그는 매우 놀랐고 행복했다.

C **1** pond 연못   peaceful 평화로운   **2** steal 훔치다   woods 숲   **3** check 검사하다, 점검하다   **4** field trip 현장학습, 수학여행
D laptop 노트북 컴퓨터   present 선물; 현재

UNIT 69 접속사 and, but, or

A

알맞은 접속사 고르기 ▶ **다음 빈칸에 알맞은 접속사를 〈보기〉에서 골라 문장을 완성하세요.**

| 보기 | and | but | or |

1 Did you walk _____ take a bus to school?

2 You should go home _____ get some rest.

3 The class was long _____ interesting.

4 Push the black button, _____ the door will open.

B

알맞은 어법 고르기 ▶ **다음 문장의 네모 안에서 어법상 알맞은 것을 고르세요.**

1 The car is | beauty / beautiful | but useless to me.

2 Chris went to the restaurant and | eat / ate | dinner there.

3 Watch your step, or you | fall / will fall |.

4 He | wants / wanted | to travel but doesn't have time.

C

조건 영작하기 ▶ **다음 우리말과 의미가 같도록 접속사 and, but, or와 주어진 단어를 사용하여 문장을 완성하세요.**

1 밧줄을 꽉 잡아라, 그렇지 않으면 미끄러져 내려갈 것이다. (you, slide down)

→ Hold the rope tight, _____ _____ _____ _____

_____ .

2 나의 담임 선생님은 키가 크시고 곱슬머리이시다. (curly hair, have)

→ My homeroom teacher is tall _____ _____ _____ _____ .

3 케빈은 제이슨에게 농담을 했지만, 제이슨은 웃지 않았다. (Jason, laugh)

→ Kevin told Jason a joke, _____ _____ _____ _____ .

A 2 get rest 휴식을 취하다 **B** 1 beauty 아름다움; 미인 useless 쓸모없는 3 watch one's step 발밑을 조심하다 fall 넘어지다; 떨어지다 **C** 1 slide 미끄러지다 hold 잡다; 개최하다 rope 밧줄 tight 꽉, 단단히; 꽉 조이는 2 curly 곱슬곱슬한 homeroom teacher 담임 선생님 3 laugh 웃다; 웃음 joke 농담

UNIT 70 짝을 이루는 and, but, or

천일비급 p.108

A 알맞은 어법 고르기 ▶ 다음 문장의 네모 안에서 어법상 알맞은 것을 고르세요.

1 Either Jessy or Mike is / are going to join the club.

2 Sue neither / either lends nor borrows money from others.

3 I not only laughed but also cry / cried during the show.

B 문장 전환하기 ▶ 다음 두 문장의 의미가 같도록 빈칸에 알맞은 말을 쓰세요.

1 She can play the piano. She can write songs, too.

　→ She can _____ play the piano _____ write songs.

2 Lisa is not allergic to peanuts. Terry is not allergic to peanuts, either.

　→ _____ Lisa _____ Terry is allergic to peanuts.

3 A chef creates new dishes. He also runs a restaurant.

　→ A chef runs a restaurant _____ _____ _____ creates new dishes.

C 조건 영작하기 ▶ 다음 우리말과 의미가 같도록 〈보기〉에서 알맞은 접속사를 찾은 다음, 주어진 단어를 사용하여 문장을 완성하세요.

| 보기 | both A and B | either A or B | not only A but also B |

1 에밀리와 브라이언 둘 중 하나는 문을 잠그는 것을 잊어버렸다. (Emily, Brian)

　→ _____ _____ _____ forgot to lock the door.

2 나는 그 결과에 놀랐을 뿐만 아니라 만족했다. (satisfied, surprised)

　→ I am _____ _____ _____ _____ _____ _____

　　with the result.

3 그 새로운 법은 판매자와 구매자 둘 다를 보호한다. (the sellers, the buyers)

　→ The new law protects _____ _____ _____ _____

　　_____ _____ .

A 3 show 공연; 보여주다　**B** 2 allergic 알레르기가 있는　peanut 땅콩　3 dish 요리; 접시　run 운영하다; 달리다　**C** 1 forget(-forgot-forgotten) 잊어버리다, 잊다　lock 잠그다　2 result 결과　3 seller 판매자　buyer 구매자　law 법　protect 보호하다

천일비급 p.108

UNIT 71 that으로 시작하는 명사절

A

that의 알맞은 위치 찾기 ▶ 다음 문장에서 that이 들어갈 알맞은 위치를 고르세요.

1 I hope ① they ② have ③ a good trip.

2 Minji ① never ② imagined ③ she would win the contest.

3 It was ① very clear ② my brother ③ was telling me the truth.

4 Some ① scientists ② believe ③ dolphins and whales can also laugh.

B

문장 전환하기 ▶ 다음 두 문장을 that을 사용하여 한 문장으로 바꿔 쓰세요.

1 Rabbits are very gentle. Everybody knows it.

→ Everybody knows _____ .

2 Eric has three cats. It is true.

→ It is true _____ .

3 Chris will do the laundry tomorrow. He said it.

→ Chris said _____ .

C

조건 영작하기 ▶ 다음 우리말과 의미가 같도록 that과 주어진 단어를 사용하여 문장을 완성하세요.

1 새로운 가게가 나의 집에서 가까운 것이 좋다. (good)

→ It _____ _____ _____ the new store is close to my house.

2 나는 삼촌이 새 직장을 얻었다는 것을 들었다. (hear, get, my uncle)

→ I _____ _____ _____ _____ a new job.

3 그것은 너의 부모님이 너를 믿는다는 것을 의미해. (trust, your parents, mean)

→ It _____ _____ _____ _____ you.

A 2 imagine 상상하다　contest 대회, 시합　3 clear 확실한; 투명한　truth 사실, 진실 *cf.* true 사실인; 진짜의　4 believe 믿다　dolphin 돌고래　whale 고래　**B** 1 gentle 순한; 조심스러운　3 do laundry 빨래를 하다　**C** 3 trust 믿다; 믿음

A 어휘+문법 · 다음 우리말과 의미가 같도록 빈칸에 알맞은 단어를 〈보기〉에서 골라 문장을 완성하세요. (필요시 형태를 바꿀 것)

> 보기 think swim meet enter

1 나는 지난 주말에 나가서 친구들을 만났다.

→ I went out and _____ my friends last weekend.

2 그 남자는 그 가게로 들어갔지만 아무것도 사지 않았다.

→ The man _____ the store but didn't buy anything.

3 너는 걷기 또는 수영하기 중 어느 것을 추천하니?

→ Which do you recommend, walking or _____?

4 그들은 그 영화가 정말 지루했다고 생각했다.

→ They _____ that the movie was really boring.

B 문법+해석 · 다음 밑줄 친 부분을 바르게 고쳐 쓰고, 해석을 완성하세요.

1 Put on a sweater, or you <u>catch</u> a cold.

→ 스웨터를 입어라, _____ 너는 감기에 걸릴 것이다.

2 I like <u>either</u> ham nor mushrooms on pizza.

→ 나는 피자 위에 햄과 버섯을 _____.

3 Both my cousin and I <u>am</u> middle school students.

→ _____ 중학생이다.

4 <u>That</u> is surprising that Jessica became an actress.

→ 제시카가 _____ 놀랍다.

5 It was not only hot <u>and</u> also humid yesterday.

→ 어제는 _____.

A enter 들어가다 **3** recommend 추천하다 **B 1** put on A A를 입다[쓰다, 착용하다] sweater 스웨터 catch a cold 감기에 걸리다
2 mushroom 버섯 **4** become(-became-become) ~이 되다 **5** humid 습한

C 영작 ✎ **다음 우리말과 의미가 같도록 주어진 단어를 사용하여 문장을 완성하세요.**

1 사라는 학교에서 친절할 뿐만 아니라 성실하다. (diligent, as, kind)

→ Sarah is _____ at school.

2 우리는 영화 전에 팝콘이나 핫도그를 살 수 있다. (hotdogs, either, popcorn)

→ We can get _____ before the movie.

3 스티븐이 피아노를 잘 친다는 것은 놀랍다. (it, surprising)

→ _____ Steven plays the piano well.

4 나는 그가 자는 중이었다는 것을 알지 못했다. (he, know, sleep)

→ _____.

D 영작+해석 ✎ **다음 글을 읽고 주어진 단어를 사용하여 문장을 완성하고, 해석하세요.**

영작 ¹ Alice is going to the museum with Kate. ² She asks, "Should we take a bus or a subway?" ³ Kate says _____.

(take, they, should, a bus)

⁴ She also adds, "The bus is not only fast but also convenient." ⁵ A few minutes later, the bus comes. ⁶ Alice quickly gets on the bus.

⁷ Kate says, " _____."

(careful, or, you, fall, be)

해석 ¹ 앨리스는 케이트와 박물관에 가는 중이다. ² 그녀는 "우리가 _____

지하철을 타야할까?"라고 묻는다. ³ 케이트는 그들이 버스를 타야 한다고 말한다.

⁴ 그녀는 또한 "버스가 _____."라고 덧붙여 말한다. ⁵ 몇 분 후에,

버스가 온다. ⁶ 앨리스가 재빨리 버스에 올라탄다. ⁷ 케이트가 "조심해, 그렇지 않으면 넘어질 거야."라고 말한다.

C 1 diligent 성실한, 근면한   **D** museum 박물관   add 덧붙이다, 더하다   convenient 편리한, 간편한   get on ~에 타다, 승차하다

UNIT 72 시간/조건/대조를 나타내는 접속사

A 알맞은 접속사 고르기 ▶ 다음 빈칸에 알맞은 접속사를 〈보기〉에서 골라 문장을 완성하세요. (단, 한 번씩만 쓸 것)

보기	after	although	if	unless

1 She will miss the flight _____ she arrives late.

2 We arrived on time _____ the traffic was bad.

3 I'll go on a boat ride with Dad _____ it rains.

4 You may watch TV _____ you finish your homework.

B 알맞은 어법 고르기 ▶ 다음 문장의 네모 안에서 어법상 알맞은 것을 고르세요.

1 It was not warm [if / although] the sun was shining.

2 I will make some food if you [bring / will bring] some drinks.

3 [If / As] I was getting dressed my sister opened the door.

4 He will practice daily until he [becomes / will become] a great violinist.

C 조건 영작하기 ▶ 다음 우리말과 의미가 같도록 주어진 단어와 알맞은 접속사를 사용하여 문장을 완성하세요.

1 나는 아빠가 집에 오시기 전에 잠이 들었다. (my dad, came home)

→ I fell asleep _____.

2 만약 당신이 그 기차를 타고 싶다면, 서두르세요. (want, the train, to catch)

→ Please hurry _____.

3 비록 그 영화는 슬펐지만, 나는 울지 않았다. (was, sad, the movie)

→ I didn't cry even _____.

Ⓐ 1 flight 항공편; 비행 2 on time 정시에, 제때에 traffic 교통(량), 차량들 3 go on a boat ride 보트 타러 가다 Ⓑ 1 shine 빛나다 2 bring 가져오다 drink 음료; 마시다 3 get dressed 옷을 입다 4 daily 매일; 날마다, 매일의, 나날의 Ⓒ 1 fall asleep 잠이 들다 2 catch a train 기차에 타다 cf. catch 잡다 hurry 서두르다

천일비급 p.109

UNIT 73 이유/결과/목적을 나타내는 접속사

A 알맞은 어법 고르기 ▶ 다음 문장의 네모 안에서 어법상 알맞은 것을 고르세요.

1 I will give her a hug | since / so that | she can cheer up.

2 Emily couldn't play soccer | so that / because | she hurt her leg.

3 The window is | so / as | dirty that I can't see through it.

4 Put on a coat | so / since | it's so cold outside.

B 문장 해석하기 ▶ 다음 밑줄 친 부분에 주의하여 해석을 완성하세요.

1 <u>Since</u> Joan had a fever, she missed school.

→ 조안은 _____ 학교에 결석했다.

2 The fish was <u>so</u> fast <u>that</u> we couldn't catch it.

→ 그 물고기는 _____ 우리는 그것을 _____.

3 I waited in line <u>so that</u> I could order coffee.

→ _____ 줄을 서서 기다렸다.

C 문장 전환하기 ▶ 다음 두 문장을 주어진 접속사를 사용하여 한 문장으로 바꿔 쓰세요.

1 The road was very slippery. The cars couldn't go fast. (so ~ that …)

→ The road was _____.

2 Carrie wasn't ready in time. She missed the bus. (as)

→ Carrie _____.

3 It's raining heavily. We can't move. (so that)

→ It is _____.

Ⓐ 1 give A a hug A를 껴안다, 포옹하다   cheer up 기운을 내다; ~을 격려하다   2 hurt(-hurt-hurt) 다치다; 다치게 하다   3 through ~을 통해   Ⓑ 1 have a fever 열이 나다[있다]   3 in line 줄을 서서   order 주문하다; 주문   Ⓒ 1 slippery 미끄러운   2 in time 시간 안에   3 heavily (양·정도가) 심하게

UNIT 74 whether/if로 시작하는 명사절

천일비급 p.110

A

알맞은 어법 고르기 ▶ 다음 문장의 네모 안에서 어법상 알맞은 것을 고르세요.

1 I don't know if | does David have / David has | a pet.

2 I'm not sure whether | will you / you will | like the food.

3 Can you tell me if it | rains / will rain | tomorrow?

4 He asked me whether I | want / wanted | to have lunch with him.

B

문장 해석하기 ▶ 다음 밑줄 친 부분에 주의하여 해석을 완성하세요.

1 I'll ask him <u>whether</u> the library is open or not.

→ 내가 그에게 _____ 물어볼게.

2 Peter doesn't know <u>if</u> Tim is coming.

→ 피터는 _____ 모른다.

3 The doctor checked <u>whether</u> I needed a surgery.

→ 그 의사는 _____ 검사했다.

C

문장 전환하기 ▶ 다음 두 문장을 접속사를 사용하여 한 문장으로 바꿔 쓰세요.

1 I'm not sure. Can Alice play the guitar?

→ I'm not sure _____ _____ _____ _____ the guitar.

2 Sally wonders. Did she pass the test?

→ Sally wonders _____ _____ _____ the test.

3 Do you know? Does this train go to Seoul?

→ Do you know _____ _____ _____ _____ to Seoul?

B 1 open (상점 등이) 문을 연[영업을 하는]; (문을) 열다 **3** check 검사하다, 확인하다 surgery 수술 **C 2** wonder 궁금하다, 궁금해 하다 pass (시험에) 통과하다; 패스하다

UNIT 75 의문사로 시작하는 명사절

A

어법 판단하기 ▶ **다음 밑줄 친 부분을 어법상 알맞은 형태로 고쳐 쓰세요.**

1 Lily told me why <u>was my mom</u> angry.　　→ _____

2 Do you know who <u>is Bill Gates</u>?　　→ _____

3 Max showed me where <u>could I</u> take a cab.　　→ _____

4 I asked the clerk <u>how the bag much</u> was.　　→ _____

B

조건 영작하기 ▶ **다음 우리말과 의미가 같도록 주어진 단어를 사용하여 문장을 완성하세요. (필요시 형태를 변형할 것)**

1 나는 지금 내가 키가 얼마나 큰 지 확실하지 않다. (tall)

→ I'm not sure _____ _____ _____ _____ now.

2 몇 시에 그 연극이 시작하는지 다시 확인해 줄래요? (time, begin, the play)

→ Can you check _____ _____ _____ _____ again?

3 케이트는 전에 왜 울었는지 아무에게도 말하지 않을 것이다. (cry)

→ Kate won't tell anyone _____ _____ _____ earlier.

C

배열 영작하기 ▶ **다음 우리말과 같도록 주어진 단어를 올바르게 배열하세요. (필요시 형태를 바꿀 것)**

1 나는 그의 이름이 무엇인지 기억하지 못한다. (his name / is / what)

→ I don't remember _____ _____ _____ _____.

2 내게 누가 창문을 깼는지 말해줄 수 있니? (break / who / the window)

→ Can you tell me _____ _____ _____ _____?

3 나는 네가 그 문제를 어떻게 풀었는지 궁금하다. (solve / how / you)

→ I wonder _____ _____ _____ the problem.

A **3** take a cab 택시를 타다 *cf.* cab 택시　**4** clerk (가게의) 점원[직원]　**B** **1** sure 확신하는, 확실히 아는　**2** play 연극; 연주하다; 놀다
3 anyone (부정문·의문문에서) 아무도, 누구라도　earlier 전에　**C** **3** solve 해결하다, 풀다

천일비급 p.110

A 어휘+문법 ┃ 다음 우리말과 의미가 같도록 빈칸에 알맞은 접속사를 〈보기〉에서 골라 문장을 완성하세요.

보기	though	before	unless	so that

1 나는 상쾌한 바람을 좀 쐬기 위해 창문을 열었다.

→ I opened the window _____ I could get some fresh air.

2 잠자리에 들기 전에, 네 알람시계를 맞추는 것을 잊지 말아라.

→ _____ you go to bed, don't forget to set your alarm.

3 우리가 지금 뛰기 시작하지 않으면, 버스를 놓칠 것이다.

→ _____ we start running now, we will miss the bus.

4 비록 나는 비옷을 입었지만, 내 옷은 비에 젖었다.

→ My clothes got wet in the rain even _____ I wore a raincoat.

B 문법+해석 ┃ 다음 문장의 밑줄 친 부분을 바르게 고쳐 쓰고, 해석을 완성하세요.

1 I will talk to my dad when he <u>will get</u> home.

→ 나는 _____ 얘기할 것이다.

2 I was <u>nervous</u> so that my hands shook.

→ _____ 내 손이 떨렸다.

3 He asked me why <u>moved I</u> to Beijing.

→ 그는 나에게 _____ 물었다.

4 I'm not sure if I <u>go</u> camping next week.

→ 나는 다음 주에 _____ 확실하지 않다.

5 Emily likes summer <u>because of</u> she enjoys swimming.

→ 에밀리는 _____ 여름을 좋아한다.

A **1** get some air 바람을 좀 쐬다   fresh 상쾌한, 신선한   **2** set an alarm 알림을 맞추다   **4** raincoat 비옷, 우비   **B** **2** nervous 긴장한 shake(-shook-shaken) 떨다, 흔들다   **3** Beijing 베이징 ((중국의 수도))   **4** go camping 캠핑을 가다

C 영작 ● **다음 우리말과 의미가 같도록 주어진 단어를 사용하여 문장을 완성하세요. (필요시 형태를 바꿀 것)**

1 그녀는 너무 어려서 그 영화를 볼 수 없었다. (young)

→ She was _____ she couldn't watch the movie.

2 마이크가 어제 어디에 있었는지 물어보자. (be)

→ Let's ask Mike _____ yesterday.

3 그는 서른 살이 될 때까지 부모님과 살았다. (be, thirty years old)

→ He lived with his parents _____.

4 엄마는 아침 식사를 준비하기 위해 일찍 일어나신다. (so, prepare, can, breakfast)

→ Mom gets up early _____.

D 영작+해석 ● **다음 글을 읽고 주어진 단어를 배열하여 문장을 완성하고, 해석하세요.**

영작 **1** Lisa called Noah and asked if they could go to the movies that night.

2 _____, he went to his room.

(Noah / Lisa / talked to / after)

3 He started doing his homework _____ later.

(could / go out / so / he / that)

4 When he finished it, he talked to his mom.

5 She asked him _____.

(come back / he / would / home / what time)

6 So Noah answered, "If I go now, I can be back before 8."

해석 **1** 리사는 노아에게 전화를 걸어 그날 밤에 _____ 물었다. **2** 노아는 리사와 얘기한 후에, 자신의 방으로 갔다. **3** 그는 나중에 외출하기 위해 숙제를 하기 시작했다. **4** 그가 그것을 끝냈을 때, 그는 그의 엄마와 얘기했다. **5** 엄마는 그에게 몇 시에 집에 돌아올 것인지 물었다.

6 그래서 노아는 "_____, 8시 전에 돌아올 수 있어요."라고 대답했다.

C 1 young (나이가) 어린; 젊은 4 prepare 준비[대비]하다 get up 일어나다, 기상하다 **D** go to the movies 영화 보러 가다 *cf.* movie 영화

UNIT 76 주격 관계대명사 who/which/that

천일비급 p.111

A

알맞은 어법 고르기 ▶ **다음 문장의 네모 안에서 어법상 알맞은 것을 고르세요.**

1 Here are some safety tips who / that can help you.

2 My neighbor has a son who / which is a doctor.

3 That is the teacher who teach / teaches science.

4 The people who live on the island is / are very friendly.

B

문장 전환하기 ▶ **다음 두 문장을 주어진 관계대명사를 사용하여 한 문장으로 바꿔 쓰세요.**

1 I have a brother. He plays basketball well. (who)

→ I have a brother _____ _____ _____ well.

2 I know someone. He works in a bank. (that)

→ I know _____ _____ _____ in a bank.

3 The car is my father's. It is in the garage. (which)

→ The car _____ _____ _____ _____ is my father's.

C

조건 영작하기 ▶ **다음 우리말과 의미가 같도록 주어진 단어와 알맞은 관계대명사를 사용하여 문장을 완성하세요. (단, that은 제외할 것)**

1 우리에게 손을 흔들고 있는 그 남자는 루시의 아빠이다. (waving, the man, is)

→ _____ _____ _____ _____ _____ at us is Lucy's dad.

2 마크는 일본 출신인 친구가 있다. (is from, a friend)

→ Mark has _____ _____ _____ _____ _____ Japan.

3 우리 가족은 지난주에 개업한 레스토랑에서 외식했다. (opened, the restaurant)

→ Our family ate out at _____ _____ _____ _____ last week.

Ⓐ **1** safety 안전 tip (실용적인) 조언; 팁 help 도움이 되다; 돕다 **2** neighbor 이웃 (사람) **4** island 섬 friendly 친절한 Ⓑ **3** garage 차고 Ⓒ **1** wave (손을) 흔들다; 파도 **3** eat out 외식하다

UNIT 77 목적격 관계대명사 who(m)/which/that

A 어법 판단하기 ▶ 다음 밑줄 친 부분을 생략할 수 있으면 ○, 없으면 ×로 표시하세요.

1 I bought a purse <u>which</u> was very expensive.　　　→ _____

2 This is the movie <u>which</u> I watched yesterday.　　　→ _____

3 The jacket <u>that</u> you are wearing looks good on you.　→ _____

4 Carl is the person <u>who</u> danced at the party.　　　→ _____

B 문장 전환하기 ▶ 다음 두 문장을 관계대명사를 사용하여 한 문장으로 바꿔 쓰세요. (단, that은 제외할 것)

1 Emily is the student. Everyone likes her.

→ Emily is the student _____ _____ _____ .

2 I'm wearing the muffler. Mom knitted it for me.

→ I'm wearing the muffler _____ _____ _____ for me.

3 We didn't order the pizza. It had pineapple.

→ We didn't order the pizza _____ _____ _____ .

C 조건 영작하기 ▶ 다음 우리말과 의미가 같도록 주어진 단어와 알맞은 관계대명사를 사용하여 문장을 완성하세요. (단, that은 제외할 것)

1 제이크가 우리 안에 넣은 고양이가 울고 있다. (put, Jake)

→ The cat _____ _____ _____ in the cage is crying.

2 딘은 자신의 할아버지가 지으셨던 집에서 산다. (his grandfather, built, the house)

→ Dean lives in _____ _____ _____ _____

_____ .

3 나는 공원에서 만났던 여자아이를 절대 잊지 않을 것이다. (met, the girl)

→ I will never forget _____ _____ _____ _____

_____ in the park.

Ⓐ **3** look good on A A에게 잘 어울리다　Ⓑ **2** muffler 머플러, 목도리　knit (실로) 뜨다, 뜨개질하다　**3** order 주문하다; 주문　pineapple
파인애플　Ⓒ **1** cage 우리, 새장　**2** build(-built-built) 짓다

UNIT 78 소유격 관계대명사 whose

천일비급 p.111

A

알맞은 어법 고르기 ▶ **다음 문장의 네모 안에서 어법상 알맞은 것을 고르세요.**

1 I have a friend who / whose hobby is taking photos.

2 Lucy saw a bird who / whose feathers were colorful.

3 The roses which / whose my dad grows are beautiful.

4 They have a daughter whom / whose hair is blond.

B

문장 전환하기 ▶ **다음 두 문장을 관계대명사를 사용하여 한 문장으로 바꿔 쓰세요.**

1 That is the building. The building's owner is my uncle.

→ That is the building _____ _____ is my uncle.

2 My brother has a friend. The friend's Mom is good at singing.

→ My brother has a friend _____ _____ is good at singing.

3 The singer will hold a concert. The singer's hit song is "Bad Guy."

→ The singer _____ _____ _____ _____ "Bad Guy" will hold a concert.

C

조건 영작하기 ▶ **다음 우리말과 의미가 같도록 주어진 단어와 알맞은 관계대명사를 사용하여 문장을 완성하세요.**

1 나는 성이 카츠인 남자를 안다. (a man, last name)

→ I know _____ _____ _____ _____ is Katz.

2 헤럴드는 털이 하얀색인 고양이를 기른다. (a cat, fur)

→ Harold has _____ _____ _____ _____ is white.

3 파리는 프랑스에서 인구가 가장 많은 도시이다. (the city, population)

→ Paris is _____ _____ _____ _____ is the largest in France.

A 2 feather 깃털 **3** grow (식물을) 기르다; 성장하다 **4** blond 금발인 **B 1** owner 주인, 소유자 **2** be good at ~을 잘하다
3 hold 열다, 개최하다; 잡다 hit song 히트곡[인기곡] guy 남자 **C 1** last name 성(姓) **2** fur (동물의) 털 **3** population 인구

UNIT 79 콤마(,) 뒤의 관계대명사절

A

알맞은 관계대명사 쓰기 ▶ 다음 빈칸에 알맞은 관계대명사를 쓰세요.

1 Claire, _____ is my best friend, lives in Boston.

2 I will make blueberry muffins, _____ I find delicious.

3 Oliver showed me many pictures, _____ he took in Paris.

4 My cousin, _____ is younger than me, speaks two languages.

B

문장 전환하기 ▶ 다음 문장의 의미가 같도록 빈칸에 알맞은 관계대명사를 사용하여 문장을 완성하세요.

1 I love tulips, and tulips bloom once a year in spring.

→ I love tulips, _____ _____ once a year in spring.

2 James was absent today, and he is the class president.

→ James, _____ _____ _____ _____ _____, was absent today.

3 Mr. Walters asked me a question, but I couldn't answer.

→ Mr. Walters asked me a question, _____ _____ _____ _____ _____.

C

조건 영작하기 ▶ 다음 우리말과 의미가 같도록 주어진 단어와 알맞은 관계대명사를 사용하여 문장을 완성하세요.

1 빌리는 나의 친한 친구인데, 내일 이사 갈 예정이다. (my close friend)

→ Billy, _____ _____ _____ _____ _____, is going to move tomorrow.

2 레이첼은 새 의자를 좋아했는데, 그것은 너무 편했다. (comfortable, very)

→ Rachel liked the chair, _____ _____ _____ _____.

3 그 버스는 시청으로 가는데, 그것은 5분마다 온다. (to city hall, goes)

→ The bus, _____ _____ _____ _____ _____, comes every five minutes.

A 2 muffin 머핀 ((컵 모양의 빵)) find 생각하다; 찾다 4 language 언어 **B** 1 bloom (꽃이) 피다 once 한 번 2 absent 결석한 class president 반장 cf. president 회장; 대통령 **C** 1 move 이사 가다; 움직이다 2 comfortable 편안한 3 city hall 시청 every 매, ~마다; 모든

UNIT 80 관계대명사 what

천일비급 p.112

A

알맞은 어법 고르기 ▶ **다음 문장의 네모 안에서 어법상 알맞은 것을 고르세요.**

1 That is exactly which / what I wanted to say.

2 This is the situation which / what I expected.

3 Ted forgot to bring that / what he needed for class.

4 What Mina was telling me was / were not true.

B

문장 해석하기 ▶ **다음 밑줄 친 부분에 주의하여 해석을 완성하세요.**

1 This new computer is what I want.

→ 이 새로운 컴퓨터가 _____.

2 Sam couldn't hear what the teacher said.

→ 샘은 _____ 들을 수 없었다.

3 What I really need is a glass of water.

→ _____ 물 한 잔이다.

C

조건 영작하기 ▶ **다음 우리말과 의미가 같도록 주어진 단어를 사용하여 문장을 완성하세요.**

1 나는 네가 그리는 것이 정말 마음에 든다. (draw)

→ I love _____ _____ _____.

2 너는 제시카가 이전에 말한 것을 기억하니? (Jessica, said)

→ Do you remember _____ _____ _____ earlier?

3 그들이 그 영화에 대해 좋아하지 않았던 것은 결말이다. (like)

→ _____ _____ _____ _____ about the movie was the ending.

Ⓐ **1** exactly 정확히, 꼭   **2** situation 상황   expect 예상하다; 기대하다   **3** forget(-forgot-forgotten) 잊다   need 필요로 하다   **4** true 사실인, 진실인   Ⓒ **2** earlier 앞에[전에]; 일찍   **3** ending 결말

UNIT 81 관계부사 where/when/why/how

천일비급 p.112

A

알맞은 관계부사 쓰기 ▶ 〈보기〉에서 알맞은 관계부사를 골라 문장을 완성하세요.

| 보기 | when | where | why | how |

1 The time _____ I go to school is 8 a.m.

2 Tell me the reason _____ you missed the bus.

3 I miss the lake _____ we used to swim.

4 Elena asked him _____ he improved his grades.

B

문장 전환하기 ▶ 다음 두 문장을 관계부사를 사용하여 한 문장으로 바꿔 쓰세요.

1 January is the month. It gets very cold in the month.

→ January is the month _____ _____ _____ very cold.

2 David visited the town. His grandparents lived in the town.

→ David visited the town _____ _____ _____ _____ .

3 This book explains the way. Some plants can survive in the desert in the way.

→ This book explains _____ _____ _____ _____ _____ in the desert.

C

조건 영작하기 ▶ 다음 우리말과 의미가 같도록 주어진 단어와 알맞은 관계부사를 사용하여 문장을 완성하세요.

1 너는 그것을 샀던 가게에서 반품해야 한다. (bought)

→ You need to return it to the store _____ _____ _____ it.

2 엄마는 내가 방을 청소한 방식을 좋아하지 않으셨다. (cleaned)

→ Mom didn't like _____ _____ _____ my room.

3 케이트는 자신이 수업에 늦은 이유를 설명했다. (late)

→ Kate explained the reason _____ _____ _____ _____ for class.

A 3 lake 호수 4 improve 나아지다, 향상하다 grade 성적; 학년; 등급 B 2 town 마을 3 explain 설명하다 survive 살아남다, 생존하다 desert 사막 C 1 return 반품하다, 반납하다; 돌아가다 2 clean 청소하다; 깨끗한

A 어휘+문법 ┃ 다음 우리말과 의미가 같도록 〈보기〉에서 알맞은 관계대명사를 고른 후, 주어진 단어를 사용하여 문장을 완성하세요.

> **보기**   which   what   whose   whom

1 그녀는 지붕이 빨간 집에서 산다. (roof)

→ She lives in a house _____ _____ is red.

2 알렉스는 내가 가장 신뢰하는 친구이다. (trust)

→ Alex is the friend _____ _____ _____ the most.

3 엄마는 우리가 엄마를 위해 만든 것에 감동하셨다. (made)

→ Mom was touched by _____ _____ _____ for her.

4 그 농부는 오렌지로 가득 찬 상자를 옮겼다. (was)

→ The farmer carried a box _____ _____ full of oranges.

B 문법+해석 ┃ 다음 문장의 네모에서 어법상 알맞은 것을 고르고, 해석을 완성하세요.

1 Lena, who / that ordered a salad, is a vegetarian.

→ _____, 왜냐하면 채식주의자이기 때문이다.

2 My parents know the reason why / whom I was upset.

→ 나의 부모님은 _____ 아신다.

3 This library doesn't have what / where I am looking for.

→ 이 도서관은 _____ 가지고 있지 않다.

4 I will never forget the way / the way how he smiled at me.

→ 나는 _____ 절대 잊지 못할 것이다.

5 The car what / that my grandfather gave finally broke down.

→ _____ 마침내 망가졌다.

A 1 roof 지붕   2 trust 신뢰하다, 믿다   the most 가장 많이   3 touched 감동한   4 farmer 농부   carry 옮기다, 운반하다   full of ~으로 가득 찬   **B** 1 vegetarian 채식주의자   3 look for (사람·사물을 뒤을) 찾다   4 smile 미소 짓다, 웃다, 비소, 오름   5 finally 마침내   break down 망가지다, 고장 나다

C 영작

다음 우리말과 의미가 같도록 주어진 단어와 관계사를 사용하여 문장을 완성한 후, 선행사를 찾아 밑줄을 그으세요. (단, that을 제외할 것)

1 배드민턴은 모두가 쉽게 즐길 수 있는 스포츠이다. (everyone, enjoy, can)

→ Badminton is a sport _____ easily.

2 당근은 비타민 A를 많이 함유하고 있는데, 그것은 우리의 눈을 건강하게 유지한다. (keep, healthy, our eyes)

→ Carrots contain a lot of vitamin A, _____.

3 나는 레이 찰스에 관한 영화를 보았는데, 그는 음악가였다. (a musician)

→ I watched a movie about Ray Charles, _____.

4 이곳은 내가 학교로 가는 버스를 타는 정류장이다. (the bus, take)

→ This is the bus stop _____ to school.

D 영작+해석

다음 글을 읽고 주어진 단어와 관계사를 사용하여 문장을 완성하고, 해석하세요.

영작

¹ Anne has _____ is Brian. ² One day he got
(a friend, name)

angry at her, but she didn't know _____.
(was, upset, Brian)

³ A few days later, Brian told her the reason why he was upset. ⁴ After hearing it, Anne gave him an apology, which Brian accepted right away.

⁵ After that, they met at the playground _____.
(usually, they, hang out)

해석

¹ 앤은 이름이 브라이언인 친구가 있다. ² 어느 날, 그는 그녀에게 화가 났고, 그녀는 브라이언이 왜 화가 났는지 알지 못했다. ³ 며칠 후, 브라이언은 그녀에게 _____ 말했다.

⁴ 그것을 들은 후에 앤은 그에게 사과했고, _____.

⁵ 그 후에, 그들은 그들이 주로 많은 시간을 보내는 놀이터에서 만났다.

C 1 easily 쉽게 2 keep 유지하다 contain 포함[함유]하다 3 musician 음악가 **D** give A an apology A에게 사과를 하다 accept 받아들이다, 수락하다 right away 곧바로, 즉시 hang out 많은 시간을 보내다

UNIT **82** 비교급 표현

A 어법 판단하기 ▶ **다음 밑줄 친 부분을 어법상 알맞은 형태로 고쳐 쓰세요.**

1 Kevin's laptop is lighter than <u>me</u>.　　　　→ _____

2 Kate studied <u>hard</u> than Emily.　　　　→ _____

3 The red team's score was <u>badder</u> than the blue team's.　→ _____

4 This cellphone is a lot <u>much</u> expensive than that one.　→ _____

B 조건 영작하기 ▶ **다음 우리말과 의미가 같도록 주어진 단어를 사용하여 문장을 완성하세요. (필요시 형태를 바꿀 것)**

1 이 바지가 저 바지보다 더 크다. (large)

　→ These pants are _____ _____ those ones.

2 제니는 자신의 언니보다 노래를 더 잘한다. (well)

　→ Jenny sings _____ _____ her sister.

3 에밀리는 케이트보다 훨씬 더 빨리 달릴 수 있다. (fast, a lot)

　→ Emily can run _____ _____ _____ _____ Kate.

C 문장 전환하기 ▶ **다음 두 문장을 비교급 표현과 주어진 단어를 사용하여 한 문장으로 바꿔 쓰세요.**

1 This box is 5 kg. That box is 3 kg. (heavy)

　→ This box is _____ _____ _____ _____ .

2 James wakes up at 7 o'clock. His brother wakes up at 8 o'clock. (early)

　→ James wakes up _____ _____ _____ _____ .

3 The River Thames is 346 km long. The River Seine is 777 km long. (long, much)

　→ The River Seine is _____ _____ _____ _____
　　_____ _____ .

Ⓐ 1 laptop 노트북 컴퓨터　3 score 점수　4 cellphone 휴대전화　Ⓒ 2 wake up 일어나다, 기상하다　3 River Thames 템스 강 ((영국 잉글랜드 중남부를 흐르는 강))　long (길이가) ~인; 긴　River Seine 센 강 ((프랑스 북서부를 흐르는 강))

UNIT 83 원급 표현

A 알맞은 어법 고르기 ▶ 다음 문장의 네모 안에서 어법상 알맞은 것을 고르세요.

1 Mike can eat as | more / much | as his father.

2 The film is as | good / better | as the original book.

3 The oranges look as | fresh / fresher | as the grapes.

4 Mary dances as | good / well | as her sister.

B 조건 영작하기 ▶ 다음 우리말과 의미가 같도록 주어진 단어를 사용하여 문장을 완성하세요.

1 그 토마토는 야구공만큼 크다. (big)

→ The tomato is ＿＿＿＿＿ ＿＿＿＿＿ ＿＿＿＿＿ a baseball.

2 그 버스 정류장은 여기서 역만큼 멀지 않다. (far)

→ The bus stop is ＿＿＿＿＿ ＿＿＿＿＿ ＿＿＿＿＿ ＿＿＿＿＿ the station from here.

3 고양이는 사람보다 두 배 더 많이 잔다. (people, much)

→ Cats sleep twice ＿＿＿＿＿ ＿＿＿＿＿ ＿＿＿＿＿ ＿＿＿＿＿ .

C 문장 전환하기 ▶ 다음 두 문장을 원급 표현과 주어진 단어를 사용하여 한 문장으로 바꿔 쓰세요.

1 Kevin is 160 cm tall. His sister is 160 cm tall, too. (tall)

→ Kevin is ＿＿＿＿＿ ＿＿＿＿＿ ＿＿＿＿＿ ＿＿＿＿＿ ＿＿＿＿＿ .

2 This lamp is 80 dollars. That lamp is 120 dollars. (not, cheap)

→ That lamp is ＿＿＿＿＿ ＿＿＿＿＿ ＿＿＿＿＿ ＿＿＿＿＿
＿＿＿＿＿ .

3 I go jogging every day. Mike goes jogging once a week. (go, often)

→ Mike doesn't ＿＿＿＿＿ ＿＿＿＿＿ ＿＿＿＿＿ ＿＿＿＿＿ ＿＿＿＿＿ I do.

A 2 film 영화; 필름   original 원래[본래]의; 독창적인   3 fresh 신선한   **B** 1 baseball 야구공; 야구   2 far 먼; 멀리 station 역, 정류장
C 1 tall (키가) ～인; 키가 큰, (건물 등이) 높은   2 lamp 전등, 램프   3 go jogging 조깅하러 가다

UNIT 84 최상급 표현

천일비급 p.113

A 알맞은 최상급 형태 쓰기 ▶ **주어진 단어를 사용하여 최상급 문장을 완성하세요.**

1 Alaska is _____ _____ state in the United States. (large)

2 February is _____ _____ month of the year. (short)

3 The last scene is _____ _____ part of the movie. (good)

4 Brian is one of _____ _____ _____ in his class. (smart, student)

B 알맞은 최상급 표현 쓰기 ▶ **다음 표를 보고 주어진 단어를 사용하여 최상급 문장을 완성하세요.**

	Bridge A	Bridge B	Bridge C
Height	100 m	74 m	80 m
Length	11 km	15 km	14 km
Toll	$ 2	$ 2	$ 4

1 Bridge A is _____ _____ _____ of the three. (tall, bridge)

2 Bridge B is _____ _____ _____ of the three. (long, bridge)

3 Bridge C has _____ _____ _____ of the three. (expensive, toll)

C 조건 영작하기 ▶ **다음 우리말과 의미가 같도록 주어진 단어를 사용하여 문장을 완성하세요. (필요시 형태를 바꿀 것)**

1 후지 산은 일본에서 가장 높은 산이다. (mountain, high)

→ Mt. Fuji is _____ _____ _____ in Japan.

2 독서 동아리는 학교 동아리 중에서 가장 적은 회원이 있다. (members, few)

→ The Reading Club has _____ _____ _____ of the school clubs.

3 비행기는 역대 가장 위대한 발명품 중 하나이다. (invention, great)

→ The airplane is _____ _____ _____ _____ _____ of all time.

A 1 Alaska 알래스카 ((캐나다 북서부에 있는 미국의 주)) state (미국의) 주(州) 3 scene 장면 part 부분 **B** bridge 다리 height 높이 length 길이 toll 통행료 **C** 2 member 회원, 구성원 few (수가) 적은; 몇몇, 소수 3 invention 발명품 all time 역대[지금껏]

UNIT **85** The 비교급 ~, the 비교급 ...

A 알맞은 비교급 형태 쓰기 ▶ **주어진 단어를 사용하여 비교급 문장을 완성하세요.**

1 The _____ you start, the _____ you will finish. (soon, early)

2 The _____ his hair is, the _____ he looks. (short, good)

3 The _____ it gets, the _____ I want to stay inside. (cold, much)

4 His dog barked _____ and _____. (loud)

B 문장 해석하기 ▶ **다음 밑줄 친 부분에 주의하여 해석을 완성하세요.**

1 The more you talk, <u>the more bored</u> people feel.

→ 네가 말을 더 많이 할수록, _____.

2 The air pollution is getting <u>more and more serious</u>.

→ 대기오염이 _____.

3 <u>The more often</u> you work out, the more quickly you will be fit.

→ _____, 너는 더 빨리 건강해질 것이다.

C 조건 영작하기 ▶ **다음 우리말과 의미가 같도록 주어진 단어를 사용하여 문장을 완성하세요.**

1 그는 더 나이가 들수록, 더 현명해진다. (old, wise)

→ _____ _____ he gets, _____ _____ he becomes.

2 낮 동안 햇살이 점점 더 강해지고 있다. (strong)

→ The sunlight is getting _____ _____ _____ during the day.

3 날씨가 더 더울수록, 사람들은 더 짜증을 느낀다. (annoyed, hot)

→ _____ _____ it gets, _____ _____ _____ people feel.

A 3 stay 머무르다   inside 실내에, 안에   **4** bark (개가) 짖다   loud (소리가) 큰, 시끄러운   **B 1** bored 지루해하는   **2** air pollution 대기오염 *cf.* air 대기; 공기   pollution 오염   serious 심각한   **3** work out 운동하다   quickly 빨리   fit (몸이) 건강한   **C 1** wise 현명한   **2** sunlight 햇살, 햇빛   day 낮; 날, 하루   **3** annoyed 짜증이 난

UNIT 86 가정법 과거

천일비급 p.114

A

알맞은 어법 고르기 ▶ 다음 문장의 네모 안에서 어법상 알맞은 것을 고르세요.

1 I wish my best friend is / were here with me.

2 If I have / had time, I would join you for lunch.

3 If the car were fixed, we can / could take a trip tomorrow.

4 My grandmother was / would be 70 years old if she were alive.

B

조건 영작하기 ▶ 다음 우리말과 의미가 같도록 주어진 단어를 사용하여 문장을 완성하세요.

1 내가 이번 주말에 캠핑을 갈 수 있다면 좋을 텐데. (can, go camping)

→ I wish _____ _____ _____ _____ this weekend.

2 만약 내가 너라면, 나는 돈을 저축할 텐데. (save, will, be)

→ If I _____ _____, _____ _____ _____ money.

3 만약 우리가 올바른 버스를 탄다면, 우리는 5시 전에 도착할 텐데. (take, will, arrive)

→ If we _____ the right bus, _____ _____ _____ before 5.

C

문장 전환하기 ▶ 다음 두 문장의 의미가 같도록 빈칸에 알맞은 말을 쓰세요.

1 You don't know the truth, so you are not surprised. (know, can, be)

= If you _____ the truth, _____ _____ _____ surprised.

2 It is raining, so I won't go for a walk. (be, will, go)

= If it _____ _____ raining, _____ _____ _____ _____ for a walk.

3 I want to turn back time, but I can't. (can, turn back)

= I wish I _____ _____ _____ time.

A **2** join 함께 하다; 가입하다   **3** take a trip 여행을 가다   **4** alive 살아 있는   **B** **1** go camping 캠핑을 가나   **2** save 저축하다, 절약하다
3 arrive 노삭하나   right 알맞은, 올바른   **C** **2** go for a walk 산책하러 가다   **3** turn back 되돌리다, (갔던 길을) 되돌아오다

A 어휘+문법 ┊ 다음 우리말과 의미가 같도록 〈보기〉에서 알맞은 단어를 골라 문장을 완성하세요. (필요시 형태를 바꿀 것)

> 보기   nervous   apologize   small   dry

1 달은 지구보다 크기가 더 작다.

→ The moon is _____ than the earth.

2 만약 네가 사과한다면, 샐리는 너를 용서할 텐데.

→ If you _____, Sally would forgive you.

3 이 사막은 세계에서 가장 건조한 곳이다.

→ This desert is the _____ place in the world.

4 그는 더 긴장할수록, 다리를 더 빨리 떨었다.

→ The more _____ he felt, the faster he shook his legs.

B 문법+해석 ┊ 다음 문장의 네모에서 어법상 알맞은 것을 고르고, 해석을 완성하세요.

1 The soup tastes | very / much | better than before.

→ 그 수프는 전보다 _____.

2 Today is not | as cool as / as cooler as | yesterday.

→ 오늘은 _____.

3 The sloth is one of the | slowest / most slowly | animals in the world.

→ 나무늘보는 세계에서 _____.

4 If he | lives / lived | with his family, he wouldn't feel lonely.

→ _____. 그는 외롭지 않을 텐데.

5 I wish I | am / were | in London right now.

→ 내가 지금 당장 _____.

Ⓐ nervous 긴장한 apologize 사과하다 dry 건조한, 마른 **2** forgive 용서하다 **3** desert 사막 place 곳, 장소 **4** shake(-shook-shaken) 흔들다 Ⓑ **3** sloth 나무늘보 **4** lonely 외로운

C 어법+영작 ┃ 다음 표를 보고 주어진 단어를 사용하여 문장을 완성하세요.

	Keyboard A	Keyboard B	Keyboard C
Price	$40	$60	$80
Weight	750 g	600 g	450 g
Battery life	80 hours	80 hours	100 hours

1 Keyboard A is _____ _____ of the three. (cheap, model)

2 Keyboard B's battery life is _____ _____ _____ Keyboard A's. (long)

3 Keyboard A is _____ than Keyboard C. (heavy, a lot)

4 Keyboard B's weight is _____ _____ Keyboard A's. (light)

5 _____ _____ the battery life is, _____ _____ the price is. (long, high)

D 영작+해석 ┃ 다음 글을 읽고 주어진 단어를 사용하여 문장을 완성하고, 해석하세요.

영작 ¹ After school, it suddenly started raining.

² Chris said, "_____, I would share it with you."
(have, I, if, an umbrella)

³ After a few minutes, Chris said, "Look! ⁴ The sky is clearer than before.

⁵ _____, the sooner the rain will stop."
(gets, the, clear, the sky)

⁶ When the rain stopped, the sun came out.

⁷ It was one of the most beautiful afternoons of my life.

해석 ¹ 방과 후에, 갑자기 비가 오기 시작했다. ² 크리스는 "내가 만약 우산이 있다면, 너와 같이 쓸 텐데."라고 말했다.

³ 몇 분 후에, 크리스는 "봐! ⁴ _____. ⁵ 하늘이 맑아질수록, 비가

빨리 멈출 거야." 라고 말했다. ⁶ 비가 멈췄을 때, 해가 나왔다.

⁷ 그것은 내 일생에서 _____.

C keyboard 키보드   price 가격   weight 무게   battery life 배터리 수명 *cf.* life 수명; (사람의) 일생   **1** cheap 저렴한, 값이 싼   model (상품의) 모델[디자인]; (의류) 모델   **3** heavy 무거운   **4** light 가벼운; 빛   **D** suddenly 갑자기   share 함께 쓰다; 나누다   clear 맑은, 화창한 before 전에   come out 나오다

UNIT 87 강조

A 알맞은 어법 고르기 ▶ 다음 문장의 네모 안에서 어법상 알맞은 것을 고르세요.

1 We do study / study do hard every day after school.

2 Kelly does / did do well on her speech this morning.

3 It / That was in front of the supermarket that I met Jake.

4 It is / are these books that I was looking for at the bookstore.

B 문장 전환하기 ▶ 다음 밑줄 친 부분을 강조하는 문장으로 바꿔 쓰세요.

1 Many students <u>like</u> Mr. Kim's science class.

→ Many students _____ _____ Mr. Kim's science class.

2 Harold will make the cake <u>for Jane</u>.

→ It is _____ _____ that Harold will make the cake.

3 <u>Kate and Jenny</u> graduated from the same school.

→ It was _____ _____ _____ that graduated from the same school.

C 조건 영작하기 ▶ 다음 우리말과 의미가 같도록 주어진 단어를 사용하여 강조하는 문장을 완성하세요.

1 제이콥은 무대 위에서 춤추는 것을 정말로 즐긴다. (do, enjoy)

→ Jacob _____ _____ dancing on stage.

2 내가 지금 착용하고 있는 것은 바로 내 형의 손목시계이다. (be, my brother's watch)

→ It _____ _____ _____ _____ _____ I'm wearing now.

3 그녀가 잃어버린 반지를 찾은 것은 바로 서랍 안에서였다. (be, in a drawer)

→ It _____ _____ _____ _____ _____ she found the lost ring.

A 2 speech 연설   3 in front of ~의 앞에   4 look for ~을 찾다   bookstore 서점   **B** 3 graduate from ~를 졸업하다
C 1 stage 무대   2 watch 손목시계; 보다   3 drawer 서랍   lost 잃어버린[분실된]

UNIT 88 도치

A

알맞은 어법 고르기 ▶ **다음 문장의 네모 안에서 어법상 알맞은 것을 고르세요.**

1 Hardly did he touch / touch he his food tonight.

2 Across the river swam the ducks / the ducks swam .

3 I sat down on the bench, and so did / does Nate.

4 Maria won't change her mind and neither do / will I.

B

문장 전환하기 ▶ **다음 밑줄 친 부분을 강조하는 문장으로 바꿔 쓰세요.**

1 Many people gathered at the park.

→ At the park _____ _____ _____ .

2 We little expected to see the famous actor here.

→ Little _____ _____ _____ to see the famous actor here.

3 The answer to your question is here.

→ Here _____ _____ _____ to your question.

C

배열 영작하기 ▶ **다음 우리말과 의미가 같도록 주어진 단어를 올바르게 배열하세요.**

1 그 커튼 뒤에 나의 고양이가 숨었다. (my cat / hid)

→ Behind the curtains _____ .

2 케이트는 절대 먼저 너한테 전화하지 않을 것이다. (call / Kate / you / will)

→ Never _____ first.

3 우리 엄마는 변호사이시고, 우리 아빠도 그러하시다. (my dad / is / so)

→ My mom is a lawyer, and _____ .

Ⓐ **2** across 건너서, 가로질러 **3** sit down 앉다 **4** change one's mind 생각[마음]을 바꾸다 Ⓑ **1** gather 모이다, 모으다 **2** expect 예상[기대]하나 Ⓒ **1** hide(-hid-hidden) 숨다 behind ~ 뒤에 **2** call 전화하다; 전화 (통화); 부르다 **3** lawyer 변호사

UNIT 89 부정

A

알맞은 어법 고르기 ▶ **다음 두 문장이 같은 의미가 되도록 문장을 완성하세요.**

1 Some singers become rich and famous, but others don't.

= [All / Not all] singers become rich and famous.

2 All the windows were open.

= [All / None] of the windows were closed.

3 Both of you didn't get the right answer.

= [Neither / Not both] of you got the right answer.

B

문장 해석하기 ▶ **다음 밑줄 친 부분에 주의하여 해석을 완성하세요.**

1 We <u>don't</u> have <u>any</u> homework today.

→ 우리는 오늘 숙제가 _____.

2 This palace is <u>not always</u> open to everyone.

→ 이 궁전은 모든 사람에게 _____.

3 He invited all of his classmates, but <u>not all</u> of them came.

→ 그는 그의 반 친구 모두를 초대했지만, _____.

C

배열 영작하기 ▶ **다음 우리말과 의미가 같도록 주어진 단어를 올바르게 배열하세요.**

1 런던에서 항상 비가 오는 것은 아니다. (not / rain / always / does)

→ It _____ in London.

2 시험 중에는 어떤 휴대전화도 허용되지 않는다. (allowed / no / are / cellphones)

→ _____ during the test.

3 나는 그것에 관한 몇 가지 책을 읽었지만, 그것들 중 모두가 도움이 된 것은 아니다.
(helped / not / them / all / of)

→ I read some books about it, but _____.

B 2 palace 궁전 **3** invite 초대하다   **C** 2 allow 허용되다, 허락하다   during ~ 동안   **3** help 도움이 되다; 도움

UNIT **90** 생략/동격

A 생략된 어구 위치 찾기 ▶ **다음 문장에서 생략된 어구가 있는 곳을 고르세요.**

1 You may ① leave early ② if you want to ③.

2 I wore the blue dress, ① and my sister ② the red one ③.

3 He wanted to ① open the jar, but he couldn't ② at all ③.

4 Kate, my cousin, is good ① at sports, ② but I'm not ③.

B 문장 해석하기 ▶ **다음 밑줄 친 부분에 주의하여 해석을 완성하세요.**

1 I introduced my friend, Kevin, to my parents.

→ 나는 부모님께 _____ 소개했다.

2 She made gimbab, her favorite food, for dinner.

→ 그녀는 저녁식사로 _____ 만들었다.

3 There are many places to visit in Seoul, the capital city of Korea.

→ _____ 방문할 장소가 많다.

C 문장 전환하기 ▶ **다음 두 문장의 의미가 같도록 빈칸에 알맞은 말을 쓰세요.**

1 I couldn't call you last night, but I wanted to.

= I couldn't call you last night, but I wanted to _____ _____ last night.

2 Some travel abroad to relax, and others to learn.

= Some travel abroad to relax, and others _____ _____ to learn.

3 He invited his teacher to dinner, and the teacher is Mr. White.

= He invited _____ _____, _____, to dinner.

A 1 leave 떠나다 **3** jar (잼 필 등을 담아 두는) 병; 단지 **4** be good at ~을 잘하다 **B 1** introduce 소개하다 **2** favorite 가장 좋아하는 **3** place 장소, 곳 capital city 수도 **C 2** travel 여행하다 abroad 해외로 relax 휴식을 취하다; 안심[진정]하다

62 Chapter 22 특수 구문

A 어휘+문법 | 다음 우리말과 의미가 같도록 〈보기〉에서 알맞은 단어를 골라 문장을 완성하세요. (필요시 형태를 바꿀 것)

> **보기**   donate   everyone   want   go

1 그는 병원에 많은 돈을 정말로 기부했다.

→ He _____ _____ a lot of money to the hospital.

2 저기에 역으로 가는 막차가 간다.

→ There _____ the last bus to the station.

3 모두가 너만큼 정직한 것은 아니다.

→ _____ _____ is as honest as you.

4 다른 나라에서 살고 싶어 했던 사람은 바로 패트릭이다.

→ It was Patrick that _____ to live in another country.

B 문법+해석 | 다음 문장의 네모에서 어법상 알맞은 것을 고르고, 해석을 완성하세요.

1 Nancy does | play / plays | the violin well.

→ 낸시는 _____.

2 It was my dad | who / which | took my umbrella by mistake.

→ 실수로 내 우산을 가져간 사람은 _____.

3 Oliver kept the secret, and | so / neither | did I.

→ 올리버는 그 비밀을 지켰고, _____.

4 Hardly | I expected / did I expect | that he would come.

→ 나는 그가 올 것이라고 _____.

5 Into the water | jumped the frog / the frog jumped |.

→ 물속으로 _____.

A donate 기부하다   **2** last 마지막의; 지난   station 역, 정류장   **3** honest 정직한, 솔직한   **4** another 다른; 또 하나(의)   country 나라, 국가; 지역   **B 2** by mistake 실수로   **3** keep a secret 비밀을 지키다

C 영작 │ 다음 우리말과 의미가 같도록 주어진 단어를 올바르게 배열하세요.

1 문 뒤에 많은 책들이 있었다. (many books / were)

→ Behind the door _____ .

2 달은 항상 똑같아 보이는 것은 아니다. (the same / not / look / does / always)

→ The moon _____ .

3 조나단이 사고 싶은 것은 바로 이 청바지이다. (is / these jeans / that / it)

→ _____ Jonathan wants to buy.

4 나는 절대로 전에 그 장소에 대해 들은 적이 없다. (I / heard of / have / the place)

→ Never _____ before.

D 영작+해석 │ 다음 글을 읽고 주어진 단어를 사용하여 문장을 완성하고, 해석하세요.

영작 ¹ I saw a boy waving at me this morning. ² I thought it was Dan, but it wasn't.

³ _____ was waving at me.
　　　　　(it, that, Chris)

⁴ I was very glad to see him.

⁵ Rarely _____ to school these days.
　　　　　　　　(come, he, do)

⁶ Even when he comes to school, he does not always stay for the whole day.

⁷ He is very busy with training for the marathon.

⁸ I hope to see an article titled "Chris, Marathon Winner" in the school newspaper.

해석 ¹ 나는 오늘 아침에 나에게 손을 흔드는 남자아이를 보았다. ² 나는 댄이라고 생각했지만 아니었다. ³ 나에게 손을 흔들고 있었던 사람은 바로 크리스였다. ⁴ 나는 그를 보게 되어 너무 반가웠다. ⁵ 그는 요즘에 학교에 정말 거의 오지 않는다. ⁶ 심지어 학교에 오면, _____ . ⁷ 그는 마라톤 훈련으로 매우 바쁘다. ⁸ 나는 학교 신문에서 "_____"라는 제목의 기사를 보기를 바란다.

C 3 jeans 청바지　**D** wave (손을) 흔들다; 파도　glad 반가운, 기쁜　these days 요즘에　stay 머무르다, 남다　whole day 하루 종일　training 훈련　marathon 마라톤　hope 바라다, 희망하다　article (신문 등의) 기사　title 제복을 붙이나; 제복　winner 부승사, 승리자　newspaper 신문

64 Chapter 22 특수 구문